Rituale heute

Theorien – Kontroversen – Entwürfe

Herausgegeben von
Corina Caduff und
Joanna Pfaff-Czarnecka

Reimer

Publiziert mit Unterstützung des Schweizerischen Nationalfonds
zur Förderung der wissenschaftlichen Forschung

Auflage: 700

Die Herausgeberinnen danken dem Zürcher Hochschulverein für die Finanzierung
der Übersetzungen der englischsprachigen Beiträge

Die Deutsche Bibliothek – CIP-Einheitsaufnahme

Rituale heute : Theorien – Kontroversen – Entwürfe /
Hrsg. Corina Caduff; Joanna Pfaff-Czarnecka. – Berlin : Reimer, 1999
ISBN 3-496-02666-9

© 1999 by Dietrich Reimer Verlag GmbH

Umschlaggestaltung: Bayerl & Ost, Frankfurt a. M.

Alle Rechte vorbehalten
Printed in Germany

ISBN 3-496-02666-9

Inhalt

Vorwort *7*

Rituale: Voraussetzungen und Fortschreibungen

Axel Michaels: »Le rituel pour le rituel« oder wie sinnlos sind Rituale? *23*
David N. Gellner: Religion, Politik und Ritual: Betrachtungen zu Geertz und Bloch *49*
Michael Oppitz: Montageplan von Ritualen *73*

Rituale, Übergänge, Reflexionen

Stephen Greenblatt: Hamlet im Fegefeuer *99*
Gabriele Brandstetter: *Le Sacre du printemps*. Choreographie und Ritual *127*
Marie Theres Fögen: Ritual und Rechtsfindung *149*
Mario Erdheim: Ritual und Reflexion *165*

Ritualisierungen

Richard Schechner: »Believed-in«-Theater *181*
Mireille Schnyder: Initiationsriten am Anfang des Buches *191*
Yoko Tawada: Ein E-mail für japanische Gespenster *219*

Autorinnen und Autoren *227*

Vorwort

»Welche Formen (öffentlicher) Rituale kann man heute erfinden, um mit Gefühlen, mit Angst, Verlassensein, Erinnerung, Liebe und Tod umzugehen, und wer sollte sie erfinden?« – Diese Frage schlägt Copane aus Litauen der Zeitschrift *Lettre* für die Preisausschreibung für den Internationalen Essay-Wettbewerb 1998 vor. Sie trifft den Nerv der Zeit. Dass Traditionen, zu denen auch Rituale gehören, erfunden werden, gilt spätestens seit dem Erscheinen der einflussreichen Aufsatzsammlung *The Invention of Tradition* (Hobsbawm und Ranger 1983) als erwiesen. Zahlreiche Versuche belegen die Bereitschaft der Postmoderne zur Wiederverzauberung der Welt. Viele Autorinnen und Autoren halten den individuellen und kollektiven Rückgriff auf religiöse Formen nicht nur für möglich, sondern geradezu für notwendig, um kohärente Interpretationsmuster neu zu gewährleisten. Eine kollektivierende Sinngebung, die Teilhabe an grossen »Narrativen« bilden wichtige Ingredienzen des Interesses, das Menschen heute weltweit den Ritualen (wieder) entgegenbringen.

Die Aufforderung, Rituale neu zu erfinden, setzt voraus, dass diese wichtige gesellschaftliche Funktionen zu erfüllen hätten; ferner zeugt sie von der – umstrittenen – Einstellung, dass keine anderen Alternativen in Sicht wären. Der Vorschlag Copanes weist zudem auf ein anspruchsvolles Projekt hin: Die Erfindung öffentlicher Rituale bedarf geschickter Konstrukteure, die auf eine Anhängerschaft bauen können und müssen. Doch die Frage, wem die Erfindung von Ritualen zu überlassen sei, deutet zugleich an, dass Handlungen, welche auf die Kreation von neuen symbolischen Formen und Bedeutungen abzielen, heute nicht als selbstverständlich gelten, sondern erst debattiert werden müssen. So sind Rituale heute zum Gegenstand umfassender Reflexionen geworden, die wir in dieser Publikation aufnehmen.

Der vorliegende Band spiegelt wieder, wie facettenreich die gegenwärtigen Debatten über Rituale sind. In den meisten, bisweilen sehr leidenschaftlich ins Feld geführten Beiträgen geht es um das Aufbrechen ritueller Formen und um den Verlust von Ritualen sowie andrerseits um Versuche, öffentlichen und privaten Handlungen einen Ritualcharakter zu verleihen. Dabei zeigen sich zwei Extrempositionen: Das eine Ende des Spektrums bildet Mireille Schnyders Betrachtung von Buchkonzeptionen, derzufolge die Leserschaft beim Eintauchen in die Lektüre einen Initiationsritus durchläuft. Der Begriff der »Initiation«, der in der Ethnologie als Terminus technicus eine spezifische gesellschaftliche Übergangssituation bezeichnet, erhält hier eine neue Konnotation, indem Schnyder die Initiation als einen persönlichen und beliebig oft wiederholbaren Akt betrachtet. Yoko Tawada geht noch einen Schritt weiter, indem sie ihren schriftstellerischen Alltag als eine nicht abreissenwollende Abfolge von Ritualhandlungen begreift. Eine klare Gegenposition dazu markiert Axel Michaels' Beitrag: Seine Auseinandersetzung mit den Ritualtheorien wendet sich gegen weitläufige Interpretationen.

Rituale: Voraussetzungen und Fortschreibungen

Die Ausgangslage von Axel Michaels' Frage »Le rituel pour le rituel?« bildet die Widerlegung der in den letzten Jahren in Mode gekommenen Auffassung, wonach Rituale ohne Bedeutung wären. Fritz Staal hat 1979 mit dieser These für Furore gesorgt: Rituelle Handlungen seien stereotype Wiederholungen eines Immergleichen, vollzogen ohne Bewusstsein dessen, was getan wird, also ohne Sinn. Im Gegenzug dazu präsentiert Michaels eine Reihe von Beispielen, die auf spezifische *Inhalte* von Ritualen hinweisen. Im Zentrum seiner Argumentation steht die Idee, dass Bedeutung, Sinn, Zweck und Funktion von Ritualen wesentlich in ihrer Unveränderbarkeit liegen. Rituale widerstreben grundsätzlich jeglicher Umgestaltung, woraus Menschen verschiedene Vorteile ziehen: So können sie etwa Gedächtnisinhalte über lange Zeiträume hinweg speichern, ohne sie immer zweckrational aktivieren zu müssen. Solange die Rituale als (gott)gegeben gelten, unterliegen Handlungen und Anschauungen nicht andauernd einem Legitimitätszwang. Als sinngebende Momente tragen Rituale dazu bei, Veränderungen zu bewältigen, und sie fördern die Einsicht in die Notwendigkeit, gewisse Werte zu bejahen. Michaels folgert: »Rituale haben die Bedeutung, bedeutungslos zu sein, weil so Zeitlosigkeit, Unveränderlichkeit, Unsterblichkeit – eben Religio – für den sterblichen Menschen in Szene gesetzt werden kann. « Diese anspruchsvolle Position bildet den Ausgangspunkt unserer Reflexion über den Stellenwert von Ritualen.

Was ist ein Ritual? – Wir begegnen in diesem Band verschiedenen Definitionen. Michaels grenzt Rituale von anderen Formen habitueller Handlungen ab. Ein Ritual ist nur unter den folgenden Bedingungen gegeben: Da ist zunächst die ursächliche Veränderung; kein Ritual, so Michaels, wo keine Grenzüberschreitung, kein Wechsel stattfindet. Zudem bedarf es bei jedem Ritual eines formalen Beschlusses (ein Schwur, ein Versprechen, ein Gelübde); kein Ritual ist spontan, zufällig oder willkürlich. Rituale zeichnen sich im weiteren durch formale Handlungskriterien wie Wiederholbarkeit, Öffentlichkeit und Unwiderruflichkeit aus. Hinzu kommen modale Handlungskriterien: Vergemeinschaftung, Transzendenz und subjektive Wirkung. Schliesslich gibt Michaels zu bedenken, dass Rituale notwendigerweise Veränderungen von Identität, Rolle, Status und Kompetenz herbeiführen.

Axel Michaels verortet Rituale in der religiösen Domäne. David Gellner setzt diese Überlegungen fort. Die Grenze zur Politik und zu wichtigen Momenten des sozialen Lebens ist in seiner Auffassung allerdings fliessend. Gellner geht mit Clifford Geertz einig, dass Politik und Soziales wesentlich durch rituelle Erhöhung und Symbolisierung gekennzeichnet sind. Mit Maurice Bloch macht er spezifische Elemente der Rituale aus: ihren zeitlosen Charakter, die (vermeintliche) Unveränderbarkeit, die Redundanz, die Stereotypisierung und Formalisierung. Gellner wendet sich allerdings gegen die Auffassung, dass es bloss *einen* Ritual-Typus gäbe. Seine Argumentation baut auf der Kritik an westlichen, auf jüdisch-christlichen Vorstellungen basierenden Konzepten auf, die am monolithischen Bild der Religion festhalten. Er macht drei verschiedene Arten der Religion aus und leitet von diesen wiederum drei entsprechende Ritual-Typen ab. Den ersten Religions-Typus stellt die Soteriologie (Heilsreligion) dar. Ihr sind Rituale zugehörig, die auf Erlösung ausgerichtet sind. Aus der sozialen oder kommunalen Religion lassen sich Rituale ableiten, welche der sozialen Integration und Solidarität dienen. Die instrumentelle Religion bildet die dritte Kategorie, der eine Vielzahl von Ritualen entspricht; diese verfolgen beispielsweise den Zweck, Krankheiten zu heilen, Prüfungen zu bestehen, oder einer Unternehmung guten Erfolg zu bescheren. Drei Beispiele aus dem reichhaltigen rituell-religiösen Korpus der Newar im Kathmandu-Tal (Nepal) illustrieren die Besonderheiten, die Analogien und Differenzen der drei Religions- und Ritual-Typen.

Die meisten Versuche, die Charakteristika der Rituale einzufangen, begnügen sich mit Hinweisen auf deren festgelegte Abläufe und ihren formalisierten Charakter, ohne dass die komplexe Syntax der Rituale genügend Aufmerksamkeit erhält. Michael Oppitz' »Montageplan von Ritualen« besticht durch die Kunst der Genauigkeit: Die komplexen Prozesse der Fabrikation von Ritualen werden anhand von zwei Beispielen dokumentiert: Der Beitrag zeigt, wie zwei Gesellschaften im Himalaya-Raum – die Naxi im Osten und die Magar an der westlichen Flanke desselben Bergmassivs – ihre Rituale im Detail ausgestalten. Oppitz vergleicht diese Rituale mit der industriellen Fliessbandfertigung und betont damit den Produktions-Aspekt. Die Bauelemente des Rituals – materielle Objekte, Sprache, Klang und Bewegung – sind in jeder der beiden Kulturen stets vorhanden. Sie sind mobil und versetzbar. Die Produzenten greifen also auf vorgefertigte Einzelteile zurück und fügen sie nach einem klaren Entwurf zu einem erkennbaren Produkt – dem jeweiligen Ritual – zusammen. Wie klar reglementiert diese Zusammensetzung der einzelnen Bauelemente vonstatten geht, dokumentiert der Autor u. a. in seiner Beschreibung der Heilungsséancen der Magarschamanen, die sich in 13 Etappen vollziehen.

Die Montage der sprachlichen Bausteine führt uns zu der immer wieder debattierten Frage nach der Beziehung von Mythos und Ritual. Während Wissenschaftler sich üblicherweise entweder auf die mythischen Texte (Claude Lévi-Strauss) *oder* auf die rituelle Aktion (Victor Turner, David Parkin) konzentrieren, bemühen sich die sozialen Akteure darum, die rituellen Texte und Aktionen in eine zusammenhängende Form zu bringen – wie von Oppitz dokumentiert. Bei den Ritualen, die er beschreibt, werden Mythen nicht bloss beliebig aus ihrem Zusammenhang herausgeschält und als Literatur konsumiert. Vielmehr sind sie Kompositionsbestandteile von Riten, in denen sie einen sinntragenden Platz einnehmen. Wenn Mythen Bausteine von Riten sind, so Oppitz, dann gelangen sie ausschliesslich in den Riten und nirgends sonst zum Vortrag. Mythos und Ritus stehen in einer doppelten Abhängigkeit zueinander: »Ohne den Mythos, der ihn aus erstem Geschehen ableitet, wäre ein Ritus beliebig, und ohne den Ritus, der ihn sich einverleibt, wäre der Mythos nur eine Erzählung.«

Rituale, Übergänge, Reflexionen

Was für Defizite entstehen, wenn Rituale verschwinden? Was für Konflikte entfachen, wenn Rituale nicht mehr greifen? Was für Lösungen bieten sich an Stelle von Ritualen an? Was für Unsicherheiten kennzeichnen die Zeiten des Übergangs, wie lassen sich die Übergangssituationen konstruktiv nutzen? – Wie sieht die heutige Reflexion von Ritualen aus?

Rituale werden – so der Befund mehrerer Autoren dieses Bandes – zu einem wichtigen Gegenstand von Auseinandersetzungen in Übergangssituationen. Die Reflexion über die anstehenden Veränderungen kann sich an gesellschaftlichen Verknöcherungen entzünden, denen Rituale Vorschub leisten, und sie kann sich in der Kreation von neuen Ritualen niederschlagen, die den neuen Bedürfnissen gerecht werden. Die hier genannten Fragen (und viele mehr) beschäftigen heute Künstler und Wissenschaftler aus den verschiedensten Sparten. Wir geben hier vier Versuche wieder, die das breite Spektrum der Auseinandersetzungen mit Ritualen im Wandel dokumentieren.

Stephen Greenblatts »Hamlet im Fegefeuer« betrachtet den grossen Übergangsritus, den Tod, in der englischen Übergangsperiode vom Katholizismus zur lutherischen Lehre, die nicht ohne Folgen für das künstlerische Schaffen geblieben ist. In Shakespeares »Hamlet« kommt der Geist direkt aus dem Fegefeuer und klagt über das Versäumnis, die christlichen Sakramente nicht vollständig erhalten zu haben. Während Hamlet an das Fegefeuer glaubt, ist dieses gemäss der Auffassung der staatlich sanktionierten Kirche zu Shakespearschen Zeiten eine Fiktion – ein Dilemma, das der Schriftsteller nicht offen thematisieren darf. Greenblatts Bericht weist detektivische Elemente auf, wenn aus einzelnen Szenen, Sätzen und Worten Shakespeares eine verhaltene Faszination für die Wirksamkeit katholischer Glaubenssätze hervortritt, welche den Erfahrungsschatz der damaligen Welt nachhaltig prägen.

Der Streit um das Fegefeuer hängt unmittelbar mit der Frage zusammen, wie der Toten gedacht werden soll. Die erfolgreiche protestantische Attacke bringt Brüche mit sich: theologische Grundfesten und einschlägige emotionale Erfahrungen stimmen in den Auseinandersetzungen mit dem Tod und mit den Toten fortan nicht mehr überein. Die Negierung des Fegefeuers, die Zerstörung einer wichtigen religiösen Vorstellung hat die Sehnsüchte und Ängste, derer sich der Katholizismus bediente, nicht aus der Welt geräumt. Vielmehr werden sie verlagert – von der Kirche ins Theater. Die dogmatischen Widersprüche setzen sich auf der Bühne als dramatisch-ideologischer Kampf fort. Dieser Kampf kann der unheimlichen Wirksamkeit von »Hamlet« nur Vorschub leisten; jetzt finden die Verhandlungen mit den Toten nicht mehr innerhalb der sakralen Institution statt, sondern sie werden im Schauspiel ausgetragen, als poetischer Vorgang – begleitet von Schuldgefühlen, Projektionen und Imaginationen.

»Le Sacre du printemps« von Gabriele Brandstetter dokumentiert eine schockartige Konfrontation des modernen Theaters mit einer archaischen Ritualform. Die berühmte Aufführung des Strawinsky-Balletts im Jahre 1913, choreographiert von Vaslav Nijinsky, hat bekanntlich einen Skandal verursacht. Das Publikum im Théâtre des Champs-Elysées in Paris wurde mit einer neuartigen Darbietung konfrontiert, die ein aus damaliger Sicht primitives Ritual aufbereitete und damit die Vorstellungen dessen attackierte, was eine künstlerische Darbietung zu sein und welche formale Kriterien sie zu erfüllen habe. Mit seiner Suche nach archaisierenden Ausdrucksformen verstiess Nijinsky gegen den damaligen Kunst-Kanon. Das Publikum tobte, als es sich einem Tanz gegenüber fand, der das klassische Ballett aufzubrechen drohte.

Das Problem der Ritualisierung spricht Gabriele Brandstetter an, wenn sie die Beziehung der Zuschauenden zum Bühnengeschehen thematisiert. Ihr Bericht enthält ferner wichtige Überlegungen, die den öffentlichen Charakter von Darbietungen betreffen. Damit ist hier auch eine wichtige Debatte der Ritualforschung angesprochen, die dem Stellenwert der Rezipienten der Ritualhandlung gilt – d. h. jenen Personen, die in das rituelle Geschehen nicht direkt einbezogen sind, deren Abwesenheit jedoch zur Bedeutung der rituellen Aktion beiträgt. In der Ritualforschung gehen die Meinungen zu dieser Frage weit auseinander. Edmund Leach (1976) vertrat beispielsweise die Auffassung, dass ein Ritual eine Performance ist, an der Darsteller und Publikum teilnehmen, um kollektive Nachrichten an »sich selbst« zu überbringen. Gerd Baumann (1992) verwirft diese These, indem er die Zuschauerschaft als eine wichtige Rezipientengruppe ausmacht. Pfaff-Czarnecka (1998) folgt Humphrey und Laidlaw in der Auffassung, dass anlässlich von Ritualen verschiedene Akteurgruppen verschiedene Bedeutungen generieren. Unterschiedliche Nachrichten werden an unterschiedliche Rezipientengruppen gerichtet, die sowohl innerhalb als auch ausserhalb des Geschehens stehen.

Brandstetter geht dem komplexen Verhältnis zwischen Performern und Zuschauern, zwischen Kunst und Ritual nach. Bei der Pariser Aufführung des »Sacre du printemps« bildeten die Tänzerinnen und Tänzer zeitweise einen hermetischen, die Zuschauerschaft ausschliessenden Kreis, um den geheimen Charakter einiger ritueller Handlungen zum Ausdruck zu bringen. Lautstark setzte sich das Publikum gegen diese provokative Ausgrenzung zur Wehr und durchbrach damit selbst die mit der Guckkastenbühne festgelegte – rituelle? – Trennung zwischen den Performern und der Zuschauerschaft. Die auf künstlerische Kontinuität bedachte Rezipientenschaft sprengte also die Norm.

Marie Theres Fögen untersucht den Konnex von »Ritual und Rechtsfindung«.

Ihre Analyse versetzt uns zunächst in die römische Welt, in der der Prozess der Rechtsfindung bis ins erste Jahrhundert v. Chr. einen rituellen Charakter innehat. Die Autorin vertritt die These, dass Recht, jedenfalls das römische Recht, aus dem Ritual entstand. Sie schildert eine frühe Form der Gerichtspraxis: das Spruchformelverfahren. In dieser Darstellung treten die formalen Aspekte der Rituale erneut (vgl. Oppitz und Michaels) hervor: *Ein* Formfehler (die Verwendung eines unkorrekten Begriffs) reicht aus, und schon lässt das Gericht die Anklage in einem Eigentumsstreit fallen. Fögens Untersuchung stellt die Funktion des Rituals in den Vordergrund. Die systemtheoretische Argumentation lautet: Im Ritual wird »die Einschränkung unbestimmbarer Möglichkeiten gleichsam exemplarisch vorexerziert« (vgl. Luhmann 1989). Die Ritualform bietet sich an, weil es keine Alternativen gibt. Das römische Verfahren gründete auf dem Ritual, welches eine Pluralität von Handlungsoptionen, einschliesslich der Reflexion, ausschloss.

Die rigide Form der Urteilsfindung im römischen Ritual bietet einen scharfen Kontrast zu den heutigen Verfahren in der Rechtsprechung. Der Sinn des Rituals, hier anhand der Rituale der römischen Rechtsprechung exemplifiziert, liegt darin, die Reflexion, das heisst: das Mitdenken und die Verfügbarkeit anderer Möglichkeiten, nicht zuzulassen. Darin unterscheidet sich das Ritual beispielsweise von der blossen Routine. Wird der Zusammenhalt der Gesellschaft angesichts des Verlustes des Rituals in der Rechtsprechung – wenn im Recht wie auch in anderen Teilbereichen der Gesellschaft nichts mehr selbstverständlich ist, sondern alles möglich und diskutabel scheint – brüchig? Marie Theres Fögen weist die These von Mary Douglas zurück, wonach der Zerfall gemeinsamer Symbole und Riten, der Zerfall gesellschaftlicher Bindungen eines der ernstesten Probleme unserer Zeit sei. Das Verschwinden des Rituals aus der Rechtsprechung, an dessen Stelle die prozedurale Rationalität tritt, ist laut Fögen eine notwendige Absage an die Komplexitäts- und die Kontingenzbeschränkung. Sie plädiert für ein Programm, das die erstere zulässt und die zweitere aushält, für ein Programm, das »auf grosse menschliche und institutionelle Kapazitäten an Vernunft, Demokratie und Zeit« setzt.

Auch Mario Erdheims »Ritual und Reflexion« nimmt die Frage nach dem Stellenwert der Rituale heute auf. Im Vordergrund seiner Betrachtung stehen Defizite, die den Jugendlichen aus dem Verlust des rituellen Erlebens und der rituellen Verarbeitung erwachsen. Ohne explizit auf die kommunitaristischen Debatten, die heute viele Energien nachhaltig einbinden, Bezug zu nehmen, tangiert Erdheim ihren Kern. Im Streitgespräch mit der Jungschen Psychologie analysiert er die Konsequenzen, die mit dem Verlust von überlieferten Formen einhergehen, und untersucht die möglichen Äquivalente. Die Stossrichtung von Erdheims Argumentation richtet sich nicht an der Frage aus, wie die Wiederverzauberung der Welt zu bewerkstelligen wäre – was manche kommunitaristische Integrationisten beschäftigt. Vielmehr geht es hier primär um den Stoff bzw. um die Orientierungsmuster, die Rituale beinhalten.

In vielen traditionellen Kulturen – Erdheim nimmt die Rituale der Iatmul (Papua-Neuguinea) als Beispiel – werden die Initiationsrituale während der Adoleszenz durchgeführt. Die Adoleszenz ist eine Zeit der Übergänge, die sowohl die Vergangenheit als auch die Zukunft des Individuums beeinflusst: »Je nachdem, wie diese Übergänge erlebt werden, ergeben sich nämlich neue Interpretationen der Vergangenheit ebenso wie neue Entwürfe für die Zukunft.« Erdheim verbindet Victor Turners Konzept von Chaos und Ordnung (zwei in allen Kulturen vorkommende und voneinander abhängige gesellschaftliche Aggregatzustände) mit dem Freudschen Konzept von Es und Über-Ich und stellt die analoge Vermittlungsfunktion von Initiationsritualen und dem Freudschen Ich heraus. Das Ich erlangt in dieser Denkfigur die Funktion, zwischen Chaos und Ordnung zu vermitteln, um ein gültiges Bild der Realität zu postulieren.

In Erdheims Optik geraten die Rituale in die Sphäre des Irrationalen. Sie stellen zwar eine Ordnung her, doch sie bringen die Adoleszenz auch in einen Zusammenhang mit dem Unbewussten, das sich bei den Iatmul etwa in den männlichen Übermachtsphantasien niederschlägt. Die Hoffnung, so Erdheim, aus den Ritualen ferner Kulturen die Weisheit zu schöpfen, verweist auf die wiedererwachende Wertschätzung des Irrationalen in den westlichen Gesellschaften. Genauso wie Marie Theres Fögen distanziert sich auch Erdheim klar von dieser Position: Er betrachtet das Unbewusste in erster Linie als Produkt von energieraubenden und gefährlichen Verdrängungen. Eine Wiederbelebung von Ritualen lässt das Verdrängte nicht verschwinden, sondern vielmehr unter vielerlei Masken wiederkehren.

Ritualisierungen

Der dritte Teil unserer Reflexionen nimmt die heute wieder erwachende, hohe Bereitschaft zur individuellen Erfindung ritueller Handlungen auf; er beschäftigt sich mit dem hohen Sinngebungspotential, das rituelle Aktionen im Alltag freisetzen können, sowie mit dem fortdauernden Prozess der Reinterpretation ritueller Situationen. In den letzten drei Aufsätzen dieses Bandes kommt Catherine Bells (1992) These zur Anwendung, wonach keine trennscharfe Grenze zwischen den Ritualisierungen (habituelle Handlungen) und einer eigenständigen Kategorie »Rituale« gezogen werden kann. Hier kommt das Bedürfnis und die Lust an symbolischen Erfindungen zum Vorschein, welche die rituelle Syntax in die Praxis hereinträgt. Rituelle Handlungen werden in diesen Denkfiguren zu sozialen Vermittlungsinstanzen, zu kulturellen Konstruktionen der Tradition, zu Kriseninterventionen, zu Mitteln des individuellen Ausdrucks (Bell 1997).

Der Theatermacher und -theoretiker Richard Schechner argumentiert gegen die weit verbreitete These, Theater hätte seinen Ursprung im religiösen oder zeremoniellen Ritual. Vielmehr sieht er den Anfang des Theaters in der Spannung zwischen Ritual und Unterhaltung, d. h. zwischen Ritual und Spiel/Spass. Schechner zufolge sind sowohl die Unterhaltung als auch das Ritual in allen theatralen Ereignissen präsent. Die zunehmende theatrale Mediatisierung von Politik, Medizin, Sport oder

Alltagsleben fällt mit neuartigen Entwicklungen im Theater zusammen. Die fiktive oder reale Authentizität von Religion, Glaube und Ritual hätten, so Schechner, dazu verholfen, neue, wirksame Theaterformen zu kreieren. Die weltweite Bewegung, die politische und soziale Inhalte vermehrt ins Zentrum des Theaters rückt, nennt er »Believed-in-Performance«. Dieses Theater müsse dazu dienen, die Mechanismen der Unterdrückung zu entlarven, Alternativen aufzuzeigen, Veränderungen herbeizuführen.

Der Argumentation Schechners liegt eine eigenwillige Definition von Ritual als »wirksame performative Aktion« zugrunde. Das reale Leben der »Believed-in-Performance« ist das Leben des Rituals. Wirksamkeit entsteht – wie schon von Gellner thematisiert –, indem alltägliche Ereignisse sakralisiert werden. Ritual ist bei Schechner also zugleich eine besondere Darstellungsweise, welche wichtige Momente des Lebens religiös überhöht, und eine Darstellungsweise, die durch ihre Existenz im Dazwischen – was Schechner in Anlehnung an Victor Turner »Liminalität« nennt – Gelegenheiten bereitstellt, um Veränderungen zu erproben. Die Trennung von Performern und Zuschauern (die schon Brandstetter problematisiert) verschwindet unter diesen Bedingungen weitgehend. Weit davon entfernt, dekonstruktivistisch zu sein, glauben Praktizierende und Zuschauer der »Believed-in«-Aufführungen laut Schechner an »Geschichte«, an »Wahrheit«, »Authentizität«, »Präsenz« und »Erfahrung«. Indem sich dieser Glaube in der theatralen Form etabliert und zugleich spielerisch umgesetzt wird, hilft die Theatralisierung, also letztlich die Ritualisierung von Problemlagen, diese zu bewältigen.

Die grosse Bereitschaft, alltäglichen Handlungen einen rituellen Charakter zu verleihen, manifestiert der Aufsatz von Mireille Schnyder. »Initiationsriten am Anfang des Buches« finden, so die Autorin, noch vor dem Lesen statt. Die Ausgestaltung der ersten Seiten von Publikationen versetzt die Leserin, den Leser in einen Prozess des Übergangs. Es geht dabei um den Weg des Lesers zum Haupttext hin: »Der Weg zum Text«, so Schnyder, »wird entsprechend zur Initiation, die den Leser bereitet für die Lektüre.« Das Öffnen eines Buches wird somit als besonderer Vorgang beschrieben, der eine Loslösung von der eigenen Identität und einen Weg zum Anschluss an den Text beinhaltet. Hier gelangt, wie bei Schechner, Turners Konzept der Liminalität zur Anwendung. War bei Arnold van Gennep, der diesen Begriff eingeführt hat, die Liminalität auf Situationen der wichtigsten Übergänge im Leben der Menschen – also Geburt, Namengebung, Initiation, Heirat und Tod – beschränkt, so entliess Turner die Liminalität aus der Büchse der Pandora.

Die Situation des Übergangs, das Moment der Transformation, das flirrende Weder-Noch ist ein anhaltendes Faszinosum. Das bezeugt auch Schnyders Verwendung des Wortes »Initiation«. Der ethnologische Terminus technicus wird hier auf eine beinahe alltägliche Handlung übertragen. Mit dieser sinnausweitenden Übertragung, die die Initiation als ein stets Wiederholbares begreift, gerät die einmalige Erschütterung der traditionellen Initiation aus dem Blickfeld. Stattdessen tritt das Bestreben ins Zentrum, etwas scheinbar Alltägliches, den Blick auf die Gestaltung der ersten Buchseiten, als identitätsveränderndes rituelles Moment lesbar zu machen.

Der literarische Alltag von Yoko Tawada bewegt sich zwischen deutscher und japanischer (Sprach-)Welt. Er gerät, so die Schriftstellerin in ihrem Beitrag »Ein E-mail für japanische Gespenster«, zu einem Zwiegespräch mit Geistern und Gespenstern, die gar hinter den Tasten des Computers lauern, auf dem ihre Texte entstehen. Die japanische Provenienz der Geister ist für die Autorin gegeben: Hinter der deutschen Tastatur ihres Computers verbergen sich japanische Schriftzeichen, die sich immer wieder höchst unpassend – oder eben passend – in den Text einschleichen. Der schriftstellerische Alltag von Tawada wird offenbar von Ritualisierungen begleitet: »Dann muss ich mich hinsetzen, Schreibzeug sortieren und zweimal in die Hände klatschen: Ritualisierte Handlungen, die mich vor dem Schreiben aufhalten, sind anscheinend doch notwendig, um vom alltäglichen Zustand in einen anderen Zustand – nämlich in den Zustand des Schreibens – überzugehen.«

Yoko Tawada sagt, dass sie ständig im Prozess der Übersetzung lebt. Ihr Da-Zwischen-Sein, ihre Existenz im Spannungsfeld von deutscher/europäischer und japanischer Kultur fokussiert den Blick auf kulturelle Eigenheiten, die sich in den Ritualen des Alltags verdichten. Der Blick aus der Ferne – geschärft an der kontinuierlichen Auseinandersetzung mit Geltungen und Selbstverständlichkeiten der eigenen und der fremden Kultur – macht diese Rolle erst möglich. Spielerisch schildert uns Yoko Tawada scheinbar Selbstverständliches als eine andauernde Abfolge von Verunsicherungen, Konflikten und kreativen Missverständnissen – der Ritualbegriff entgleitet dabei seinen herkömmlichen Definitionen und wird zum Spielbegriff, der sich alles anzuverwandeln traut.

Rituale heute: Weshalb?

Angesichts des wiedererwachenden Interesses für Rituale versteht sich dieser Band in erster Linie als Dokumentation. Es geht uns darum, die theoretischen Debatten rund um das Phänomen Ritual aufzunehmen und weiterzuführen, über das Verhältnis von Ritual und Wandel zu reflektieren und auf neue Formen der Ritualisierungen hinzuweisen. Es überrascht wohl nicht, dass die Autoren in diesem Band grundsätzliche Erörterungen des Rituals im Rückgriff auf asiatische Kulturen und auf die europäische Antike präsentieren. In diesen Darstellungen treten Rituale als komplexe gesellschaftliche Institutionen hervor, die sich durch eine ausdifferenzierte und kodifizierte Form, durch ihren sozialen Charakter und durch spezifische gesellschaftliche Funktionen auszeichnen. Als faszinierende Phänomene bringen sie den kulturellen Reichtum der Gesellschaften zum Ausdruck, und sie bieten den beteiligten Akteuren die Gelegenheit, aus einer grossen Bedeutungsdichte spezifische Inhalte auszuwählen und zu kommunizieren.

Die Auseinandersetzungen um den Bestand traditioneller Handlungen innerhalb der gesellschaftlichen Wandlungsprozesse machen eines ganz deutlich: Rituale sind kontextabhängig. Insbesondere die Aufsätze im zweiten Teil unseres Bandes betrachten die Rituale im Prozess wichtiger Übergänge. Doch Rituale wandeln sich nicht zwangsläufig, wenn sich die gesellschaftlichen Rahmenbedingungen verändern. Einige Rituale werden mit neuen gesellschaftlichen Erfordernissen obsolet. Andere funktionieren als Folie, an der sich gesellschaftliche Debatten und Kämpfe entzünden. Dies gilt insbesondere für die Rituale der Macht: Jedes bedeutende kulturelle Ereignis kann zum politischen Symbol werden – in sehr kurzen Zeitspannen. Politische Rituale sind besonders anfällig auf Anfechtungen, wenn gesellschaftliche Akteure Brüche untereinander wahrzunehmen beginnen, wo zuvor Zusammenhalt propagiert wurde. Etablierte rituelle Ordnungen können beides darstellen: Instrumente, die die Kontinuität von Wissen und sozialen Werten zelebrieren (Baumann 1992), oder aber auch Symbole der Unterdrückung. Im zweiten Fall können Rituale der Macht zu Schlachtfeldern werden, wo es um die Verhandlung neuer Bedeutungen geht. So gesehen sind Rituale nicht einfach Ausdruck abstrakter Ideen; vielmehr setzen sie Prozesse in Gang, sie wirken auf die Welt ein (Parkin 1992).

Die gegenwärtig gesteigerte Bereitschaft zu Ritualisierungen lässt sich wohl teilweise aus dem Willen erklären, durch rituelle Mittel neue Formen des individuellen wie des gesellschaftlichen Lebens auszuprobieren. Die Ritualisierungen, über die die Autorinnen und Autoren dieses Bandes schreiben, operieren an der Grenze zwischen Ritual und Kunst. Gerade die rituellen Übergänge regen die künstlerische Produktion an. – Die individuelle Reflexion kann rituelle Formen und Funktionen in Frage stellen oder ablehnen. Doch unübersehbar ist dabei die Herausforderung, welche die Rituale als bestehende Institutionen darstellen. Als Krisenintervention, als Ausdrucksform, als Kommunikationsmittel stellen sich Rituale als Vehikel bereit, um Zusammenhänge herzustellen, sei es, um die Kontinuität des Bestehenden zu gewährleisten, sei es, um diese Kontinuität zu erschüttern. Vor dem Hintergrund der Rituale von traditionalen Gesellschaften muten die heutigen Ritualisierungen als spannende Versuche an, die jedoch kaum das Ausmass früherer ritueller Dimensionen erlangen können (und auch nicht müssen oder sollen). – »Welche Formen (öffentlicher) Rituale kann man heute erfinden?«, so war unsere Eingangsfrage. Die Gegenfrage lautet, ob solch ehrgeizige Projekte sinnvoll und machbar sind. Die Form der Ritualisierungen jedoch bietet heute ganz sicherlich ein weites Feld für Experimente.

Corina Caduff   Joanna Pfaff-Czarnecka

Literatur

Baumann, G. 1992. »Ritual implicates ›Others‹: Rereading Durkheim in a Plural Society«. In: *Understanding Rituals*. Ed. D. de Coppet. London & New York: Routledge.

Bell, C. 1992. *Ritual Theory, Ritual Practice*. New York und Oxford: Oxford University Press.

Bell, C. 1997. *Ritual: Perspectives and Dimensions*. New York und Oxford: Oxford University Press.

Copane 1998. Siehe »Die Preisfrage und mehr als hundert andere Fragen an die Welt«. Lettre International 38:13.

de Coppet, D. 1992. »Introduction«. In: *Understanding Rituals*. Ed. D. de Coppet. London & New York: Routledge.

van Gennep. A. 1986 (1909). *Übergangsriten*. Frankfurt /M.: Campus.

Habermas, J. 1990 (1962). *Strukturwandel der Öffentlichkeit*. Frankfurt: Suhrkamp (Neuwied: Luchterhand).

Hobsbawm, E. und T. Ranger (Hg.). 1983. *Invention of Tradition*. Cambridge: Cambridge University Press.

Kertzer, D. I. 1988. *Ritual, Politics, and Power*. New Haven and London: Yale University Press.

Leach, E. 1976. *Culture and Communication*: The Logic by which Symbols Are Connected. Cambridge: Cambridge University Press.

Lévi-Strauss, C. 1976. *Mythologica*. Bd. 1–4. Frankfurt/M.: Suhrkamp.

Lewis, G. 1980. *Day of Shining Red*: An Essay in Understanding Ritual. Cambridge: Cambridge University Press.

Luhmann, N. 1989. *Gesellschaftsstruktur und Semantik*. Bd. 3. Frankfurt/M.: Suhrkamp.

Okri, B. 1998. »Ein Moment im Zeitlosen«. Lettre International 40: 4–8.

Parkin, D. 1992. »Ritual as Spatial Direction and Bodily Division«. In: *Understanding Rituals*. Ed. D. de Coppet. London & New York: Routledge.

Pfaff-Czarnecka, J. 1998. »A Battle of Meanings: Commemorating Goddess Durga's Victory over Demon Mahisa as a Political Act«. (im Druck)

Staal, F. 1979. ›The Meaninglessness of Ritual‹. Numen 26 (2): 2–22.

Turner, V. 1982. *From Ritual to Theatre*. Chicago: Chicago University Press.

»Gewisse Illusionen sind nur dann nutzbringend, wenn wir sie als Symbole auf dem Weg zur Wirklichkeit betrachten – zu unserer wahren Wirklichkeit. Genau darin liegt die Kraft aller Initiationen und Rituale: Sie ermöglichen uns den Übergang von den Illusionen, die wir uns über unser geringes Selbst machen, hin zur Realität eines grösseren Selbst, unserer grösseren Kraft. Sie befreien uns von unserer Kleingeistigkeit, von dem, was Camus »unser gedemütigtes Wissen« nannte, und sie erlauben uns, das zu sein, was wir wirklich sind, von dem wir manchmal glauben es zu sein, jenes Etwas, das wir in der Liebe zu erhaschen suchen, etwas Mysteriöses und Erhabenes, das in der Lage ist, aus der Wildnis der Erde und den dunklen Orten unseres Bewusstseins Zivilisationen zu erschaffen.«

Ben Okri

Rituale: Voraussetzungen und Fortschreibungen

Axel Michaels

»Le rituel pour le rituel« oder wie sinnlos sind Rituale?

Menschen lassen sich initiieren, verheiraten, beerdigen; sie opfern, halten Messen ab, singen lange Litaneien; nach immer gleichen Mustern zelebrieren sie Geburtstage, Jubiläen, Prüfungen, weihen sie Kinder, Häuser, Schiffe. – Das alles soll ohne Bedeutung sein? L'art pour l'art? Le rituel pour le rituel? Man kann es sich kaum vorstellen. Und doch mehren sich Theorien, die genau dies betonen.

Schon immer gab es mit einem verschämten Seitenblick auf den Menschen als Tier Verdachtsmomente: Tiere wiederholen stereotyp gewisse Handlungen, ohne kognitiv zu wissen, was sie tun, also ohne Bewußtsein. Dann kam Professor Frits Staal, der »The Meaninglessness of Ritual« – so sein berühmtester Artikel, erschienen 1979 in der renommierten Zeitschrift *Numen* – geradezu verkündete, und 1994 publizierten die Sozialwissenschaftlerin Caroline Humphrey und ihr Kollege James Laidlaw in der Oxford University Press ein viel diskutiertes Buch mit dem Titel *The Archetypal Actions of Ritual*, in dem sie die These von der Bedeutungslosigkeit der Rituale, wenn auch modifiziert, wiederholen. Alle drei Autoren entwickeln ihre Thesen an indischem Material: Staal am vedischen Ritual der Feuerschichtung (*agnicayana*), Humphrey und Laidlaw an einer Untersuchung über die jainistische *pūjā*, eine Art Gottesdienst. Ein religionswissenschaftlich arbeitender Indologe darf sich also angesprochen fühlen. Ich halte dagegen und behaupte: kein Ritual ist ohne Bedeutung!

Ich teile meinen Beitrag in vier Abschnitte ein: Zunächst fasse ich plakativ einige wichtige Ritualtheorien zusammen; dann gehe ich kurz am Beispiel der hinduistischen Initiation auf die Frage der rituellen Bausteine ein; drittens und zentral stelle ich ein Modell für die Bestimmung von Ritualen vor, das ich viertens und abschließend gegen die neuen Bedeutungslosigkeitstheorien verteidige. Ich beginne – völlig unspektakulär und im Stile Odo Marquards – mit dem ersten Abschnitt:

Der Wettstreit der Ritualtheorien

Rituale – darüber, wenigstens, besteht Einigkeit – sind Handlungen. Etwas glauben allein reicht nicht. Und da jede Handlung eine Veränderung ist, ist auch jedes Ritual eine Veränderung, ein Übergang, eine Passage. Bekanntlich kommt Arnold van Gennep das Verdienst zu, in seinem klassischen Buch *Les rites de passage* (1909) den Begriff

»Übergangsriten« zum Titel gemacht zu haben. Zwar hatten andere vor ihm – Fustel de Coulange oder Robertson Smith etwa – die Dreiteilung von Riten deutlich gesehen, erst van Gennep sezierte aber Rituale minutiös in die drei Phasen von Trennung (*séparation*), Umwandlung (*marge*) und Angliederung (*agrégation*) und betonte dadurch deutlich den prozessualen Charakter von Riten. Er demonstrierte das Ganze an lebenszyklischen Ritualen (Geburt, Initiation, Heirat, Tod) ebenso wie an räumlichen und zeitlichen Übergängen: Ernterituale, Hauseinweihungen, Pilgerfahrten, an Material von Madagaskar bis Graubünden.

Sein Werk, das immerhin schon früh mit dem seinerzeit noch üblichen Evolutionismus brach, wurde zunächst unterschätzt (in Frankreich mehr als in England), dann mißachtet, von Victor Turner wiederentdeckt und schließlich teils begeistert, teils skeptisch rezipiert, vor allem aber mehr zitiert als gelesen. Für ihn persönlich war die vernichtende Kritik von Marcel Mauss (1910)[1], einem Neffen Durkheims, beruflich verhängnisvoll und so enttäuschend, daß er danach mehr französische Volkskunde und eine Hühnerfarm betrieb, als ethnologisch weiterzuschürfen. Dabei war der Hauptvorwurf von Mauss, daß nämlich van Gennep Regelmäßigkeiten als Gesetze auffaßte, ganz und gar unberechtigt: van Gennep spricht von »Schema« bzw. »Abfolgeordnung« (Schomburg-Scherff 1997: 229), nicht aber von Gesetzen.

Der Hintergrund dieser Kritik hängt wohl mit einer ungleichen Auffassung von der Funktion der Übergangsriten zusammen. Während van Gennep – eher ein (Fakten-)Sammler als theoretischer Jäger – das Individuum und den Erlebnischarakter von Übergangsriten in den Vordergrund stellte, war für die Durkheim-Schule der Begriff der Person wichtig, also ein Begriff, bei dem die sozialen Anteile überwiegen. Der Streit ist jedoch unberechtigt, denn auch van Gennep ging von sozialen Gruppierungen aus und sah die wichtigste Funktion der Übergangsriten in der Kontrolle der sozialen Ordnung bei Veränderungen dieser sozialen Gruppierungen. Er hatte im Grunde ein harmonisierendes Bild von Gesellschaft: Veränderungen sind Störungen und Gefahren, die zu mildern oder zu verhindern es Übergangsrituale braucht.

Wir sind inmitten eines theoretischen Wettrennens, dessen Ziel zu sein scheint, den Sinn von Ritualen nachzuweisen.[2] Bei den Rennwagen gibt es drei Modelle in vielen Farben. Mischungen sind möglich, Extraausstattungen übergehe ich. Die Modelle sind funktionalistisch, konfessionalistisch (substantialistisch, theologisch) oder formalistisch. Die Position der Funktionalisten ist: »Ein Auto ist ein Nutzfahrzeug«, die Position der Konfessionalisten ist: »Ein Auto ist ein Mythos«, die Position der Formalisten ist: »›Auto‹ ist ein Kurzwort für ›Automobil‹« oder »Ein Auto ist ein motorgetriebenes Fahrzeug; warum es fährt und wohin es fährt, interessiert uns nicht.« Die Funktionalisten sagen, Rituale braucht's für diesen oder jenen individuellen oder

---

1 Siehe dazu Belier 1994.
2 Gute Übersichten über Ritualtheorien verschaffen Werlen 1984, Wiedenmann 1991, Bell 1992.

gemeinschaftlichen bzw. spielerischen Zweck: *Rituale sind Krisenintervention; Rituale sind Bündnisse*. Die Konfessionalisten sagen, Rituale hat's, weil sich in ihnen eine andere, den Menschen überfordernde Macht (Gott) zeigt: *Rituale sind Hierophanie*. Die Formalisten sagen, Rituale gibt's, weil sie sich als Handlungen mit diesen oder jenen Gemeinsamkeiten auszeichnen: *Rituale sind reine Form*. Schauen wir uns diese Positionen etwas näher an:

Rituale sind Krisenintervention. Funktionalistische Theorien sind meist psychologisch oder soziologisch ausgerichtet. Psychologische Theorien (etwa von Malinowski, Freud oder Reik) betonen besonders den angstreduzierenden Anteil. Auch van Gennep meinte, daß Rituale der Abreaktion von Spannungen dienen:

> Jede Veränderung im Leben eines Individuums erfordert teils profane, teils sakrale Aktionen und Reaktionen, die reglementiert und überwacht werden müssen, damit die Gesellschaft als Ganzes weder in Konflikt gerät noch Schaden nimmt. (1986: 15)

Ethologisch-psychologische und soziobiologische Theorien[3] sehen in dieser Funktion von Ritualen sogar ein stammesgeschichtliches Auswahlkriterium im Sinne von *survival of the fittest*. Auch Turner (1985a,b) behauptete in seinen späten Schriften, daß Rituale zum Erregungsabbau einer ergotropischen oder trophotropischen Reizung führen. Und selbst Humphrey und Laidlaw (1994: 99) sehen das Erleichternde an Ritualen mit als Grund für ihre Zelebration an. Hingegen hatte Freud angstneurotische Zwangshandlungen und Ritualisierungen des Alltags als quasi religiöses Zeremoniell gedeutet, ihnen also keine positive, sondern schädliche Funktion zuerkannt:

> Das neurotische Zeremoniell besteht in kleinen Verrichtungen, Zutaten, Einschränkungen, Anordnungen, die bei gewissen Handlungen des täglichen Lebens in immer gleicher oder gesetzmäßig abgeänderter Weise vollzogen werden. Diese Tätigkeiten machen uns den Eindruck von bloßen »Formalitäten«, sie erscheinen uns völlig bedeutungslos. Nicht anders erscheinen sie dem Kranken selbst, und doch ist er unfähig, sie zu unterlassen, denn jede Abweichung von dem Zeremoniell straft sich durch unerträgliche Angst, die sofort die Nachholung des Unterlassenen erzwingt. (...) die besondere Gewissenhaftigkeit der Ausführung und die Angst bei der Unterlassung kennzeichnen das Zeremoniell als »heilige Handlung«. (1907: 130f.)

Solche psychologischen Theorien[4] sind nach wie vor beliebt. Sie helfen erklären, warum in umwälzenden und angstmachenden Situationen besonders häufig Rituale praktiziert werden. Rituale dienen dann als Therapie. Die Bedrohung in den Passagen – so heißt es – verlange nach Überwindung, nach Abreaktionen, nach »Mutproben«. Aber die Theorie von der angstlindernden Funktion der Rituale ist unschwer durch Gegenbeispiele zu erschüttern. Malinowski (1925) hatte noch behauptet, daß

---

3 d'Aquili 1983 und d'Aquili et al. 1979.
4 Siehe etwa Laubscher 1979: 78–100, vgl. auch Michaels 1997.

die leichte, weitgehend risikolose Lagunenfischerei bei den Trobriandern keine Rituale erfordere, die gefährliche, angstmachende Hochseefischerei aber mit Ritualen überhäuft sei, daß also das Ritual angstreduzierende Funktion habe. Diese These ist schon 1945 von Radcliffe-Brown (1945: 33–43) widerlegt worden.

Rituale sind Bündnisse. Soziologische Ritualtheorien (Durkheim, Radcliffe-Brown, Thurnwald, Cazeneuve u.a.) betonen vielfach, daß Rituale solidarisierend, kontrollierend, hierarchisierend, stabilisierend, rebellierend sind. Ihr Zeremoniell, ihr Einüben, ihre Öffentlichkeit und Theatralität dienen dazu, die Gemeinschaft über das Individuum zu stellen und zugleich zu überhöhen.

Rituale sind Hierophanie. Demgegenüber haben konfessionalistische (substantialistische, theologische) Ritualtheorien (z.B. Eliade) im Grunde ein religiöses Anliegen. Nach ihnen transzendieren und mythisieren Rituale. Sie grenzen das Profane vom Sakralen ab, sondern aus dem Alltag Bereiche aus, in denen der Kontakt zu einer anderen, jenseitigen Welt gesucht und erreicht wird, in denen sich das Andere zeigt.

Rituale sind reine Form. Formalistische Ritualtheorien scheren sich nur selten um solche philosophischen Fragen. Sie interessiert nicht die »Wahrheit« des Rituals. Statt dessen heben sie die Technik der Rituale hervor, untersuchen die Sprache (Staal, Werlen, Tambiah), Symbole (Frobenius, Jensen), Kommunikation und soziale Pragmatik (Douglas, Leach, Goffmann, Bourdieu, Soeffner) sowie Performanz oder Dramatisierung (Turner, Tambiah, Schechner). Da Sprache, Symbole oder Performanz auch eine Funktion haben können, sind viele formalistische Theorien auch funktionalistisch oder konfessionalistisch, aber dies ist ihre schwächste, unreflektierte Seite. Meist lehnen sie sich an andere Ritualtheoretiker an oder weichen der Frage nach dem Sinn von Ritualen aus. In neuerer Zeit gibt es aber formalistische Theorien, die sich – unabhängig von ihrer Ausrichtung – weder als funktionalistisch noch als konfessionalistisch bezeichnen lassen wollen, Theorien, die nicht nur die formalen, »leeren« Aspekte von Ritualen akzentuieren, sondern auch behaupten, daß Rituale gar nicht anders als reiner Aktivismus sein können.

Alle Ritualtheorien sind also funktionalistisch (mit psychologischem oder soziologischem Schwerpunkt), konfessionalistisch bzw. formalistisch oder eine Mischung davon. Und die Ritualteilnehmer sind es gleichermaßen: zweckorientiert, sinnorientiert oder formorientiert. Die Unterschiede hängen vielleicht mit verschiedenen Haltungen zur Welt zusammen: mit der Trennung von Glauben und Wissen sowie mit einem pragmatischen Mittelweg, mit intellektualistischen, rationalistischen, nominalistischen oder idealistischen Positionen auf der einen Seite und mit empiristischen, realistischen, essentialistischen oder materialistischen Positionen auf der anderen Seite sowie mit dem faktisch vorherrschenden wissenschaftspragmatischen Mittelweg des Fallibismus oder kritischen Rationalismus,[5] der sich –*survival of the fittest* – im Wissenschaftsbetrieb der »besten« Theorien bedient.

---

5 Vgl. Michaels 1998a.

Das Problem liegt jetzt vor Augen: Welches ist die beste Theorie? Wer hat recht? Bevor ich besonders die neuen Theorien auf diese Fragen hin überprüfe, möchte ich rituelle »Bausteine« zusammentragen, auf die ich nachfolgend wiederholt Bezug nehme.

Rituelle »Bausteine«

Die hinduistische Initiation (*upanayana*, *vratabandha*) besteht aus folgenden beinahe überall unverzichtbaren Ritualteilen:[6] Formaler Beschluß (*saṃkalpa*), Tonsur (*cūḍākaraṇa*), Anlegen der heiligen Schnur (*yajñopavīta*), Rezitation von Texten (Lobpreisungen von Göttern) durch die Brahmanen-Priester, Entzünden des Upanayana-Feuers, Lehre der Sāvitrī-Hymne (Ṛgveda 3.62.10), Studiumsbeginn (*vedārambha*), Studium (*deśāntara*) und Studiumsende (*samāvartana*).

In ähnlicher Form besteht die römisch-katholische Taufe hauptsächlich aus diesen Ritualteilen: Empfang am Kirchenportal, Anblasen, Darbietung von gesegnetem Salz, Kreuzzeichen auf Stirn des Täuflings, Geleit zum Taufbecken, Taufgelübde des Taufpaten, Salbung von Brust und Schultern mit Katechumenenöl, Spendung der Taufe mit dreimaligem Gießen von Wasser in Kreuzesform über das Haupt des Täuflings, Namensgebung mit Taufformel, Salbung mit Chrisam auf Scheitel, Taufkleid, Entzünden der Taufkerze an der Osterkerze.

Ist das alles bedeutungslos? Wohl kaum. Im Gegenteil, es wimmelt nur so von Symbolismen und Funktionen. Bei der hinduistischen Initiation geht es zum Beispiel um Neugeburt und Wiedergeburt, Autorisierung zum Vedastudium, Heiratsberechtigung, Ende der Kindheit und Ablösung von den Eltern, Reifung etc. Aber viele, ja fast alle Ritualhandlungen können als Versatzstücke in anderen Ritualen vorkommen, so daß sie dadurch nicht nur auf eine Bedeutung und Funktion festgelegt sind. Beispielsweise sind in der hinduistischen Initiation die Art der Festlegung des Ritualalters, die astronomischen Bestimmungen des Ritualzeitpunkts, die Verehrung der Ahnen, die Form der Einladung von Verwandten und Ritualspezialisten, beinahe alle Vor- und Abschlußriten, die diversen Gaben (*dāna*, *dakṣiṇā*, *prasāda* etc.) und Verehrungsformen (*pūjā*, *upacāra*, *ṭīkā* etc.) nahezu identisch mit anderen Handlungen in anderen hinduistischen (Übergangs-)Ritualen.

Genau diese Redundanz in den Ritualen hat dazu geführt, daß man in solchen Handlungen Prototypen oder Archetypen sah. Man kann mit ihnen spielen, sie variieren, sie wiederholen, transformieren, nachahmen. Man kann sie wie Bausteine verschieden zusammensetzen. Man kann sie, wie Lévi-Strauss es vorschlug, analysieren

---

6 Ich übergehe alle Vorriten (*pūrvāṅga*) und Abschlußriten (*visarjana*). Eine ausführliche Beschreibung und Analyse der hinduistischen Initiation und weiterer Übergangsriten gebe ich in Michaels 1998: 85–114.

wie Elemente einer eigenen Sprache. Und tatsächlich bieten sich diese Ritualhandlungen für die Scripts von Ritualen, für Ritualhandbücher und liturgische Kompendien an.

In besonderem Maße betreffen Ritualhandlungen den Körper, die Kommunikation sowie die Inter- und Transaktionen bzw. Performanz. Einige solcher starren Handlungsmuster will ich nennen:

Bei *Veränderungen in bezug auf den Körper* kommt fast immer ein Kleidungswechsel vor (festliche oder neue Gewänder, Verkleidung, Masken, Schleier, Schuhwechsel oder Schuhe ausziehen), es wird Schmuck angelegt (Ketten, Ringe, Federn, Gesichtsbemalung), die Kopfbedeckung wechselt (Hüte, Krönung, Kranz), das Haar wird verändert (Tonsur, neue Frisur, Perücke), der Körper gesalbt oder gewaschen; nicht selten kommt es auch zu Körperverletzungen (Wunden, Tätowierungen, Beschneidungen).

Bei der *Kommunikation* ist zu beobachten, daß sich die Sprache, die Gestik (Gruß, Kuß, Verbeugung) ändert, die Mimik anders wird. Es gibt einen formalisierten Beschluß zur Abhaltung des Rituals, es gibt mehr Schriftlichkeit (Protokolle, Dokumente, Urkunden, Ritualtexte, Mythen), größere Feierlichkeit (Ansprachen, Singen, Rezitieren von Texten), restringierte Codes (Segenerbittung, Gebete, Fürbitten; neue Namen) oder Schweigen.

Bei den *Inter- und Transaktionen* ist festzustellen, daß Rituale meist verbunden sind mit Essen (gemeinsames Mahl, Bewirtung, Opfer; Fasten), mit Gabentausch (Wertsachen, Schmuck, Geld, Ringe, Bänder, Nahrungsmittel, Früchte, Mitgift), mit Spiel (Tanz, Musik), mit nicht-alltäglichen Bewegungen (Ortswechsel, Prozessionen, Umschreitungen, geübte Schritte, Paraden, Geleit), herausgehobenen Orten (Tempel, Opferstätten, heilige Plätze, geschmückte *arena*, Blumen, Feuer, Weihrauch, Licht, Kerzen) und Zeiten (Freizeit, Arbeitszeit, Nachtzeit, Horoskop; Trommeln oder Glocken leiten formal Beginn und Ende ein).

Diese Handlungsmuster sind für Rituale so typisch und weitverbreitet, daß man in ihnen nahezu ritologische Universalien sah, mit denen die Gattung Mensch bestimmt werden könne. Auch meinte man artgeschichtlich erstarrtes, obsoletes und dadurch bedeutungslos gewordenes Verhalten in ihnen zu erkennen: Schmücken als Imponiergehabe, Essen als Beuteteilung, Singen als Werbung... Freilich, auch wenn die rituellen Versatzstücke in anderen Ritualen vorkommen können, bleibt die Frage: Was macht eine Initiation zu einer Initiation und nicht zu einer Hochzeit? Was macht ein Übergangsritual zu einem Übergangsritual und nicht zu einem Theaterspiel? Was unterscheidet die 49. Geburtstagsfeier von der Konfirmation? Wie trennt man, wenn man nur auf die formale Seite schaut, Routine, Zeremoniell, Brauchtum oder Spiel sinnvoll von religiösen Ritualen? Macht nur die Mischung bzw. Anordnung der leeren, bedeutungslosen Ritualhandlungen den Geschmack eines Rituals aus?

Die fünf Komponenten von Ritualen

Ich behaupte gegen die postmoderne Beliebigkeit: es gibt Möglichkeiten, um Rituale von anderen »ritualisierten« oder nicht-ritualisierten Handlungen unterscheiden zu können. Catherine Bell (1992: 220) etwa anerkennt nur Ritualisierungen (Periodisierung, Formalisierung, Zentralität des Körpers etc.), nicht aber eigenständige Ritualhandlungen. Sie sieht in der Ausgrenzung von speziellen Ritualhandlungen gegenüber »normalen« Handlungen eine Konstruktion, trennt also nicht prinzipiell zwischen Routine und Ritual. In der Tat ist es manchmal mühsam, hier einen eindeutigen Trennungsstrich zu ziehen. Dennoch erscheint er mir nötig. Nicht jede habituelle Handlung (Hände schütteln, Zähne putzen, allabendlich fernsehen) sollte ein Ritual genannt werden. Natürlich kann man von einem Gute-Nacht-Ritual reden oder den regelmäßigen Spaziergang als ritualisierte Handlung oder Ritualisierung bezeichnen. Aber wenn man für diese Tätigkeiten den gleichen Begriff wie für Initiationen verwendet und außerdem behauptet, es bestehe grundsätzlich kein Unterschied, dann scheint doch der Blick für das Wesentliche auf der Strecke zu bleiben.

Kein Mensch kann einen Sprachgebrauch verbieten, der überall und nirgends Rituale sieht, wo sich Handlungen wiederholen. Deshalb kann ich auch nur für mich sprechen und sagen, daß ich Rituale von (ritualisierten) Gewohnheiten durch fünf nachfolgend aufgelistete Komponenten trenne. Diese ermöglichen, wie ich meine, eine sinnvolle Rede von (religiösen) Ritualen, ohne vom Religionstyp her bestimmte Handlungen zu bevorzugen oder auszuschließen. Nur wenn also die fünf Kriterien erfüllt sind, handelt es sich nach meinem Verständnis um ein Ritual.

Die fünf Komponenten von Ritualen[7]

1. Ursächliche Veränderung
(*causa transitionis*)

2. Förmlicher Beschluß
(*solemnis intentio*)

3. Formale Handlungskriterien
(*actiones formaliter ritorum*)
Förmlichkeit (Repetitivität), Öffentlichkeit, Unwiderruflichkeit, »Liminalität«

4. Modale Handlungskriterien
(*actiones modaliter ritorum*)
Vergemeinschaftung (*societas*), Tranzendenz (*religio*), subjektive Wirkung (*impressio*)

5. Veränderungen von Identität, Rolle, Status, Kompetenz
(*novae classificationes; transitio vitae*)

---

7 Die Verwendung von lateinischen Begriffen soll deutlich machen, daß es sich um abstrahierte Handlungsteile handelt, die »in Wirklichkeit« nicht isoliert vorkommen, sondern nur in einem komplexen und polyvalenten Handlungsgeschehen.

1. Die Anlässe (*causa transitionis*)

Rituale stehen mit zeitlichen oder räumlichen Veränderungen, lebenszyklische Rituale mit biologischen, körperlichen oder altersbedingten Veränderungen bzw. Wechseln in Beziehung. Ich nenne diese Komponente *causa transitionis*. Sie bildet zusammen mit der fünften Komponente das Kriterium der Transitionalität, das für van Gennep (1986: 15) ebenso wie für Turner (»transformative performance«) zentral ist, nicht zuletzt, weil erst Transitionalität die Schwellenphase der Ambiguität oder Liminalität einleitet bzw. ermöglicht. Wo keine Grenzüberschreitung, keine Veränderung, kein Wechsel stattfindet, gibt es keine Rituale. Aber das heißt nicht, daß jeder Wechsel ritualisiert ist. Beispiele für die *causa transitionis* sind: das erste oder letzte Mal (Hauseinweihung, Prüfung, Arbeitsbeginn oder -ende), Tages-, Jahres-, Monatswechsel, Namensgebungen und vieles mehr. Die ritualisierten Veränderungen markieren oft Wechsel zwischen Oppositionen oder Dichotomien: alt-neu, rein-unrein, lebend-tot, jenseits-diesseits, heilig-profan, geordnet-chaotisch usw.

Offenbar weltweit verbreitet sind Ritualisierungen von lebenszyklischen Veränderungen wie Geburt, Initiation, Prüfung, Heirat und Tod. »Lebenszyklisch« ist hier ein klassifikatorisches Kriterium: es faßt bestimmte Rituale zusammen, die in ritologischen Abhandlungen im Vordergrund stehen. Die Bedingung »Lebenszyklizität« kann durch eine andere Veränderung erfüllt werden, etwa durch astronomische Wechsel, Krankheit, Gefahr, Verschmutzung. Man spricht dann statt von lebenszyklischen Riten von apotropäischen Riten, Reinigungsriten, Heilungsriten oder ähnlichem.

Die Tasache, daß Veränderungen eine Grundvoraussetzung für Rituale sind, legt die Vermutung nahe, daß Ritualhandlungen mit adaptivem Verhalten zu tun haben, Anpassungen oder Reaktionen an lebensweltliche Herausforderungen auf Krisen sind. Die Frage der Angemessenheit und in diesem Sinne der Funktion bzw. Bedeutung eines solchen Verhaltens ist damit gestellt. Sie ist nicht nur berechtigt, sondern unverzichtbar. Es macht keinen Sinn, sie nicht zu stellen oder zu deklarieren, es gäbe Handlungen, die keine Funktion hätten. Allenfalls kann man sagen, sie haben keine unmittelbar aus dem Kontext oder im jetzigen Wissensstand erkennbare Funktion. Eine offene Frage ist keine sinnlose Frage. Wohl aber sind Theorien, die keine Antwort suchen, auf Fragen, die sie selbst stellen, ziemlich sinnlos.

2. Der formale Beschluß (*solemnis intentio*)

Weiterhin bedarf es eines förmlichen, formelhaften Beschlusses zur Abhaltung des Rituals: Schwur, Versprechen, Gelübde, Eid, *saṃkalpa*. Die spontane, zufällige, willkürliche Feier eines Lebensereignisses ist noch kein Ritual. Eine Initiation ohne *saṃkalpa* ist keine Zweite Geburt, sie wäre wirkungslos. Es handelt sich also um eine wichtige, unverzichtbare Komponente, die C. Humphrey und J. Laidlaw »ritual commitment« nennen und die ich als *solemnis intentio* bezeichne. Aber es ist wichtig festzuhalten, daß diese feierliche Intention weder mit sprachlicher Zeichensetzung noch mit »Bedeutung« gleichzusetzen ist. Die Zeichensetzung, daß eine Handlung eine rituelle ist, kann auch nichtsprachlich erfolgen. Ein Essen, etwa die alljährliche Weihnachtsfeier in Betrieben oder das alljährlich veranstaltete Chinesische Liebesmahl der Industrie- und Handelskammer in Hamburg, kann durch das Zeichen des Anlasses, das bloße Datum, als routinemäßiges Festmahl gekennzeichnet sein, auch wenn meist zusätzlich noch schriftlich eingeladen wird (damit das Ereignis aber ein rituelles wird, bedarf es weiterer Komponenten).

Jede Handlung (nicht nur die rituelle) ist für das ichzentrierte Bewußtsein und für die Fremdwahrnehmung mehrdeutig. Indem jemand einen Vortrag hält, denkt er nur zum Teil und streckenweise eher beiläufig an das, was er sagt und wie er es sagt, aber auch an viele andere Dinge: warum zum Beispiel ein Freund nicht erschienen ist, ob die zur Verfügung gestellte Zeit reicht etc. Wenn er vom Manuskript abliest, redet er zeitweilig, ohne überhaupt daran zu denken, was er sagt. Gewiß, er hat sich seinen Text überlegt und ist mit dem festen Entschluß, mit einer Intention (wenn auch nicht mit einer *solemnis intentio*), gekommen zu sagen, was er denkt. (Zusätzlich gibt es meist weitere Intentionen: das Wiedersehen mit Freunden, die Eitelkeit, die Reiselust.) Aber im Augenblick des Vortragens ist die Intention zu sagen, was er gedacht hat, als er das Vortragsmanuskript schrieb, eher im Hintergrundbewußtsein. Nur wenn jemand im Publikum irritiert schaut, gähnt, lacht oder sich räuspert, kommt die ursprüngliche Absicht wieder konzentriert in das Bewußtsein, das dann seltsam eingeengt wird und ein Abschweifen der Gedanken verbietet.

Man kann also sagen, daß Konzentration und Bewußtheit des Tuns eine Einengung des Bewußtseins sind, und daß es Warnsignale gibt, die eine solche Einengung hervorrufen. Diese Bemerkung wird durch neurobiologische Experimente und Beobachtungen bestätigt. Genau in dieser Fähigkeit könnte ein evolutionsgeschichtlich adaptiver Vorteil des Menschen gelegen haben. Für eine neurobiologische Ritualtheorie ist das insofern wichtig, als die Motive für rituelle Handlungen in gleicher Weise mehrdeutig sind, daß es aber in Krisensituationen, also wenn es ernst wird oder wenn es darauf ankommt, für die Ritualhandlung selbst eine meist breit akzeptierte Begründungsversion – die Einengung der Bedeutung – gibt: Dann gilt plötzlich nur noch die »offizielle« Version der Ritualspezialisten, der Priester, der Theologen. Man denke etwa an Diskussionen am Heiligen Abend mit pubertierenden Kindern über den Sinn von festlicher Kleidung bei Weihnachtsfeiern: Plötzlich entpuppen sich selbst Eltern, deren Bekenntnis zum christlichen Glauben eher schwach ausgeprägt ist, als Vorzeigechristen.

Oder ein anderes Beispiel: Ich habe 1984 über 350 Pilger des Śivarātri-Festes am Paśupatinātha-Tempel in Nepal gefragt, was sie eigentlich in dieser Nacht begehen.[8]

---

8   Michaels 1994: 264–75 und 1996.

Es gab viele Antworten – Śivas Geburtstag, die Hochzeit von Śiva und Pārvatī und vieles mehr –, nur eine Variante fehlte: der purāṇische Mythos vom niedrigkastigen Jäger, der nächtens versehentlich ein im Laub verstecktes Liṅga verehrte und dadurch von Śiva in den Himmel geholt wurde. Wenn aber ein Streit zwischen zwei gleichzeitig Befragten über ihre verschiedenen Versionen ausbrach, einigte man sich schnell, den Tempelpriester zu fragen, der dann schon »das Richtige« wisse. Ähnlich verhält es sich mit Pfingsten: Nur eine Minderheit weiß noch, warum Pfingsten ein Feiertag ist, die Mehrheit begeht ihn gleichwohl (wenn auch meist nur als arbeitsfreien Tag); zur Not hilft der Pfarrer oder das Lexikon.

Wie man sieht, ist es ratsam, die Intention einer Handlung von ihrer Bedeutung zu trennen. Ich stimme daher Humphrey und Laidlaw (1994: 89) zu, wenn sie sagen, daß Ritualhandlungen »non-intentional« seien, bleibe aber dennoch dabei, daß jede Ritualhandlung das Kriterium der *solemnis intentio* erfüllen muß, um sie überhaupt als besondere Handlung kennzeichnen zu können. Noch einmal: Ich kann beabsichtigen, eine Handlung auszuführen, ohne (im Augenblick ihrer Ausführung) zu wissen, was sie bedeutet, und eine Handlung kann die gleiche sein, auch wenn ihr verschiedene Bedeutungen beigemessen werden. Jeder Jurist kennt dies, weil der Unterschied zwischen subjektivem Tatbestand (z. B. Mord aufgrund von niederen Motiven, Totschlag oder Fahrlässigkeit) und objektivem Tatbestand (der Tod eines Menschen) für Schuldbeimessung bzw. Strafminderung entscheidend ist.

Nur die *solemnis intentio* macht eine alltägliche oder gewohnheitsmäßige Handlung zu einer Ritualhandlung.[9] Schuhe ausziehen ist nicht unbedingt eine Ritualhandlung; dies kann auch nötig sein, um sie zu putzen oder um neue anzuprobieren. Schuhe ausziehen ist aber eine Ritualhandlung, wenn es mit einer *solemnis intentio* verbunden ist, wenn man etwa einen Tempel betritt, unabhängig davon, ob der einzelne das will oder gut bzw. schlecht findet, unabhängig also davon, was seine private Intention ist.[10] Die *solemnis intentio* schneidet also aus dem Fluß der Handlungen bestimmte Segmente heraus, macht eine Zäsur, ruft den Wechsel, die Veränderung ins Bewußtsein.[11] Daher findet meist auch ein Wechsel der Sprachebene statt. Im Ritual werden aus Blumen Ritualblumen, aus Wasser Ritualwasser, aus Reis Ritualreis, aus einem Stein ein Göttersitz. All dies wird sprachlich größtenteils deutlich unterschieden. Beispiele aus der hinduistischen Initiation: *pānī* (»Wasser«) wird zu *jal*, *mīthaī* (»Süßigkeiten«) wird zu *naivedya*, *phul* (»Blumen«) wird zu *puṣpa*, *batī* (»Licht«) wird zu *dīp*, *camal* (»Reis«) wird zu *akṣetā*.[12] Der Gebrauch von Sakral-

---

9 Humphrey/Laidlaw (1994: 104) sprechen von »cutting up of continuos action«.
10 Humphrey/Laidlaw (1994: 92ff.) unterscheiden hier zwischen »intention in doing« und »intention to do« bzw. zwischen »action« und »actions«.
11 Humphrey/Laidlaw 1994: 89: »We believe ritualization to be a qualitative departure from the normal intentional character of human action. It is a distinctive way of ›going on‹.«
12 Vgl. Humphrey/Laidlaw 1994: 120.

sprachen und Ritualtexten mit ihren restringierten Codes dient ebenfalls dazu, Ritualsprache von Alltagssprache zu trennen.[13]

Zu Recht weisen Humphrey und Laidlaw darauf hin, daß eine formal beschlossene Ritualhandlung immer eine sprachlich benennbare Handlung ist. Man kann nicht ein Ritual machen, ohne zu wissen, daß man ein Ritual begeht. Man kann nicht zufällig, unabsichtlich, fahrlässig ein Ritual begehen. Zwar gibt es die Möglichkeit, eine akzidentelle Handlung im nachhinein als Ritualhandlung auszulegen und denjenigen, der sie begangen hat, das Verdienst des Rituals zukommen zu lassen – der Jäger im Śivarātri-Mythos, der nächtens auf einem Baum sitzt und unabsichtlich Wasser auf ein verstecktes Liṅga träufelt und damit Śiva verehrt, ist ein solches Beispiel –, aber das ist nur möglich, eben weil diese Handlung benennbar ist, also Grundlage einer *solemnis intentio* sein kann.

Die Solemnis intentio ist mit der Werbung im Fernsehen oder Radio vergleichbar: Sobald der kommerzielle Unterbruch der Sendung signalisiert ist, kommt es gar nicht mehr auf den Inhalt an, um den Film als Werbespot erscheinen zu lassen. Viele Ritualtheorien scheinen die Gemeinsamkeit von Werbesendungen ohne dieses Signal herausfinden zu wollen, gewissermaßen – um im Bild zu bleiben – die Essenz der *commercials*. Doch was haben Filmszenen über ein Waschmittel, einen Schokoriegel oder einen von Andre Agassi getragenen Schuh gemeinsam, außer daß sie eine gewisse Kürze haben und durch ein Signal als Werbefilme gekennzeichnet sind? Würden die Szenen in einem anderen Zusammenhang gesendet, wäre ihr Werbecharakter mitunter kaum erkennbar. Manch einer, der im Kino zu spät kommt, muß bis auf die Pause zwischen den Werbefilmen warten, um zu merken, daß der Hauptfilm noch nicht begonnen hat. Gleiches gilt für Rituale: Nur wenn man weiß, daß die Waschung einer Statue ein Ritual ist, kann man die Handlung vom Putzen der Figur unterscheiden.

Das Kriterium der *solemnis intentio* setzt aus neurobiologischer Sicht die Einbeziehung des präfontalen Cortex voraus. Ist diese Hirnregion gestört oder nicht entwickelt, werden keine Rituale gemacht: Es fehlt dann die Fähigkeit zu intentionalem Tun, also Denken in Handlungen umzusetzen (Roth ^{5}1996: 183). Wohl aber bleibt bei Menschen mit Läsionen im präfontalen Cortex die Fähigkeit zu repetitivem, »stereotypen« Verhalten bewahrt, mitunter sogar krankhaft ausgeprägt durch ein Beharren auf immer denselben Tätigkeiten. Will man dieses sozial sehr eingeschränkte, bloß repetitive Verhalten von Ritualhandlungen unterscheiden können, kann man auf das Kriterium der Intentionalität nicht verzichten. Anders verhält es sich bei der Unterscheidung von neurotischem Zeremoniell und Ritual; diese ist viel schwieriger zu treffen und setzt bereits kulturelle Wertungen über Sinn und Bedeutung der Handlungen voraus.

---

13 Hierzu grundlegend Werlen 1984.

3. Formale Kriterien (*actiones formaliter ritorum*)

Drittens müssen mindestens drei, manchmal auch vier verschiedene formale Handlungskriterien erfüllt sein. Die Handlungen müssen a) förmlich, stereotyp und repetitiv (und damit nachahmbar), b) öffentlich und c) unwiderruflich sein; in vielen Fällen sind sie auch d) liminal. Umgekehrt heißt das: Handlungen dürfen nicht spontan, privat, widerrufbar, singulär und beliebig für jedermann sein.

Die *Förmlichkeit* der Handlung ist mit ein Grund für ihre Kodifizierung, Repetitivität, Normativität und Präskriptivität. Selten wird bestritten, daß rituelle Handlungen nicht zweckrational sind, also nicht (leicht) geändert werden, wenn das Ziel anders oder besser erreicht werden kann (etwa indem man die Taufkerze mit einem Feuerzeug statt an der Osterkerze anzündet). Die Förmlichkeit ist also ein Kriterium der ersten Wahl in allen Ritualdefinitionen. So definiert Turner Ritual als

> vorgeschriebenes, förmliches Verhalten bei Anlässen, die keiner technologischen Routine überantwortet sind und sich auf den Glauben an unsichtbare Wesen oder Mächte beziehen, die als erste und letzte Ursachen aller Wirkungen gelten.[14]

Aus neurobiologischer Sicht ist durch dieses Kriterium klar, daß es sich um erlerntes, also weitgehend in neuronalen Synapsenverbindungen gespeichertes Wissen bzw. Verhalten handelt. Es ist im Gedächtnis aufbewahrt und von dort abrufbar; außerdem steht es (nur?) mit Rückgriff auf diese Speicherung spontan zur Verfügung. Jedes Ritual ist anders und setzt daher immer neue und insofern auch spontane Reaktionen voraus. Genau genommen ist sogar kein Ritual gleich – eine zutreffende und wichtige Beobachtung von Humphrey und Laidlaw und der Ansatz für den Aspekt der Kreativität in Performanztheorien. Mal fehlt ein Ritualgegenstand, mal geschieht etwas Unerwartetes, mal wird die Reihenfolge geändert oder etwas vergessen. Dennoch: Ein sakrales Lied bleibt ein sakrales Lied, auch wenn der Text vergessen, abgewandelt oder gesummt statt – wie vorgeschrieben – laut gesungen wird: Jeder christliche Gottesdienst braucht die Orgel, um den Mangel der Lieder- und Melodienkenntnis wortwörtlich zu überspielen. Auch bei einem Gebet können die Beteiligten sagen, ob es ein falsches oder richtiges Gebet war. Sobald sie sich geeinigt haben (bzw. die *solemnis intentio* abgelegt haben): »Jetzt kommt ein Gebet«, ist es ein Gebet und nicht etwa eine Meinungsäußerung, eine Liebeserklärung oder ein Votum.

Öffentlichkeit ist ein weiteres formales Kriterium. Rituale können keine Privatveranstaltungen sein, weil man, wie Wittgenstein gezeigt hat – übrigens an ethnologischem Material aus Frazers *Golden Bough* – nicht allein einer Regel folgen kann. Zu Recht haben britische, von Wittgenstein beeinflußte Sozialwissenschaftler – unter ihnen Edmund Leach oder Mary Douglas – denn auch gegen die Möglichkeit rituel-

---

14 Erstmals 1958 in einem Vortrag formuliert, veröffentlicht in Turner 1964: 19; vgl. zur Geschichte dieser Definition Bräunlein 1997: 332f. mit Anm. 6, von dem auch die Übersetzung der zitierten Stelle stammt.

ler Privathandlungen argumentiert. Die Liebe ist nicht unbedingt ritualisiert, wohl aber die soziale Berechtigung dazu: die Ehe. Mein Hindī-Lehrer in Benares wurde verheiratet, gegen seinen Willen, aber mit einem richtigen Hochzeitsritual. Erst als er seine Frau dann kennen und lieben lernte, bekannte er sich zu der Ehe, und beide »heirateten« für sich noch einmal: sie gingen ins Kino, er kaufte ihr eine Armbanduhr, und sie machten eine Bootsfahrt auf dem Ganges. Beide Male war es eine Hochzeit, aber nur das erste Mal war es eine rituelle Hochzeit. Weitere Beispiele: Ein Leichnam ist noch kein Ahne bzw. rituell Gestorbener, ein Neugeborener noch nicht sozio-rituell akzeptierter Sohn, ein Heranwachsender noch kein Erwachsener. Im alten Rom war der Sohn nur als leiblicher anerkannt, wenn der Pater familias den Neugeborenen vom Boden aufnahm. Lebenszyklische Rituale brauchen also Öffentlichkeit und Gemeinschaft. Sie erneuern und festigen soziale Beziehungen. Mit Bedacht hat Turner das Gemeinschaftsgefühl (*communitas*) hervorgehoben, das sich bei den festlichen Anteilen einstellt. Ein Ritual hat daher in diesem Sinn auch einen zeichensetzenden Charakter, eine Signalfunktion für die Gemeinschaft und Öffentlichkeit.

Die *Unwiderruflichkeit* hängt damit zusammen, daß Ritualhandlungen unabhängig von ihrer Bedeutung wirken: *ex opere operato*. Man kann sie nicht rückgängig machen. Die Umgürtung macht einen Hindu zum Zweimalgeborenen, selbst wenn man – was natürlich nicht vorkommt – während des Upanayana-Rituals merkt, daß man lieber Muslim oder Christ sein möchte. Dazu bedarf es dann eines neuen Rituals. Weil Ritualhandlungen oft so strikt, so unwiderruflich sind, geben sie auch Anlaß zu Spott: Die Frau, die vor dem Altar »Nein!« sagt; der Havik-Brahmane, der sich nach jedem Geschlechtsverkehr badet und dadurch seine Nachbarn wissen läßt, wie oft er Geschlechtsverkehr hat.[15]

Mit »Liminalität« (von *limen*, »Grenze«) greife ich einen Begriff Turners aus seiner Monographie *The Ritual Process* (1969)[16] auf, der damit die nicht-alltäglichen und zugleich reversiven, paradoxen, teilweise absurden Anteile von Ritualen bezeichnet, die besonders in den lebenszyklischen Grenzsituationen zur Geltung kommen. Dann wird nämlich – so schon van Gennep – der Platz des einzelnen in seiner sozialen Gruppe neu bestimmt,[17] indem unter anderem zeitweilig die Dinge auf den Kopf gestellt sind, indem zum Beispiel Geschlechter oder soziale Rollen aufgehoben sind. Das Kriterium der Liminalität sehe ich als hinreichendes, aber nicht als ein notwendiges an.

Die vier formalen Handlungskriterien haben vielleicht am ehesten mit der Phylogenese des Menschen und seinem ethologischen Verhalten zu tun.[18] Man kann – wie

---

15 Das letzte Beispiel stammt von Harper 1964.
16 Turner hat seine Ritualtheorie erstmalig 1964 formuliert, sie 1969 zu einer Monographie gestaltet sowie 1974 und 1982 vor allem die dramatischen, 1985 die neurobiologischen Aspekte betont. Siehe dazu auch Moore/Myerhoff 1977.
17 Ähnlich Mol 1976: 233.
18 Vgl. dazu d'Aquili 1983 und d'Aquili et al. 1979.

oben geschildert – immer wieder sich gleichende, restringierte Handlungs- und Kommunikationsmuster beobachten, die geradezu ein Inventar ritueller Handlungen bilden, ein Vokabular für Ritualgrammatiken. Fast jede rituelle Handlung kommt auch in einem nichtrituellen Kontext vor, und ob die Handlung »Wasser ausgießen« gemacht wird, um eine Statue bloß zu putzen oder sie zu weihen, ist wie gesagt nicht allein aufgrund von äußerlichen, formalen Kriterien zu entscheiden, sondern hängt einerseits von der *solemnis intentio*, andererseits von modalen Handlungskriterien ab, nicht aber nur von der Förmlichkeit. Nicht gilt es also bei einer Ritualhandlung zu verstehen, warum ein einzelner sich zu bestimmten Anlässen die Haare scheren läßt oder ein festliches Gewand anlegt. Vielmehr ist zu verstehen, ob Haareschneiden und Kleidungswechsel in dieser oder jener Form geschieht. Die Partitur von Ritualen muß vorliegen und entziffert, nicht die Interpretation beschrieben werden.

4. Modale Kriterien (*actiones modaliter ritorum*)

Neben den formalen Kriterien müssen bei einer komplexen Ritualdefinition rituelle Handlungen zwei modale Anteile haben, die – wie ich meine – für die Funktionen der Rituale entscheidend sind. Ich nenne diese modalen Handlungskriterien *societas* und *religio*; als ein drittes modales Kriterium kann *impressio* hinzukommen.[19] Damit ist klar, daß für mich Rituale Funktion und Bedeutung haben, und das heißt, daß ich das Gegenargument, die Bedeutungslosigkeitstheorie, noch zu entkräften habe.

Unter *societas* verstehe ich – anders als Turner, der hier den Begriff *communitas* verwendet – alle auf die Gemeinschaft bezogenen Funktionen eines Rituals: Solidarität, Hierarchie, Kontrolle oder Normierung. Rituale haben oft mit gesellschaftlicher Macht oder sozialem Druck zu tun – ein Aspekt, der von Humphrey und Laidlaw nahezu völlig vernachlässigt wird. Die meisten Konfirmanden oder in Indien die Bräute wollen das Ritual nicht, glauben weder an Sinn noch Nutzen des Ganzen, können sich aber dem Druck der Familie und der Gemeinschaft, die sich in diesen Ritualen feiert, nicht entziehen. Es ist diese Beobachtung, die Durkheim zu Recht den gemeinschaftsstiftenden Anteil von Religion und Ritualen betonen ließ. Aus diesem Grund eignen sich gerade Rituale für Rebellion und Protest: eben weil sie die kollektiven Repräsentationen der Gemeinschaft bilden.

Religio umfaßt die transzendierenden, auf eine jenseitige, höhere, geheiligte Welt (*vita perennis*) bezogenen Intentionen, also das, was etwa bei Clifford Geertz »Aura von Faktizität« oder bei Rudolf Otto das »Numinose« heißt. Mit *religio* erhalten alltägliche Handlungen Erhabenheit und Ernst (Burkert 1997: 18f.), mit *religio* wird

---

19 In einer vorab veröffentlichten Kurzfassung des vorliegenden Artikels (Michaels 1998b) habe ich von »Communitas«, »Individualitas« und »Religio« gesprochen. Verschiedene Diskussionen haben mich dazu bewogen, die modalen Kriterien jetzt anders zu bewerten und zu bezeichnen.

das Unveränderliche, Nichtindividuelle oder Nichtalltägliche inszeniert bzw. szenisch repräsentiert. Dieses Kriterium ist strittig, weil es eine Definition von Religion voraussetzt, die bekanntlich nicht einfach ist.[20] Dennoch meine ich, daß Rituale ohne einen Einbezug des religiösen Anteils nicht von bloßer Routine trennbar sind. Die Rede von säkularen Ritualen (Moore/Myerhoff 1977) macht daher in meinen Augen nur Sinn, wenn von einem nicht eingestandenen, meist theistischen Religionsbegriff ausgegangen wird, der zum Beispiel die Unterscheidung zwischen religiös und säkular, sakral und profan voraussetzt. Für mich ist *religio* hingegen das Bewußtsein, daß die in Frage stehende Handlung gemacht wird, weil ihr ein transzendentaler Wert zugemessen wird. Ich folge damit Durkheims Diktum »On ne peut donc définir le rite qu'après avoir défini la croyance« (1912: 50), das Malinowski (1967: 189) – »Es gibt (...) kein Ritual ohne Glauben« –, Turner (siehe oben, Anm. 14), Lévi-Strauss (1976/IV: 793) und andere übernahmen.

In den meisten Fällen von *religio* ist ein theistischer, dämonistischer oder auch dynamistischer Glaube an überirdische Wesen bzw. Mächte nachweisbar, wie auch in den allermeisten Fällen ein solcher Glaube für die Definition von »Religion« ausreicht. Ich schließe mich hier der zwar altertümlichen, von Tylor beeinflußten, aber nach wie vor unübertroffenen Definition von Milford Spiro (1966: 96) an: »I shall define ›religion‹ as ›an institution consisting of culturally patterned interaction with culturally postulated superhuman beings‹.« Der Nachweis des Glaubens an übermenschliche Wesen ist für mein Verständnis von *religio* für gewöhnlich gegeben, doch ist er keine Bedingung. Wohl aber muß eine Überhöhung vorliegen, die oft auf letzte Dinge, auf das Jenseits, eine übergeordnete Wirklichkeit bzw. Ordnung oder den Tod Bezug nimmt. Ich behaupte ferner nicht, daß jeder oder ein bestimmter Ritualteilnehmer Gefühle im Sinne von *religio* haben muß, sondern nur, daß diese an irgendeiner Stelle nachweisbar sein muß; meist liegt sie bei der *solemnis intentio* vor.

Ist aufgrund dieser Kriterien eine Feier des 80. Geburtstags ein Ritual? Nach meinem Verständnis muß man unterscheiden, ob es sich um eine offizielle Feier handelt, bei der formal eingeladen wird, bei der es eine Laudatio und Öffentlichkeit gibt, bei der in einem festlichen und förmlichen Rahmen die *religio* als Respekt, Verneigung und sogar Unterwerfung vor dem Alter und der Lebensleistung des Jubiliars zum Ausdruck kommt, oder ob es sich um eine mehr private, spontane, nicht herausgehobene Feier handelt, bei der also die *religio* fehlt und die dann eher als Brauchtum einzustufen wäre.

Impressio bezeichnet auf die einzelnen Ritualteilnehmer bezogene, subjektive Handlungsaspekte, zum Beispiel Angstlinderung, Spielfreude, Lust oder Unlust. Ich übergehe diesen Aspekt, weil ich ihn in bezug auf die Angst an anderer Stelle ausführlich behandelt habe (Michaels 1997). *Impressio* kann, muß aber nicht bei Ritualen

---

20 Vgl. Michaels 1997a mit Nachweisen sowie Kerber 1993 und Feil 1995.

gegeben sein. Oft wird eine Ritualhandlung nur gemacht, ohne bei dem Beteiligten einen besonderen Eindruck zu hinterlassen, der es rechtfertigen würde, ihn von der Eindrücklichkeit jeder Handlung abzuheben. Es ist sogar ein Kennzeichen vieler Rituale, daß sie keinen Eindruck hinterlassen, mit anderen Worten: langweilen. Erinnert wird vielfach nur der Anlaß, nicht aber das Ritual. Ebenso kann aber die Eindrücklichkeit ganz im Vordergrund stehen, besonders bei den dramatischen, theatralischen und spektakulären Ritualen.

Die modalen Kriterien von *societas* und *religio* können unterschiedlich stark sein, müssen aber – zumindest bei lebenszyklischen Übergangsritualen – insgesamt nachweisbar sein. Es kann, wie Lévi-Strauss (1976/IV: 793) sagt, Glauben ohne Ritual geben, aber keine Rituale ohne *religio*. Das Verhältnis der formalen zu den modalen Kriterien und die Mischung der modalen Kriterien macht die kulturvariante Grammatik eines Rituals aus. Die hinduistische Mischung der meisten lebenszyklischen Übergansgrituale (*saṃskāra*) hat zum Beispiel viel *societas*, aber vergleichsweise wenig Impressio. Eine schamanistische Initiation hat demgegenüber deutlich mehr *impressio*, weil sie auch besondere Fähigkeiten des Adepten voraussetzt. Oder: Eine norddeutsche, protestantische, großstädtische Hochzeitsfeier der unteren Mittelschicht hat in der Regel weniger Anteile an *societas* als eine süddeutsche, katholische, kleinstädtische Hochzeit. Oder: Eine Schiffstaufe hat viel *societas*, aber im Vergleich zu einer Kindstaufe erheblich weniger *religio* und *impressio*.

Fehlt eines der beiden notwendigen modalen Kriterien, handelt es sich nicht um ein Ritual. Eine private Umgürtung ist kein Initiationsritual, eine gespielte – ohne Ernst, ohne Religio durchgeführte – Initiation ebensowenig. Eine bloße Ansammlung von Menschen ist noch kein Ritual, sie kann aber mit *solemnis intentio* und zum Beispiel *religio* zu einer religiösen Prozession werden. Bei nicht-lebenszyklischen Ritualen kann der Aspekt der *impressio* wegfallen, nicht aber darf der Anteil der Religio fehlen: Eine an ein neues Schiff geworfene Sektflasche – erneut ein schönes Beispiel von Humphrey/Laidlaw (1994:100) – ist Sachbeschädigung, aber die gleiche Handlung kann eine Schiffstaufe sein, wenn formale Kriterien erfüllt sind und die Handlung *societas* und *religio* aufweist.

5. Der Statuswechsel (*novae classificationes; transitio vitae*)

Mit Ritualen muß eine erkennbare Veränderung eingetreten sein; es muß zum Beispiel eine vorher nicht gegebene Kompetenz oder ein neuer sozialer Status mit gesellschaftlichen Konsequenzen erworben worden sein. Diese Komponente gehört zum Kriterium der Transitionalität, das ich schon bei der ersten Komponente angesprochen habe und mit dem Turner (1964: 95) Rituale von Zeremonien trennt: »Ritual is transformative, ceremony confirmatory.« Ein Schiff wird durch die Schiffstaufe zu einem getauften Schiff, ein Habilitand wird durch die Habilitation zu einem Habilitierten: sehr schön ersichtlich, wenn die Professorenschaft bei der Verkündung ihres solemnen Beschlusses, den Kandidaten in ihren Kreis aufzunehmen, aufsteht und damit – in anachronistischem, gleichwohl pfründesicherndem Dünkel – dem zuvor noch nicht als gleichwertig erachteten Kandidaten die Kompetenz zum Unterrichten (*venia legendi*) bzw. das Prädikat »professorabel« zuspricht.

Mit diesen fünf Komponenten läßt sich »Ritual« von Zeremonie, Spiel, Sport, Routine, Sitte, Brauchtum oder Theater abgrenzen, ohne einen theistischen Religionsbegriff oder die oft problematische Unterscheidung zwischen »profan« und »säkular« voraussetzen zu müssen. Es ist – wie gesagt – eine Unsitte geworden, nahezu jede regelmäßige Handlung als Ritual zu bezeichnen, was J. Goody (1977) dazu veranlaßt hat, einen Artikel mit dem Titel »Against ›Ritual‹« zu schreiben. Darin kritisiert er völlig zu Recht, daß in letzter Zeit jede gewohnheitsmäßige Handlung (der Fünfuhrtee, Händeschütteln, Zähneputzen usw.) für ein Ritual gehalten wird.

Einige Beispiele: Wenn man nach einem Konzert Beifall klatscht, ist das kein Ritual, sondern Gewohnheit, habituelles Verhalten (es fehlt die *solemnis intentio*). Im Spiel fehlt meist die *causa transitionis* oder *religio*. Eine kompetitive Ruderfahrt ist kein Ritual, sondern Spiel. Anders bei der alljährlichen Regatta zwischen Oxford und Cambridge: da ist ein kleiner Anteil von *religio* wohl vorhanden. In der Routine fehlt die Unwiderruflichkeit und der liminale Aspekt der Handlungen, in Sitte und Brauch die *solemnis intentio*. Im Drama mangelt es meist an *religio* (wenn vorhanden, ist es zum Beispiel ein Mysterienspiel). Andererseits ermöglicht das Schema, auch solche Ereignisse zu erfassen, die oft nicht als Rituale gelten, weil sie nicht theistisch-religiös sind. Ein Geburtstagsfest etwa beruht nicht auf einer erkennbaren körperlichen Veränderung, wohl aber auf einer altersbedingten. Es ist nach meiner begrifflichen Festlegung kein lebenszyklisches Ritual, da es an *religio* mangelt. Allerdings ist der »religiöse« Aspekt bei runden Geburtstagen und Kleinkindergeburtstagen wegen der (kulturvarianten) Symbolkraft von Zahlen und der (kulturspezifischen) Idealisierung von Kindern zu spüren. Deshalb sind solche Feste – wie oben dargelegt – auch mehr ritualisiert als ein gewöhnlicher Geburtstag. Oder: Eine Blinddarmoperation erfüllt nahezu alle Kriterien des Schemas; sie hat Transitionalität (aus krank wird – in der Regel – gesund), förmlicher Beschluß (die schriftliche Erklärung zum Einverständnis), Repetitivität (jede Operation gleicht im Prinzip der anderen), Öffentlichkeit (Anwesenheit von mehreren Ärzten und Krankenschwestern), *impressio* (Schmerzlinderung, Wohlbefinden) und *societas* (Krankenhausteam und Patient wachsen meist zu einer temporären Gemeinschaft zusammen). Doch fehlt bei medizinischen Operationen meist die Unwiderrufbarkeit (ein besseres Verfahren kann weitgehend problemlos ein älteres ersetzen) und *religio*. Allerdings ist hierbei die Grenze fließend, weshalb man allopathische Behandlungen und selbst Operationen unter Umständen durchaus auch als Heilungsritual verstehen kann. Noch mehr gilt dies für homöopathische und Naturheilverfahren. Eine Heilungsséance, bei der *religio* als Glaube an die Wirksamkeit von Göttern oder Geistern problemlos nachweisbar ist, kann mit den fünf Komponenten in jedem Fall als Ritual ausgewiesen werden.

Die Bedeutung der Bedeutungslosigkeitstheorie

In meinem Schema zur Erfassung von Ritualen ist genügend Raum für kulturvariante Spezifika. Auch kann, je nach Mischung, den Modellen und Farben der funktionalistischen, konfessionalistischen und formalistischen Ritualtheorien Rechnung getragen werden. Tatsächlich ist ja ein Beschneidungsritual etwas ganz anderes als eine Initiation. Auch kann der Anteil der rituellen Performanz und Theatralität unterschiedlich hoch sein. Den Hauptkritikpunkt wird aber die *religio* bilden, weil sie ein umstrittener und nicht immer leicht nachweisbarer Begriff ist. Ich halte ihn, wie gesagt, für unverzichtbar, um die Rede von Ritualen nicht zu verwässern.

Nur eine Theorie paßt scheinbar nicht zu dem Schema: die Theorie von der Bedeutungslosigkeit der Rituale, wonach das Ritual für das Ritual da ist und nur einen Selbstzweck, allenfalls einen stammesgeschichtlich verborgenen Zweck hat. Es handelt sich also im Grunde um eine biologische Theorie, die ihre ethologischen Anknüpfungspunkte nicht leugnet.[21] Pointiert hat sie Frits Staal[22] vertreten, abgeschwächt haben sie Humphrey und Laidlaw wiederholt.

Nach Staal sind Rituale *per definitionem* starr und unveränderlich. Deshalb können sie keinen Zweck haben. Gäbe es einen Zweck von Ritualen, müßten andere »Instrumente«, die den gleichen Zweck besser erfüllten, an ihre Stelle treten können. Dann wären die Handlungen aber nicht mehr starr, repetitiv und unveränderlich, also keine Rituale mehr. Da jedoch die Rituale auch ohne jeden Zweck weiter gemacht würden, seien sie bedeutungslos, »pure activity (...) without function, aim or goal« (Staal 1979: 131).

Auch ich hatte darauf hingewiesen, daß rituelle Handlungen weitgehend förmlich, stereotyp und oft auch austauschbar sind. Es braucht keine innere Zustimmung der Beteiligten zur Theologie, zur Bedeutung, zum Mythos des Rituals. Obwohl nur wenige Konfirmanden heute an Gott glauben, lassen sich die meisten Jugendlichen nach wie vor konfirmieren. *Impressio* ist nach meinem Schema aber eine Kannbestimmung. Die heilige Schnur in der hinduistischen Initiation »bedeutet« für den einen Statusveränderung, für den anderen Konformität, für den dritten ist sie modisches Accessoire. Die Umgürtung selbst ist leere Hülle und kann mit verschiedenen Sinngehalten angefüllt werden: Jünglingsweihe, Ordensweihe, Auszeichnung (mit Schärpe). Im indischen Kontext kann die heilige Schnur substituiert und mit ganz anderen Zielen – etwa der Aufnahme in einen asketischen Orden – versehen werden.[23] Ob man daran glaubt oder nicht: Umgürtung ist zunächst nur Umgürtung. Frits Staals Theorie von der Bedeutungslosigkeit der Rituale knüpft an diese Beobachtungen an.

21 »Human ritualization often follows animal ritualization rather closeley« (Staal 1989: 136).
22 Siehe Staal 1979 (in veränderter Form auch in Staal 1990a). Zum Vogelgesang vgl. Staal 1990b (Rez.: Michaels 1995). Zur Kritik siehe auch Penner 1985: 1–16.
23 Vgl. Michaels 1994a.

Staal vergleicht Rituale immer wieder mit Vogelgesang, der sich auch nicht aus Situationen und Zeiten eindeutig als Lock-, Warn- (Angst-) oder Balzrufe identifizieren lasse. Neuere ornithologische Studien hätten nämlich ergeben, daß Vögel grundlos zwitscherten, nicht aber, um zu werben oder zu warnen. *Mantras* (und *stobhas*) würden ebenso aus vielen Anlässen rezitiert bzw. gesungen, aber ohne erkennbaren Grund. Gleichwohl würde ihre Form penibel über religiöse, soziale, geographische und linguistische Grenzen hinweg bewahrt. Indem durch die Religion zu solchen (Ur-)Lauten und Lautstrukturen Bedeutung gekommen sei, sei Sprache entstanden. Ähnlich müsse es sich mit der (späteren) Entstehung von Religion verhalten haben. Für Staal gilt die Gleichung »Religion = Ritual + Bedeutung«: »The chief provider of meaning being religion, ritual became involved with religion and through this association, meaningful.« (1989: 137)

Staal leugnet nicht, daß Rituale mehr oder weniger nützliche Nebeneffekte haben können, etwa eine Eheberechtigung ausdrücken oder ein Vergnügen bereiten können, aber das Ritual selbst habe nicht diese Funktion, sonst könnte man ja auch etwas anderes machen, das den gleichen Zweck erfülle. Das Ritual selbst sei purer Aktivismus, bloße Performanz. Damit erweist sich Staal als ritologischer Dadaist, die Phrase »Le rituel pour le rituel« stammt von ihm.

Auch Humphrey und Laidlaw (1994: 161) lösen Ritualhandlungen von Bedeutung. Sie sehen in ihnen Modi von Handlungen, äußern sich aber kaum zu der Frage, warum es diesen speziellen Modus gibt und gestehen ein, dieses Puzzle nicht gelöst zu haben. Für sie haben Rituale keine diskursive Bedeutung, auch keine versteckten Botschaften, die der Ritualspezialist decodieren muß, vielmehr handelt es sich um Handlungsmodi: Wie ein Gegenstand rot oder blau sein kann, so kann eine Handlung intentional, bedeutungsvoll und eben auch *ritualiter* ausgeführt werden.

> Perhaps some of the things we have tried to show in this book – that people may have a similar attitude to ritual acts as they have to natural kinds, thus endowing them with a strange facticity; that they learn how to perform ritual acts and have them inscribed in their bodies separately from the prototypical ideas they may come to have of them; and the fact that people can have such prototypes without knowing what the acts they represent »really« are – perhaps all this is the beginning of a psychological explanation of Wittgenstein's »an experience in ourselves«. (1994: 266f.)

Was ist anzufangen mit diesen Theorien? Natürlich werden Rituale nicht gemacht, weil sie keine Bedeutung haben. Allenfalls werden sie gemacht, ohne daß sie eine erkennbare Bedeutung haben. Diese unbekannte Größe wird gerne in graue Vorzeiten oder in das Unbewußte geschoben. Tatsächlich sind – wie wir gesehen haben – ethologische oder psychologische Ritualtheorien zur Erklärung der Bedeutungslosigkeit besonders beliebt. Rituelles Verhalten wird dann als psychomotorisches Abreagieren von körperlichen Erregungen gesehen, wie man in verzweifelten, aussichtslosen Situationen einfach etwas machen möchte, egal was. Oder sie werden als stammesgeschichtlich obsoletes Verhalten gesehen, bei dem allerdings offenbleibt, welchen artgeschichtlichen Vorteil es hat, daran festzuhalten. So sehen viele – R. Smith, Cassirer, Burkert, Staal – einen Primat des Ritus vor dem Mythos, der Handlung vor der Bedeutung. Rituale der Jagd seien – etwa im Opfer – erhalten geblieben, weil sie entwicklungsgeschichtlich von Vorteil waren, *fitness* erzeugten. Sie folgten nicht Glaubensinhalten und riefen solche nicht hervor. Rituale würden daher unabhängig vom Glauben tradiert. Ähnlich hatte Ad. E. Jensen Opfer in jüngeren Kulturen als »sinnentleerte Survivals« alter Ritualtötungen gedeutet.

Gewiß, die Stringenz des Arguments von der Bedeutungslosigkeit der Rituale ist nicht zu leugnen. Noch einmal: Jede simple Teleologie von Ritualhandlungen wird durch das definitorisch unverzichtbare Kriterium der Förmlichkeit widerlegt. Wenn Rituale beibehalten werden, auch wenn sich die Religion ändert, dann kann die Religion (der Glaube) nicht die Bedingung für die Rituale sein. Auch das Phänomen, daß Rituale weiter gemacht werden, ohne ihre Bedeutung zu kennen bzw. über sie zu streiten, kann kaum plausibel gemacht werden, wenn man an der Bedeutungshaftigkeit starr hängt. Daß aber rituelles Verhalten völlig sinn- und funktionslos ist, diese Behauptung kann wissenschaftstheoretisch nicht widerspruchsfrei aufgestellt werden, denn dann wäre die nächste Frage: Warum ist es sinn- und funktionslos? Und eine Antwort darauf, wäre auch die Antwort auf die Ausgangsfrage.

Die neuen Theorien lösen also nicht die alte Frage. Wie aber könnte eine Antwort aussehen? Hier nun begebe ich mich wie schon zuvor andeutungsweise auf neues, fremdes und unsicheres Terrain. Wie mir scheint, lohnte es sich nämlich, die Neurobiologie zu befragen. Diese Idee hatte schon Victor Turner, aber die Erkenntnisse auf diesen Gebieten sind gerade in den Jahren nach Turners Tod so sehr gewachsen, daß seine Hypothesen nur teilweise noch Gültigkeit haben. Zwar bin ich kein Spezialist auf dem Gebiet der Neurobiologie und alles, was ich anzubieten habe, ist purer Dilettantismus, dennoch möchte ich die Richtung andeuten, die mir erfolgversprechend zu sein scheint.

Wir wissen aus den Untersuchungen der kognitiven Neurobiologie und der Neuropsychophysiologie, daß verschiedene Gehirnregionen für verschiedene kognitive Fähigkeiten bestimmt sind und Gedächtnis mit der Verknüpfung von Neocortex, besonders dem präfrontalen Cortex, und dem limbischen System zu tun hat. In den letzten Jahren wurde deutlich, daß der Spannungsausgleich zwischen den Gehirnregionen und die neuronale Elastizität auf das Wohlbefinden eine wichtige Funktion für das Lernen und Speichern von Gedächtnisinhalten hat. Gelernt wird, indem Wahrnehmungen über das limbische System, besonders über Amygdala und Hypothalamus, als angenehm oder unangenehm empfunden werden und dadurch an den Synapsen bleibende neuronale Verbindungen schaffen, die bei Bedarf abgerufen werden können. Vereinfacht gesagt: Gelernt wird durch Lust und Unlust, Schmerz und Lob.

Das hat man auch ohne Neurobiologie schon gewußt, aber man kann von dieser Wissenschaft lernen, wo für Handlungen unverzichtbare neuronale Steuerungsprozesse angesiedelt sind. Dafür sind besonders Hirnverletzungen oder -störungen aufschlußreich. So zeigt sich, daß ohne Hippocampus Lernen nicht möglich ist und damit auch nicht die Ausführung eines Rituals, daß aber bei einem im späteren Leben traumatisierten Hippocampus das Routinewissen sehr wohl noch abrufbar ist.

Eine andere Gedächtnisart ist das *prozedurale* oder *implizite* Gedächtnis; es umfaßt alle Fertigkeiten, die charakterischerweise eingeübt werden müssen, dann aber beherrscht werden, ohne daß man genau weiß oder wissen muß, »wie es geht«. Das prozedurale Gedächtnis ist auch nicht notwendigerweise von Bewußtsein begleitet. Seine Inhalte sind, wenn sie einmal beherrscht werden, nicht mehr im Cortex angesiedelt; sie werden nicht durch eine Zerstörung des Hippocampus beeinträchtigt. Man nimmt an, daß die Inhalte des prozeduralen Gedächtnisses in der Brücke (Pons), im Striatum und im Kleinhirn angesiedelt sind. (Roth [5]1996: 210)

Mir scheint, daß die Aktivierung der neuronalen Verbindungen zwischen diesen Hirnregionen etwas mit der neuronalen Elastizität zu tun hat, die erregungsauf- oder -abbauend sein kann, für die es eine Altersabhängigkeit gibt und die krankhaft überdehnt sein kann. Was ich damit sagen will, ist ebenfalls nicht neu: Rituale werden erlernt, dieses Wissen wird abgespeichert, es gibt einen individuellen Nutzen oder Schaden des Aktivierens von solchen Gedächtnisinhalten. In der Jugend, bei den ersten Malen ist die Reizung der neuronalen Bahnen hoch, die Elastizität wird gesucht, teilweise überdehnt, so daß es zu pathologischen Ritualisierungen kommt; man sucht den *thrill*, will lernen, ausprobieren. Jedes erste Ritual ist eine Erfahrung, und sie wird um so leichter abgespeichert, je erregender sie ist. Mit fortschreitendem Alter hingegen wird mehr auf Routinewissen zurückgegriffen, nicht aber die Erregung gesucht. Mit anderen Worten: Rituale beruhen auf altersabhängigen, bis zu einem gewissen Grad genetisch geprägten, neuronalen Verbindungen zwischen limbischen (mit Einwänden emotionalen) und cortikalen (mit Einwänden kognitiven) Gehirnregionen, deren Reizung zu Gedächtnisspeicherungen führt und deren Aktivierung Spannungsauf- oder -abbau bedeuten kann.

Die Gehirnforschung allein kann aber keinen Aufschluß geben, warum Rituale gemacht werden. Sie kann allenfalls verdeutlichen, welche Hirnregionen beteiligt sein müssen, damit es zu bestimmten Handlungen kommt und welchen Anteil das Bewußtsein daran hat. Der Rest ist nicht im Hirn, sondern in der Kultur. Und da scheint mir nach wie vor eine plausible These zu sein, daß viele Ritualhandlungen aus Handlungen entstanden sind, bei denen es einmal kollektiv einen so deutlichen Vorteil oder Lustgewinn gab, daß er kulturell als Verhaltensmuster, Habitus oder Meme festgehalten und tradiert wurde.

Diese Vermutung wird dadurch gestützt, daß gravierende Veränderungen für die Erlernung von Ritualen am Anfang stehen, Auslöser sind: Es war notwendig, eine Lösung haben zu müssen. Geburt ist beim Tier nicht ritualisiert, aber beim Menschen, als er – mit der Sprache? – Todesbewußtsein entwickelte und damit die Entstehung von Leben zu erklären war. Diese starken, äußerst intensiven Erlebnisse führten zu ritualisiertem Spannungsabbau. Warum aber werden sie tradiert? Für nachfolgende Generationen gilt ja nicht unbedingt dieser erstmalige Lernprozeß. Es ist wohl wie beim Individuum: Das erste Mal ist immer am schwersten – und am prägendsten. Das so als wichtig empfundene Wissen wird abgespeichert und weitergegeben. Es steht dann als Hintergrundwissen zur Verfügung und ist von vornherein, also von Anfang an mit der Aura des Primordialen umgeben.

Das Kriterium der Unveränderbarkeit der Rituale nimmt diese Aura auf. Mythisch oft dadurch zum Ausdruck gebracht, daß an einen uranfänglichen Zustand erinnert wird oder daß Rituale als die Inszenierung dieses primären, elementaren, archetypischen Zustands gelten. Mir scheint nun, daß Bedeutung, Sinn, Zweck und Funktion von Ritualen ganz wesentlich im Glauben an diese Unveränderbarkeit zu sehen ist. Rituale sind gerade deshalb starr, stereotyp, unveränderlich und weitgehend unveränderbar, weil sie sich gegen den Wechsel richten. Das hat für den Menschen verschiedene Vorteile: »artgeschichtlich« kann er erlernte Gedächtnisinhalte über lange Zeiträume speichern, ohne sie immer zweckrational aktivieren zu müssen; psychologisch muß er nicht jede Aktivität kognitiv belasten; sozial muß er seine Stellung in einer Gemeinschaft nicht prinzipiell und immer legitimieren; religiös kann er die Fähigkeit zu Veränderung und die Notwendigkeit der Bewahrung von Revolution und Tradition, mit Sinn bewältigen.

Es ist bezeichnend, daß sich religiöse Ritualkritik oft durch eine Betonung der Verinnerlichung äußert. Kritisiert wird, daß das Äußere keine angemessene Repräsentation des Heiligen sein kann, weil sich dieses nicht festhalten ließe. Mystische Lehren, die sich besonders heftig gegen den Ritualismus wenden, sind daher vielfach mit Behauptungen verbunden, daß alles fließt oder nicht manifest ist. Wo sich also der Glaube an das Unveränderliche so wandelt oder wo er nicht mehr auftritt, da ist auch kaum noch Ritual anzutreffen. Ein Rest freilich bleibt: Er liegt darin begründet, daß der Mensch selbst zur Kategorie des Veränderlichen gehört und die epistemologische und praktische Brücke zur anderen Welt nur unvollkommen sein kann.

Indem sich der Mensch in Ritualen mit dem Unveränderlichen und Zeitlosen (in der hinduistischen Initiation zum Beispiel mit dem Opfer und dem Veda) gleichsetzt, widersetzt er sich der Unsicherheit von Zukunft, von Leben und Tod. In Ritualen verewigt er sich, löst sich von Profanität und Alltag. Rituale sind also Inszenierung von Zeitlosigkeit, der Versuch, sich gegen Veränderung zu stemmen, weil eben diese Tod bedeutet. Die indischen Dharmaśāstrins, die Rechtsgelehrten, haben dies in bezug auf die lebenszyklischen Rituale deutlich artikuliert. In ihrer Terminologie waren solche Übergänge ein *saṃskāra*,[24] ein Wort, das meist mit »Übergangsritus«, »Rite de passage« oder »Sakrament« übersetzt wird. Doch entscheidend ist, wie der Indologe und Religionswissenschaftler Brian K. Smith (1989: 91f.) zu Recht gesehen hat, daß mit den *saṃskāras* jemand oder etwas für einen Heilszweck äquivalent (*yogya*) gemacht wird – zum Beispiel als Opfergabe. Die Götter nehmen nur an, was ihnen gemäß, das heißt: richtig zusammengesetzt oder perfekt, jenseits von Wechsel, Veränderung und Beliebigkeit ist. Wenn diese rituelle Identifikation etwa mit dem Veda,

---

24 Zu *saṃskāra* siehe Gonda 1980: 364, Smith 1986: 66 sowie 1989: 86f. und 91, Michaels 1998: 151f.

dem Opfer oder dem sakralen Feuer perfekt (saṃskṛta) ist, erlangt der Ritualteilnehmer *ex opere operato* »Unsterblichkeit« und Zeitlosigkeit.

Wir können das Gesagte in einem Satz zusammenfassen: Rituale haben die Bedeutung, bedeutungslos zu sein, weil so Zeitlosigkeit, Unveränderlichkeit, Unsterblichkeit – eben *religio* – für den sterblichen Menschen in Szene gesetzt werden kann. Also doch: »Le rituel pour le rituel«? Ja, diese Aussage stimmt, aber sie ist nicht ohne Bedeutung.

Literatur

d'Aquili, E. 1983. »The Myth-Ritual Complex: A Biogenetic Structural Analysis«. Zygon 18: 247–69.

d'Aquili, E., Laughlin, C. D. und J. McManns (Hg.). 1979. *The Spectrum of Ritual: A Biogenetic-structural Approach*. New York: Columbia Press.

Belier, W. W. 1994. »Arnold van Gennep and the Rise of French Sociology of Religion«. Numen 41: 141–62.

Bell, C. 1992. *Ritual Theory, Ritual Practice*. New York und Oxford: Oxford University Press.

Bräunlein, P. J. 1997. »Victor Witter Turner (1920–1983)«. *Klassiker der Religionswissenschaft*. Hg. A. Michaels. München: C.H. Beck: 324-44.

Burkert, W. 1996. *Creation of the Sacred. Tracks of Biology in Early Religions*. Cambridge Mass.: Harvard University Press.

– 1997. »Fitness oder Opium? Die Fragestellung der Soziobiologie im Bereich alter Religionen«. In: *Homo naturaliter religiosus*. Hg. F. Stolz. Bern: Peter Lang: 13–38.

Durkheim, E. 1912. *Formes élementaires de la vie religieuse*. Paris 1912 (dt. *Die elementaren Formen des religiösen Lebens*. Frankfurt/M.: Suhrkamp, 1981 und 1994).

Feil, E. 1995. »Zur Bestimmungs- und Abgrenzungsproblematik von ›Religion‹«. Ethik und Sozialwissenschaften 6: 441-514 [mit Diskussionsbeiträgen von C. Colpe u.a.].

Freud, S. [1]1907 »Zwangshandlungen und Religionsübungen«. In: *Gesammelte Werke*. Bd. 7: 130f. (= Studienausgabe, Bd. 7, 14).

Gennep, A. v. 1981. *Les rites de passage*. Paris: éditions A. et J. Picard (dt. von S.M. Schomburg-Scherff: *Übergangsriten*, Frankfurt/M.: Campus Verlag, 1986.)

Gonda, J. 1980. *Vedic Ritual. The Non-Solemn Rites*. Leiden und Köln: Brill.

Goody, J: »Against ›Ritual‹: Loosely Structured Thoughts on a Loosely Defined Topic«. In: Moore/Myerhoff 1977: 25–35.

Harper, E. B. 1964. »Ritual Pollution as an Integrator of Caste and Religion«. Journal of Asian Studies 23: 151–97.

Humphrey, C. und J. Laidlaw 1994. *The Archetypal Actions of Ritual. A theory of ritual illustrated by the Jain rite of worship.* Oxford: Clarendon Press.

Kerber, W. (Hg.). 1993. *Der Begriff der Religion.* München: Peter Kindt Verlag.

Laubscher, M. 1979. »Angst und ihre Überwindung in Initiationsriten«. In: *Angst und Gewalt*, Hg. H. v. Stietencron. Düsseldorf: Patmos: 78–100.

Lévi-Strauss, C. 1976. *Mythologica*, Bde., I–IV, Frankfurt: Suhrkamp.

Malinoswki, B. [1925]. *Magic, Science, and Religion.* Reprint London 1974 (dt. *Magie, Wissenschaft und Religion. Und andere Schriften.* Frankfurt: Fischer, 1983).

– 1967 (^{1}1926). »Die Rolle des Mythos im Leben«. In: *Eröffnung des Zugangs zum Mythos.* Hg. K. Kerényi. Darmstadt: Wiss. Buchgesellschaft: 177–93.

Mauss, M. 1910: 200–202. Rez. van Gennep. *Année sociologique.*

Michaels, A. 1994. *Reisen der Götter – Der nepalische Paśupatinātha-Tempel und sein rituelles Umfeld.* 2 Tle. Bonn: VGH Wissenschaftsverlag.

– 1994a. »Die heilige Schnur und ›hinduistische‹ Askese«. Zeitschr. d. Dt. Morgenländischen Gesellschaft 144: 330–44.

– 1995. Rezension von Staal 1990b. Zeitschr. d. Dt. Morgenländischen Gesellschaft 145: 195–6.

– 1996. »Śivarātri at Deopatan«. In: *Change and Continuity – Studies in the Nepalese Culture of the Kathmandu Valley.* Hg. S. Lienhard. Torino: Edizioni Dell'Orso: 221–32.

– 1997. »Religionen und der neurobiologische Primat der Angst«. In: *Homo naturaliter religiosus.* Hg. F. Stolz. Bern: Peter Lang: 91–136.

– 1997a. »Einleitung«. In: *Klassiker der Religionswissenschaft.* Hg. A. Michaels. München: C.H. Beck: 7–16.

– 1998. *Der Hinduismus. Geschichte und Gegenwart.* München: C.H. Beck.

– 1998a. »Wissenschaftsgläubigkeit«. In: *Neue Religion, Esoterik und das Defizit von Wissenschaft und Kirchen.* Hg. P. Rusterholz und R. Moser. Bern: Peter Lang: 29–54

– 1998b. »Sind Rituale sinnlos«. unimagazin. Die Zeitschrift der Universität Zürich: 10–12.

Moore, S. F. und B. G. Myerhoff (Hg.) 1977. *Secular Ritual.* Assen u.a.: van Gorkum.

Penner, H. H. 1985. »Language, Ritual, and Meaning«. Numen 32 (1): 1-16.

Radcliffe-Brown, A. R. 1945. »Religion and Society«. Journal of the Royal Anthropological Institute 75: 33–43.

Roth, G. ^{5}1996. *Das Gehirn und die Wirklichkeit.* Frankfurt/M.: Suhrkamp.

Schomburg-Scherff, M. 1997. »Arnold van Gennep (1873–1957)«. In: *Klassiker der Religionswissenschaft.* Hg. A. Michaels. München: C.H. Beck: 222–233.

Smith, B. K. 1986. »Ritual, Knowledge, and Being. Initiation and Veda Study in Ancient India«. Numen 38: 65–89.

– 1989. *Reflections on Resemblance, Ritual, and Religion.* New York und Oxford: Oxford University Press.

Spiro, M. E. 1966. »Religion: Problems of Definition and Explanation«. In: *Anthropological Approaches to the Study of Religion.* Hg. M. Banton London: Tavistock Publications.

Staal, F. 1979. »The Meaninglessness of Ritual«. Numen 26: 2–22.

– 1990a. *Rules without Meaning. Ritual, Mantras and the Human Sciences.* New York: Peter Lang.

– 1990b. *Jouer avec le Feu. Pratique et théorie du rituel védique.* Paris: Collège de France, Institute de Civilisation Indienne.

Turner, V. 1964. »Betwixt and Between: The Liminal Period in Rites des Passage«. In: *The Forest of Symbols.* Hg. ders. New York [auch in: W. A. Lessa and E. Z. Vogt (Hg.), *Reader in Comparative Religion.* 4. Aufl., New York: Harper Collins: 1979: 234-243].

– 1969. *The Ritual Process. Structure and Anti-Structure.* London: Routledge & Kegan Paul.

– 1974. *Dramas, Fields, and Metaphors. Symbolic Action in Human Society.* Ithaca und London: Cornell University Press.

– 1982. *From Ritual to Theater. The Human Seriousness of Play.* New York: Performing Art Journal Publications (dt. *Vom Ritual zum Theater: der Ernst des menschlichen Spiels.* Frankfurt/M.: Edition Qmram im Campus Verlag, 1989).

– 1985. »Body, Brain and Culture« (1985a) und »The New Neurosociology« (1985b). In: *On the Edge of the Bush. Anthropology as Experience.* Hg. L. B. Turner. Tucson, Arizona: The University of Arizona Press: 249–274 (1985a), 275–290 (1985b).

Werlen, I. 1984. *Ritual und Sprache.* Tübingen: Gunter Narr.

Wiedenmann, R. E. 1991. *Ritual und Sinntransformation.* Berlin: Duncker & Humboldt.

David N. Gellner

Religion, Politik und Ritual:
Bemerkungen zu Geertz und Bloch

Die meisten Menschen würden wohl zustimmen, dass sogar in modernen Gesellschaften religiöse Rituale gelegentlich politische Zwecke erfüllen können – denken wir etwa an die Paraden anlässlich der Volkstrauertage oder an die Krönungszeremonien.[1] Die Ethnologen würden allerdings weitergehen und behaupten, dass die Politik und das soziale Leben überall einen fundamentalen rituellen und symbolischen Aspekt aufweisen. Diese Ansicht hat zur Folge, dass in den letzten Jahren das Interesse am Studium der Rituale unter den Ethnologen, wie auch unter den Forschern in verwandten Disziplinen, wieder erwacht.[2] Das Studium der politischen Aspekte der Rituale aus vielfältigen theoretischen Perspektiven rückt wieder in den Vordergrund.[3] In diesem Essay will ich mich mit dem Komplex »Ritual« – verstanden in dem mehr oder weniger konventionellen Sinn als eine formale Bedeutung tragende, symbolisch intendierte und komplexe Aktion[4] – auseinandersetzen und fragen, ob es möglich ist, eine gesamtheitliche Theorie ihrer Wirkung vorzuschlagen.

Ich beginne mit einer Gegenüberstellung zweier eminenter Ritualtheoretiker: Clifford Geertz (insbesondere der Geertz des *Negara*, 1982) und Maurice Bloch. Ich will zeigen, worin sich ihre Positionen unterscheiden und was diese Autoren teilen. Der zweite Schritt gilt dem Versuch, ihre Ideen weiterzuführen; dafür werde ich mein eigenes Datenmaterial aus Nepal beiziehen.

Es ist mir wichtig, gleich zu Anfang zu betonen, dass ich mich auf diese beiden Autoren konzentriere, weil ich sie für sehr bedeutend halte – sowohl als Ethnographen wie auch als Theoretiker. Beide verdienen grosse Aufmerksamkeit.[5] Gerade

---

1 Ich danke A. Kuper, D.P. Martinez, J. Pfaff-Czarnecka, D. Quigley und C. Toren sowie den Teilnehmern an der Diskussion meines gleichnamigen Vortrags an der Universität Zürich für ihre hilfreichen Kommentare zu den früheren Versionen dieses Artikels.
2 Siehe u.a. Bell (1992), Humphrey und Laidlaw (1994), Boyer (1994).
3 Zusätzlich zu den Arbeiten, die ich in diesem Essay diskutiere, seien Kertzer (1988), Harrison (1995), Boholm (Hg., 1996), Peabody (1997) genannt. Für eine nützliche Übersicht vgl. Kelly und Kaplan (1990).
4 Siehe Tambiah (1985). Dies heisst nicht, das »Ritual« auf jede formalisierte Aktion auszudehnen, wie das Händeschütteln, sondern vielmehr auf die Eingrenzung einer Kategorie von Aktionen, welche die Akteure selbst gegenüber weltlichen Handlungen unterscheiden.
5 Wie fruchtbar Blochs Theorie ist, zeigt sich u.a. an dessen Analyse, weshalb Paulus das Beschneidungsritual für die frühen Christen verworfen hat. Wie er zeigt, bringt dieser Schritt Paulus' Millenarismus zum Ausdruck, und nicht – wie allgemein angenommen wird – dessen Universalismus (Bloch 1992: 91–4).

weil ihr Werk wertvoll und beständig ist, verdienen sie eine kritische Auseinandersetzung mit ihrer Arbeit. Beide Autoren haben versucht, die politischen und sozialen Implikationen des Rituals mittels detaillierter ethnographischer und historischer Arbeit zu erfassen. Gegen Geertz werde ich ins Feld führen, dass seine interpretative Haltung jeden Versuch zunichte macht, aus seinem einzigartigen Fall generalisierbare Schlüsse zu ziehen. Gegen Bloch führe ich an, dass seine monistische Theorie, so wie sie formuliert wurde, Mängel aufweist und durch eine Theorie über rituelle Formen, in anderen Worten: mit einer Typologie der Rituale ergänzt werden muss. Ich werde mit Bloch für eine historisch fundierte und generalisierende Theorie plädieren, so ehrgeizig und verfrüht dies auch erscheinen mag.

Clifford Geertz

Von den beiden Autoren, auf die ich mich hier stütze, ist Geertz sicherlich besser bekannt, und er wurde bereits einer ganzen Reihe interessanter kritischer Betrachtungen unterzogen.[6] Ein Grund, sich auf Geertz zu konzentrieren, liegt allein schon in seinem gewichtigen Einfluss. Seine Wirkung kann sowohl an der Prominenz gemessen werden, die seine Studenten erlangt haben, wie auch an der Überzeugungskraft seiner Ideen (die wiederum mit der modernen Methode des Zitierindexes gemessen werden kann – falls wir die Präzision dem interpretativen Verstehen vorziehen wollen). Im Fokus meiner Betrachtung soll *Negara* stehen, weil dieses Werk Geertz' ausgereiftes Verständnis für die Kultur mit einer umfassenden Monographie zur Rolle des Rituals in der Politik – ja, des Rituals als Politik – vereinigt.

Geertz steht für die Idee der Interpretation oder Hermeneutik. In seinem Verständnis ist es weder die Aufgabe des Ethnologen, verwandtschaftliche Einheiten zu zählen oder den Umfang der Felder zu messen, um kausale Hypothesen zu erarbeiten, noch kann er vorgeben, sich in »die Köpfe der Leute zu begeben«, historische Prozesse zu eruieren oder vermeintlich wissenschaftliche Ordnungen zu behaupten. Geertz' selbstgestellte Aufgabe lautet: Kulturen – verstanden als symbolische Systeme – zu *interpretieren*. Die Ethnologen spezialisieren sich in der Bedeutungsgebung anderer Leute. Es gibt bessere und schlechtere Interpretationen, doch sie sind niemals endgültig. So kann es in diesem Bereich keine naturwissenschaftliche, für alle Zeiten angemessene Antworten geben. In Geertz' eigenen Worten (1973: 29):

> Die kulturelle Analyse ist in sich unvollendet (…) Die Ethnologie, zumindest die interpretative Ethnologie, ist eine Wissenschaft, deren Fortschritt weniger durch die Perfektion des Einverständnisses, als vielmehr durch die Verfeinerung der Debatte gekennzeichnet ist. Was besser wird, ist die Präzision, mit der wir uns gegenseitig plagen.

6 Siehe Asad (1983), Shankman (1984), Munson (1986), Kuper (1999), um nur einige zu nennen.

Als Geertz in Harvard unter der Anleitung von Talcott Parsons begonnen hat, galt die Ethnologie als ein Teil eines interdisziplinären Teams (Kuper 1994: 540; 1999). Die Biologie, Psychologie und Soziologie waren für das Verständnis des menschlichen Verhaltens ebenso notwendig. Die Ethnologie hatte damals die Aufgabe, sich mit »Kultur« zu beschäftigen. Als sein *The Interpretation of Culture* erschienen ist, hat Geertz diese Idee allerdings bereits hinter sich gelassen: Die Ethnologie als ein interpretatives Unterfangen soll jedes Feld der menschlichen Aktion auslegen können. Nur weil die Ethnologie in ihrer *Methode* »symbolisch« war, so folgte daraus nicht, dass sie sich den *Themenbereichen* zu verschliessen hatte, die konventionell als das Gegenteil dessen galten, was man als »symbolisch« betrachtete, das heisst: der Gewalt, der Wirtschaft, der Urbanisierung oder der Landwirtschaft (Geertz 1973: 30). Diese Idee sollte eine nachhaltige Wirkung auf die amerikanische *cultural anthropology* üben.

Geertz wandte sich der balinesischen Politik erst nach einer ausgedehnten Einführungszeit in die indonesische Ethnologie zu. Im *Negara* widmet er sich zwei Aufgaben: seine Theorie, wie der balinesische Staat funktionierte, weiterzutragen und zugleich für eine symbolischere oder ausdrucksvolle Sicht auf die Politik *überall* zu plädieren. Seine Analyse gewinnt an Wert, indem er zwei wichtige Kapitel der Verwandtschaft und der politischen Allianz, einschliesslich des Materials zur lokalen Regierung (*local government*), den »feudalen« Bindungen zwischen den Dorfbewohnern und ihren Herren sowie der Politik der Bewässerung und des Handels widmet – bevor er auf die Einzelheiten der königlichen Rituale eingeht.

Geertz gibt eine detaillierte Beschreibung der sozialen Organisation in den balinesischen Dörfern. Er richtet sich vornehmlich auf die Beziehungen zwischen den einfachen Dorfbewohnern und ihren Herren aus, um den Kontext wiederzugeben, innerhalb dessen der Staat operierte. Er zeigt, dass die Regulierung des Alltagslebens auf der dörflichen Ebene erfolgte:

> Wahrscheinlich wurde der Grossteil der Aufgaben (…) der balinesischen Regierung, im strikten Sinn der autoritativen Reglementierung des sozialen Lebens durch das Dorf ausgetragen, was dem Staat ermöglichte, seine Macht zu dramatisieren, anstatt sie zu verwalten. (Geertz 1982: 49)

Die Dorfbewohner hatten ihren Herren gegenüber zweierlei Pflichten zu erfüllen: die Steuern zu entrichten sowie Arbeit und Ressourcen für Rituale und für die Kämpfe zur Verfügung zu stellen. Die sozialen Organisationsformen griffen ineinander und waren fragmentiert, so dass jede Konzentration der Macht notwendigerweise fragil und kurzlebig war:

> Die balinesischen Höfe haben nicht notwendigerweise die Dörfer, die sie dominierten, politisch kontrolliert, doch sie waren unangefochten die kulturellen Zentren des Landes. Das ausgefeilte Zeremoniell verdeutlichte – vorgebracht immer wieder im eindringlichen Vokabular des Rituals –, dass der weltliche Status auf einer kosmischen Grundlage ruhte, dass die Hierarchie das herrschende Prinzip des Universums, und dass die Vorkehrungen des menschlichen Lebens nichts als Annäherungen seien, näher oder ferner von dem Göttlichen (ibid.: 102).

Deshalb:
> Die grossartigen Kremationen, die Zeremonien des Zahnfüllens, die Tempelgaben, die Pilgrimfahrten, die Blutopfer, welche Hunderte und sogar Tausende von Menschen mobilisierten und grossen Reichtum verschlangen, waren keine Mittel zum politischen Zweck; sie waren Ziele in sich, sie waren es, wofür der Staat existierte (…) Massenritual war nicht ein Mittel, um den Staat zu stützen. Vielmehr war der Staat, sogar in seinem letzten Atemzug, ein Mittel, um die Massenrituale zu verordnen. Die Macht diente dem Pomp, nicht der Pomp der Macht. (ibid.: 13)

Es handelte sich, auf eine Kurzformel gebracht, um den »Theaterstaat«.

Ungeachtet der mächtigen und zwingenden Rhetorik enthält Geertz' Argumentation eine Ambiguität, die er niemals selbst aufnimmt. Finden die balinesischen Rituale anderswo eine Entsprechung, oder sind sie ein extremer Fall? Handelt die Politik immer und überall gleicherweise von den Symbolen? Oder ist sie in Bali symbolischer als beispielsweise in der modernen Schweiz?

Dennoch, eine wichtige Lektion, die uns Geertz erteilt, greift: Die moderne Politikwissenschaft, besessen von ökonomischen Modellen des Wahlverhaltens und anderer wissenschaftlicher Paraphernalien, hat vollständig die Frage vernachlässigt, in welchem Mass die Rituale unterschiedlicher Art immer noch ein zentrales Anliegen sowohl der heutigen Führer als auch der Menschen sind, die diese wählen. Dass Ronald Reagan möglicherweise mit Geertz einverstanden gewesen wäre, lässt sich aus der Aussage schliessen, die er kurz nach seiner Wahl zum Präsidenten der Vereinigten Staaten gemacht haben soll: »Dessen Gehilfen würden ihm nicht genügend Zeit einräumen, um Präsident zu sein«. David Kertzer (1988) hat den Gedanken, dass die Politik im wesentlichen vom Ritual und vom Symbolismus handle – ungeachtet der Schwierigkeit, unsere eigenen Handlungen als symbolisch wahrzunehmen – eloquent aufgenommen und durch zahlreiche Beispiele aus der ganzen Welt illustriert.

Maurice Bloch

Maurice Bloch ist weniger bekannt als Clifford Geertz, und sicherlich nimmt er innerhalb der britischen Ethnologie nicht eine solch mächtige Position wie Geertz in den USA ein. Dennoch ist er ein höchst interessanter Autor, und in vielen Bereichen typisch für die britische Ethnologie – mit Ausnahme seines ungewöhnlich grossen Interesses für den Marxismus. Als Professor an der London School of Economics and Political Sciences nimmt er eine wichtige Stellung ein. Er führte seine Feldforschungen praktisch ausschliesslich auf der Insel Madagaskar durch, zunächst mit seiner Dissertation über die Verwandtschaft und Ahnenrituale (Bloch 1971). Danach schrieb er die Einführung *Marxism and Anthropology* (1983) und veröffentlichte eine Sammlung einflussreicher Essays *Ritual, History, and Power* (1989). Ich will mich hier auf die Monographie *From Blessing to Violence: History and Ideology in the Circumcision*

Ritual of the Merina in Madagascar (1986) und seine kurze Arbeit *Prey into Hunter: The Politics of Religious Experience* (1992) konzentrieren.

Bloch ist seit langem als Marxist – oder zumindest als Ethnologe, der dem Marxismus zugewandt ist – bekannt. Dieser Umstand könnte die Annahme nahe legen, dass seine Arbeit derjenigen von Geertz diametral entgegengesetzt ist. Wo Geertz sich auf die Interpretation symbolischer Bedeutungen konzentriert, müsste sich doch Bloch über diese hinwegsetzen; er müsste sie als blosse Mystifizierung betrachten und sich auf die Strukturen der Macht ausrichten. Doch in der Tat ist Bloch vom kruden Marxismus in diesem Sinne weit entfernt. Er ist, wie andere Ethnologen auch, gar mehr als die meisten, an der Analyse des Rituals und seines Symbolismus interessiert. Der Unterschied liegt darin, dass er sich stets darum bemüht hat zu zeigen, wie diese die Strukturen der Macht und der Ungleichheit stützen. Seine marxistischen Vorlieben kommen auch in der Position, die er im weit beachteten Essay »The Past and the Present in the Present« einnimmt, zum Tragen:[7] Er führte aus, dass es zwei Formen der Kommunikation gibt – die rituelle Kommunikation, welche die Hierarchie verbirgt und legitimiert, und, andererseits, die alltägliche praktische Kommunikation, welche näher daran kommt, wie die Dinge »wirklich sind«.

In *From Blessing to Violence* untersucht Bloch, ähnlich wie Geertz in *Negara*, die Rituale der Malagasy-Monarchie und die Formen, wie sie die soziale und politische Hierarchie legitimierten. Bloch gibt vergleichsweise weniger Aufschluss über die soziale Organisation, auf der der Staat fusste, dafür mehr Einzelheiten zu den Ritualen und insbesondere darüber, wie sie sich zwischen ca. 1780 und 1970 wandelten. Das Ritual der Beschneidung begann als private, kleinräumige und sporadische Angelegenheit, an welcher sich bloss die nahen Verwandten der Jungen beteiligten, die dem Ritual unterzogen waren. Später, mit der Expansion des Merina-Reiches Mitte des 19. Jahrhunderts, wuchs sich die Beschneidung der Prinzen zu einem siebenjährigen Ritual aus, an dem sich das ganze Land beteiligte, und wurde zunehmend elaborierter. Die Armee erlangte eine prominente Rolle, indem das Ritual auch zur Feier der Merina-Eroberungen diente. Eine klare symbolische Verbindung wurde zwischen der Gewalt des Rituals und der Dominanz der unterworfenen Völker festgemacht. Zugleich wurde die Beschneidung der Knaben aus dem Volk mit der königlichen Beschneidung in Verbindung gesetzt; die Beschneidung selbst wurde zum Zeichen der Subordination gegenüber der Krone. Mit dem Übergang zum Christentum im Jahre 1869 das Ritual in den Untergrund gedrängt und erneut zu einer privaten, familiären Affäre. Nach der Unabhängigkeit von Frankreich (1960) begann man die Beschneidung wieder öffentlich zu zelebrieren; sie wurde zunehmend zu einem anti-elitistischen und anti-christlichen Ritus.

---

7 Als *Malinowski Memorial Lecture* konzipiert, im Man (N.S.) 1977, 12: 278–92 erschienen; nachgedruckt in Bloch (1989).

Der wichtige Punkt ist hier, dass durch all diese Wechsel, Modifikationen und Umkehrungen ein wichtiger ritueller Kern sowie Bedeutungen bestehen blieben. Im Gegensatz dazu, was eine vereinfachende funktionalistische Annäherung suggerieren könnte, haben unterschiedliche soziale Bedürfnisse nicht unterschiedliche Rituale generiert. Das gleiche Ritual befriedigte unterschiedliche Bedürfnisse in unterschiedlichen Perioden, ja sogar innerhalb derselben Periode. Blochs Erklärung dieser Beständigkeit ist zugleich als Antwort auf die Frage gemünzt, wie das Ritual dazu dienen kann, die Dominanz zu legitimieren – nicht nur in den Augen der Herrscher, sondern ebenso aus der Sicht der Beherrschten.

Der erste Schritt, den Bloch vollzieht, ist die Abkehr vom kruden Reduktionismus in der Interpretation des Rituals. Ritual soll weder ausschliesslich als etwas *Bewirkendes* gelten (die funktionalistische Position), noch soll es einfach als etwas gesehen werden, das etwas *ausdrückt* (die Position eines Symbolisten), noch als etwas, das bloss etwas *aussagt* (die intellektualistische Position). Rituale, so Bloch, liegen »irgendwo zwischen Aktion und Aussage« (1986: 10); deswegen können sie weder auf das eine noch auf das andere reduziert werden. Die Rituale bewirken, drücken aus und sagen Dinge, doch sie tun es in einer zweideutigen Weise, und diese Zweideutigkeit ist die Essenz, die eine unterschiedliche, gar entgegengesetzte Auslegung unter den Personen möglich macht, welche sich alle am selben Ritual beteiligen oder orientieren.

Ausgerechnet weil Rituale nicht einfach Dinge sagen, gewinnen sie an Vermögen zu überzeugen und zu legitimieren. Es existiert eine Kluft zwischen der alltäglichen und der rituellen Kommunikation, doch es ist keine, und kann keine unüberwindliche Kluft sein (was Bloch als Geertz' Position im *Negara* ansieht). Es müsse eine Verbindung zwischen dem, was im Ritual ausgedrückt wird, und zwischen dem normalen Leben gegeben sein, damit das Ritual die legitimatorische Wirkung zeitigen kann. Bloch folgert (1986: 191):

> Das Ritual ist eine vage, sich schwach behauptende Konstruktion der Zeitlosigkeit, die auf einer Antithese aufbaut, die sich für jede Form der Dominanz eignet (…) Es bietet den Merina die Eingliederung in die gesellschaftliche Ordnung im Tausch gegen deren Unterordnung.

Allein die grosse Komplexität des Symbolismus und der Umstand, dass das Ritual die Integration in die Abstammungsgruppe ermöglicht, erklärt, weshalb Frauen ebenso enthusiastisch an den Beschneidungsritualen teilnehmen wie die Männer, obschon dieses Ritual ihren sekundären Status festmacht.[8]

Blochs zweites Buch *Prey into Hunter*, das auf den Morgan Lectures (1987) basiert, ist ein expliziter Versuch, seine Thesen weiter zu tragen und anhand weltweiter Beispiele zu überprüfen. Sicherlich gebührt Bloch Lob für dieses Unterfangen, das ja Geertz konsistent in seiner Sicht der Ethnologie als interpretativ und anti-generalisie-

---

8 Für eine ähnliche Diskussion, vgl. Kertzer (1988: 176).

rend niemals unternommen hat.⁹ In *Prey into Hunter* argumentiert Bloch, dass alle religiösen Rituale einen gemeinsamen Kern haben; sie alle teilen eine ähnliche symbolische Struktur der »zurückprallenden Gewalt« (*rebounding violence*) – ein Begriff, den er hier zum ersten Mal einführt.

Wie van Gennep und Turner, so geht auch Bloch davon aus, dass Rituale drei Stadien durchlaufen. Das erste Stadium handelt von der aggressiven Dominanz der Kräfte des Lebens (oder von »Vitalität«, wie Bloch es nennt). Während dieses Stadiums richtet sich die Gewalt gegen Menschen und Tiere, die mit ihr assoziiert werden. Im nächsten Stadium werden die Hauptakteure von den Kräften des Lebens getrennt, erlangen eine transzendente Eigenschaft. Im letzten Stadium, mit der verkörperten Transzendenz, kehren die Akteure ins Leben zurück – gestärkt und wiederbelebt. Bloch ist der Meinung, dass diese gemeinsame Struktur vielfältig genutzt werden kann; in seiner Schlussfolgerung schlägt er eine Typologie solcher Gebrauchsformen vor:

> Der Symbolismus der ›zurückprallenden Gewalt‹ eröffnet mindestens drei Wege legitimer Praxis und zudem Mischformen der drei Typen: (1) die Geltendmachung der Reproduktion; (2) die Legitimierung des Expansionismus, die selbst zwei Formen annimmt: (a) sie kann nach innen gerichtet werden; in diesem Fall legitimiert sie die soziale Hierarchie, oder (b) sie kann nach aussen gerichtet sein und zur Ermutigung der Überfälle auf die Nachbarn dienen; (3) die Aufgabe der irdischen Existenz … Diese spezifische Möglichkeit, welche die Aktion anleitet, ist weitgehend, obschon nicht ausschliesslich, durch die Evaluation ihrer politisch-ökonomischen Bedingungen bestimmt, welche die Menschen vornehmen (Bloch 1992: 98).

Natürlich handelt es sich hier um Idealtypen im Weberschen Sinn, auch wenn Bloch diesen Begriff meidet. Er illustriert den ersten Typus mit dem religiösen Symbolismus der Orokaiva in Papua New Guinea, der Dinka in Sudan und der Buid auf den Philippinen. Der Typus (2a), nützlich, um die Unterordnung der Frauen zu erklären, ist illustriert mit Maria Phylactous Material der Raubheirat aus ihrer unveröffentlichten Dissertation über Ladakh (1989). Der Typus (2b) kann mit Beispielen aus dem hinduistischen Indien und aus Japan belegt werden (Blochs eigenes Material zu den Merina in Madagaskar fällt sowohl in diesen als auch in den 2a-Typus). Der Typus (3) steht für den Millenarismus und ist sowohl mit dem Material aus Madagaskar als auch aus dem frühen Christentum untermauert. Im letzten Kapitel seines Buches betrachtet Bloch die Ma'Betisek Ureinwohner aus Malaysien, welche die Gemeinsamkeit der Menschen, der Pflanzen und der Tiere heraufbeschwören, wenn ihre eigenen Heilungsrituale keinen Erfolg zeigen. Dies geschieht, um die radikale Verwerfung

---

9 Geertz hat sich gegen die vergleichende Methode als solche nicht gewandt. Dies wäre allein schon deshalb nicht möglich gewesen, als er eine ausgezeichnete vergleichende Studie über den Islam in Marokko und in Indonesien (Geertz 1968) geschrieben hat. Dennoch schliesst seine interpretative Stossrichtung sowohl globale als auch systematisch vergleichende Ansätze aus.

der »zurückprallenden Gewalt« im Ritual heraufzubeschwören (ibid.: 104). Doch in extremen Situationen, so Bloch, kann der Symbolismus der Gewalt zur Seite gelegt werden.

Geertz versus Bloch

Bevor wir zur Kritik an Bloch fortschreiten, lohnt es sich zu betrachten, was Geertz und Bloch trennt und was sie verbindet. Beide Autoren sahen sich veranlasst, den historischen Hintergrund des Ortes, wo sie ihre Feldforschung betrieben, zu eruieren. Beide betrachten den Symbolismus und das Ritual des vormodernen monarchischen Staates sowie Prozesse, die auf die Kolonisierung folgten. Überraschenderweise gibt uns Geertz, der Interpretivist, mehr Einzelheiten über den Handel, die Bewässerung, die Landnutzung und die dörfliche Organisation als Bloch, der Marxist.[10] Es ist vielleicht gleichermassen überraschend, dass Bloch wesentlich mehr ethnographische Detailinformationen und eine weit mehr fokussierte Analyse des Rituals bietet. Geertz diskutiert die Hauptthemen und untersucht die wichtigsten indigenen Konzepte, doch er sperrt sich, auf allzu mikroskopische Einzelheiten des Rituals einzugehen. (Er hätte es tun können – ungeachtet des Mangels eines elaborierten höfischen Rituals heute – in derselben Weise, wie es Bloch getan hat, nämlich indem er sich auf die lokalen Äquivalente, wie sie heute praktiziert werden, konzentriert hätte.)

Während Geertz darauf beharrt, dass das Ritual eine klare Botschaft trägt, dass also der König nah an den Göttern ist, so argumentiert Bloch, dass die Botschaft niemals klar sein kann: ihre Verschwommenheit ist ihr Wesen. Gemäss Bloch ist es die mangelnde Klarheit der Botschaft, die dem Ritual die Macht verleiht, die politische und soziale Hierarchie zu legitimieren: »The medium is the message«, und das Medium ist etwas undurchsichtig. Das Ritual ist ein Akt der Behauptung, und es hat eine Bedeutung, doch diese kann nicht diskutiert werden. Beide, Geertz und Bloch, arbeiten in der älteren Tradition der Ethnologie, welche die konservative Macht des Rituals festmacht; keiner der beiden widmet sich der Frage, die für die heutige amerikanische Ethnologie so wichtig ist, inwiefern Rituale benutzt werden können, um etablierte Formen der Macht anzugreifen.

Beide, Geertz und Bloch, sind dahingehend kritisiert worden, dass sie den Folgen der Kolonialzeit nicht genügend Aufmerksamkeit widmen. So suggeriert Berg, dass

---

10 Berg (1986) bemerkt, dass »was fehlt ist historischer Hintergrund über den Wandel in der Verfügungsgewalt über das Land, der Wandel in den Rechten und Verpflichtungen der Initiierten betreffend des Landes und anderer Formen von Besitz, die Variationen in der Ausführung der Beschneidungsrituale zwischen solchen Aussenseitern wie den Sklaven oder den Provinz-*Demen*, die keine Macht innehaben sowie der Wandel in der Beziehung zwischen den urbanen und den ländlichen Eliten im ausgehenden 19. Jh.

die Beziehung zwischen dem rituellen und dem praktischen Wissen im Verlauf des 18. und des 19. Jahrhunderts sehr eng verwoben waren: In dieser Zeit drückte das Ritual die soziale Hierarchie aus, die auf dem Landbesitz basierte, und die durch die Abstammungsgruppen kontrolliert war (1986). Erst später, mit der Verringerung des Landbesitzes, auf dem die Macht fusste, eröffnete sich die Kluft zwischen der transzendenten Welt des Rituals und der realen Welt der sozialen Beziehungen – eine Kluft, die Bloch als universell postuliert. Ähnlich postulieren einige gegen Geertz' vorgebrachte Kritiken, dass er ein Bali beschrieben hat, in dem die holländischen Kolonialherren viel von der Machtbefugnis der lokalen Herrscher eingeschränkt haben, weswegen mehr Nachdruck auf die zeitlosen Rituale gelegt werden konnte.[11]

Bloch, anders als Geertz, betrachtet »sein« Ritual innerhalb der Geschichte, zeigend, wie es sich im Verlauf der Zeit gewandelt hat, wobei er dafür eine Analogie aus der Physik beizieht (1986: 183), die wir wohl am besten ignorieren sollten. Blochs Akzent auf der Geschichte und auf dem Prozess wird allerdings nur aus seinem *From Blessing to Violence* und nicht aus dem *Prey into Hunter* ersichtlich. Schliesslich behauptet Geertz keineswegs, dass es einen universellen Kern des Rituals gäbe; er bemerkt lediglich, dass die Rolle des Rituals in der Politik allgemein ausser acht gelassen wurde. Bloch versucht andererseits höchst ambitiös, die Erkenntnisse, die er aus seinem Material zu Madagaskar gewonnen hat, an einer Vielfalt weltweiter Kontexte zu prüfen.

Drei Formen von Religion und Ritual: Eine Kritik an Bloch

Wie können wir Blochs Theorie anwenden? Es ist offensichtlich, dass sie in spezifischen Fällen besser funktioniert, als in anderen. Es ist kein Zufall, dass Bloch mit den Orokaiva und deren Angst einflössenden Initiationsritualen beginnt, in welchen die Knaben wie Schweine gejagt werden, damit sie zu Männer gemacht werden können. Doch als das Buch fortschreitet, wird die Argumentation zunehmend brüchiger. Wenn er den Shintoismus aufgreift, muss Bloch sehr hart arbeiten und erfindungsreich sein, um seine Theorie mit einer Religion in Übereinstimmung zu bringen, in welcher es keinen Platz für das Tieropfer gibt. So führt er beispielsweise ins Feld, dass der Buddhismus in Japan das erste Stadium der »zurückprallenden Gewalt« bietet, die auf das Selbst gerichtet ist, um es auf den Tod vorzubereiten. Der Shintoismus mobilisiert andererseits die jungen Leute und Symbole der Gewalt für diesseitige Zwecke. Er anerkennt, dass das Thema der Gewalt hier weit weniger ersichtlich ist als im Fall der Orokaiva. Er erfindet den Begriff »piscivorous« (analog zu »carnivorous«, fleischfressend), da die Japaner dem Fleisch nicht überaus zusprechen, und sagt:

---

11 Siehe Lansing (1991), Schulte Nordholdt (1993), Kuper (1999). Für eine ähnliche Analyse des berühmten Swasi Newala Rituals, welche auf die Rolle der Kolonialherrschaft eingeht, siehe Lincoln (1987).

> Der fischfressende Aspekt des Shintoismus verbindet sich mit den Kräfte verleihenden Aspekten der fleischfressenden Aktivitäten, und ist generell ein implizites, aber mächtiges Thema im japanischen Leben (...) Im modernen Japan nimmt das Essen vom rohen Fisch und von Fleisch in einigen Bars und Restaurants, die hauptsächlich Männer frequentieren, die Form eines aggressiven säkularen Rituals an. Das Thema der gewaltsamen Konsumtion wird so weit getrieben, dass der Fisch noch lebend gezeigt werden muss – wenige Minuten, bevor man ihn verzehrt. Gelegentlich werden Stücke davon schon gegessen, wenn er sich noch auf der Platte windet; manchmal verspeist man den ganzen Fisch bei lebendigem Leib. Es ist schwierig, solche Praktiken nicht als Feier der Unterwerfung anderer Formen des Lebens zu sehen – was uns zu den Anschlussritualen bei den Orokaiva zurückführt. (ibid.: 60)

Es wäre ein leichtes, diese Argumentation dahingehend zu kritisieren, dass hier die Interpretationen der Beteiligten selbst nicht berücksichtigt werden, oder dass hier die Theorie verwendet wird, um das Material zu erklären, anstatt dass das Material dazu dient, die Theorie zu prüfen. Doch solche Probleme tauchen in allen Versuchen allumfassender Theorien auf, weswegen ich eine andere Stossrichtung der Kritik einschlagen will.

Meiner Ansicht nach kann keine Theorie des Rituals als gültig betrachtet werden, solange wir nicht anerkennen, dass die gesamte Kategorie »Religion« auf einem fragwürdigen westlichen Konzept fusst, die auf der jüdisch-christlichen Tradition beruht. Die ausschliessenden Grundannahmen des Christentums haben über Jahrhunderte zum Verkennen der asiatischen Religionen geführt. Die Kategorie »Religion« muss dekonstruiert und durch eine Hierarchie von (mindestens) drei Typen der Religion ersetzt werden. Zunächst kommt die Soteriologie oder die Erlösungsreligion. Als zweite kommt die soziale oder kommunale Religion, über welche Durkheim theoretisiert hat und wofür sich dessen Theorie bestens eignet. Drittens gibt es die instrumentelle Religion, einen Versuch, spezifische Dinge in der Welt zu erlangen. Es sei angemerkt, dass hier Religion nicht als Glaube definiert wird, sondern vielmehr dadurch, was getan wird, und dass hier unterschiedliche Ziele auseinandergehalten werden, auf die sich die religiösen Aktivitäten ausrichten.[12]

Die Rituale können in der Regel nur einem der drei Typen zugeschrieben werden. Solche Rituale, die in erster Linie auf Erlösung von allen Übeln der Welt abzielen, sind soteriologisch; solche, welche die Solidarität der Gruppe oder der darin eingeschlossenen Personen betonen, sind sozial; und solche, die sich auf die Heilung einer Krankheit, auf ein erfolgreiches Unterfangen oder auf das Bestehen einer Prüfung ausrichten, sind instrumentell. Natürlich gibt es eine ganze Reihe von Ritualen, welche verschiedene Aspekte umfassen oder die sich mit der Zeit wandeln. Ich werde eine solche Bewegung illustrieren, wenn ich weiter unten zur Beschreibung des Rituals des Textlesens bei den buddhistischen Newar schreite.

---

12 Ich habe diese Typologie in meiner Monographie über den Buddhismus der Newar verwendet (Gellner 1992) und habe sie weiter in einem gesonderten Artikel (1997) ausgeführt.

Nicht jede Religion hat alle der drei hier unterschiedenen Ritualtypen. Es gibt »tribale« Religionen, die keine Soteriologie aufweisen. Falls ich das Material über die Kham Magar – eine kleine Gruppe in einem entlegenen Tal in Nepal, die für ihren Schamanismus berühmt ist – korrekt verstehe, so zeichnet sich sowohl ihr Ritual, wie auch das soziale Leben weitgehend durch das Fehlen der Soteriologie und auch der sozialen Religion aus. Die instrumentellen Rituale der Schamanen beherrschen das religiöse Feld (Oppitz 1986; de Sales 1991).

In vielen Situationen in Asien – der Westen hat Mühe, dies einzusehen – existieren nebeneinander unterschiedliche religiöse Systeme, die unterschiedlichen religiösen Zwecken dienen. Gemäss Tambiahs klassischer Analyse von Nordost-Thailand (1970: 338) existieren dort vier miteinander verknüpfte religiöse Systeme. Der Buddhismus war für die Erlösung zuständig, sowie für die kollektiven dörflichen Verdienstfeste. Die rituellen Spezialisten der »Sukhwan«, bekannt als *paahm* (Thai für »Brahmane«) nahmen sich der Übergangsriten an. Lokale Schutzgeister, die durch ein Medium aufgerufen wurden, schützten die Felder und ihre Fruchtbarkeit. Schliesslich beschäftigten sich Orakel und Exorzisten mit den übelwollenden Geistern, welche die Krankheiten verursachten. Jedes der vier Systeme hatte eigene Ritualspezialisten, gesonderte Rituale und die eigene charakteristische rituelle Sprache. Jedes war durch die besondere Stellung im Gesamtsystem charakterisiert. Die Soteriologie war unzweifelhaft eine Domäne des Buddhismus. Für die verschiedenen Aspekte der sozialen Religion waren die drei ersten Systeme besorgt. Die instrumentelle Religion liegt im Bereich des vierten Systems. Gombrichs Bericht von Sri Lanka (1971) präsentiert eine einfachere Gegenüberstellung zwischen dem Buddhismus und der Götterverehrung des Hinduismus, doch auch hier könnte eine ähnliche Analyse zur Anwendung kommen (vgl. Ames 1966).

Der springende Punkt liegt hier darin, dass die Mönche im Theravada-Buddhismus, bis in die moderne Zeit, niemals darauf aspirierten, alle Bedürfnisse der Laien zu befriedigen. Ihr gesonderter Status rührte ja gerade daher, dass sie mit den weltlichen Belangen nichts zu tun hatten. Sie beschäftigten sich mit der Erlösung und betrachteten gelassen alle anderen laizistischen Praktiken – vorausgesetzt, dass die ideologische Hegemonie des Buddhismus unangefochten blieb. Gombrich bringt diese Idee mit einem Satz auf den Punkt: »Im realen Leben ist Buddhismus zuwachsend (accretive)« (1971: 41). Mit anderen Worten: Er muss stets mit anderen religiösen Systemen koexistieren, welche den weltlichen Anliegen seiner Anhänger entgegenkommen. Diese Koexistenz ist nicht notwendigerweise synkretistisch.[13]

In der Praxis wirkten die Mönche freilich als Astrologen, sie hatten Mätressen oder traten als Unternehmer hervor. Doch der springende Punkt ist hier, dass es trotz

---

13 Für eine weiterführende Auseinandersetzung mit dem Buddhismus und dem Synkretismus, und für den Vergleich zwischen dem Buddhismus und anderen religiösen Systemen in Nepal und in Japan, siehe Gellner (1997).

und nicht in Ableitung aus ihrer religiösen Funktion geschah. Das höchste Prestige gebührte denjenigen Mönchen, die ihre Rolle gänzlich ausführten. Es gibt dennoch einige Anzeichen dafür, dass Mönche, die in den Wäldern lebten, nicht immer höher fungierten als diejenigen, welche mit dem Schriftstudium und mit dem Dienst an den Laien beschäftigt waren (Gombrich 1988). Doch es scheint, dass sowohl in der Vergangenheit wie auch heute (Carrithers 1983) die Waldmönche die bevorzugten Rezipienten für die Geschenke der Laien waren – vielleicht auch nur wegen deren besonderer Unerreichbarkeit.

Wie verhält es sich mit der Kategorie »Weltreligion«? Dieser Begriff ist mit Recht wiederholt als Unsinn kritisiert worden, weil hier unterschiedliche Phänomene gemeinsam klassifiziert wurden, um dem Bedürfnis der Religionsforschung entgegenzukommen, wo gleich mit gleich zusammen betrachtet werden muss (Fitzgerald 1990). Deshalb mussten asiatische Religionen wie Hinduismus, Buddhismus oder Shintoismus in das prokrustische Bett der jüdisch-christlichen Kategorien zusammengedrängt werden. Sie alle müssen ihre Ethik, Doktrinen, Lebenszyklusrituale, Festivals, Propheten und Schriften haben. In der Terminologie, die ich hier vorschlage hingegen, begann der Buddhismus als Soteriologie, und in den meisten Ländern, wo er sich verbreitet hat, verblieb er auch vorwiegend in dieser Form. In einigen Ländern allerdings, in denen der Mahayana-Buddhismus vorherrscht, ist er angepasst worden, um neben der soteriologischen auch die instrumentellen Rituale zu besorgen. In Nepal, unter den Newar, die ich weiter unten beschreibe, passte er sich weiter an als anderswo: er befriedigt auch alle Bedürfnisse der sozialen Religion. Der Hinduismus ist seinem Wesen nach hingegen eine soziale Religion, welche zahlreiche alternative Soteriologien in sich birgt – was die Forscher gar mit der Frage konfrontiert, ob es sich dabei überhaupt um eine Religion handle. Shintoismus ist andererseits in erster Linie eine soziale und eine instrumentelle Religion und weist praktisch keine Soteriologie auf. Die Soteriologie wurde, sogar nach der Meiji-Zeit, dem Buddhismus überlassen.

Ungeachtet dieser Unterschiede existiert ein Charakteristikum, dass alle Soteriologien der Welt teilen: eine radikale Zurückweisung oder Neuordnung der Welt als solche, die entweder auf einer eifersüchtigen oder alles fordernden Gottheit basiert oder auf der Notwendigkeit, sich von allen weltlichen Dingen abzuwenden. Es ist nicht wahr, wie manchmal behauptet wird, dass die nicht schriftlichen Religionen kein Konzept der Transzendenz hätten. Diese Idee weist Bloch erfolgreich zurück. Doch in den »tribalen« Religionen ist die Transzendenz etwas, das nur sporadisch und in spezifischen Kontexten angetroffen werden kann.

Blochs Theorie ist nicht nur im Zusammenhang mit den soteriologischen Ritualen problematisch; sie ist vielleicht noch weniger geeignet, wenn wir sie auf die instrumentellen Rituale anzuwenden versuchen. Dort, wo instrumentelle Rituale wirksam sein sollen, um die bezweckte Veränderung der Welt herbeizuführen, greifen Blochs Ausführungen über das Opfer. Doch in vielen Situationen glaubt man, den Wandel der Welt mit strikt soteriologischen Mitteln herbeizuführen. Anderswo trifft vielleicht die altmodische Erklärung Frazers zu, die das Ritual als eine Pseudowissenschaft ansieht. Aus diesen Ausführungen soll hervorgehen, dass Blochs Theorie sich am besten im Zusammenhang mit der sozialen Religion eignet. In Wirklichkeit will seine Theorie zeigen, wie der komplexe Symbolismus dazu verhelfen kann, die soziale Ordnung zu konstruieren. Dieser Umstand suggeriert, dass Bloch ungeachtet seiner marxistischen Vorlieben gleichermassen, wenn nicht gar mehr, als Anhänger Durkheims zu sehen ist.

Drei Newar-Rituale

Meine drei Beispiele stammen aus dem Kathmandu-Tal in Nepal, wo ich selbst Feldforschungen durchgeführt habe, so dass ich mit einiger Zuversicht über ihre Interpretation sprechen kann. Die drei Rituale sind *guru maṇḍala pūjā*, das alljährlich stattfindende Dasain-Festival sowie das Ritual des Textlesens im klösterlichen Tempel Kwa Bahah, den Ausländern besser bekannt als »Der Goldene Tempel«.

Das Kathmandu-Tal ist eine fruchtbare Gegend auf 1000 m Höhe, am Fuss des Himalaja-Massivs. Vor dem Jahr 1769 beherbergte es drei kleine, miteinander im Wettbewerb eingebundene Fürstentümer (Kathmandu, Lalitpur und Bhaktapur), jedes basierend auf einer kleinen Stadt von ca. 60.000 Einwohnern und einem ländlichen Hinterland. Die königlichen Rituale in diesen drei Städten sowie die endlosen Kämpfe, die sie sich lieferten, unterscheiden sich nicht gänzlich vom Bali des 19. Jahrhunderts in der Schilderung von Geertz oder von Blochs Madagaskar im frühen 19. Jahrhundert. Im Jahr 1769 eroberte Prithvi Narayan Shah von Gorkha, der Vorfahre der jetzigen Könige, das Kathmandu-Tal, was den Weg zum heutigen Nepal ebnete.

Die Bewohner des Kathmandu-Tals, die Newar, sind infolge der Eroberung zu einer eingeschlossenen Minderheit (zwischen 5% und 6%) des neuen politischen Gebildes geworden. Viele Newar verliessen das Tal und siedelten fortan in den neuen Gebieten, wo sie als Händler tätig waren. Wer vor Ort blieb, behielt die Sprache aus der Zeit vor der »Vereinigung«, die soziale Organisation, die religiösen Traditionen und die Rituale bei. Einige Newar sind Buddhisten, andere sind Hindu. Das wichtigste Unterscheidungsmerkmal ist der Priester. Diejenigen Newar, deren Hauspriester ein Vajrācārya ist, gelten als Buddhisten; wer einen Brahmanen ruft, als Hindu. Die Vajrācāryas sind oft als »buddhistische Brahmanen« bezeichnet worden: Sie stellen in der Tat wie die Brahmanen eine verheiratete, vererbbare Priesterschaft. Zusammen mit der leicht niedriger eingestuften Untersektion der gleichen Kaste, den Śākya, kontrollieren und schützen sie Tempelkomplexe, genannt in Newari vihāra (Kloster) – die wichtigsten Stätten, wo der Glaube praktiziert wird. Die Koexistenz des Buddhismus und des Hinduismus ist für Südasien ungewöhnlich, doch einst war sie noch verbreiteter. Der grosse französische Sanskritist Silvain Lévi kam im Jahr 1898 nach

Nepal und schrieb die Geschichte des Landes in drei Bänden (1905), weil er glaubte, dass Nepal »Indien im Entstehungsprozess« darstellte. Diese Feststellung bezog sich auf die Koexistenz des Buddhismus und des Hinduismus im Kathmandu-Tal, die typisch war für Indien tausend Jahre zuvor – noch vor der muslimischen Invasion. Der Buddhismus, den die Newar praktizieren, ist ausgesprochen ritualisiert (Gellner 1992). Es existieren keine grossen klösterlichen Institutionen wie in Tibet oder in Südost-Asien, so dass das Niveau des Gelehrtentums offensichtlich sehr viel tiefer liegt. Dennoch stammt der Newar-Buddhismus, wie auch der tibetische Buddhismus, vielleicht noch in stärkerem Masse, in direkter Linie vom Mahayana- und Vajrayana-Buddhismus ab, wie er in Nordindien und im heutigen Gebiet von Bangladesch vor 700–800 Jahren praktiziert wurde.

guru maṇḍala pūjā

Das erste Ritual, das mich hier beschäftigt, ist *guru maṇḍala pūjā*. Es ist das grundlegendste Element der buddhistischen Liturgie der Newar, das heisst, es ist das erste Ritual, welches ein buddhistischer Novize in seiner Ganzheit lernt, und es gibt zahlreiche Laien, die es ebenfalls beherrschen. Alle komplexen Rituale, welche die Anwesenheit des Vajracarya-Priesters erfordern, beginnen und enden mit *guru maṇḍala*. Es rahmt das gesamte Ritual ein. Es kann auch gesondert durchgeführt werden, als Teil eines alltäglichen persönlichen Rituals. Allein nimmt es etwa fünf Minuten in Anspruch, wenn man es auswendig kennt. Doch meine Beschreibung aller seiner Details, einschliesslich aller Wendungen und aller rituellen Handlungen, erforderte 36 Seiten (Gellner 1991a). Verkürzt wiedergegeben, umfasst es 4 Stadien:

(1) die Verehrung des *maṇḍala* (das heisst des heiligen Rahmens), des Berges Meru (der kosmische Berg, der als das Zentrum der Welt gilt), indem jedes Element des *maṇḍala* eine kleine Gabe erhält;
(2) die symbolische Gabe des *maṇḍala* an Vajrasattva, den *guru*, der das Absolute im tantrischen Buddhismus versinnbildlicht;
(3) verschiedene Aktionen aus dem Mahayana-Buddhismus (das heisst ein Buddha werden, um alle Wesen zu retten, eine Beichte);
(4) eine Opfergabe an die niedrigeren Geister, um Widrigkeiten zu vermeiden.

Wenn (und dies ist meistens der Fall) das *guru maṇḍala* den Rahmen eines grösseren Rituals bildet, spart man diesen letzten Teil für das Ende auf.

Diese einschliessende, einrahmende Funktion zieht nach sich, dass *guru maṇḍala* allen buddhistischen Ritualen der Newar inhärent ist. Der einzige wichtige Anlass, wo es fehlt, ist die alltägliche Verehrung der wichtigsten Statue des Buddha in den klösterlichen Tempelkomplexen, wobei auch dort verschiedene Elemente des Rituals oft beigezogen werden (Gellner 1991b; Sharkey 1995). Die Mütter führen das *guru maṇḍala* für ihre fünf bis sechs Monate alten Kinder anlässlich der Zeremonie ihrer »Ersten Speisung mit Reis« durch. Brautleute führen es gemeinsam, an einer *maṇḍala*, die sie teilen, bei ihrer Hochzeit durch. Im Kontext meiner drei Typen ist *guru maṇḍala* als solche sicherlich zur Soteriologie zu schlagen; jedoch durch die Art, wie sie *verwendet* wird, variiert ihr Gehalt vom Soteriologischen (das heisst als ein Teil der täglichen Hingebung eines jeden frommen Buddhisten) zum Sozialen (als ein Teil eines grösseren Lebenszyklusrituals).

Das Wissen über dieses Ritual unter den Newar variiert beträchtlich. Viele einfache Anhänger der Vajrācārya-Priester kennen nicht einmal seinen Namen. Sie führen das Ritual unter der Anleitung des Priesters einfach durch. Aus ihrer Sicht ist es die Sache des Priesters, es zu verstehen und auch sicherzustellen, dass dem Ritual Erfolg beschieden wird. Sie müssen weder, noch wollen sie die Einzelheiten kennen. Aus der Sicht des Priesters besteht ebensowenig Anlass, das Ritual seinem Klienten zu erklären, besonders wenn dieser einer tiefen Kaste angehört – ausser jener besteht auf einer Erläuterung.

Andere kennen den Namen des Rituals und wissen, dass das *maṇḍala* dem Gott Vajrasattva anerboten wird, doch sie können es ohne die Anleitung des Priesters nicht durchführen. Andere wiederum, einschliesslich der Priester und vieler frommer Laien, führen das Ritual als Teil ihrer regelmässigen Verehrung täglich durch, wobei sie es auswendig und fliessend beherrschen.

Seit dem 12. Jahrhundert blieb das Ritual grundsätzlich unverändert. Wir wissen dies, weil das Ritual im Kriyā Samuccaya des Jagaddarpaṇa Ācārya aus dem 12. Jahrhundert erscheint, wo es praktisch gleich wie heute und im praktisch gleichen Kontext wiedergegeben ist. Es kann sein, dass es gar noch einige Jahrhunderte älter ist. Heute führen es verschiedene Priester in leicht abweichenden Versionen durch. Dies rührt von den unterschiedlichen religiösen Traditionen in den drei historischen Städten her, wobei auch innerhalb Lalitpurs (möglicherweise auch anderswo) leichte Unterschiede bestehen. Ungeachtet der leichten Abweichungen handelt es sich überall um das gleiche Ritual.

Die Erklärung für diese Standardisierung und die Verfestigung muss in dem spezialisierten Training der Vajrācārya-Priester liegen sowie darin, dass das Ritual so häufig durchgeführt wird, dass es gar zu ihrer zweiten Natur gerät. Kein Vajrācārya, der als Priester tätig ist, kann es sich leisten, es nicht auswendig zu kennen. Zugleich ist es eine rein buddhistische Liturgie, und es wird in Sanskrit gesungen, das viele nicht verstehen. Es ist deshalb nicht die Sache der Aussenseiter und undurchsichtig für die Laien. In der Folge gab es keine Anreize, das Ritual weiter auszuschmücken oder es zu vereinnahmen. Es hat sich im Verlauf der Zeit weder ausgedehnt noch verringert, und man kann seine Geschichte zurückverfolgen.

Dasain

Dasain stellt eine andere Form von Ritualen dar. Es ist die grösste öffentliche Ferienzeit in Nepal. Anlässlich dieses Festivals will jeder Nepali zu Hause weilen. Jedermann sollte eine Ehrung in Form eines roten Punktes (ṭīkā) auf die Stirn am zehnten Tag des Monats – vom Haushaltsvorsteher, vom Linienältesten, idealerweise vom König – erhalten. Sogar die Muslime nehmen daran teil, wobei sie statt des roten Punktes farbloses Speiseöl verwenden (Gaborieau 1996). Die wichtigste Gottheit, die anlässlich dieses Rituals verehrt wird, ist Durga, und die wichtigste Form der Verehrung ist die Opferung von Büffeln und Ziegen. Kürbisse, Gurken und andere Kürbisgewächse werden oft als Substitut verwendet. Die enge Verbindung zwischen der Verehrung der Durga und der politischen Macht zeigt sich unter anderem darin, dass jede Polizeistation in Nepal einen kleinen Schrein der Göttin Durga unterhält.[14]

In der Malla-Periode schien das wichtigste Ritual in der Parade der Schwerter zu liegen, die von der Göttin mit Kraft aufgeladen wurden. Daraus leitet sich der Newar-Name des Rituals ab: pāyāh oder khaḍgajātrā, wörtlich: das »Festival des Schwerts« . In dieser Form scheint es bis ins 13. Jahrhundert zurückzugehen (Petech 1984: 95). Die Parade der Schwerter wird auch heute praktiziert: Mehrere hochkastige Shrestha-Linien (patrilineare Abstammungsgruppen) gehen heute noch auf eine Prozession zurück, bei der sie ihre Schwerter mit Gerstensprösslingen schmücken, die sie in ihren Familienschreinen am ersten Tag des Festivals gepflanzt haben. Diese Schwerter werden meistens zum Opfern der Kürbisse verwendet: Alle initiierten männlichen Mitglieder der Linie stellen sich in einer Reihe auf und spalten die Frucht im Vorbeigehen. Wenn ein Mann oder ein Junge, der das Schwert hält, sich schüttelt oder zittert, wird dies als ein Zeichen ausgelegt, dass die Göttin von ihm Besitz ergriffen hat.

Seit die Shah im 18. Jahrhundert an die Macht gekommen sind, hat die Schwerter-Prozession vom königlichen Sitz aus, an der sich auch die Malla-Könige beteiligten, an Bedeutung eingebüsst. Eine weitere Änderung ergab sich daraus, dass die Gerste in Gorkha ausserhalb des Kathmandu-Tals gepflanzt wurde, wo die Eroberung des Kathmandu-Tals geplant worden war, und dass es von dort am siebten Tag (phūlpātī) zum Königspalast gebracht wird, was klar die Eroberung des Tals aus dem Nordwesten in Erinnerung ruft. Doch in den meisten Belangen stützen die neuen Herrscher die Traditionen der Malla-Herrscher in den drei Städten. Heute noch werden die Dasain-Feierlichkeiten parallel in den drei Stätten durchgeführt, unterstützt vom Guthi Samsthan – dem Regierungsbüro, das für die Durchführung der religiösen Feierlichkeiten sorgt, welche die (königlichen) Spenden aus der Vergangenheit ermöglichen.

---

14 Für die beste Aufsatzsammlung zum Dasain, siehe Krauskopff und Lecomte-Tilouine (1996). Siehe auch Levy (s.v. Mohani), Pfaff-Czarnecka (1993; o.J.). Für indische Beispiele, siehe u. a. Schnepel (1996).

Die Rana-Premierminister, welche Nepal von 1846 bis 1951 regierten, die aber die Shah-Dynastie nie gänzlich der Macht enthoben haben, systematisierten das System der Wiedereinsetzung der Beamten durch die *pajanī*-Zeremonie, indem sie diese unmittelbar vor dem Dasain eingesetzt haben (Pfaff-Czarnecka 1993). Die Beamten hatten sich in ihrer Zeremonialkleidung zu zeigen, ohne dass sie jemals sicher sein konnten, ob sie für das kommende Jahr befördert, degradiert oder wiedereingesetzt würden. Wurden sie ihres Amtes enthoben, so hatten sie sich ohne den Turban, der ihre Stellung symbolisierte, zu entfernen – was höchst kränkend war. Es scheint, dass es auch die Ranas waren, welche dem Dasain militärische Paraden und die Verehrung der Flaggen der Regimenter hinzugefügt haben (ibid.: 274–5). Möglicherweise war Jang Bahadur Rana durch die Erlebnisse seiner Englandreise beeinflusst.[15]

Heute erfreuen sich die nepalischen Beamten einer sicheren Anstellung, doch vor 1990 gab es viele Anlässe, um sie zu fürchten, einschliesslich des Dasain, wenn sie ihre Treue gegenüber der Krone zum Ausdruck bringen mussten. Immer noch finden anlässlich des Dasain Militärparaden, Tieropfer und Maskentänze statt. Der König verteilt die *ṭīkā* an die Priester, an seine Familie, an die führenden Persönlichkeiten aus der Regierung sowie an Privatpersonen (Lecomte-Tilouine und Shrestha 1996). Während der öffentlichen Feierlichkeiten wird Dasain auch im familiären Rahmen begangen. Die Vorsteher der Haushalte verteilen die *ṭīkā* an ihre Angehörigen in der gleichen Weise, wie es der König und die politischen Oberhäupter in ihren jeweiligen Domänen tun.

Dasain ist also das Hauptereignis im nepalischen Ritualkalender. Es symbolisiert die Ernte, die Fruchtbarkeit, die königliche Macht und die Macht der Patrilinie, einschliesslich der Dominanz der Männer über die Frauen (Bennett 1982). Als solches bewirkt es das, was Bloch für die Merina des 19. Jahrhunderts beschreibt: Es legitimiert und symbolisiert die weltliche Macht. Wie auch das Beschneidungsritual ist es anfällig für mannigfache Zusätze, welche neue Dynastien oder neue politische Regimes ihm verleihen wollen (…) und es ist anfällig für öffentliche Unmutsäusserungen.

So wird es in Nepal seit 1990 von den »ex-tribalen« ethnischen Gruppen, die ihre anti-hinduistische Haltung zum Ausdruck bringen wollen, öffentlich in Frage gestellt.[16] Dokumentiert sind auch die Vorstösse der tibetischen Buddhisten in Nepal, die anlässlich von Dasain spezielle Reinigungsrituale durchführen, um das Töten der Ritualtiere zu kompensieren. Sogar vor 1990 lieferten sich verschiedene Priester Streitigkeiten über die bevorzugte Stellung anlässlich spezifischer Dasain-Rituale (Toffin 1996: 89).

Ist Dasain so wirkungsvoll, weil es eine Zeitlosigkeit konstruiert, wie Bloch für das Beschneidungsritual der Merina behauptet? Man könnte anführen, dass in der

---

15 Zu Jang Bahadurs Reise nach England und nach Frankreich, siehe Whelpton (1983). Natürlich fand die Verehrung der Waffen schon zuvor statt.
16 Pfaff-Czarnecka (1993) dokumentiert, dass solche Versuche bereits vor 1990 stattgefunden haben.

Hindu-Welt die Zeitlosigkeit eine Domäne all der hohen Hindu-Götter, Shiva oder Pashupati, oder vielleicht Vishnu ist, während die symbolische Kraft der Göttin – ihre Fähigkeit, für die Fruchtbarkeit, Macht und Kontrolle zu stehen – aus ihrer Verortung *innerhalb* der Welt rührt. Mit anderen Worten: Je zeitloser eine Gottheit, desto weniger ist sie für diesseitige Belange geeignet. Gerade mit ihrer weniger transzendenten Natur eignet sich die Göttin für die Zuständigkeit im Diesseits.

Ungeachtet der Spaltung innerhalb des hinduistischen Universums, zwischen der männlichen Ausserweltlichkeit, welche die Götter Shiva und Vishnu repräsentieren, und der diesseitigen Eigenschaften, die der Göttin eigen sind, muss man dennoch einräumen, dass Dasain sich gut in Blochs Analyse des *Prey into Hunter* einfügt. Fruchtbarkeit, Regenerierung, die königliche Macht und die Eroberung, die nationale Einheit und die Dominanz der Linienältesten (und der Männer über die Frauen) – sie alle sind im Tieropfer verankert und werden darin bekräftigt. Es scheint eine perfekte Illustration der »zurückprallenden Gewalt« zu sein.

Text-Lesen im Kwā Bāhāḥ

Mein drittes Beispiel ist das Ritual genannt *pā thyākegu* (oder *pāṭh yākegu*), »den Text gelesen haben«, das wiederholt im klösterlichen Tempelkomplex des Kwa Bahah, Lalitpur, stattfindet (Gellner 1996). Der gelesene Text heisst »Die Perfektion der Weisheit in achttausend Zeilen« und ist möglicherweise fast 1900 Jahre alt (wobei die hier verwendete Kopie nicht älter als 700 Jahre ist). Doch das Ritual besteht aus mehr Elementen als bloss aus dem Vorlesen. Die lokale Bevölkerung glaubt, dass die nach den traditionell festgelegten Regeln erfolgende Lektüre *dieses* Textes die Erfüllung der eigenen Wünsche garantiert. Zehn Vajrācārya-Priester nehmen alle einen Teil des Textes, führen das *guru maṇḍala* Ritual durch und lesen alle anschliessend diesen Sanskrittext, leise oder gar unhörbar, simultan. Es ist üblich zu schwören, dass man eine Lesung dieses Texts veranstalten wird, wenn man sich in Gefahr – sei es bei einer Krankheit, während einer Reise, bei der Arbeit oder in einer anderen Form – befindet. Eine ähnliche Praxis im Kathmandu-Tal kann auch anhand der Verehrung von Harati, der Göttin der Blattern in ihrem Tempel auf der nordwestlichen Seite der Svayambhu *stūpa* beobachtet werden. Die lokale Bevölkerung von Lalitpur glaubt, dass die Göttin als die Perfektion der Weisheit diesem Text innewohnt und dass sie den Bitten der Gläubigen entsprechen kann. Viele lassen den Text lesen, auch ohne in eine Notlage geraten zu sein, hauptsächlich bei Hochzeiten und den Initiationen.

Die historische Evidenz suggeriert, dass die heutige Form der Durchführung dieses Rituals auf das 18. oder vielleicht erst auf die Mitte des 19. Jahrhunderts zurückgeht. Gegenwärtig wird der Text in der Regel an zwei von drei Tagen gelesen. Die heutigen Ritualspezialisten erinnern sich daran, eine Regel eingeführt zu haben, dass dieser Text nicht häufiger als zweimal am Tag gelesen werden darf.

Dieses Ritual ist klar instrumentell im Charakter, trotz des offensichtlich sote-riologischen Idioms des Mahayana-Buddhismus.[17] Von den 184 Śākya- und Vajrācārya-Haushalten, die in der Nähe des Kwā Bāhāḥ leben, haben 114 (62%) den Text wenigstens einmal während der letzten zehn Jahre lesen lassen. Der häufigste Grund war Krankheit, die in 30% der Fälle angeführt wurde. Es ist möglich, dass unter den weiteren 28% der Personen, die angegeben haben, dass sie den Text einfach gelesen haben wollten, Krankheit mit ein Grund war. 5% der Personen erwähnten ihre Ängste im Zusammenhang mit ihrer Anstellung, 3.5% ausgedehnte Reisen, andere 3.5% Missgeschicke und Unglücksfälle zu Hause; 2.6% haben Todesriten angegeben. Fast 17% nannten die Heirat als Grund.

Von den drei hier skizzierten Ritualen der Newar ist das erste soteriologisch, obschon es den Grundstein der buddhistischen Liturgie der Newar darstellt, so dass es das Grundelement der instrumentellen und der sozialen Rituale bietet. Das zweite Ritual, das Dasain, folgt dem Kalender und hat in erster Linie sozialen Charakter. Das dritte Ritual ist vornehmlich instrumentell, auch wenn die Form seiner Ausführung soteriologisch ist.

Schlussfolgerung

Die hier angeführten drei Beispiele sollen belegen, dass es unterschiedliche Typen von Ritualen gibt. Blochs zentrales Argument lautet, dass (1) in einer »schwach antragenden Weise« (1986: 191) Rituale die Ordnung konstruieren – eine zeitlose, konstante Welt – und dass sie die Dominanzbeziehungen legitimieren; und (2) dass sie die durch ihren Symbolismus und – in unterschiedlichem Ausmass die »zurückprallende Gewalt« zum Tragen bringen (1992). In *Prey into Hunter* postuliert Bloch, dass sich diese These auf eine Reihe von Ritualen anwenden lässt. Natürlich muss er die grosse Spannbreite der Rituale anerkennen und schlägt eine Typologie der Anwendung vor, wie ich es oben wiedergegeben habe. Meiner Ansicht nach geht seine These nicht weit genug, weswegen eine radikalere Typologie der Rituale eingeführt wurde, in der Rituale unterschiedliche charakteristische symbolische Strukturen innehaben.

In der Typologie, die ich vorschlage, lässt sich die These Blochs ohne Zweifel am besten auf die sozialen Rituale anwenden. In der Tat ist Bloch dafür kritisiert worden, dass er in seiner Beschreibung der Merina Rituale den *samp*-Kult auslässt, welcher

---

17 Ich vermute, dass die zunehmende Popularität dieses Rituals in den letzten Jahren eine Antwort auf das abnehmende Interesse gegenüber anderen instrumentellen Ritualen sein kann, welche die Vajrācārya-Priester durchführen – etwa der Anrufung der Göttin Pañcarakṣās sowie die *navagraha pūjā*.

primär instrumentellen Charakter hat (Berg 1986). Es ist auch auffallend, dass das Christentum, welches in erster Linie soteriologische Züge trägt, in seiner Analyse eine kleine Rolle spielt. Ich habe die sozialen Rituale mit dem Dasain illustriert, und ich habe gezeigt, dass Blochs Analyse sich vornehmlich an Durkheim orientiert, der ins Zentrum des Rituals und seines Symbolismus die Herstellung der Ordnung rückt.

Mein zweiter Kritikpunkt richtet sich gegen Blochs allzu grossen Nachdruck auf das Ritual selbst, während er den Institutionen zu wenig Aufmerksamkeit zukommen lässt, welche einem Ritual über weite Zeiträume eine Dauerhaftigkeit verleihen. Überraschend für jemandem, der sich erklärtermassen am Marxismus orientiert, kommt der Sozialgeschichte eine bloss hintergründige Rolle zu. Hier können wir viel von Geertz, dem vermeintlich hermeneutischen Autor, lernen. Denn er denkt, korrekterweise, dass wir die Vorgänge im königlichen Zentrum ohne den Rückgriff auf die Einzelheiten zur Bewässerung nicht ausreichend verstehen können. Notwendig für unser Verständnis sind die Geschichte, Ritual und die Folgen der Kolonialherrschaft, was beide Autoren anführen, gepaart mit Blochs Interesse an den soziologischen Implikationen und der Mikroanalyse des Rituals sowie mit Geertz' erweitertem Fokus auf den gesellschaftlichen Kontext. Geertz wurde andererseits für seine einseitige Ausrichtung der kontextuellen Betrachtungen kritisiert: für die vornehmliche Ausrichtung seines Blicks auf die Eliten und für die Unterstellung, dass das Volk sich bloss mit der technischen Rationalität befasste (Tambiah 1985b; Valeri 1991: 135–6). Wir haben auch gesehen, dass Geertz dem kolonialen Kontext nicht ausreichend Aufmerksamkeit schenkt.

Deshalb gehe ich mit Bloch, gegen Geertz, darin einig, dass die Suche nach einer universellen Theorie notwendig ist, doch ich wende mich gegen Blochs monistische Annahme, dass sich alle Rituale dem gleichen Referenzrahmen einzufügen haben: Mindestens drei distinkte Typen des Rituals und der religiösen Orientierung müssen anerkannt werden. Alle drei Typen des Rituals teilen die Aspekte der Redundanz, der Stereotypisierung und der Formalisierung, welche zahlreiche Autoren ausgearbeitet haben (siehe u.a. Tambiah 1985a); doch unterschiedliche Zwecke bringen es mit sich, dass sie in unterschiedlicher Form symbolisch aufgeladen sind. Blochs Grundannahme, dass die »zurückprallende Gewalt« die Struktur aller Rituale abgibt, ist für die soteriologischen und liturgischen Rituale, wie das *guru maṇḍala pūjā* unangebracht, und es eignet sich ebenso wenig für das von mir beschriebene instrumentelle Ritual. Auch wenn beide eine Zeitlosigkeit behaupten, ist keines der beiden gewaltsam, vorausgesetzt, dass Bloch die Reinheit, auf der sie fussen, nicht in irgendeiner Form in einen Zusammenhang mit Gewalt bringt. Hingegen scheint seine Formel sehr gut für das kalendrische Festival Dasain zu greifen. Doch sogar in diesem Fall bin ich nicht sicher, ob es nicht möglich wäre, einen anderen symbolischen Kern für ein alljährlich stattfindendes Ritual zu konstruieren.

Die beiden von mir zitierten Autoren gehen sich – wie auch viele andere, auf die ich mich hier nicht beziehen konnte – einig in der Forderung, dass wir beim Studium der Rituale viel gewinnen, wenn wir ihre politischen Implikationen mit berücksichtigen. Zudem postulieren Bloch und Geertz eine absolut notwendige Annäherung zwischen der Ethnologie und der Geschichte. Blochs Anspruch, dass eine systematische Theorie des Rituals notwendig ist, habe ich den Zusatz angefügt, dass wir eine Typologie der Religion und des Rituals benötigen, um ihm zu genügen. Die Idee, dass es eine singuläre »Sache« genannt Religion oder eine einzige Form des Rituals gibt, ist eine aus der Mode gekommene und allzu häufig ungeprüft wiederholte Annahme des jüdisch-christlichen Erbes der Humanwissenschaften – eine Idee, die wir schleunigst aufgeben sollten.

Übersetzt von Joanna Pfaff-Czarnecka

Literatur

Ames, M.M. 1966. »Ritual Prestations and the Structure of the Sinhalese Pantheon«. In: *Anthropological Studies in Theravada Buddhism*. Hg. M. Nash. New Haven: Yale University Press.

Asad, T. 1983. »Anthropological Conceptions of Religion: Reflections on Geertz«. Man (N.S.) 18: 237–59.

Bell, C. 1992. *Ritual Theory, Ritual Practice*. New York: Oxford University Press.

Bennett, L. 1992. *Dangerous Wives and Sacred Sisters: Social and Symbolic Roles of High-Caste Women in Nepal*. New York: Columbia University Press.

Berg, G. A. 1986. Review of Bloch 1986. Current Anthropology 27: 353.

Bloch, M. 1971. *Placing the Dead: Tombs, Ancestral Villages and Kinship Organisation in Madagascar*. London: Seminar.

Bloch, M. 1983. *Marxism and Anthroplogy: The History of a Relationship*. Oxford: Clarendon.

Bloch, M. 1986. *From Blessing to Violence: History and Ideology in the Circumcision Ritual of the Merina of Madagascar*. Cambridge: Cambridge University Press.

Bloch, M. 1989. *Ritual, History and Power: Selected Papers in Anthropology*. London: Athlone.

Bloch, M. 1992. *Prey into Hunter: The Politics of Religious Experience*. Cambridge: Cambridge University Press.

Boholm, A. (Hg.). 1996. *Political Ritual*. Göteborg: Institute for Advanced Studies in Social Anthropology.

Boyer, P. 1994. *The Naturalness of Religious Ideas: A Cognitive Theory of Religion*. Berkeley: University of California Press.

Carrithers, M. 1983. *The Forest Monks of Sri Lanka: An Anthropological and Historical Study*. New Delhi: Oxford University Press.

Fitzgerald, T. 1990. »Hinduism and the ›World Religion‹ Fallacy«. Religion 20: 101–18.

Gaborieau, M. 1996. »Le Grand Dilemme des Musulmans: Comment participer au pouvoir sans le sacraliser?«. In: *Célébrer le Pouvoir: Dasai, Une Fête Royale au Népal*. Hg. G. Krauskopff and M. Lecomte-Tilouine. Paris: CNRS.

Geertz, C. 1968. *Islam Observed*. New Haven: Yale University Press.

Geertz, C. 1973. *The Interpretation of Cultures: Selected Essays*. New York: Basic Books.

Geertz, C. 1982. *Negara: The Theatre State in Nineteenth-Century Bali*. Princeton University Press.

Gellner, D. N. 1988. »Priesthood and Possession: Newar Religion in the Light of some Weberian Concepts«. Pacific Viewpoint 29 (2): 119–43.

Gellner, D. N. 1991a. »Ritualized Devotion, Altruism, and Meditation: The Offering of the *guru mandala* in Newar Buddhism«. Indo-Iranian Journal 34: 161–97.

Gellner, D. N. 1991b. »A Newar Buddhist Liturgy: Sravakayanist Ritual in Kwa Bahah, Lalitpur, Nepal«. Journal of the International Association of Buddhist Studies 14: 236–52.

Gellner, D. N. 1992. *Monk, Householder, and Tantric Priest: Newar Buddhism and its Hierarchy of Ritual*. Cambridge: Cambridge University Press.

Gellner, D. N. 1996. »A Text and its Uses in Kwa Baha, Lalitpur«. In: *Change and Continuity: Studies in the Nepalese Culture of the Kathmandu Valley*. Hg. S. Lienhard. Alessandria: Edizioni dell'Orso/CESMEO.

Gellner, D. N. 1997. »For Syncretism: The Position of Buddhism in Nepal and Japan Compared«. Social Anthropology 5: 275–89.

Gombrich, R. F. 1971. *Precept and Practice: Traditional Buddhism in the Rural Highlands of Ceylon*. Oxford: Clarendon Press.

Gombrich, R. F. 1988. *Theravada Buddhism: A Social History from Ancient Benares to Modern Colombo*. London and New York: Routledge.

Harrison, S. 1995. »Four Types of Symbolic Conflict«. Journal of the Royal Anthropological Institute (N.S.) 1: 255–72.

Humphrey, C. und J. Laidlaw 1994. *The Archetypal Actions of Ritual: A Theory of Ritual Illustrated by the Jain Rite of Worship*. Oxford: Clarendon Press.

Kelly, J. D. und M. Kaplan 1990. »History, Structure, and Ritual«. Annual Review of Anthropology 19: 119–50.

Kertzer, D. 1988. *Ritual, Politics, and Power*. New Haven: Yale University Press.

Krauskopff, G. und M. Lecomte-Tilouine (Hg.) 1996. *Célébrer le Pouvoir: Dasai, Une Fête Royale au Népal*. Paris: CNRS.

Kuper, A. 1994. »Culture, Identity and the Project of a Cosmopolitan Anthropology«. Man (N.S.) 29: 537–54.

Kuper, A. 1999. »Clifford Geertz: Culture as Religion, and as Grand Opera«. In: A. Kuper: *Culture: The Anthropologists' Account*. Harvard University Press. Kap. 4.

Lansing, J. S. 1991. *Priests and Programmers: Technologies of Power in the Engineered Landscape of Bali*. Princeton University Press.

Lecomte-Tilouine, M. und B.K. Shrestha 1996. »Les Rituels Royaux de Dasai à Katmandou: Notes Preliminaires«. In: Krauskopff und Lecomte-Tilouine 1996.

Lévi, S. 1905. *Le Népal: Etude historique d'un royaume hindou* (3 Bde.). Paris: Leroux. (Nachdruck 1986, Kathmandu und Paris: Raj de Condappa, Le Toît du Monde Editions Errance.)

Levy, R.I. 1990 (mit K.R. Rājopādhyāya). *Mesocosm: Hinduism and the Organization of a Traditional Newar City in Nepal.* Berkeley: University of California Press.

Lincoln, B. 1987. »Ritual, Rebellion, Resistance: Once more the Swazi *Ncwala*«. Man (N.S.) 22: 132–56.

Munson, H. 1986. »Geertz on Religion: The Theory and the Practice«. Religion 16: 19–32.

Oppitz, M. 1986. »Die Trommel und das Buch: Eine kleine und die grosse Tradition«. In: *Formen kulturellen Wandels und andere Beiträge zur Erforschung des Himalaya.* Hg. B. Kölver and S. Lienhard. St Augustin: VGH Wissenschaftsverlag.

Peabody, N. 1997. »Inchoate in Kota? Contesting Authority through a north Indian Pageant-Play«. American Ethnologist 24: 559–84.

Petech, L. 1984 [1958]. *Mediaeval History of Nepal* (2. Aufl.). Rome: ISMEO.

Pfaff-Czarnecka, J. 1993. »The Nepalese Durga Puja Festival or Displaying Political Supremacy on Ritual Occasions«. In: *Anthropology of Tibet and the Himalaya.* Hg. C. Ramble and M. Brauen. Zürich: Ethnological Museum of the University of Zürich.

Pfaff-Czarnecka, J. »A Battle of Meanings: Commemorating Goddess Durga's Victory over Demon Mahisa as a Political Act«. *Kailash*.

Phylactou, M. 1989. *Household Organisation and Marriage in Ladakh.* Diss., University of London.

de Sales, A. 1991. *Je Suis Né de Vos Jeux de Tambours: La Religion Chamanique des Magar du Nord.* Nanterre: Société d'Ethnologie.

Schnepel, B. 1996. »The Hindu King's Authority Reconsidered: Durgā-Pujā and Dasarā in a South Orissan Jungle Kingdom«. In Boholm 1996.

Schulte Nordholt, H. 1993. »Leadership and the Limits of Political Control: A Balinese »Response« to Clifford Geertz«. Social Anthropology 1: 291–307.

Shankman, P. 1984. »The Thick and the Thin: On the Interpretative Program of Clifford Geertz«. Current Anthropology 25: 261–79.

Sharkey, G. C. J. 1994. *Daily Ritual in Newar Buddhist Shrines.* Diss., Oxford University.

Tambiah, S. J. 1970. *Buddhism and the Spirit Cults in North-East Thailand.* Cambridge: Cambridge University Press.

Tambiah, S. J. 1985a. »A Performative Approach to Ritual« In: ders. *Culture, Thought, and Social Action: An Anthropological Perspective.* Cambridge, USA und London: Harvard University Press.

Tambiah, S. J. 1985b. »A Reformulation of Geertz's Conception of the Theater State«. In: ders. *Culture, Thought, and Social Action: An Anthropological Perspective.* Cambridge, USA und London: Harvard University Press.

Toffin, G. 1996. »Histoire et Anthropologie d'un culte royal népalais: Le Mvahni (Durga Puja) dans l'ancien palais royal de Patan« In: Krauskopff/Lecomte-Tilouine 1996.

Vajracharya, Gautam Vajra 1976. *Hanuman Dhoka Rajdarbar* (in Nepali). Kathmandu: CNAS (V.S. 2033).

Valeri, V. 1991. »Afterword«. In Lansing 1991.

Whelpton, J. 1983. *Jang Bahadur in Europe: The First Nepalese Mission to the West.* Kathmandu: Sahayogi.

Michael Oppitz

Montageplan von Ritualen

Der Ausdruck »Montageplan«, aus dem Bereich industrieller Fliessbandfertigung auf den der religiösen Praxis – speziell der Rituale – übertragen, impliziert mehrere Annahmen:

Rituale sind zusammengesetzt – aus Einzelteilen
- die Einzelteile der Rituale sind vorgefertigte Bauelemente
- die vorgefertigten Bauelemente sind mobil und versetzbar
- dem Versatz von Bauelementen liegt ein Entwurf zugrunde
- die nach Entwurf zusammengesetzten Fertigteile ergeben ein erkennbares Produkt – das jeweilige Ritual.

Die vorgefertigten Bauelemente oder Einzelteile, aus denen Rituale sich zusammensetzen, sind ihre kompositorischen Bausteine. Sie entstammen gleichzeitig mehreren Ebenen: einer materiellen Ebene in Gestalt gewisser Objekte, die zur Durchführung des Rituals zu gegebener Zeit und an einem abgegrenzten Ort benötigt werden; einer sprachlichen Ebene in Gestalt vorformulierter Äusserungen wie Gebeten, magischen Formeln oder rezitierten Mythen; einer in erweitertem Sinne akustischen Ebene mit musikalischen und anderen klanglichen Ausdrucksmitteln; und einer kinetischen Ebene mit besonderen Handlungen, Bewegungen und Gesten.

Die kompositorischen Bausteine von Ritualen aus Materie, Sprache, Klang und Bewegung können von unterschiedlicher Grössenordnung sein. Die Bausteine der materiellen Ebene sind Einzelgegenstände, die entweder eigens für den rituellen Zusammenhang hergestellt werden oder solche, die bereits in anderen Zusammenhängen eine Funktion ausüben, im rituellen Rahmen jedoch mit einer zusätzlichen Aufgabe bedacht werden. Die kompositorischen Bausteine der klanglichen Ebene sind Melodie- und Rhythmusfolgen, erzeugt auf Instrumenten, die ihrerseits nur in Ritualen erklingen oder – seltener – auch in anderen Lebenszusammenhängen zu hören sein mögen. Die Bausteine der sprachlichen Ebene können isolierte Wörter, Phrasen und Redewendungen oder ganze Textsequenzen unterschiedlicher Gattungen sein, deren Vokabular aus der Alltagssprache entlehnt sein mag oder auch nur im rituellen Rahmen vorkommt (Geheimsprache, Ritualsprache, besondere Archaismen). Die kompositorischen Bausteine der kinetischen Ebene können ebenfalls bereits in anderen Zusammenhängen vorgeformt worden sein und aus kleinsten Bewegungselementen, aus Gesten, Gebärden und Tanzfiguren, aber auch aus ganzen Blöcken von Handlungssequenzen bestehen. Auf der sprachlichen wie auf der kinetischen Ebene schwanken also die kompositorischen Bausteine von Ritualen in ihrer Grössenordnung beträchtlich. Dies gilt nur in geringem Masse für die Grundbausteine der Rituale auf klanglicher und materieller Ebene.

Absicht der nachfolgenden Ausführungen ist es, am Beispiel der religiösen Praktiken zweier vergleichbarer Lokalkulturen Natur und Mobilität ritueller Baulemente im Rahmen der eingangs gemachten Annahmen näher zu untersuchen. Die Lokalkultur der Naxi an der östlichen Abdachung des Himalajamassivs wird das Anschauungsmaterial für die materielle Ebene, die der Magar an der westlichen Flanke des gleichen Massifs den Stoff für die sprachliche Ebene kompositorischer Bausteine von Ritualen liefern. Die beiden anderen Ebenen, klanglicher und kinetischer Art, werden eher en passant gestreift werden.

Gegenständliche Bausteine von Ritualen

Die Religion der Naxi aus Nordwest-Yunnan, einer Gesellschaft am Schnittpunkt chinesischer, tibetischer und panhimalajischer Einflüsse, bietet ein reichhaltiges Reservoir an Beispielen für die materielle Ebene von Grundbausteinen des Rituals. Die in dieser Tradition verwendeten Ritualobjekte existieren nicht nur als handfeste Gegenstände, sie lassen sich auch auf einem Niveau zweiten Grades anschaulich handhaben, dank der Tatsache, dass sie in einer Bilderschrift festgehalten wurden. Dies erleichtert den Nachvollzug nach dem Augenschein von Erörterungen über ansonsten nur schwer umschreibbare Ritualgegenstände.

Darüber hinaus stellen die Priester der Naxi-Religion, die *dtô-mbà*, ein grosses Wissen mit einem hohen Grad an Selbstreflexion über ihre eigenen Praktiken zur Verfügung: Für jedes Ritual haben sie in der für sie charakteristischen Piktogrammschrift eigene Handbücher verfasst, die akribisch genau festhalten, welcher Dinge es zur Durchführung ihrer Zeremonien bedarf; welche Handlungen auf welche folgen; und welches die genauen Arrangements sind, die in Gestalt ambulanter Altäre die Begegnung mit Göttern, Geistern und Dämonen gewährleisten. Diese Ritualhandbücher sind deshalb eine authentische Informationsquelle für die Fragen, die hier gestellt werden.

Die kleinsten semantischen Einheiten und zugleich konstitutiven Bauelemente von Ritualen auf der materiellen Ebene lassen sich in der Religion der Naxi in drei Gruppen zusammenfassen: Dinge, welche die *dtô-mbà*-Priester im Verlauf der Zeremonien am Leibe tragen; solche, die sie handhaben; und solche, mit denen sie ihre Altäre bauen. Zu den erstgenannten zählen die Erkennungsstücke der Berufskluft, darunter ein besonderer Seidenumhang, ein mit Federn des Amherstfasans und mit einem Eisenaufsatz bestückter Filzhut, eine mit Götterfiguren bemalte Fünferkrone, eine Halskette zylindrisch zugeschnittener Muscheln, eine Pluderhose aus Hanfstoff, ein mit lamaistischen und schamanischen Insignien besetzter Gürtel und schwarze Tanzstiefel zum Niedertrampeln von Dämonen.

Zu dem Ausrüstungszubehör, welches der Priester im Verlaufe der Riten handhabt, sind diverse Klanginstrumente zu rechnen, darunter eine Messingzimbel mit Adlerklaue und Geweihspitze, eine zweiseitig bespannte Rahmentrommel, eine Klöppeltrommel, eine Konchamuscheltrompete und ein Yakhorn; symbolische Waffen wie ein hölzerner Donnerkeil, ein mit Federn geschnitzter Speer, ein Tanzschwert aus Stahl, Köcher, Pfeil und Bogen und ein Dreizack shivaitischer Prägung; ein kunstvoll geschnitzter Geleitstab (der als Wegführer für die Seelen Verstorbener in Totenritualen verwendet wird); sowie diverse, in Piktogrammschrift verfasste Bücher.

All diese Paraphernalien kennzeichnen den *dtô-mbà*-Priester der Naxi und seine vielfältigen religiösen Aktivitäten. An dieser Stelle soll das Augenmerk jedoch auf die dritte Gruppe materieller Bauelemente von Ritualen gelenkt werden: die für Altaraufbauten benötigten Gegenstände und ihre Anordnung. Da die Zahl der Ritualgegenstände, die für Altaraufbauten Verwendung finden, verhältnismässig gross ist, mögen nur einige von ihnen stellvertretend herausgegriffen und in ihren semantischen Positionen vorgestellt werden: als isolierte lexikalische Individualzeichen; als mobile Bauelemente, die in unterschiedlichen zeremonialen Zusammenhängen wiederkehren können und dort eine standortbedingte Rolle übernehmen; oder als solche, die nur in ganz bestimmten Zeremonien auftauchen und aufgrund dieser Exklusivität bereits den Ritualtypus verraten, den sie durch ihre ausschliessliche Präsenz mitbestimmen.

Um dies sinnfällig vorzuführen, werden die Altäre dreier Rituale herangezogen, die sich vor allem dadurch auszeichnen, dass sie scharf voneinander abgegrenzten Kategorien angehören: dem Seelengeleit eines verstorbenen *dtô-mbà*-Priesters; dem Zeremonial der für Heilungsséancen wichtigen Natur- und Schlangengeister; und der Verehrung der Winddämonen. Für alle drei Rituale wird ein Grundriss der Altaraufbauten in piktographischer Gestalt abgebildet, wie ihn die Naxi zur Orientierung selbst verwenden.

Den Beleg dafür, dass es sich bei rituellen Aufbauten stets um Arrangements heterogener Einzelgegenstände handelt, erbringt bereits das gebräuchliche Piktogramm für »Altar«. In diesem Bildzeichen vereinen sich vier Einzelsymbole zu einem Zeichenkompositum. Das erste davon gibt eine weisse oder schwarze »Filzdecke« wieder, wie sie die horizontale Altarplatte bedeckt und vorne von dieser herunterfällt. Im Zeichen ist selbst der Faltenwurf der Decke festgehalten. Im Zentrum über der »Filzdecke« ragt ein Dreieck empor, das die Bedeutung »Pflugschar« trägt. Tatsächlich ziert nahezu jeden Altartyp eine auf einer Filzdecke vertikal aufgerichtete Pflugschar aus Eisen. Es handelt sich dabei um eine im Ackerbau real verwendbare Pflugschar, die im religiösen Zusammenhang jedoch von einer symbolischen Bedeutung überzogen wird: sie steht für den »kosmischen Weltberg« *Ngyù-ná-shí-lô ngyù* (Mt. Kailash). Die Spitze der Pflugschar (oder des Weltberges) ist im Bildkompositum für »Altar« mit einem phonetischen Zeichen überschrieben, das *p'èr* ausgesprochen wird und für

»weiss« steht. Hiermit ist ein weisser Wollbausch gemeint, wie er bei Altaraufbauten an die Spitze der Pflugschar gehängt wird – als Symbol für »weisse Wolken«, die den Gipfel des Weltberges umhüllen. Mehrere kleine Kreise schliesslich zu beiden Seiten der Pflugschar repräsentieren »Getreidekörner«, wie sie im Ritual als Opfergaben auf den Altar gestellt werden. Das zusammengesetzte Piktogramm für »Altar« weist mit seinen vier Bildelementen also bereits ganz realistisch auf einen Grundzug der Altargestaltung hin: ihre Komposition aus mobilen, vorgefertigten Einzelteilen. Dieses kompositorische Verfahren, das selbst Teil des übergreifenden Montageplans ist, bestätigt sich im Gesamtarrangement ritueller Aufbauten als methodisches Prinzip.

Bevor nun eine exemplarische Auswahl von vorgefertigten Einzelteilen, aus denen sich Ritualaufbauten zusammensetzen, dem Leser vor Augen geführt wird, mögen die drei Altartypen, in denen sie figurieren, mit einigen Worten umrissen werden. Der erste dieser Altartypen gehört zum Ritual für einen verstorbenen *dtô-mbà*-Priester. Dieses Ritual, *Shí-lô nv́*, vollzieht die symbolische Befreiung der Seele des Dahingeschiedenen aus den Fängen der Unterweltsgeister. Es führt in dramatischer Weise das Geleit des Toten durch die drei kosmischen Bereiche der Unterwelt, der irdischen Welt und der Welt der Götter und Ahnen vor, entlang einer gemalten Wegstrecke, die alle Etappen dieser transzendentalen Reise und die Hindernisse, die dort jeweils zu überwinden sind, genauestens verzeichnet. Jeder Etappe entspricht eine mögliche Episode im Leben des verstorbenen Priesters; jedes Hindernis auf der Wegstrecke wird als ein Vergehen oder eine Unterlassung in seiner Biographie gedeutet: Das Geleit gerät zu einer in der Raumdimension erfahrbaren Läuterung. Als Führer dieses Geleits tritt die Gemeinschaft der Berufskollegen auf, welche das Ritual durchführen; ihre Helfer sind bestimmte Geleittiere: ein Pferd, das die Lasten des Verstorbenen trägt, ein Yak, auf dem seine Seele reitet und ein geflügeltes Schaf, das auf dem letzten Teil der Reise den Weg durch die himmlischen Gefilde weist (Piktogrammzeichnung 1).

Der zweite Altartyp wird für ein Ritual aufgebaut, in dem es um die Befriedung vorzeitig aus dem Leben geschiedener Personen geht. Dies können Personen sein, die durch einen Unfall aus dem vollen Leben gerissen wurden oder solche, die freiwillig ihrem Leben ein Ende gesetzt haben. In jedem dieser Fälle unzeitgemässen Todes werden die Betroffenen zu rastlos umherirrenden Geistern, zu Winddämonen, die nach nichts anderem trachten, als auch den Hinterbliebenenen ein ähnliches Ende zu bereiten. Gefährliche Totengeister dieser Art gilt es im besagten Ritual zur Verehrung der Winddämonen, *Hâr lâ-llù'k'ó'*, mit zärtlichen Zuwendungen zu besänftigen und mit Geschenken aus der Welt der Lebenden unschädlich zu machen (Piktogrammzeichnung 2).

Der dritte Altartyp ist für das Ritual zur Verehrung der Natur- und Schlangengeister, *Ssû gv́*, vorgesehen. Bei diesem Ritual steht die Absicht im Mittelpunkt, das Verhältnis zwischen Mensch und Natur in eine harmonische Balance zu bringen. In mythischer Vorzeit wurde nach Ansicht der Naxi dem Menschen ein fester Platz auf der Erde zugewiesen – das von ihm kultivierte Land. Die freie Natur hingegen wurde

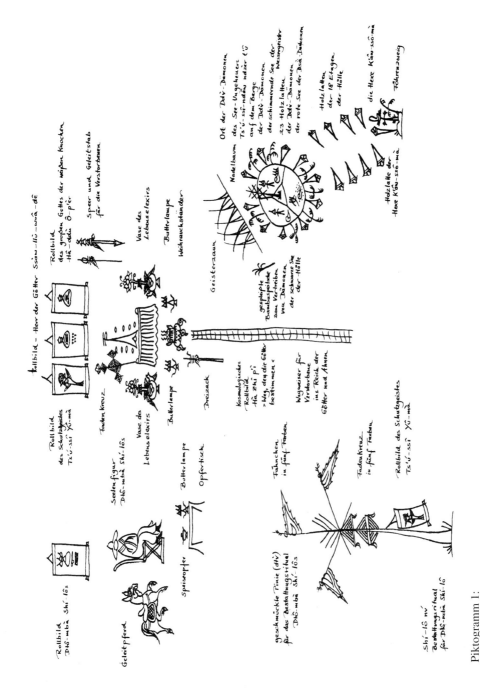

Piktogramm 1:
Altaraufbau zum Seelengeleit eines verstorbenen *dtô-mbà*-Priesters, *Shí-lô nv̂*.

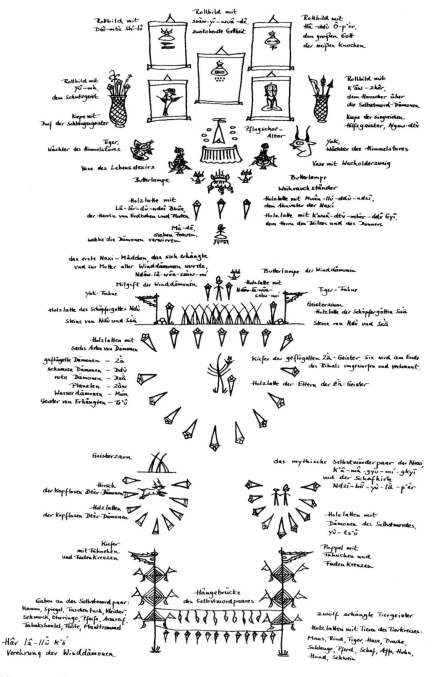

Piktogramm 2:
Altaraufbau zur Verehrung der Winddämonen (rastlos umherirrenden Geistern vorzeitig aus dem Leben geschiedener Personen), *Hâr lâ-llü' k'ó'*.

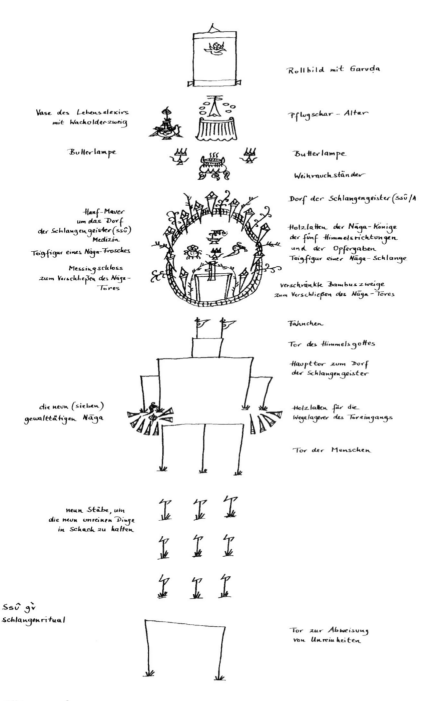

Piktogramm 3:
Altaraufbau zur Verehrung von Natur- und Schlangengeistern, *Ssû gv̂*.

den Schlangengeistern zugedacht. Da der Mensch im Überlebenskampf jedoch bisweilen seine Grenzen überschreitet, vergeht er sich an den Herren der Natur. Diese Grenzüberschreitung muss geahndet und gesühnt werden in einem Ritus, in dessen Verlauf der Mensch die Naturgeister um Vergebung bittet und im ökologischen Sinne Mässigung verspricht (Piktogrammzeichnung 3).

In allen drei genannten Altartypen, die jeweils zu spezifischen Ritualen gehören, tauchen einzelne der sie konstituierenden Bauelemente wieder auf; manche von ihnen nur in zweien und manche nur in einem einzigen Altartyp. Dieser veränderlichen Mobilität von rituellen Einzelteilen soll im restlichen Verlauf der kurzen Untersuchung nachgegangen werden. Die oben genannte Pflugschar, welche auf einer Filzdecke steht, die ihrerseits mit Opfergaben bestückt wird, ist ein solches konstituierendes Bauelement, das in allen drei Altartypen wiederkehrt. Andere Ritualobjekte, die als konstituierende Bauelemente überall wiederkehren, sind: Rollbilder, Weihrauchständer, Vasen für Purifikationswasser, Butterlampen, Wimpel und keilförmig zulaufende Holzlatten, die auf der Zeremonialfläche wie Pflöcke in die Erde gesteckt werden.

Einige von ihnen säumen gewohnheitsmässig den Pflugscharaltar, – so etwa die Rollbilder, die an zahlreichen Sakralstätten die hintere Schirmwand des rituellen Geschehens bilden. Diese in tibetischer Manier gemalten Ikonen geben im allgemeinen die Hauptgottheiten des entsprechenden Rituals wieder. Butterlampen, die den verstorbenen Seelen den Weg in den achtzehnten Himmel leuchten, Vasen, die das heilende Wasser des langen Lebens aufbewahren und Weihrauchständer, in denen einladende Rauchopfer vom Baume der Wunscherfüllung abgebrannt werden, stehen üblicherweise in nächster Umgebung des Pflugscharaltars. Die erwähnten, keilförmigen Holzlatten oder *k'ó-byù*, welche mythischen Aussagen zufolge den ambivalenten Geistern die üblen Gedanken vertreiben, gehören zu den charakteristischsten Ritualobjekten der Naxi. Viele von ihnen sind farbig bemalt oder mit schwarzen Zeichnungen geritzt und geben Götter, Ahnen, Hilfsgeister oder Dämonen wieder, wie sie am Ort ihrer Plazierung erwartet werden. Oft werden die Holzlatten auch kreisförmig, halbkreisförmig oder in doppelter Phalanx angeordnet und schirmen so einen Raum nach aussen hin ab, der von denjenigen Wesen beansprucht wird, nach denen die Latten ihre Bemalung tragen. Holzlatten vom keilförmigen *k'ó-byù*-Typ können in allen erdenklichen Ritualen in allen erdenklichen Altarbereichen aufgestellt werden.

Aus den piktographischen Grundrissen der drei beigefügten Altarkonstruktionen geht hervor, dass manche der konstitutiven Einzelteile nur in zweien der drei Fälle vorkommen. Dazu gehören Geisterzäune, Speere und Fadenkreuze. Diese Bauelemente finden sich in den Aufbauten für das Ritual zugunsten verstorbener *dtô-mbà*-Priester und in denen für die Winddämonen, nicht aber in den Aufbauten zur Verehrung der Schlangengeister.

Die Speere sind, wenn vorhanden, Beiwerk im oberen (und hinteren) Teil der Altaraufbauten: Paraphernalie des verstorbenen Priesters im einen Fall und Waffe der siegreichen Hilfsgeister (nebst Pfeil und Bogen) im anderen Fall. Die nadelspitzen Geisterzäune, welche, wenn vorhanden, den Bereich der Götter von jenem der Dämonen scharf abgrenzen, werden im dritten Altartyp, wo sie fehlen, durch eine andere Grenzmarkierung abgelöst: durch ein um das Dorf der Schlangengeister kreisförmig gespanntes Hanftuch, die »Hanf-Mauer«, welche die Geister zugleich schützt und einsperrt. Diese Grenzmarkierung fehlt in denjenigen Aufbauten, die mit Geisterzäunen versehen sind. In den Mythen werden die Geisterzäune als Raubtiere angesprochen: mit ihren roten Mündern (den rot angemalten Enden) verschlingen sie die dreihundertundsechzig Arten von Dämonen, und mit ihren Hauern (den stachelförmigen Spitzen) spiessen sie diese auf. Den Fadenkreuzen fallen, wo vorhanden, unterschiedliche Funktionen zu. Im oberen (hinteren) Teil des Altares für einen verstorbenen Priester symbolisiert das Fadenkreuz dessen unsichtbar gewordenes Antlitz und seine auf Wanderung gegangene Seele. Im unteren (vorderen) Teil des gleichen Altares wie auch im unteren Teil des Altares zu Ehren der Winddämonen sind die Fadenkreuze in einen *dt v̌*.-Baum, eine Kiefer oder Pinie, eingebunden. Hier dienen sie in doppelter Funktion als Rastplatz für flugbegabte Gottheiten und als Geisterfalle. Auch Wimpel und Standarten sind in diesem Baum, der feindliche Mächte abweist, als schmückendes Beiwerk beigegeben. Fähnchen ähnlicher Art bewachen im Ritual der Schlangengeister das Tor der Himmelsgottheit am äusseren Ende des Altarareals.

Treten einzelne Bauelemente nur im Zusammenhang eines einzigen der drei Altartypen in Erscheinung, so mag dies als ein Verdachtsmoment dafür stehen, dass sie auch nur einem einzigen Ritual angehören und dieses seiner Identität überführen. In jedem der drei Altartypen finden sich mehrere solcher Indizstücke. Beim Schlangenaltar sind es zwei Teigfiguren bestimmter Prägung – ein Frosch und eine Schlange – sowie Tore und Schlösser. Die beiden Teigfiguren, welche auch aus Lehm geformt sein können, sind Ausprägungen der *Ssû*-Identität, jener Familie von Wesen, die hier als Natur- und Schlangengeister angesprochen wurden. Es liegt auf der Hand, dass sie in Ritualen, die ihnen geweiht sind, auch tatsächlich abgebildet werden und in Ritualen, die sich mit ihnen nicht befassen, eben nicht. Die Tore und Schlösser sind eine Besonderheit dieses Ritualtyps, da es bei diesem im wesentlichen darum geht, das Territorium der chthonischen Wesen genau abzustecken, es als das ihre zu bestätigen und sie daraufhin auf ihr Stammgebiet festzulegen. Die Schlösser, die im Ritual reale Steckschlösser chinesischer Machart aus Messing sind und tatsächlich abgeschlossen werden, symbolisieren auf handfeste Weise, dass man die Schlangengeister durch die Tore hindurch in das ihnen zugedachte Areal zwar einlädt, ihnen aber zugleich einen möglichen Rückzug daraus verweigert.

Die auf das Totengeleit eines verstorbenen Priesters reduzierten Bauelemente lassen sich ebenfalls unschwer als exklusiv diesem Ritual zugehörig erkennen: eine sitzende *Shí-lô*-Figur, der Prototyp des *dtô-mbà*-Priesters; ein Pferdemodell aus Bambusstreben und Papiermaché, das Geleitpferd des Verstorbenen repräsentierend; ein ausgerolltes, ca. 40 cm breites und über 10 m langes Rollbild, *Hà' zhî p'ì* oder

»Weg, den die Götter bestimmen«, auf dem in zahlreichen szenischen Bildern die Wegstrecke des Verstorbenen durch die drei kosmischen Bereiche detailgetreu in allen Etappen aufgezeichnet ist; ein eiserner Dreizack, Symbol priesterlicher Stärke; und ein mit reichhaltigen Verzierungen versehener Holzstab, ein nur im Totenritual vom *dtô-mbà* gehaltener Geleitstab. Dazu gesellt sich eine in Modellform angelegte Topographie der Unterwelt: ein dreigeteilter Kreis mit dem schwarzen See der Hölle darin, dem schimmernden See der Wassergeister und dem roten See der *Dsà'*-Dämonen, aus denen in der Mitte ein dreieckiger Berg herausragt, auf dem der Dornennadelbaum des Seeungeheuers der Hölle wächst. Eine neben die Höllenwelt plazierte, gespleisste Bambuspeitsche deutet die Befähigung der Priester an, die das Totengeleit durchführen, alle Dämonen des schwarzen Höllensees in die Flucht zu schlagen.

Im Ritual zur Befriedung der Winddämonen sind die ausschliesslich für diesen Altartyp verwendeten Bauelemente teils unverkennbar, teils indirekt als charakteristisch abzuleiten. Da das Ritual der Winddämonen sich im besonderen mit Selbstmördern befasst, ist es nicht verwunderlich, dass auch eine Reihe mythologischer Selbstmordprotagonisten und mit ihnen verbundene Gegenstände als Bestandteile dieses Altararrangements figurieren: so die Puppe des ersten Mädchens, das sich erhängte und zur Mutter aller Winddämonen avancierte; so ein in einer Romanze besungenes Liebespaar, das den gemeinsamen Freitod wählte, ebenfalls in Puppenformat; so eine Anzahl von Gebrauchsgegenständen, wie Kamm, Spiegel, Armreif, Halskette, Taschentuch, Ohrring, Flöte, Maultrommel, Tabaksbeutel und Pfeife, die als Gaben an das Suizidpaar dieses von seinem zerstörerischen Pfad abbringen sollen; so die Abbilder der zwölf Tiere des Tierkreises, allesamt als Erhängte vorgeführt, doch mit den Sakramenten auf natürliche Weise Verstorbener versehen; und so auch ein zwischen einer Kiefer und einer Pappel aufgespanntes Seil, das eine Hängebrücke symbolisiert, die das Unglückspaar überqueren soll, auf dass es den Weg zu den befriedeten Ahnen finde. Eine aus Stroh oder Weidenruten nachgebildete Hirschfigur wird im Verlauf der Zeremonie mit Satteltaschen behangen, welche Nahrungsmittel enthalten und, beladen mit dem Unrat derer, die sich vergangen haben, ins Freie getragen. Eine Kiefer schliesslich, in deren Astgabel ein Nest mit Eiern der geflügelten *Zà'*-Dämonen gelegt ist, wird gegen Ende des Rituals umgeworfen und verbrannt, zum Zeichen der Vernichtung dieser Verursacher menschlichen Unglücks. Alle diese Ritualobjekte kommen vorzugsweise in Zeremonien zur Anwendung, die mit der Gefahr vorzeitigen oder widernatürlichen Todes verknüpft sind, kurz: mit den Winddämonen.

Doch nicht allein das Vorhandensein oder die Abwesenheit einzelner Bauelemente bestimmen den Typus eines Ritualplatzes, auch ihre genaue Positionierung darauf hat Signifikanz. Ein jeder Ritualplatz ist in mindestens zwei – und je nach Kriterien der Gliederung in drei – Bereiche aufteilbar: einen oberen, bzw. hinteren Bereich der Götterverehrung, den eigentlichen Altar; und einen unteren, bzw. vorderen Bereich, der das Territorium jener Geister und Dämonen absteckt, die im jeweils vorliegenden Fall die besonderen metaphysischen Adressaten sind. Beide dieser Bereiche sind voneinander durch scharf gezogene Grenzmarkierungen getrennt: durch Zäune, Mauern oder Wälle. Als dritten Bereich mag man jenen Raum ansehen, der ausserhalb des abgesteckten Ritualplatzes liegt: die profane Welt der Menschen. Zwischen diesen Bereichen gibt es nicht nur Grenzen, sondern auch Übergangsmöglichkeiten. Als solche Mittel der Passage, um Grenzen und Schwellen zu überwinden, gelten Tore, Brücken oder ausgelegte Pfade – allesamt, wie die Grenzen auch, im Aktionsfeld des Rituals mit greifbaren Symbolen verdeutlicht.

Nun lassen sich die weiter oben gemachten Feststellungen über die verschiedenen Bauelemente mit den hier getroffenen Aussagen über die Raumaufteilung der Ritualanlagen in Beziehung setzen: diejenigen Bauelemente, die in allen drei Altartypen vorkommen, befinden sich vornehmlich im oberen und hinteren Bereich, dem der Götterverehrung. Diejenigen Bauelemente, die nur bei einem einzigen Altartyp anzutreffen sind, befinden sich weitgehend im unteren und vorderen Bereich, dem Territorium der Geister und Dämonen (partielle Ausnahme: der *dtô-mbà*-Altar). Und diejenigen Bauelemente, die bei zweien von drei Altartypen wiederkehren, gehören in den Schwellenbereich des Übergangs vom ersten in den zweiten oder vom zweiten in den dritten (ausserhalb der eigentlichen Ritualanlage gelegenen Bereich der Menschen).

Zusammenfassung: Die materiellen kompositorischen Bausteine von Ritualanlagen sind Objekte, die beweglich sind. Sie können ausserhalb des rituellen Zusammenhangs bereits existieren, und sie können eigens für ihn geschaffen sein. Innerhalb dieses Zusammenhangs können sie ausschliesslich für ein einziges Ritual oder erweitert für mehrere Rituale verwendet werden. In dem einen Fall offenbaren sie als Einzelstücke bereits den spezifischen rituellen Anlass, in dem zweiten nicht. Als kleinste semantische Einheiten nehmen sie aber in jedem Falle eine klare Position ein im Gesamtgefüge einer Ritualanlage. Die genaue Plazierung eines jeden Bauelementes (einer jeden semantischen Einheit) in der Gesamtanlage eines Ritualplatzes trägt zur Charakterisierung des Anlasses bei, zur Formulierung einer eindeutigen Aussage. Das Ritual ist diese Aussage.

Die Anlage des Ritualplatzes ist die Karte des Rituals. Auf dieser Karte sind mittels der genau positionierten semantischen Bauelemente alle Bereiche abgesteckt, innerhalb derer es sich abspielt. Diese Bereiche umfassen die drei Welten der Götter, der Geister (und Dämonen) und der Menschen. In diesen und zwischen diesen Welten entfaltet sich das Ritual, dessen Ziel es ist, jedem der Bereiche das Seine zu geben: den Göttern die Verehrung; den Geistern und Dämonen die Befriedung oder, wenn nötig, die Vertreibung oder gar die Vernichtung; und den Menschen die Resultate eines dadurch erwirkten kosmischen Gleichgewichts.

Sprachliche Bausteine von Ritualen

Geht man von den materiellen Manifestationen zu den sprachlichen Äusserungen über, die wie jene zur Gestaltung eines Rituals beitragen, so wäre als erstes die Frage zu erörtern, worin denn auf sprachlichem Niveau die den Gegenständen analogen Einzelteile bestehen, die als vorgefertigte Bauelemente den Charakter dieses oder jenes Ritualtyps mitbestimmen. Wie eingangs angedeutet, sind hier die mobilen Elemente gewiss nicht so leicht zu umreissen, wie dies mit den von Natur aus scharf konturierten Ritualgegenständen möglich ist. Sie sind es vor allem deswegen nicht, weil sie als Bausteine selbst bereits aus kleineren semantischen Einheiten zusammengesetzt sind. Ein Gebet oder eine magische Formel etwa – und erst recht noch grössere Gebilde wie Mythen – sind ihrerseits bereits aus Wörtern, Sätzen oder Wendungen zusammengestückt, so dass die Bezeichnung »Element« auf sie nur unter Vorbehalt angewendet werden kann. Die wiederverwendbaren Fertigteile aus dem Stoff der Sprache sind selbst bereits Konglomerate kleinerer Bedeutungsträger. Es kommt also für den rituellen Zusammenhang weniger darauf an, semantische Atome zu isolieren als bedeutungstragende Einheiten, die gewissermassen als ganze Blöcke versetzbar sind. Solche Baublöcke, die man in ihrer Funktion gleichwohl auch als Bausteine ansprechen kann, sind in zahlreichen Gesellschaften, die auf mündlicher Überlieferung basieren, ohne Zweifel die Mythen.

Im Rahmen der vorliegenden Erörterungen werden Mythen folglich nicht einfach als Erzählungen vorzeitlicher Geschichten herangezogen, die, wie es die Mythologen gewohnheitsmässig tun, beliebig aus dem Zusammenhang ihres Vortrags herausgeschält und als Literatur konsumiert werden können, sondern als Kompositionsbestandteile von Riten, in denen sie einen sinntragenden Platz einnehmen. Die stichhaltigste Begründung für diesen Standpunkt ist die Feststellung, dass die Mythen in Gesellschaften, bei denen sie Bausteine von Riten sind, nur in den Riten und sonst gar nicht zum Vortrag gelangen. Mythen, deren einzige Bühne das Aktionsfeld der Riten ist, verleihen diesen ihre urzeitliche Daseinsberechtigung. Beide stehen in einer doppelten Abhängigkeit zueinander. Ohne den Mythos, der ihn aus erstem Geschehen ableitet, wäre ein Ritus beliebig, und ohne den Ritus, der ihn sich einverleibt, wäre der Mythos nur eine Erzählung.

Der Mythos ist also ein grundlegender Baustein aus sprachlichem Stoff für die Konstruktion von Riten, vielleicht der grösste unter allen sprachlichen Bausteinen, und aus diesem Grunde soll ihm stellvertretend für andere sprachliche Bausteine im Nachfolgenden besondere Beachtung zukommen.

Als Beispiel ziehe ich die Mythologie der Magar aus dem nordwestlichen Teil Zentral-Nepals heran, mit der ich mich eingehender befasst habe. Die Mythen der Magar, ein überschaubares Ensemble von ca. 10.000 Versen, sind so unabdinglich auf die lokale schamanische Praxis bezogen, dass die Hoffnung, der Rezitation auch nur eines von ihnen ausserhalb des rituellen Rahmens beiwohnen zu können, auf immer unerfüllt bliebe. Dies wurde mir mit einem Schlage deutlich, als ich zwei der führenden Schamanen und Hüter der oralen Tradition vor Jahren einmal bat, die zuvor in langen rituellen Sitzungen live aufgenommenen Mythen nochmals in einer »Studiosituation« abzusingen, d.h. in einem Eingeborenenhaus ohne den Lärm der gewohnheitsmässigen Zuhörerschaft aus Klienten und Neugierigen. Die beiden Barden stimmten dem Vorschlag zu, unter der Voraussetzung, dass auch die den mythischen Zyklen zugehörigen Riten in die Studioprobe mit aufgenommen würden, – inklusive der obligatorischen Schlachtung von Opfertieren.

Die Mythen der Magar werden kollektiv als *kheti* bezeichnet, als »Weisheiten«, »lehrreiche Geschichten« oder wahlweise auch als *dur* »Zeugungssamen«, »Geschichten von der Erschaffung der Welt«. Entsprechend ihrem Inhalt und dem Anlass ihres Vortrages lassen sie sich in mehrere Arten unterteilen. Die umfangreichste Gruppe bilden die *narrativen Mythen* von der Entstehung der Welt und der Dinge und Lebewesen in ihr. Diese Ursprungsmythen erzählen in verflochtenen Strängen aus Natur- und Kulturgeschichte von der Schöpfung der Arten (Mensch, Geister, Tiere), von den technischen Erfindungen (Webstuhl, Pflug, Pfeil und Bogen etc.) und von der urzeitlichen Installierung gesellschaftlicher Regeln (Kreuzkusinen-Heirat, Erbrecht, Bestattungszeremonial). Im Prozess der Genesis reihen sie sich als Fortsetzungsgeschichten aneinander, beginnend bei der Erschaffung des ersten Menschen im Gefolge einer Katastrophe und endend mit der Einrichtung des Schamanenberufes als eines Mittels, das in die Welt gekommene Leid zu lindern.

Die übrigen Gruppen mythischer Gesänge, die man zusammengenommen »Auxiliarmythen« nennen möchte, zeichnen sich dadurch aus, dass sie narrativ schwächer ausgeprägt sind: mit geringem oder gar keinem offensichtlichen Erzählstoff (Abb. 1). Zu diesen zählen *Anrufungsgesänge* an die verstorbenen Vorgänger im Schamanenberuf – die professionellen Ahnen –, die jeder amtierende Heiler vor jeder Séance um Beistand bittet; *Divinationsgesänge*, die im Rückblick die Ätiologie des speziellen metaphysischen Zwistes erkunden, durch den ein Klient von Krankheit und Unheil befallen wurde und in prognostischer Vorausschau die Chancen für eine Besserung der Lage vorhersagen; *Suchlieder* für die in den Riten benötigten Gerätschaften und Rohstoffe: die Bestandteile der Trommel, die Stücke der Schamanenkluft, den Lebensbaum, das Opfergetreide, die Wurzel für das Rauchopfer, den Alkohol und die Hefe; *Gesänge zur Begleitung gleichzeitig ablaufender ritueller Aktionen*, wie der Gesang von der Entfederung eines Huhnes, während im Ritual gleichzeitig ein solches gerupft wird; *Gesänge ritueller Reisen*: diverse Suchlieder zum Wiederauffinden verlorengegangener oder geraubter Patientenseelen; *Auxiliargesänge zur Vertreibung unterschiedlicher negativer Kräfte*: »Unheil eindämmen«, »Unreinheiten wegwerfen«, »sich der Gefahren entledigen«, »den bösen Blick abstreifen«, »den Geist des Waldes zurückschicken«, »den Totengeist in den Wald zurückschicken«, »den Geist der weissen Kreide vernichten«; und schliesslich *Gesänge*, die sich mit der *Initiation* eines neuen Schamanen befassen: Rezitationen, die seine Berufung und Eignung betreffen; Gesänge der Halskette, der Trommelherstellung, des Weltenbaumes; Gesang vom Nachfolger des ersten Schamanen und vom Freundschaftspakt der zur Initiation geladenen Berufskollegen.

Wie diese verschiedenen Arten von Mythen sich bei welchen Zeremonien in welcher Abfolge und Auswahl verteilen, gibt Aufschluss über ihren Charakter als Bausteine des Rituals. Bevor dies demonstriert werden kann, ist es angeraten, kurz die unterschiedlichen Arten von Ritualen vorzustellen, welche von Schamanen in der Kultur der Magar durchgeführt werden.

Es gibt jahreszyklische Rituale, die an bestimmten Kalenderdaten abgehalten werden (Abzug der Herden, Öffnen der Felder, Beginn der Jagdsaison, Sonnenwende); lebenszyklische Rituale, die an bestimmten Übergängen einer Vita anstehen (wie Geburt, Namensgebung, Initiation, Heirat, Tod); und umstandsbedingte Rituale, die anberaumt werden, wenn unvorhergesehenerweise ein Ungemach (Krankheit, Wetterkatastrophe, Epidemie, Unfall) eingetreten ist oder bevorsteht und abgewendet werden soll. Die letztgenannte Kategorie von Ritualen lässt sich grob unter dem Begriff der *Heilungsséancen* subsumieren.

Die *Heilungsséancen* werden ihrerseits entsprechend einem virtuellen Klassifikationsschema der Magarschamanen in verschiedene Gruppen unterteilt: in Séancen astrologischer Natur, in denen es darum geht, sich »ungünstiger Konstellationen zu entledigen«; in Séancen von geringfügigem Anlass und kurzer Dauer, die »drinnen« *bhitre* verhandelt werden (mitunter auf der Veranda des Klientenhauses); in »Einnachtséancen« *ekrate*; »Zweinachtséancen« *daorate*; und in Séancen mit tödlichem Ausgang für die Verursacher des Ungemachs, *ra* und *sarazyea*, die ebenfalls zwei Nächte lang dauern. Jedem dieser Typen von Heilungsritualen ist ein besonderer Verlauf eigen, in dem rituelle Gegenstände, sprachliche Gebilde und kinetische Abläufe sozusagen aus der Vorratskiste geholt und in unterschiedlicher Dosierung gemischt werden.

Der reale Verlauf solcher Sitzungen ist schwer zu fassen. Einmal unterliegen sie, dem Séancetyp entsprechend, einem gewissen Muster. Beschreibt man das Muster, so wird man keiner einzigen realen Sitzung gerecht. Beschreibt man den historischen Fall einer Séance, so wird man vielleicht diesem gerecht, verdeutlicht aber möglicherweise nicht das untergelegte Muster. Gerade weil Séancen aus Fertigteilen kleinerer semantischer Einheiten zusammengesetzt sind, bleibt den Ausführenden eines Rituals für jede Aufführung ein Spielraum, in dem die Bedingungen des speziellen Falles, die aktuellen Zeitverhältnisse und die Vorlieben, ja sogar die unterschiedlichen Stile der Offizianten genügend Platz zur individuellen Ausgestaltung haben. Da es in der vorliegenden Untersuchung darum geht, die Position der Mythen als Bausteine der diversen Ritualtypen hervortreten zu lassen, werde ich mich in der Beschreibung einer Mischform bedienen, die zwischen allgemeinem Muster und historischer Aufführung pendelt. Ich beginne mit einem grossmaschigen Muster, dem die meisten Heilungsrituale folgen und fülle dieses mit individuell beobachteten Einzelheiten auf, wenn es für die Ortsbestimmung der Mythen im rituellen Gesamtgefüge nützlich ist.

Die Heilungssitzungen der Magarschamanen durchlaufen im grossen und ganzen folgende Etappen:

Salutation. Der von einem Mitglied der Klientenfamilie in das Patientenhaus gerufene Schamane begrüsst alle Anwesenden, packt seine mitgebrachten Paraphernalien aus und segnet mit diesen die Versammlung.

Invokation. Der Offiziant ruft seine professionellen Ahnen und Hilfsgeister an, ihm bei den nachfolgenden Zeremonialhandlungen Beistand zu leisten.

Diagnose. Der Schamane sucht mit verschiedenen Mitteln der Divination, den übernatürlichen Verursacher des Ungemachs zu ermitteln, dessentwegen er ins Haus seines Klienten gerufen wurde.

Prognose. Ebenfalls mit verschiedenen Mitteln der Divination versucht der Heiler, einen Weg für die Vermittlung zwischen Unheilverursacher und Betroffenen zu finden und die Aussichten auf Erfolg seiner Vermittlung vorherzusagen.

Purifikation. Mit unterschiedlichen Mitteln – mit abgebranntem Weihrauch, mit auf dem Boden verstrichenem Kuhmist oder mit versprühtem Purifikationswasser – macht sich der Offiziant daran, die Ritualstätte zu reinigen, um an ihr die manuellen Vorbereitungen zu treffen, die für die weitere Durchführung der Zeremonie notwendig sind: Herrichtung ambulanter Altaraufbauten, Bereitstellung materieller Hilfsmittel; Modellierung der Unheilsverursacher in Holz, Bambus, Lehm oder Teig; Zubereitung und Ausschmückung der Opfergaben.

Attiration. Der Heiler versucht, wieder mit unterschiedlichen Mitteln, die Urheber des Ungemachs an den Ort der Séance zu locken, sei es, dass er sie in direkter Anrede mit dem Versprechen fetter Opfergaben betört, sei es, dass er ihren Aufenthaltsort in der Wildnis ausfindig zu machen und sie Schritt um Schritt ins Dorf zu entführen trachtet.

Invitation. Wie er die Urheber des Unheils an die Ritualstätte zu locken sucht, so bittet der Heiler auch seine Hilfsgeister und verstorbenen Vorgänger im Schamanenberuf, dem Geschehen beizuwohnen – als Helfer, Beschützer und Alliierte im Kampf gegen die negativen Mächte. Alle diese Helfer werden namentlich aufgeführt und dem Offizianten in immer neuen Anrufungen verpflichtet.

Transfer. Der Heiler zieht mit unterschiedlichen Techniken die Unheilsgifte aus dem Körper seines Patienten heraus und überträgt sie auf eine Ersatzfigur, die später ausserhalb des Dorfes deponiert wird, mitsamt den Opfergaben an die Unheilsverursacher.

Immolation. Das Opfertier wird zubereitet: Zunächst wird es mit Wasser, mit welchem man es beträufelt, einem Eignungstest unterzogen, (nur wenn es sich schüttelt, gilt es als genehm). Daraufhin wird es geschmückt und attraktiv gemacht. Schliesslich wird es mit Mehl und Asche bestreut, bevor es dem Messer des Sakrifikateurs zum Opfer fällt.

Sacrificium. Entsprechend der Gewichtigkeit des Anlasses wird ein von der Klientenfamilie bereitgestelltes Opfertier geschlachtet: ein Schwein, ein Schaf, eine Ziege oder ein Huhn, stets ein Haustier. Je ernsthafter der Unglücksfall, desto wertvoller muss das Opfertier sein. Die Schlachtung findet entsprechend dem übernatürlichen Adressaten entweder auf der Veranda des Klientenhauses statt oder ausserhalb des Dorfes, jenseits der Wegkreuzung oder des Flusses, an Markierungen, die in der realen Topographie die Schwelle zwischen der Domäne der Menschen und jener der Götter symbolisieren.

Expellation. Unabhängig vom Ort der akuten Schlachtung werden die Opfergaben – Getreide und Blut vom Opfertier – ausserhalb des Dorfes auf speziellen Blattellern dem Unglücksverursacher dargeboten, zusammen mit den Ersatzfiguren des Patienten, auf die das Unheil übertragen wurde. Sind die Opfergaben jenseits der menschlichen Sphäre niedergestellt, so wird die Verbindung zwischen beiden Bereichen mit Kreuzstrichen, die auf den Pfad gezogen werden, durchschnitten und die Schwelle mit Fussstampfern gesichert. Eine eindeutige Trennung der Welten wird vollzogen und die Unheilsverursacher in ihren Bereich verwiesen.

Kommunion. Erst wenn die Unglücksverursacher mittels der ausserhalb deponierten Opfergaben aus der menschlichen Sphäre verbannt und die Verbindungslinie zu ihnen gekappt worden sind, nehmen die Teilnehmer des Rituals zu einem gemeinsamen Mahl im Patientenhaus Platz. Verzehrt wird das Opfertier, von dem die eigentlichen Adressaten, die Unglücksverursacher, nur ein wenig Blut und ein paar Bissen bekamen. Die Stimmung, welche im Verlauf der Séance durch die Anwesenheit der Geister angespannt war, wird im Verlauf des gemeinsamen Mahles zusehends gelöster.

Remuneration. Bevor der vermittelnde Heiler und Offiziant der Sitzung das Haus seines Klienten verlässt, wird er mit einem guten Stück Fleisch vom Opfertier und einer kleinen Münzgabe für seine rituelle Intervention entlohnt.

So etwa liesse sich das allgemeine Verlaufsmuster nahezu aller Heilungsséancen umreissen, egal, ob sie nun eine halbe Stunde lang dauern oder sich auf zwei volle Tage und Nächte erstrecken. In dieses Gerüst werden nun je nach Fall und Séancetyp die unterschiedlichsten Einlagen eingefügt, die sich aus den besagten materiellen, sprachlichen, musikalischen und kinetischen Bestandteilen zusammensetzen. Das allgemeine Verlaufsmuster allein gibt keinen Aufschluss über Art des Anlasses, Typ der Séance oder Kategorie des Unheilsverursachers. Dies tun allein die eingefügten Bausteine, ihr Fehlen, ihre Präsenz und ihre Abfolge.

Die musikalischen Einlagen werden hauptsächlich auf der Schamanentrommel dargeboten, sei es als Begleitung zu den mythischen Gesängen, sei es im Zusammenhang einer Divination, im Gleichklang mit Tanzdarbietungen, als Lockruf an Geister oder zwecks ihrer Vertreibung. An die Stelle der multifunktionalen Trommel kann auch ein auf der Unterseite mit der Hand angeschlagener Messingteller treten. In besonderen Fällen kann die Trommel auch durch einen Bogen ersetzt werden, dessen gespannte Saite von Schamanen mit einem Pfeil wie mit einem Trommelstock angeschlagen wird.

Die Handlungselemente der Séancen sind äusserst zahlreich und bedürften einer eigenständigen Betrachtung. Manche von ihnen sind verhältnismässig klar überschaubar, wie zum Beispiel das Herstellen der diversen Modelle für Ritual-Protagonisten (Figuren der Unglücksverursacher, des Patienten, des Sündenbocks); die Fabrikation von Ritualwaffen in Spielzeugformat (Pfeil und Bogen, Messer, Schwert); oder die Präparation von Objekten, die zur Abwicklung einzelner Etappen des Rituals benötigt werden (Fähnchen, Blatteller, Scheiterhaufen). Andere wirken wie eigenständige Subzeremonien im Gesamtritual, wie z.B. die Aktionen zur Befreiung der Patientenseele aus den Fängen der übelwollenden Geister oder die diversen Einlagen von Zukunftsvorhersagen mit aleatorischen Mitteln wie Tellerdrehen oder dem Werfen angebrannter Holzscheite, das Lesen aus Tiereingeweiden oder aus der Leber der Opfertiere; oder auch die verschiedenen Schamanentänze mit kosmologischem Hintergrund, die den Charakter von Jenseitsreisen annehmen.

In der vorliegenden Untersuchung soll die Analyse auf die sprachlichen Bausteine und unter diesen auf die im Ritual abgesungenen Mythen beschränkt bleiben. Ich kehre also zu der zuvor getroffenen Zweiteilung der Mythenarten in narrative und in Auxiliarmythen zurück, um zu prüfen, wie sie sich in realen Séancen im Spektrum der indigenen Gruppierungen von Heilungsritualen verteilen.

Bei der ersten Gruppe von Ritualen, *graha khyene* oder »sich ungünstiger Konstellationen entledigen« gelangen überhaupt keine Mythen zum Vortrag. Die verbalen Aktivitäten beschränken sich auf eine Begrüssung der Anwesenden auf Sanskrit durch den Astrologen; auf das Vorlesen einiger Textstellen aus einem Horoskop; auf die Anrufung von Schutzgottheiten; auf magische Formeln an die Adresse der Planeten und auf metrische Aufrufe an diese, ihre gefahrvollen Einflüsse auf den Patienten zurückzunehmen.

In der zweiten Gruppe von Ritualen, den »bhitre« oder drinnen abgehaltenen Zeremonien kurzer Dauer, werden ebenfalls keine Mythen im strengen Sinne des Wortes abgesungen, zumindest keine narrativen Mythen. Im Gegensatz zu den astrologischen Sitzungen zur Eindämmung negativer Konstellationen gelangen jedoch ausgewählte Auxiliargesänge zum Vortrag: die »Anrufung von Ahnen der schama-nischen Profession« oder *pitr khulne*; bestimmte »Divinationslieder«, *paisine* und *párche*; ein »Gesang vom Gott des feuchten Landes«, *sime kheti*; und ein Gesang, der von »Aussetzen eines Gabentellers im Fluss« handelt, Geschenk an die Geister als Ersatz für die Seele des Patienten, *pla khyene*. Ein solcher Gabenteller wird in der Séance simultan zum Vortrag des Gesanges tatsächlich zubereitet und von Gehilfen den Fluten des vor dem Dorfe dahinfliessenden Baches übergeben. Während das kleine Gabenboot aus drei, vier zusammengenähten Blättern den Bach hinabtreibt, singt der Schamane derweil im Patientenhaus von den Stationen, die es auf seiner Fahrt passieren wird.

Mythen mit urzeitlichen Erzählungen gehören erst in den grösseren Sitzungen zum obligatorischen Repertoire, den Einnacht-, den Zweinacht- und den Séancen mit tödlichem Ausgang für die unheilstiftenden Geister. Der Hauptunterschied zwischen *ekrate* und *daorate* (Ein- und Zweinachtséancen) liegt, wie der Name bereits vermuten lässt, in erster Linie in ihrer unterschiedlichen Länge. In den Zweinachtséancen werden manche der Handlungen verdoppelt, die in den Einnachtséancen bereits zur Aufführung gelangten. Dazu zählen getanzte Seelensuchreisen der Schamanen im Hause des Patienten auf das Dach eines Nachbarhauses und dort um eine ausgebreitete Matte, deren Ränder die Grenzen der menschenbewohnten Welt anzeigen; dazu zählen diagnostische und prognostische Einlagen; und dazu zählt die theatralische Umsetzung des Wiederfindens der Patientenseele in Gestalt eines Insekts, dessen Reinkorporation in den Körper des Kranken und die abschliessende Rückführung desselben aus der Unterwelt, versinnbildlicht durch das Anheben eines Wor-feltellers, auf dem der Patient hat Platz nehmen müssen. Ebenso werden in den Zweinachtséancen manche Mythenzyklen doppelt abgesungen, die in Einnacht-sitzungen nur einmal auf dem Programm stehen. Unabhängig von der Verdoppelung bestimmter Ritualhandlungen und dem doppelten Vortrag narrativer Mythen setzen sich die *daorate*- von den *ekrate*-Sitzungen dadurch ab, dass ihr Repertoire an Auxiliargesängen grösser ist.

Unter den narrativen Mythen können in den Ein- und Zweinachtsitzungen, abgesehen von jenen Gesängen, die für Anlässe der Schamaneninitiation vorbehalten sind, alle ausser einem zur Rezitation aufgeboten werden. Dieser eine Mythos namens *ra*, der ausgespart bleibt, handelt von der Verwandlung eines vernachlässigten Adoptivkindes in einen bösartigen Vogel, durch den der unzeitgemässe Tod in die Welt kam. Steht sein Vortrag auf dem Plan, so ist dies ein unmissverständlicher Hinweis darauf, dass es auch in der Sitzung um die Thematik des unzeitgemässen Todes geht, um Totgeburt, Schwangerentod oder Unfalltod, und dies ist Gegenstand der letzten, noch verbleibenden Gattung von Heilungséancen, in der die Unglücksverursacher nicht einfach vertrieben, sondern symbolisch vernichtet werden müssen.

Gegenüber den Ein- und Zweinachtséancen weist dieser Séancetyp auch Unterschiede im Handlungsablauf und im rituellen Zubehör auf: Die Familienangehörigen müssen, aufgrund der grossen Gefahr, die über ihnen schwebt, im Verlauf der ganzen Sitzung unter einem protektiven Fischernetz Platz nehmen, während sie in den übrigen Sitzungen sich frei bewegen können; die bösartigen Geister (die Seelen vorzeitig Verstorbener) müssen auf eine ganz bestimmte Weise – mit eintönigen Flöten – angelockt werden, in eine Kalebasse gesperrt und mit dieser zerschlagen und als Scherbenstücke unter grossem Lärm tief in der Nacht aus dem Dorf getragen und im jenseitigen Bereich deponiert werden. Selbst das gemeinsame Mahl der Teilnehmer der Séance findet bei diesem Typ von Heilungsritual im Freien statt, jenseits der Dorfgrenze.

Der letztgenannte Séancetyp ist in jeder Hinsicht der vielgestaltigste: im Aufgebot der Ritualgegenstände; in der Vorbereitung und Durchführung zeremonialer Handlungen; im Vortrag der Mythen, die eine Ursprungsgeschichte erzählen; und in der Wiedergabe von Auxiliarmythen mit geringfügigem Plot.

Die bisher gemachten Feststellungen lassen sich wie folgt zusammenfassen: Die indigenen Klassifizierungen der Magar bezüglich ihrer Heilungsrituale gehen von einfach zu kompliziert, von kurz zu lang. Je länger und komplizierter ein Séancetyp, desto verwickelter und komplizierter der Fall. Anders gesagt: Je schlimmer es mit einem Klienten steht, desto aufwendiger muss das Ritual ausfallen, um ihn aus der misslichen Lage zu befreien. Die Abgrenzungen zwischen den einzelnen Séancetypen unterliegen dabei einem Prinzip akkumulativer Einschliesslichkeit.

Die einfachsten Sitzungen, arm an rituellen Aktivitäten und spärlich in der Ausstattung, verzichten ganz auf den mythischen Vortrag. Die »Drinnen« genannten Sitzungen entbehren ebenfalls der grossen Erzählmythen, enthalten aber bereits einzelne, die Ritualaktivitäten begleitende Hilfsgesänge. »Ein- und Zweinachtséancen« sind Vollrituale bezüglich ihrer Ausstattung, der aufgewendeten Zeit, der Vielgestaltigkeit ihrer Handlungen und der zur Aufführung gelangenden Mythen, sowohl der Auxiliargesänge wie der Schöpfungsgeschichten. Die Zweinachtséancen sind in vieler Hinsicht Verdoppelungen der Einnachtséancen, mit dem Unterschied, dass einige Handlungen und Auxiliargesänge hinzukommen, die bei den Einnachtsitzungen fehlen. Der komplizierteste Typ von Heilungsritualen ist jener, bei dem es um die Abwendung eines unzeitgemässen Todes geht (Totgeburt, Kindstod, Unfall), verursacht von Wesen, die selbst eines solchen Todes gestorben sind. Sie müssen vernichtet werden, und um dies bewerkstelligen zu können, ist ein Maximum an Aufwand nötig: an ritueller Aktion, an Zubehör und an Mythenrezitation – die ganze Skala an Ursprungsgeschichten und Auxiliargesängen ist aufzubieten – freilich mit Ausnahme jener Mythen, die speziell auf ganz andere Rituale zugeschnitten sind, wie den Prozess der Initiation eines neuen Schamanen.

Die Skala der ursprungsgeschichtlichen Mythen umfasst neun Gesänge, von denen einer ausschliesslich in den Bereich der Initiation fällt, – *Barca Pargil Pu*, der Mythos vom Nachfolger des ersten Heilers; ein zweiter gehört, wie gesagt, einzig dem Heilungsritual mit tödlichem Ausgang an, handelnd von *Ra*, dem Vogelgeist; und ein dritter, der Mythos von den Taten des ersten Schamanen, *Ramma Puran Tsan*, gehört sowohl zum Standardrepertoire der Heilungsséancen wie der Initiationen. Alle übrigen sind abrufbare Bestandteile vollständiger Heilungsrituale. In manchen Sitzungen kommen alle dieser Ursprungsmythen zur Aufführung, in manchen nur eine Auswahl. Die Entscheidung hängt vom amtierenden Schamanen und Vorsänger ab. Es fällt auf, dass die Ursprungsmythen fast immer in der gleichen Reihenfolge vorgetragen werden, wobei mögliche Auslassungen deutlich als Überspringungen zu werten sind. Der Grund für die fixierte Abfolge ihres Vortrages ist in ihrem Inhalt und in der übergeordneten Funktion zu suchen, die ihnen im Ritual zukommt. Ein kurzer Blick auf die Themen der einzelnen Ursprungsmythen wird dies verdeutlichen. Die Präsentation entspricht der vorgegebenen Reihenfolge im rituellen Vortrag.

Somarani ist der Name einer göttlichen Braut, die auf die Erde gesandt wird, um dort den Sohn ihrer Vaterschwester zu heiraten. Diese Heirat begründet das Allianzsystem der Magar – die matrilaterale Kreuzkusinenheirat. Als Mitgift bringt die Braut neun Sonnen und neun Monde mit, durch deren Wechsel Tag und Nacht entstehen, deren übermässige Zahl aber zugleich einen Weltenbrand verursacht, der alles Leben vernichtet.

Hargam und *Hargameni* sind die Namen des ersten Menschenpaares, das nach dem Weltenbrand von den Göttern erschaffen wird. Zunächst aus verschiedenen Hölzern und Metallen geformt, bleiben diese Kreationen stumm und unbeweglich, ehe die Götter sie aus dem Kot eines Vogels und der Asche der abgebrannten Wälder bilden. Nun können sie gehen und reden. Sie erfinden den Pflug und bestellen die Felder. Doch da sie alt sind, bleiben sie selbst unfruchtbar.

Goroho und *Separã* sind die Namen der Söhne des greisen Urpaares, geschlüpft aus einem Schlangenei, das *Hargam* beim Pflügen angestossen hatte. Die Zwillingsbrüder streiten ihr ganzes Leben lang um die Frage, wer von ihnen älter sei und führen dabei das Prinzip der Seniorität und die Erbregeln ein. Am Ende ihres Streites teilen sie das Land auf in feuchtes, unbebautes und in trockenes, anbaufähiges Territorium. Der Besitzer des einen wird zum Ahnen der ambivalenten Geister, der des anderen zum Vater der Menschen.

Ramma Puran Tsan ist der Name des ersten Heilers, dessen vermittelndes Auftreten zwischen Geistern und Menschen aufgrund der territorialen Übertretungen notwendig geworden ist, die sich die Menschen in der Domäne der Geister haben zuschulden kommen lassen, weshalb diese sie mit Unglück strafen. *Ramma* führt die Riten und Regeln ein, dank derer die Konflikte mit den Übernatürlichen gelöst werden können.

Nau Gonamê ist der Sammelname für neun Hexenschwestern, die als Widersacher des ersten Heilers auf den Plan treten. Sie töten und verzehren ihren eigenen Bruder und begründen damit eine Dynastie bösartiger Wesen. *Ramma* führt die Hexen auf einer gemeinsamen Pilgerreise durch das bewohnte Land und fixiert sie am Ende als Gebirgszug mit neun Gipfeln am Rande des menschlichen Territoriums, nachdem er mit ihnen eine Pakt geschlossen hat: Opferblut gegen geraubte Menschenseelen zu tauschen.

Barca Pargil Pu ist der Name des Sohnes von *Ramma*. Letzterer hat zwei Frauen, die ältere gut, die jüngere tückisch. Nachdem der erste Heiler gestorben ist, hilft die gute der beiden Gattinnen, ihren Sohn zum Nachfolger zu bestimmen, was die tückische zu hintertreiben versucht. Nach zahlreichen Irrungen gelingt es, für den Sohn die notwendigen Paraphernalien zusammenzustellen. (Vortrag nur in Initiations-Ritualen, Abb. 2).

Barcameni ist der Name einer Rinderhirtin, jüngste Schwester von sieben Geisterbrüdern und Tochter von *Rammas* tückischer Gattin aus einer Beziehung mit einem anderen Mann. Dieses Mädchen wird Zeugin eines Rindermordes durch ihre eigenen Brüder, flieht mit einem Wildschwein vor deren Nachstellungen, bevor das Tier, zum schamanischen Hilfsgeist und Gatten des Mädchens avanciert, die Geisterbrüder mit seinen Hauern tötet.

Pudaran und *Biselme* sind die Namen eines Blutsgeschwisterpaares, er einer der sieben Geisterbrüder und sie die Enkelin einer Heuschrecke. Die beiden gehen gemeinsam auf die Jagd, vertauschen dabei aber die geschlechtsspezifischen Rollen. Durch diesen Jagdfrevel und den Inzest, den sie zuvor begangen haben, stürzen sie in

Abb. 1:
Drei Magar-Schamanen beim Vortrag eines Auxiliargesanges auf der Veranda des
Patientenhauses in den frühen Stunden einer Zweinachtseánce. Photo: M. Oppitz, 1984.

Abb. 2:
Eine Gruppe versammelter Magar-Schamanen beim Vortrag eines Mythos, der vom
Nachfolger des ersten Heilers, von *Barca Pargil Pu,* handelt und anlässlich einer
Initiation abgesungen wird. Photo: M. Oppitz, 1978.

die Unterwelt ab, wo *Biselme* durch den Mord an ihrem Kumpanen den Webstuhl erfindet. Aus beider Asche wächst das erste Getreide.

Ra ist, wie bereits vermerkt, der Name eines vernachlässigten Findelkindes, das sich in einen bösartigen Vogel verwandelt. Als sein Adoptivvater ihn von einem Baume herunter nach Hause zurückholen möchte, stürzt er zu Tode und verwandelt sich wie der Vogel in den Geist des unzeitgemässen Todes. Als Geister beschliessen die beiden, auch andere Menschen aus dem Leben zu reissen und, falls der Schamane sie mit Opfergaben zu besänftigen sucht, sich diese zu teilen.

Wie aus den wenigen inhaltlichen Andeutungen bereits ersichtlich, gehen die Ursprungsmythen nahtlos ineinander über – als echte Fortsetzungsgeschichten. Dies ist ihr Sinn und der Grund für die immergleiche Abfolge ihres Vortrages im rituellen Geschehen. Sie entwerfen eine Naturgeschichte der Schöpfung, sie sind Teildokumente übergreifender Genealogien, in denen alle Protagonisten – Götter, Geister, Menschen und Tiere – miteinander verwandt sind, und sie zeichnen das Vorher und Nachher, das Warum und Weshalb der religiösen und gesellschaftlichen Einrichtungen nach, auf denen das Zusammenleben im Kosmos und auf der Erde basiert. Die Mythen handeln die gesamte Schöpfungsgeschichte ab, und jeder vollständige Ritus wiederholt diesen Prozess in der eigenen Inszenierung. Auf diese Weise wird gegenwärtiges rituelles Handeln urzeitlich beglaubigt und als Teil des Schöpfungsprozesses selbst etabliert. Ritus wird dank der Mythen, die seine festen Bausteine sind, zur Genesis im Jetzt.

Mythen als konstitutive Bausteine von Ritualen sind nach zwei Funktionen zu unterscheiden, solche, die den Werdegang der Schöpfung nacherzählen und vergegenwärtigen, und solche, die als Auxiliargesänge die rituellen Handlungen begleiten. Die einen stecken den allgemeinen schöpfungsgeschichtlichen Rahmen ab, innerhalb dessen jedes Ritual agiert; die anderen geben einzelnen Etappen des Rituals pragmatische Anweisungen; die einen sind Überbau, die anderen Positionspfeiler. Die Mythen der ersten Funktion erzählen Geschichten, die der zweiten bergen Instruktionen. Die einen bilden Serien, die anderen nicht. Beide Arten aber sind genau positionierte Bestandteile im Aufbau von Ritualen. Als solche geben sie Auskunft darüber, welcher Typus von Ritual gerade ansteht, welcher übernatürliche Adressat im jeweiligen Falle angesprochen wird und wo im jeweiligen Ritual man sich gerade befindet.

Rituale sind der Versuch, übernatürliche Wesen zum Nutzen der Menschen zu beeinflussen, für die sie anberaumt werden. Dieser Versuch wird mit unterschiedlichen Mitteln dazu befähigter und berufener Akteure unternommen. Die eingesetzten Mittel entfalten sich zugleich auf mehreren Ebenen: einer materiellen, einer sprachlichen, einer klanglichen und einer kinetischen. Jede dieser Ebenen stellt eigene kompositorische Bausteine zur Verfügung, aus denen das Ritual zusammengesetzt wird. Die erste ordnet greifbare Gegenstände an, die zweite sprachliche Äusserungen wie Gebete, Formeln und vor allem Mythen, und die dritte liefert akustische Botschaften, welche die vierte Ebene in bestimmte Handlungsabläufe einfügt.

Ein Ritual unterscheidet sich von einem zweiten durch die spezifische Auswahl von Gegenständen und deren Anordnung, durch die Auswahl bestimmter sprachlicher Äusserungen und deren Abfolge sowie durch einen festen Satz charakteristischer Handlungen, die allesamt aus einem begrenzten Vorrat stammen, dessen Volumen ein jeweiliges religiöses Universum umschreibt. Die von den berufenen Akteuren getroffene Auswahl und Mischung der diesem Vorrat entstammenden Elemente folgt einem Entwurf, dem Montageplan, an dem der Typ eines Rituals, die Art einer religiösen Äusserung und der Stil einer Religion ablesbar sind.

Rituale, Übergänge, Reflexionen

Stephen Greenblatt

Hamlet im Fegefeuer

Anfang des Jahres 1529 veröffentlichte ein Londoner Jurist, Simon Fish, anonym den Traktat *A Supplication for the Beggers*, den er Heinrich VIII. widmete. Der Traktat war von maßvoller Länge, aber explosiven Inhalts: Fish schrieb im Namen der Obdachlosen, verzweifelter englischer Männer und Frauen, »nedy, impotent, blinde, lame and sike«, die auf den Straßen aller Städte und Ortschaften des Königreichs um Kleingeld bettelten.[1] Diese armen Geschöpfe, »on whome scarcely for horror any yie dare loke«, seien so zahlreich geworden, daß private Armenhilfe sie nicht länger unterstützen könne; sie müßten verhungern.[2] Fish verknüpft ihre Mühsal in seiner Betrachtung unmittelbar mit einer anderen Sorte von Bettlern, die sich seuchenartig im Königreich ausgebreitet haben: Bischöfe, Äbte, Priore, Diakone, Erzdiakone, Suffragane, Priester, Mönche, Kanoniker, Ordensbrüder, Ablaßhändler und Gerichtsboten.

Simon Fish hatte bereits einen Vorgeschmack auf seine antiklerikale Haltung und sein satirisches Talent gegeben: in Fishs erstem Jahr als Jurastudent am Gray's Inn habe, so berichtet sein Kommilitone John Fox, ein gewisser Mr. Roo den Kardinal Wolsey in einem Schauspiel der Lächerlichkeit preisgegeben. Allerdings wagte es niemand, Wolseys Rolle zu übernehmen, bis schließlich Simon Fish vortrat und sich anbot. Die Aufführung erzürnte den Kardinal so sehr, daß Fish sich gezwungen sah – »the same night that this Tragedie was playd« – in die Niederlande zu fliehen, um einer Verhaftung zu entkommen.[3] Dort traf er offensichtlich auf den Exilanten William Tyndale, dem er in der Folge bei der Verbreitung seiner Neuübersetzung der Bibel behilflich war.

Als Fish *A Supplication for Beggers* schrieb, war er vermutlich nach London zurückgekehrt, lebte aber versteckt. Er war demzufolge ein Mann, den man mit prote-

---

1 Simon Fish, *A Supplication for the Beggers*, nachgedruckt als Appendix B in *The Complete Works of St. Thomas More*, Bd. 7. Manley, Frank, Germain Marc'hadour, Richard Marius, Clarence Miller, (Hg). New Haven 1990: 412.
2 Nach Paul Slack mangelte es 1527–28 in einigen Orten an Getreide, weshalb es Fälle von Verhungerten gegeben haben mag. Allerdings betont er, wie alle Sozialhistoriker, daß diese Angaben äußerst unverläßlich sind; s. Paul Slack. *Poverty and Policy in Tudor and Stuart England*, London 1988.
3 John Foxe, »The Story of M. Symon Fishe«. In: *Actes and Monuments*; zitiert bei Frederick J. Furnivall (Hg.). *A Supplication for the Beggars*. London 1871: vi.

stantischen Überzeugungen in Verbindung brachte, der entschlossen war, sein Leben für die Seele seines Landes aufs Spiel zu setzen, und der eine beträchtliche schauspielerische Begabung zeigte – wie so viele andere religiöse Revolutionäre der zwanziger und dreißiger Jahre des 16. Jahrhunderts.[4] In *A Supplication for the Beggers* spricht er nicht nur für die Armen, sondern er spricht mit ihrer Stimme; er ruft den König an gegen jene, die gierig das Vermögen an sich gerissen haben, das eigentlich zum Wohlstand aller Einwohner Englands hätte beitragen sollen. Wenn Ihre Majestät sich nur umblicken würden, könnten sie »a thing farre out of ioynt« (413) erkennen. Die habgierigen mönchischen Nichtstuer

> haue begged so importunately that they haue gotten ynto theyre hondes more then the therd part of all youre Realme.

Keinem großen Volk, weder den Griechen noch den Römern oder Türken, und keinem Herrscher, nicht einmal König Arthur, hätte es wohlergehen können, wenn ihm solche Parasiten den Lebenssaft aus den Adern gesaugt hätten. Nicht nur zerstörten sie die gesamte Wirtschaft, mischten sich in die königliche Prärogative ein und unterliefen das Gesetz des Gemeinwesens; vielmehr kehrten sie die moralische Ordnung der Nation um, indem sie »euery mannes wife, euery mannes doughter and euery mannes mayde« verführten. Die klerikalen Drohnen, die sich mit der Zahl ihrer Geliebten brüsteten, infizierten das ganze Königreich mit Syphilis und Lepra. So fragen die Bettler:

> Who is she that wil set her hondes to worke to get .iij. a day and may haue at lest .xx. a day to slepe an houre with a frere, a monke, or a prest? (417)

Mit dem Gefallen eines Politikers an schockierenden (und nicht überprüfbaren) Statistiken schätzt Fish die Zahl der englischen Frauen, die sich von Mönchen haben verführen lassen, auf 100.000. Niemand könne sicher sein, schreibt er, ob ein Kind das eigene sei und nicht der Bastard eines Priesters, nur darauf aus, das Vermögen zu erben.

Warum konnten diese kranken »bloudsuppers« so erfolgreich Reichtum und Macht anhäufen? Warum ließen sich eigentlich vernünftige und ehrbare Leute, die wachsam gegenüber Angriffen auf ihr Eigentum, ihre Gesundheit und ihre Freiheit seien, von einem Pack von »sturdy idell holy theues« (415) ausnehmen? Diese Fragen wären recht einfach zu beantworten, wenn es sich bei jener Angelegenheit um ein listig verschleiertes Verbrechen handelte oder um eines, das an Machtlosen verübt worden sei. In Fishs Darstellung aber ist beinahe die gesamte Gesellschaft offen zum Opfer gemacht worden – von König und Adel bis zur armen Hausfrau, die den Priestern jedes zehnte Ei, das ihre Henne legt, gegeben habe. Wie kann das entsetzliche Geschehen, das Montaignes Freund, Etienne de la Boetie, »freiwillige Dienerschaft« nannte, erklärt werden?[5] Nach La Boetie lag die Antwort in Abhängigkeitsnetzwerken,

---

4 Über Fish und frühe protestantische Aktivisten: W. A. Clebsch, *Englands Earliest Protestants*. New Haven 1964; Susan Brigden, *London and the Reformation*. Oxford 1989; A. G. Dickens, *The English Reformation*. London ²1989.

die Menschen, unterworfen unter ihnen sozial Höhergestellte, fesselten. Fishs Antwort dagegen gründet nicht auf der Sozialstruktur, sondern auf dem Glauben. Das riesige System von Plünderung und sexuellem Mißbrauch wurzelt in seinen Augen in der Ausnutzung einer einzigen Grundüberzeugung: dem Fegefeuer.

Jedoch falle nicht jeder auf den klerikalen Erpressungsschwindel herein: »Many men of great litterature and iudgement« wagten es zu behaupten, daß das Fegefeuer nicht existiere und daß »there is not one word spoken of hit in al holy scripture«. Gäbe es das Fegefeuer und könnten die Ablässe, die der Papst für bare Münze verkaufe, wirklich die Schmerzen der Seelen stillen, wie es die katholische Kirche behaupte, dann seien, so bemerkten auch andere Stimmen, kostenlose Ablässe sicherlich genauso wirkungsvoll. Mehr noch: wäre der Papst in der Lage, eine Seele aus ihrer Qual zu befreien, so könne er dies vermutlich auch mit tausend, und wenn er tausend Seelen zu erlösen imstande sei, könne er vermutlich jeden erlösen, »and so destroy purgatory«. Wenn er solche Macht besitzt und sie nicht nutzt, wenn er die Seelen so lange im Gefängnis schmoren läßt, bis er Geld erhalten hat, dann ist der Papst nichts als »a cruell tyrant without all charite«. Ja, wenn alle Priester und Klosterbrüder – »the hole sort of the spiritueltie« – es zulassen, daß Seelen aus Mangel an Gebeten bestraft werden und »pray for no man but for theim that gyue theim money« (419), dann seien sie alle Tyrannen.

Fish räumt ein, daß jeder, der solche Ansichten öffentlich äußert, ein ernstes Risiko eingeht, seien doch die Priester schnell dabei, ihre Kritiker der Ketzerei zu beschuldigen. Tatsächlich schreckten sogar Leute mit eindeutigen Anklagegründen gegen Kleriker – wegen Mordes, »rauishement of his wyfe, of his doughter, robbery, trespas, maiheme, dette, or eny other offence« (417) – davor zurück, gerichtliche Schritte einzuleiten, aus Furcht davor, exkommuniziert zu werden.[6] Überdies gäbe es keine Möglichkeit, sich an das Parlament zu wenden. Sollte der König selbst daran gedacht haben, Gesetze gegen die Priester zu erlassen, so meint Fish:

I am yn doubt whether ye be able: Are they not stronger in your owne parliament house then your silfe? (417)

---

5 La Boetie gab eine strukturelle Erklärung: Eine Kette von Klientel und Abhängigkeit erstrecke sich geometrisch, von der kleinen Zahl der Ausnutzer an der Spitze bis zu der großen Masse der Ausgenutzten unten. Diese Analyse ist säkularen Charakters, wurde aber in Kürze von den Hugenotten übernommen.

6 Fish bezieht sich hier auf den berüchtigten Fall des Richard Hunne, der sich weigerte, eine Begräbnisgebühr (*mortuary*) für seinen verschiedenen Sohn zu bezahlen – das übliche Geschenk, das ein Priester von einem verstorbenen Gemeindemitglied erwartete. Er wurde der Häresie bezichtigt und am 4. Dezember 1514 erhängt in seiner Zelle aufgefunden. Katholiken (darunter Thomas More) behaupteten, er habe Selbstmord begangen; Protestanten erwiderten, er sei von Verbrechern ermordet worden, die der Bischof von London und sein Kanzler, William Horsay, angeheuert hätten. Im Februar 1515 fand ein Londoner Coroner-Schwurgericht heraus, daß Hunne ermordet worden war und sprach Horsey und die zwei Gefängniswärter als Mörder schuldig. Dieser Fall spielt eine bedeutende Rolle bei Foxe.

Wenn er aber aufgrund seiner eigenen Autorität handele, habe der König genug Macht, um sein Königreich zu retten und seinen armen verhungernden Untertanen zu Hilfe zu kommen, die sich für Gebete bezahlen ließen. Er könne dies auf einen Streich erreichen, indem er den Reichtum, den die geierhaften Priester den Leuten gestohlen hätten, beschlagnahme und ihn nutze, um den Bedürftigen zu helfen. Angesichts tausender fauler Mönche und Ordensbrüder drängt Fish den König, ihrem Treiben für immer ein Ende zu bereiten:

> Tye these holy idell theues to the cartes to be whipped naked about euery market towne til they will fall to laboure that they by theyre importunate begging take not awey the almesse that the god christen people wolde giue vnto vs sore impotent miserable people. (34)

A Supplication for the Beggers ist vorsichtig darum bemüht, nicht rundweg und auf eigene Gefahr zu behaupten, daß es kein Fegefeuer gibt. Nichtsdestotrotz wiederholt es wohlwollend die Meinung vieler, daß der monströse Moloch der katholischen Kirche angetrieben werde durch die Vorstellung einer erkauften Erlösung von einer imaginären, zeitlich begrenzten Strafe nach dem Tode, die in einem imaginären Seelengefängnis abzusitzen sei.[7] Die Gläubigen seien ohne Autorität der Schriften verleitet worden, an die Existenz eines Reiches zwischen Himmel und Erde zu glauben. Weiter noch habe man ihnen weisgemacht, daß der Papst die Macht habe, die Qualen der Seelen, die in diesem Ort eingesperrt sind, lindern zu können, und daß er dies für die entsprechende Bezahlung auch täte – man muß einfach nur die richtigen Gebete kaufen. »How we ran from post to pillar, from stock to stone, from idol to idol, from place to place«, schreibt der protestantische Polemiker Thomas Becon, als er sich an die Zeiten katholischen Aberglaubens zurückerinnert:

> What confidence we had to be delivered out of the pope's pinfold after our departure, though we lived never so ungodly, through the popish prattling of monstrous monks and the mumbling masses of those lazy soul-carriers.[8]

»The Pope's pinfold« – der Schafstall des Papstes: das Fegefeuer ist nicht nur eine falsche Lehre, es ist auch ein imaginärer Raum. Reformatoren des frühen 16. Jahrhunderts schlossen hinsichtlich des Lebens nach dem Tode die Existenz eines Zustandes zwischen Tod und Jüngstem Gericht nicht notwendigerweise aus. Was sie aber ablehnten, war die katholische Vorstellung eines speziellen, abgegrenzten Raumes:

> Though it seem not impossible haply, that there might be a place where the souls might be kept for a space, to be taught and instructed,

schreibt Tyndale in der Einleitung zu *Tracy's Testament*;

---

7 »But there be many men of greate litterature and iudegement that (…) have not feared (…) yn perill of deth to declare theyre oppinnion in this matter, which is that there is no purgatory but that it is a thing inuented by the couitousnesse of the spiritualtie onely to translate all kingdoms from other princes vnto theim« (419).

8 Thomas Becon, *Jewel of Joy* (gerichtet an Elizabeth I.). In: *Prayers and Other Pieces*, hg. v. John Ayre, Parker Society 13, Cambridge 1844: 413f.

yet that there should be such a jail as the jangle, and such fashions as they feign, is plainly impossible, and repugnant to the scripture.

Gibt es aber ein solches Gefängnis nicht, was gibt es dann nach dem Tod? Tyndale, der von sich selbst in der dritten Person spricht, bekennt, daß er persönlich willens sei, abzuwarten und »die Dinge zu nehmen, wie sie kommen«:

He intendeth to purge here, unto the uttermost of his power; and hopeth that death will end and finish his purgation. And if there be any other purging, he will commit it to God, and take it as he findeth it, when he cometh at it; and in the meantime take no thought therefore, but for this that is present, wherewith all saints were purged, and were taught so to be. And Tyndale marvelleth what secret pills they take to purge themselves, which not only will not purge here with the cross of Christ, but also buy out their purgatory there of the pope, for a groat or sixpence.[9]

Das päpstliche Fegefeuer stellt in diesem Bericht ein imaginäres Königreich dar, das listigerweise dazu bestimmt ist, Reichtum abzuschöpfen. Die Katholiken hätten in »this horrible bog of purgatory« mit der Absicht regiert, »that we, despairing in the assured and infinite mercy of God which cometh through Jesus Christ, might run to their churches, yea, to their chests, to be free from our sins with unreasonable money«, schreibt Miles Coverdale.[10] In ihrem unersättlichen Appetit nach Reichtum wendeten die klerikalen Schmarotzer auch körperliche Einschüchterungs- und Zwangsmaßnahmen an – die Reformatoren beziehen sich hier auf Richard Hunne, der, der Ketzerei angeklagt, erhängt in seiner Zelle gefunden wurde. Aber die Macht der Priester gründe sich hauptsächlich auf ihre Fähigkeit, die Vorstellung ihrer Herde zu beeinflussen und eine Fiktion zu vermarkten. »This purgatory and the Popes pardons«, schreibt Fish an den König, »is all the cause of the translacion of your kingdome so fast into their hondes« (419–20). Fish betont, daß der Reichtum, den sich das imaginäre päpstliche Königreich einverleibe, ein Vermögen sei, das rechtens dem Königreich zustünde. Geld für Seelenmessen und Ablässe auszugeben bedeute, wie es Latimer spitzfindig ausdrückt, Gott zu geben, was des Kaisers sei.[11]

---

9 Tyndale, *An Answer to Sir Thomas More's Dialogue ... and Wm. Tracy's Testament Expounded*, hg. v. Henry Walter, Parker Society 44, Cambridge 1850: 214. Ein ähnlicher Ausdruck findet sich bei Hugh Latimer, *Sermons and Remains*, hg. v. George Elwes Corrie. Cambridge 1845. In »Articles Untruly, Unjustly, Falsely, Uncharitably Imputed to Me« (vermutlich 1533, nachgedruckt bei Foxe) glaubt Latimer offenbar, daß es eine Art mittleren Zustand gibt, daß aber die Seelen, die sich in ihm befinden, nicht leiden: »They need to cry loud to God: they be in Christ and Christ in them« (236). Sie könnten etwas für die Lebenden tun, aber die Lebenden könnten (und müßten) nichts für sie tun. Vgl. auch folgenden Ausdruck der Unsicherheit: »Now my answer is this: ›I cannot tell‹«. In: *The Works of Hugh Latimer*. 2 Bde. Cambridge 1844. Bd. 1: 550.

10 Miles Coverdale, *Remains*, hg. v. George Pearson. Cambridge 1846: 475.

11 Latimer, *Works* (wie Anm. 9). Bd. 1: 305.

Nach Foxe wurde *A Supplication for the Beggers* an Anne Boleyn geschickt, die dem König eine Kopie übergab.[12] Heinrich, so die Geschichte, »kept the booke in his bosome« und setzte sich drei oder vier Tage später mit Fishs Frau in Verbindung, der er – mit dem Versprechen einer guten Behandlung – mitteilte, er wolle mit ihrem Gatten sprechen. Auf ein Versprechen Heinrichs zu vertrauen, war wahrscheinlich das Ungeschickteste, das Fish jemals tat; aber der Vorschlag seines Buches, die Krone solle das klösterliche Vermögen beschlagnahmen, hatte den König offenbar erfreut, denn er umarmte ihn »with louing countenaunce«. Er unterhielt sich drei oder vier Stunden lang mit Fish und nahm ihn sogar mit auf die Jagd. Ein einziges Mal hielt der König, was er versprach: er gab Fish seinen Siegelring als Zeichen seines Schutzes und befahl seinem Lord Chancellor, Sir Thomas More, den Flüchtling nicht zu belangen. Allerdings versäumte es der König, Anweisungen bezüglich Fishs Frau zu geben, die More auf der Stelle verhörte.[13]

More wußte von Fish und seinem gefährlichen Buch bereits seit einiger Zeit. Nur wenige Monate nach dem Erscheinen von *A Supplication for the Beggers* – und obwohl beschäftigt mit Staatsgeschäften und an der Schwelle seiner Ernennung zum Lord Chancellor – hatte More eine ausführliche Erwiderung in zwei langen Büchern verfaßt, *The Supplication of Souls*.[14] Die Länge ist charakteristisch für Mores Polemiken, von denen die meisten unglücklicherweise als rhetorische Darbietungen mißverstanden worden sind. Sie reflektieren nämlich auch ein persönliches Anliegen: in *Utopia* (1516) hatte More den Müßiggang der Ordensleute geistreich verspottet und radikale Vorstellungen entwickelt, wie die Probleme der Armut, der Obdachlosigkeit und des Hungers in England gelöst werden könnten. Mores imaginärer Reisender beobachtet scharf, daß jeder in Utopia arbeitet, und zwar niemand mehr als die Mitglieder religiöser Orden. Sie erlaubten sich keinen Müßiggang, sondern widmeten ihre gesamte Zeit den guten Werken (*boniis officiis*). Damit der Leser hierbei nicht an die sakramentalen guten Werke denkt, erläutert More aufs genaueste die Aufgaben, die das utopische Äquivalent der Mönche und Ordensleute zu erledigen habe:

---

12 Dies ist eine der zwei verschiedenen Versionen, die Foxe von der Übergabe des Buches berichtet. In der anderen brachten es zwei Londoner Kaufleute zum König, der es laut vorlas. Der König soll bemerkt haben: »If a man should pull down an old stone wall, and begin at the lower part, the upper part thereof might chance to fall upon his head.« Die Bedeutung dieses gnomischen Kommentars ist offenbar, daß Heinrich vorhersah, daß er erst das Prinzip der königlichen Prärogative einführen mußte, bevor er auf sichere Weise über das Vermögen der Mönche und Brüder verfügen konnte. In diesem Bericht legt der König das Buch zur Seite und befiehlt den Kaufleuten, das Gespräch mit ihm geheimzuhalten.

13 Nach Foxe fand das Verhör nicht statt, weil Fishs Tochter an der Pest erkrankt war. Fish selbst starb noch im selben Jahr an der Krankheit. Seine Frau überlebte und heiratete James Bainham, ebenfalls Protestant, der von More einige Jahre später verhaftet und auf dem Scheiterhaufen verbrannt wurde.

14 Thomas More, *The Supplication of Souls*. In: *The Complete Works of St. Thomas More* (wie Anm. 1).

Some tend the sick. Others repair roads, clean out ditches, rebuild bridges, dig turf and sand and stone, fell and cut up trees, and transport wood, grain, and other things into the cities in carts.[15]

Die Konsequenz dieser universalen Arbeitsethik stellt einen bestürzenden Kontrast zur weitverbreiteten heimischen Not dar: »In Utopia there is no poor man and no beggar« (239). Jahre, nachdem er diese Worte geschrieben hatte, im Anblick von Fishs Vision eines England, in dem »idell people be set to worke« und in dem auch die ärmsten Kreaturen »haue ynough and more then shall suffice vs« (422), muß More ein grob verzerrtes Abbild seines früheren Selbst erblickt haben.

Spricht in *A Supplication for the Beggers* die Stimme der Armen, so hört man in *The Supplication of Souls* die der Toten.[16] Der Leser sieht sich der verzweifelten Bitte um Hilfe, Tröstung und Mitleid von »your late acquayntaunce / kindred / spouses / companions / play fellows / & frendes« (111) gegenüber. Diese früheren Vertrauten schreien nicht um Hilfe, weil sie tot sind, und auch nicht, weil sie die »greuouse paynys & hote clensynge fyre« des Fegefeuers erwarten, sondern weil sie zu »humble & vnacquayted & halfe forgoten supplyauntys« geworden sind. Früher hatten sie durch die privaten Gebete tugendhafter Leute und, in noch stärkerem Maße, der »dayly Masses & other gostely suffrages of prestys / relygyouse / and folke of holy churche« mit Milderung und Trost rechnen können. So ist bemerkenswert, daß Mores eigener Vater in seinem letzten Willen und Testament solche Fürbitten für erhebliche Kosten verfügt hatte, und zwar nicht nur für sich selbst, sondern auch für seine drei Gattinnen, die früheren Ehemänner seiner zweiten und dritten Frau, seine Eltern und andere namentlich genannte Personen, darunter König Eduard IV. sowie »all cristen soules«.[17] Nun fürchten alle, die ähnlich vorsichtige Vorkehrungen für die Erleichterung ihrer Ängste getroffen haben, daß ihnen Trost und Hilfe dieser Art abhanden kommen, weil »certayne sedytyouse persones« solch schädliche Zweifel an der Existenz des Fegefeuers und der Wirksamkeit der guten Werke der Heiligen Kirche verbreitet haben.

The *Supplication of Souls* beginnt denn auch mit dem angstvollen Aufschrei der Toten, man könne sie vergessen. Die leidenden Seelen wissen genau, daß ihr lautes

---

15 *Utopia*, hg. v. Edward Surtz, S. J. u. J. H. Hexter. In: *The Complete Works of St. Thomas More*, Bd. 4. New Haven 1965: 225. »How great and how lazy is the crowd of priests and so-called religious!« (131) hatte Mores Reisender vorher in bezug auf die in Europa grassierende Armut ausgerufen.

16 More folgt Jean Gersons *Querela defunctorum in igne purgatorio detentorum ad superstites in terra amicos* (1427). Vgl. Germain Marc'hadours Einleitung zu *The Supplication of Souls* (wie Anm. 14): xcvi–ciii.

17 John Mores Testament, unterzeichnet am 26. Februar 1527, »bestows more money on masses to be said for his soul than on any other purpose: £5 (or more) per year for seven years for two priests studying divinity, one at Oxford the other at Cambridge; an annual obit at St. Lawrence Jewry for ten years; and a trental of masses (in addition to a dirge and requiem) to be said by each of the four orders of friars« (Germain Marc'hadour, »Popular Devotions Concerning Purgatory«. In: *The Supplication of Souls* (wie Anm. 14), Appendix E, S. 452f.

Lamentieren die Lebenden verstört, deren verständlicher Wunsch es ist, in Ruhe gelassen zu werden – weshalb sie die Toten auch so begraben haben, daß sie unter der Erde bleiben. Aber den Toten bleibt keine andere Wahl: obwohl sie gute Seelen waren, die »longe [have] layen and cryed so farre frome you that we seldome brake your slepe«, müssen sie jetzt auf ihr Dasein und ihre Qualen hinweisen. Sie tun dies, um dem verderblichen Einfluß von *A Supplication for the Beggers* entgegenzuwirken; einem Einfluß, der nicht nur die Seelen der Toten, sondern auch die der Lebenden bedroht. Tatsächlich bestätigen die Toten in Mores Buch, nachdem sie anfangs nur von ihrer eigenen Not sprechen, daß sie genau genommen nicht die wirklichen Opfer des Giftes jenes anonymen Autors seien. Denn wenn ihre Bestrafung im Fegefeuer beendet ist, werden sie in die göttliche Seligkeit überführt werden. Ein echtes Risiko besteht für die Lebenden, denn sie erwartet, »for lakke of belefe of purgatory / the very straygth way to hell« (113). Ahnungslose Leser auf diesen Weg zu locken, sei die einzige Absicht dieses gottlosen anonymen Autors. Seine Identität, so behaupten Mores Seelen, sei ihnen nicht unbekannt: zum einen, weil einige seiner Mitstreiter ihr Ketzertum vor ihrem Tod bereuten, zum rechten Glauben zurückkehrten und nun ihre Gefährten im Fegefeuer seien; zum anderen, weil »owre and your gostely enemy the deuyll« das Fegefeuer persönlich besucht habe, um mit seinem Agenten auf Erden zu prahlen. Der Teufel erfreue sich mit »enmyouse & enuyouse laughter gnasshyng the teeth and grynnynge« (114) an der giftigen Macht des Buches, das viele leichtgläubige Leser täuschen werde.

Um diesen satanischen Gegner zu bekämpfen, geht das zweite Buch der *Supplication of Souls* nun in eine ausgedehnte Verteidigung der Lehre vom Fegefeuer über. Dies erscheint vielleicht als ein merkwürdiges Unternehmen von Seelen, die zugeben, unter seinen quälenden Flammen zu leiden; es läßt sich aber durch deren Sorge um die irregeführten Sterblichen und durch ihre Angst vor dem Vergessenwerden rechtfertigen. Schon die Vernunft allein verweist nach ihrer Argumentation auf die Vorstellung eines Reinigungsvorgangs nach dem Tod. Ein Großteil der Verteidigung besteht aber aus recht waghalsigen Auslegungen wichtiger Bibelstellen, wie etwa aus dem zweiten Makkabäerbuch (12, 39–42) und dem ersten Korintherbrief (3, 12–15).[18] Wie es More richtig einschätzte, lag das Problem darin, daß keine Bibelstelle der katholischen Lehre vom Fegefeuer wirklich entsprach; in der Tat war die Lehre erst im späten 12. Jahrhundert vollständig entwickelt worden.[19] Natürlich geht

---

18 Zu Mores Gebrauch der Bibel s. Germain Marc'hadours Einführung zu *The Supplication of Souls* (wie Anm. 14), lxxiv–lxxxvii. Einen Versuch, die Lehre vom Fegefeuer allein durch »natural reason & good phylosophy« (Aiiv) zu rechtfertigen, findet sich bei Mores Schwager, John Rastell: *A new boke of purgatory which is a dyaloge & disputacyon betwene one Comyngo an Almayne a Christen man & one Gyngemyn a turke of Machometts law* ... . London 1530. Der Türke überzeugt den Deutschen, der protestantische Einwände gegen das Fegefeuer vorbringt, von der Existenz des Fegefeuers.

19 Jacques LeGoff betont, »daß es vor frühestens 1170 kein Fegefeuer gab«; ders., *Die Geburt des Fegefeuers*, übers. v. A. Forkel. München ²1991: 165.

es im zweiten Makkabäerbuch recht deutlich um Gebete (wenn auch nicht um einen »das Fegefeuer« genannten Ort). Aber keines der Makkabäer-Bücher gehörte zum hebräischen Kanon, weshalb diese von vielen Christen – die Reformatoren eingeschlossen – zu den apokryphen Texten gezählt wurden. Paulus' *Erster Brief an die Korinther* war mit Sicherheit kanonisch, aber in ihm stand nichts von Gebeten für die Toten. Und auch die Warnungen vor einem Feuer, das den Wert der Werke jedes einzelnen schätzen werde – ob sie gebaut seien aus Gold, Silber und Edelsteinen, oder aus Holz, Stroh und Spreu – beziehen sich weder in augenfälliger Weise auf das Fegefeuer, noch bestätigen sie die Existenz eines realen Feuers gegenüber einem metaphorischen.

An Stellen, wo die Notwendigkeit zu groß wird, das Fegefeuer durch Menschenverstand oder Bibelauslegung zu beweisen, berufen Mores Seelen sich auf die Zeugen der »olde holy doctours« (194) und auf die dogmatische Autorität der Heiligen Kirche. Ketzer behaupteten, daß die Makkabäer-Bücher apokryph seien, aber »syth the church of Cryste accounteth yt for holy scrypture: there can no man doubt thereof«. Jeder bekennende Christ – vom »noble doctour and gloryouse confessour« Augustinus bis zum Erzhäretiker Luther – müsse unbedingt daran glauben, daß

> the church cannot fayle surely and certeynly to discerne betwene the wordys of god and the wordys of men. (182)

Ohne ein solch absolutes Bekenntnis befände sich

> all crystendome in dout and vnsurety / whether saynt Iohans gospell were holy scripture or not / and so forth of all the new testament. (183)

More gibt zu, daß die Kanonisierung der Makkabäer-Bücher diesen Streitpunkt nicht ein für allemal beilegen wird, da auch diese Bücher das Fegefeuer nicht erwähnen. Aber es gäbe schließlich auch andere uralte Lehrsätze im christlichen Glauben, wie die Jungfrauengeburt, die durch die Bibel nicht klar bewiesen seien und dennoch weder angezweifelt werden könnten noch dürften. Eine Tatsache allein sollte genügen, »to stoppe the mowthys of all the prowde hygh harted malycyouse heretykes«: »The catholyque churche of cryste hath allwaye byleued purgatory«. (195)

Wie More selbst wußte, war es eben dieser schwache Beweis, den die Ketzer angriffen, wie sie auch seine Bibelauslegung anfochten. In der langen Abhandlung gelangen Mores Seelen nur gelegentlich über textuelle Argumente und dogmatische Äußerungen hinaus, um an die Erfahrung der Lebenden zu appellieren. Nach ihrer Einschätzung befähige einen nichts »[to] conceyue a very ryght imagynacyon of these thyngys whych ye neuer felte«. Immerhin könne man aber einen Eindruck von den Qualen des Fegefeuers gewinnen, indem man sich ein Schiff vorstelle, das auf hoher See von Wellen hin- und hergeworfen wird. Eine geringe Anzahl von Passagieren sei so gut »attempred of thym selfe«, daß sie sich »as lusty and as iocunde« fühlte, als ob sie sich an Land befände. Andere seien alles andere als fröhlich:

> But then shall ye sometyme se there some other whose body ys so incurably corrupted / that they shall walter & tolter / and wryng theyre handys / and gnash the teeth / and theyr eyen water / theyr hed ake / theyre body frete / theyr stomake

wamble / and all theyre body shyuer for payne / and yet shall neuer vomete at all: or yf they vomete / yet shall they vomyte styll and neuer fynde ease thereof. (189)

Wenn erstere die Geretteten im Himmel, letztere die Verdammten in der Hölle darstellen, wie hat man sich die Seelen im Fegefeuer vorzustellen? Sie sind die Passagiere, die sich zuerst elend fühlen, dann aber – nach ein- oder zweimaligem Erbrechen – »so clene rydde of theyre gryefe / that they neuer fele dyspleasure of yt after«. Dies beschreibt den Zwischenzustand, die »betwixt and between condition« von Mores Sprechern.

Das Problem, die von *A Supplication for the Beggers* vergifteten Leser überzeugen zu müssen, bleibt dennoch bestehen. Dogmatische Verweise auf die Autorität der Kirche, überspannte Bibelauslegungen und eine Sprache, die Metaphern als Realität ausgibt, stellen schließlich genau jene Aspekte dar, die Fish in seinem Buch als Stützen der römisch-katholischen Scheinheiligkeit kritisierte. Als letzte Zuflucht kommen die Seelen in Mores Text auf die Aussagen von Geistern zurück. »For there hath in euery contrey and euery age apparycyons bene had«, erzählen diese,

and well knowen and testyfyed / by whyche men haue had suffycyent reuelacyon and profe of purgatory / excepte suche as lyste not to byleue theym: & they be such as wolde be neuer the better yf they saw theym. (196)

Selbstverständlich wäre es nicht rechtgläubig, selbst solche Erscheinungen haben zu wollen. Diese treten genau deshalb selten auf, damit man seinem Glauben folge. All jene aber, die eigensinnig genug sind, um die gut belegten Geschichten solcher Erscheinungen abzulehnen und weitere Beweise zu fordern, verdienen die Bestrafung, die sie unzweifelhaft nach ihrem Tode erhalten werden. Dann werden sie »to theyr payne se such a grysly syght as shall so greue theyr hartys to loke theron«. (197)

Wie aber können Erscheinungen überhaupt das Gefängnis des Fegefeuers verlassen, um sich auf der Erde zu zeigen, wenn sie doch im Feuer brennen sollen? Die Seelen erklären das folgendermaßen: »we cary our payne wyth vs«. (221) Tatsächlich verschlimmern sich ihre Qualen durch den Anblick des weitergehenden Lebens. Denn die Wächterteufel, denen Gott aufgetragen hat, die Seelen zurück zur Erde zu begleiten, nötigen ihre armen Gefangenen, das von ihnen zurückgelassene Gold zu betrachten und an ihre einstigen Ehefrauen zu denken, die

so sone waxen wanton / & forgetyng vs theyre old husbandys that haue loued theym so tendrely and lefte theym so ryche / sytte and lawgh & make mery and more to symtyme / wyth theyr new woars / whyle our kepers in dyspyte kepe vs there in payne to stande styll / & loke on. (222)

Charakteristischerweise malt More sich keine toten Ehefrauen aus, die die Zechgelage ihrer Ehemänner beobachten, sondern nur tote Ehemänner, die gezwungen sind, Zeugen der Freuden – auch der sexuellen – ihrer Frauen zu werden. Diese Szene, mehr noch als all die anderen, die er in seinem langen Werk beschreibt, scheint einen leidenschaftlichen, gespenstischen Ausbruch heraufzubeschwören:

> Many tymes wold we then speke yf we coulde be suffred / & sore we long to say to her: Ah wyfe wyfe ywysse this was not couenaunt wyfe / when ye wepte and tolde me that yf I lefte you to lyue by / ye wold neuer wedde agayne. We se there our chyldren to / whom we loued so well / pype syng and dawnce / & no more thynke on theyre fathers soulys then on theyre olde shone: sauyng that sometyme cummeth owt god haue mercy on all crysten sowlys. But yt cummeth owt so coldely and wyth so dull affeccyon / that yt lyeth but in the lyppys and neuer cam nere the harte. (222)[20]

Gelübde werden gebrochen, die Trauer vergessen, das Leben geht in sorglosen Vergnügungen weiter, und sogar die Pietät zeigt die Form eines bloßen Lippenbekenntnisses. Die individuellen Toten, ihr tiefes Leiden und ihre dringenden Bitten um persönliche Erinnerung sind dem Vergessen überlassen oder werden, im besten Falle, zur anonymen, verallgemeinerten Kategorie, dem »all Christian souls«, das Kinder beiläufig in rituellen Phrasen anrufen.

Eine solch schreckliche Gleichgültigkeit beklagen die leidenden Seelen in Mores Text, und sie verlangen leidenschaftlich nach Riten des Erinnerns. Außerdem fordern sie etwas weitaus Greifbareres, nämlich Almosen, die sie von einem Teil ihrer Qualen erlösen sollen. Hier läßt More tote Ehefrauen zu Wort kommen, die nicht die Ausschweifungen ihrer sie überlebenden Gatten beklagen, sondern ihre eigene Hingabe an prachtvolle Kleidung, Schmuck und Kosmetika. Dieses »gay gere« brennt nun heiß auf ihren gepeinigten Leibern, so daß sie im Rückblick auf ihr Leben wünschen, daß ihre Männer

> never had folowed our fantasyes / nor neuer had so kokered vs nor made vs so wanton / nor had geuen vs other ouchys [brooches] than ynions or gret garlyk heddys. (224)

Für sie kommen solche Gedanken natürlich zu spät, aber sie zeigen ein ebenso großzügiges Bedürfnis, andere zu retten, wie sich selbst zu helfen. »We besech you«, rufen sie aus ihren Gräbern den noch lebenden Gatten zu,

> syth ye gaue them vs let vs haue them still let them hurt none other woman but help to do vs good: sell them for our sakys to set in sayntys copys / and send the money hether by masse pennys & by pore men that may pray for our soulys. (224)

Wie kann man zeigen, daß man sich der Toten erinnert? Daß man sich um die verstorbenen Ehefrauen, Gatten und Kinder sorgt? Daß man nicht in grausamer Weise gleichgültig ist gegenüber ihren Leiden? – Indem man der Kirche Geld stiftet. Da Totenmessen eng mit der Vergabe von Almosen verbunden waren, wäre es eigentlich für

---

20 Der Abschnitt endet mit einem jener konventionellen frauenfeindlichen Witze, zu denen More öfter greift: »Yet hear we sometimes our wives pray for us most warmly. For in chyding with her second husband to spight him withal, God have mercy says she on my first husband's soul, for he was ywisse an honest man far unlike you. And then marvel we much when we hear they say so well by us. For they were wont to tell us far otherwise.« (149)

More möglich gewesen, Fishs Behauptung vollständig zurückzuweisen und darzulegen, daß die Lehre vom Fegefeuer tatsächlich ein starker Anreiz für das Spenden von Almosen war. Stattdessen aber brachte More die Toten gegen die Lebenden auf.[21] Mores arme Seelen sehen sich in unmittelbarem Wettbewerb mit Fishs Bettlern:

> If ye pyte the pore / there ys none so pore as we / yt haue not a bratte [rag] to put on our bakkys. If ye pyte the blynde / there ys none so blynd as we whych ar here in the dark sayng for syghtis vnpleasant and lothesum tyll sum comfort cum. If ye pyte the lame / there is none so lame as we / that nether can crepe one fote out of the fyre / nor haue one hand at lyberte to defend our face fro the flame. Fynally yf ye pyte any man in payn / neuer knew ye payn comparable to ours: whose fyre as farre passeth in hete all the firys that euer burned vppon erth / as the hotest of all those passeth a feynyd fyre payntyd on a wall. (225)

Das Elend der Armen wird von dem unsagbaren Elend der Seelen im Fegefeuer bei weitem übertroffen, und das Gute, das Almosen den Lebenden bescheren können, reicht nicht an das heran, was dieselben Almosen für die Toten erreichen. – Spendet der Kirche mehr Geld. – Darüberhinaus beweist das Geld, das für die Erlösung von Seelen gegeben wird, daß der Spender kein Ketzer ist, der die Flammen des Fegefeuers als bloßes »feynyd fire« abtut und »taketh in hys harte that story told by god for a very fantastyke fable« (227). Ganz so, als käme ihr Flehen einem Investitionsprogramm gleich, argumentieren die Seelen, daß alle Spenden »shall also rebownd vppon your self an inestymable profyte« (227). – Spendet der Kirche mehr Geld.

Obwohl der Text diese Forderung nach Geld wiederholt, wäre die Schlußfolgerung falsch, daß Mores hauptsächliches Ziel die Vermehrung der kirchlichen Einkünfte war. Sein Anliegen ist es, einem ernsten und potentiell schädlichen Angriff auf die Kirche entgegenzuwirken; einem Angriff, das wußte der gelehrte Humanist More nur zu gut, der auf eine ihrer verwundbarsten Lehrsätze gerichtet war. Fish sprach im Namen der Armen und Enteigneten, aber er erscheint nicht als zartbesaiteter Menschenfreund, und es ist unwahrscheinlich, daß seine Sorge ihrer Not galt.[22] Sein Buch entwickelt die Form einer Petition an den König, dem es seinerseits einen nützlichen, moralisch einwandfreien, politischen Vorwand für eine zynische Strategie bot, die Heinrich vermutlich schon im Schilde führte – ganz so, wie Heinrich lauthals beteuerte, daß es moralische Vorbehalte waren, die ihn dazu trieben, sich von Katharina von Aragon scheiden zu lassen. Fishs eigene Motive waren aller Wahrscheinlichkeit

---

21 Zur engen Beziehung zwischen Fegefeuer und Almosen s. z. B. Clive Burgess, »›By Quick and by Dead‹: wills and pious provision in late medieval Bristol«. In: English Historical Review 305 (1987): 837–58. Da man die Gebete tugendhafter Armer für besonders wirkungsvoll hielt, kauften Reiche diese häufig mittels wohltätiger Spenden. Wie Burgess darlegt, war es üblich, bei Beerdigungen Brot oder Geld auszuteilen. Testamente wohlhabender Leute richteten oft langfristige Almosenabgaben ein, in der Hoffnung und Erwartung von Gebeten der Pfründner.

22 Zur Armenhilfe im England der Tudorzeit s. Paul Slack, *Poverty and Policy in Tudor and Stuart England* (wie Anm. 2).

nach nicht gewinnsüchtiger Art. Vielmehr bot er dem König und der Nation eine Art Köder an, der sie auf den Weg zu einer reformierten Religion locken würde.

More verstand diesen Köder und bemühte sich, die Gefahr abzuwenden, indem er seine Leser an ihre tiefe und uralte religiöse Loyalität erinnerte. Fish und More sind sich einig, daß Geld wichtig ist; für More aber ist es ein Zeichen der Erinnerung. »Let neuer eny slouthfull oblyvyon race vs out of your remembraunce«, rufen die Seelen;

remember what kyn ye and we be to gether;

remember how nature & crystendom byndeth you to remember vs;

remember our thurst whyle ye syt & drink: our honger whyle ye be festing: our restlesse wach whyle ye be slepyng: our sore and greuouse payn whyle ye be playing: our hote burnyng fyre whyle ye be in plesure & sportyng: so mote god make your ofsprynge after remember you. (227–28)

»Adieu, adieu, Hamlet. Remember me« (I, 5, 91). Glaubt man Thomas Lodges Erinnerung in *Wit's Misery and the World's Madness* (1596), so gab es in einem früheren elisabethanischen Stück über Hamlet – dem sogenannte Ur-Hamlet – einen bleichen Geist, der, »like an oyster-wife, ›Hamlet, revenge‹« schrie. Auch Shakespeares Geist ruft nach Vergeltung: »If thou didst ever thy dear father love«, sagt er zu seinem stöhnenden Sohn, »Revenge his foul and most unnatural murder« (I, 5, 23–5). Aber der Befehl, über den der junge Hamlet versessen brütet, lautet, sich zu erinnern:

Remember thee?

Ay, thou poor ghost, while memory holds a seat

In this distracted globe. Remember thee?

Yea, from the table of my memory

I'll wipe away all trivial fond records,

All saws of books, all forms, all pressures past,

That youth and observation copied there,

And thy commandment all alone shall live

Within the book and volume of my brain

Unmixed with baser matter. (I, 5, 95–104)

Liegt die Betonung in dieser gespenstischen Anordnung auf »remember« oder auf »me«? Hamlets Antwort an den »poor ghost« hebt beides hervor: die erste Wiederholung verweist auf das Gedächtnis, das in seinem Gehirn angesiedelt ist, während die zweite erklärt, daß er alle Gedächtnisinhalte bis auf einen auswischen wird. Coleridge, der über Hamlets verstörte und wirre Worte nach dem Abgang des Geistes nachdenkt, bemerkt: »the terrible, by a law of the human mind, always touches on the verge of the ludicrous«.[23] Vielleicht läßt sich diese Regel auf das dringliche Bestehen auf dem Erinnern übertragen, denn die Vorstellung, Hamlet wolle oder könne den Geist jemals vergessen, erscheint eher absurd. Hamlets wiederholte Frage zielt somit genau

---

23 Zitiert in *A New Variorum Edition of Shakespeare*, hg. Horace Howard Furness, Philadelphia, London [17]1918, Hamlet, Bd. 1: 109.

auf das, was ihm als das Absurde an der Aufforderung des Geistes erscheint: »Remember thee?«

Um was geht es bei dieser Verlagerung der gespenstischen Anordnung von Vergeltung hin zu Erinnerung? In bezug auf die Handlung um nicht sehr viel. Als Hamlet den Geist erstmals beschwört, zu sprechen – »Speak, I am bound to hear« – ist dessen Antwort, die implizit die Macht des Wortes »bound« hervorhebt, eine Aufforderung zum Handeln: »So art thou to revenge when thou shalt hear« (I, 5, 6–7).[24] Hamlet hört diesen Ruf und verlangt eindringlich nach der Information, die ihn unmittelbar in die Lage versetzen soll, ihn zu befolgen:

> Haste, haste me to know it, that with wings as swift
> As meditation or the thoughts of love
> May sweep to my revenge. (I, 5, 29–31)

Nachdenken (»meditation«) und Liebe stellen die spektakuläre Schnelligkeit der Gedanken dar; nicht nur den fast gleichzeitigen Sprung der Vorstellung – wie etwa von hier nach China – sondern den Sprung, der intensiviert ist durch die leidenschaftliche Sehnsucht der Seele nach Gott oder der Geliebten. Allerdings haben die von Hamlet hier gebrauchten Metaphern die seltsame Wirkung, versehentlich einen gewissen Widerstand gegen die gewünschte Unmittelbarkeit zu vermitteln, sind doch Nachdenken und Liebe innere, ausgedehnte und längerdauernde Erfahrungen; Erfahrungen, die weit entfernt sind von der plötzlichen, entschiedenen, mörderischen Handlung, die er heraufzubeschwören versucht. Im weiteren Verlauf des Dramas wird sich Hamlet bekanntlich beschweren, daß das Gewissen – hier das Bewußtsein selbst – »doth make cowards of us all«, daß »[the] native hue of resolution / Is sicklied o'er with the pale cast of thought«, und daß »enterprises of great pith and moment (...) lose the name of action« (III, 1, 85–90). Diese zerstörerische Innerlichkeit – Kennzeichen des gesamten Stückes und hauptsächliche Ursache seiner erstaunlichen, weltweiten Berühmtheit – ist schon in dieser ersten verzweifelten Reaktion auf den Geist zu spüren. Verstärkt wird sie durch den Auftrag des Geistes: »Remember me«. Aus dieser Sicht geht es bei der Verlagerung der Aufmerksamkeit von der Rache auf die Erinnerung um nichts geringeres als um das gesamte Stück.

Hamlet macht den Befehl des Geistes zu seiner Parole:

> Now to my word:
> It is ›Adieu, adieu, remember me.‹
> I have sworn it. (I, 5, 12–14)

Er erklärt, daß sich seine Gedanken nur um dieses Gebot drehen und alle anderen ausradiert werden. Er verwandelt es in einen Schwur und eine Losung, die er täglich

---

24 Delius macht die interessante Beobachtung, daß Hamlet das Wort »bound« im Sinne von »bereit sein zum Zuhören« verwendet, während der Geist es als Partizip Präteritum des Verbs *to bind* gebraucht. Hieraus ergibt sich eine Verschiebung von der Vorbereitung oder Erwartung zur Verpflichtung. Vgl. *Shakespeare's Werke*, hg. Nicolaus Delius. Elberfeld 1864. Bd. 1: 42.

wiederholen wird. Aber tatsächlich ist seine Erfahrung die eines Gedächtnisschwundes, sozusagen einer Gehirnerweichung, die das Stück (wie Mores *Supplication*) wiederholt als Stumpfheit beschreibt. Als Hamlet davon spricht, daß er zur Vergeltung eilen will, weist ihn der Geist in einer Weise an, die von dessen eigener Furcht vor dem Vergessenwerden zeugen:

> I find thee apt,
> And duller shouldst thou be than the fat weed
> That rots itself in ease on Lethe wharf
> Wouldst thou not stir in this. (I, 5, 31–34)

Hamlet wird sich diese Vergeßlichkeit vorwerfen: »a dull and muddy-mettled rascal« (III, 1, 569). »Do not forget«, erinnert ihn der Geist in der Szene in Gertrudes Gemach, »This visitation / Is but to whet thy almost blunted purpose« (III, 4, 100–101). »How all occassions do inform against me«, schilt Hamlet sich selbst in einem Monolog, der im Foliotext ausgelassen wurde: »And spur my dull revenge!« (Q2: 4, 4). Das Erinnern der Toten ist weitaus schwieriger als ursprünglich angenommen.

»Und da der Geist verschwunden ist«, sagt Goethes Wilhelm Meister in der wohl einflußreichsten aller Hamletlektüren, »wen sehen wir da vor uns stehen? Einen jungen Helden, der nach Rache schnaubt? Einen gebornen Fürsten, der sich glücklich fühlt, gegen den Usurpator seiner Krone aufgefordert zu werden? Nein!« Die Tragödie liegt mehr im Innern:

> Ein schönes, reines, edles, höchst moralisches Wesen, ohne die sinnliche Stärke, die den Helden macht, geht unter einer Last zu Grunde, die es weder tragen noch abwerfen kann.[25]

Hierin sind sich Generationen von Kritikern einig, womit sie genau besehen auf Shakespeares Verlagerung von Rache auf Erinnerung antworten. Aber es ist wichtig zu beachten, daß das Psychologische hier theologisch bedingt ist, und zwar insbesondere durch den Aspekt des Erinnerns, der, wie gezeigt wurde, im Zentrum der entscheidenden Debatte des frühen 16. Jahrhunderts über das Fegefeuer stand. Mores Seelen befürchten voller Angst, daß sie vergessen, ausradiert werden durch »slothful oblivion«. Ihre Trübsal entsteht durch die Vorstellung, daß sie aus den Gedanken der Lebenden verschwinden, daß ihre Frauen wieder heiraten und daß ihre Kinder sie – wenn überhaupt – nur erwähnen werden: »so coldly and with so dull affection that it lies but in the lips, and comes not near the heart« (149). Überdies peinigt sie die Furcht, daß ihre Leiden an Glaubwürdigkeit verlieren, ihr Gefängnis als eine »fantastic fable« abgetan und ihre von langanhaltenden Schmerzen gequälte Existenz schlichtweg angezweifelt werden könnte. Diese Furcht formt offensichtlich Shakespeares Darstellung des Geistes und der Reaktion Hamlets.

---

25 Johann Wolfgang Goethe, *Wilhelm Meisters Lehrjahre*. In: *Sämtliche Werke*, hg. v. W. Voßkamp u. H. Jaumann. Frankfurt/Main 1992. Bd. 9: 608 ff.

Der Geist macht Hamlet klar, daß er sich in dem von Thomas White (in einem Text aus dem frühen 17. Jahrhundert) als »middle state of souls« bezeichneten Zustand befindet: er ist nicht auf immer und ewig verdammt, sondern muß in einem »prison-house« Qualen erleiden, die ihn von allen Sünden reinigen sollen, die er in seinem Leben begangen hat:

> I am thy father's spirit,
> Doomed for a certain term to walk the night,
> And for the day confined to fast in fires,
> Till the foul crimes done in my days of nature
> Are burnt and purged away. (I, 5, 9–13).

»For a certain term« – diese nichtssagende Bemerkung, die auf den ersten Blick wie das Füllsel einer Blankverszeile erscheint, ist in der Tat bedeutsam, denn sie trägt dazu bei, den theologischen Anspruch des Wortes »purged« zu konstituieren.[26] »In purgatorye my soule hath binne / a thousand yeares in woe and teene«, erzählt der Imperator Salvatus in *The Last Judgement* (1475), einem Mysterienspiel aus Chester:

> As hard paynes, I darre well saye,
> in purgatorye are night and daye
> as are in hell, save by on waye –
> that one shall have an end.[27]

Die gräßlichen Schmerzen des Fegefeuers und der Hölle waren der kirchlichen Lehre zufolge identisch. Der einzige Unterschied bestand darin, daß erstere nur »for a certain term« ertragen werden mußten.

Dieser Unterschied war natürlich maßgeblich, aber die katholische Kirche – und, wie es scheint, insbesondere die katholische Kirche in England – betonte die Schrecken des Fegefeuers nachdrücklich, damit die Gläubigen aufs äußerste bedacht darauf waren, dessen bevorstehende Dauer zu verkürzen. Hervorragend dargestellt ist die Intensität dieser Pein im herausragendsten der englischen Moralienspiele, dem *Everyman* (1495), in dem Gott seinen Agenten ›Death‹ zum Helden schickt, um von diesem »a sure rekeninge / Without delay or ony taryenge« (70–71) zu verlangen. Everyman fleht panisch um Zeit, da sein »boke of rekeninge« noch nicht fertiggestellt ist; ›Death‹s aber gewährt ihm nur die kürzeste aller Aufschubfristen. Immerhin reicht dem Büßer die Zeit, um sich selbst zu malträtieren: »Take this, body, for the

---

26 Und zwar eher »Anspruch« als »Bedeutung«, da der Geist möglicherweise lügt und Hamlet dadurch zunächst verleitet, an die Existenz des Fegefeuers zu glauben, um ihn später der Verdammnis auszuliefern, indem er ihn zu einem Racheakt anstachelt.

27 *The Last Judgement* (Chester Mystery Cycle, 1475), hg. R. M. Lumiansky, D. Mills. London 1986. Bd. 2: 441. Vgl. *A lyttel boke ... of Purgatorye*. London [1534?]: Betwene the payne of hell / certaynly / And betwene the payne / of Purgatorye / Is no dyfference / but certes that one / Shall haue an ende / and that other none. (Zitiert bei Germain Marc'hadour, »Popular Devotions Concerning Purgatory«. In: *The Supplication of Souls* (wie Anm. 14), Appendix E: 447.

sinne of the fleshe!« (613). Das groteske Schauspiel eines sterbenden Mannes, der sich selbst geißelt, macht nur Sinn im Zusammenhang eines verzweifelten letzten Versuches, das »reckoning« zu verändern, wobei diesseitige Bußqualen die weitaus schrecklicheren bevorstehenden ersetzen sollen. »Now of penaunce I will wade the water clere«, erklärt Everyman, indem er die Schläge noch verstärkt, »To save me from purgatory, that sharpe fire« (618–19).

Auf diese Weise entkommt Everyman knapp einem der schlimmsten mittelalterlichen Alpträumen, einem plötzlichen und schmerzlosen Tod. Dieser Alptraum ist aber gerade das Schicksal, das Hamlets Vater widerfährt: das Schreckliche liegt nicht nur in der Tatsache seiner Ermordung durch den verräterischen Bruder, sondern auch im genauen Umstand dieses Mordes: dem sorgenfreien und sicheren Schlaf. Der Geist des alten Hamlet ist ein trauernder, wobei die Bedingungen seiner Leiden, oder ihre Intensität, bedeutsam gesteigert sind durch die Weise, wie er umgebracht wurde, nämlich ohne auf den Tod vorbereitet gewesen zu sein:

> Cut off even in the blossoms of my sin,
> Unhouseled, disappointed, unaneled,
> No reck'ning made, but sent to my account
> With all my imperfections on my head.
> O horrible, O horrible, most horrible! (I, 5, 76–80)

Die Tatsache, daß er von »imperfections« sprechen kann, bedeutet vermutlich, daß seine Sünden keine Todsünden waren; zu guter Letzt wird er durch die Flammen von seinen Sünden gereinigt werden. Aber der Umstand, daß er nicht in der Lage war, richtig Buße zu tun, wiegt schwer gegen ihn.

Als Hamlet der Erscheinung zum ersten Mal begegnet, kann er sich nur zwei Möglichkeiten für die Herkunft des Geistes vorstellen:

> Be thou a spirit of health or goblin damned,
> Bring with thee airs from heaven or blasts from hell,
> Be thy intents wicked or charitable,
> Thou com'st in such questionable shape
> That I will speak to thee. (I, 4, 19–23)

Nichts im Verlauf dieses verhängnisvollen Austausches mit dem Geist seines Vaters erwähnt explizit eine dritte Möglichkeit, einen Mittelzustand zwischen Himmel und Hölle.

Aber, und das wurde bereits von anderen Wissenschaftlern bemerkt, es schwingt etwas Seltsames mit in der Art, wie Hamlet auf Horatios Bemerkung »There's no offense, my Lord« reagiert:

> Yes, by Saint Patrick, but there is, Horatio,
> And much offense too. Touching this vision here –
> It is an honest ghost, that let me tell you. (I, 5, 140–43)

Die Versicherung, der Geist sei »honest«, scheint zu markieren, daß Hamlet die Behauptung des Geistes, aus einem Ort der Reinigung zu kommen, anerkennt. Diese Anerkennung ist wiederum gekennzeichnet durch die in Shakespeares Werken einmalige Anrufung des heiligen Patrick, Patron des Fegefeuers.[28] Dieser möglichen Andeutung können wir eine weitere hinzufügen, die einige Zeilen später erscheint und die bislang, so weit ich sehe, noch nicht bemerkt worden ist. Als Hamlet seine Freunde beschwört, einen Eid zu leisten, damit sie nicht verraten, was sie gesehen haben, ruft der Geist unter der Bühne hervor: »Swear«. Nachdem sie sich an eine andere Stelle begeben haben, ruft der Geist noch einmal in ihrer Nähe, und Hamlet fragt: »*Hic et ubique?*« (I, 5, 162). Diese lateinische Wendung ist bis heute nie richtig erklärt worden. Sie bezieht sich offensichtlich auf eine ruhelose Bewegung, eine gewisse Ortlosigkeit, vergleichbar mit Roderigos Beschreibung des Othello als eines »extravagant and wheeling stranger / Of here and every where« (I, 1, 137–8). Abgesehen davon, daß der Gebrauch des Lateinischen sowohl Hamlet als auch seinen Freund Horatio als Gelehrte ausweist, hat er möglicherweise auch einen theologischen Beigeschmack, und zwar einen, den Shakespeare ganz offensichtlich im Sinn hatte, als er *Hamlet* schrieb. In *Twelfth Night*, einem Stück aus dem gleichen Jahr, erklärt Sebastian, der entgeistert seinen Doppelgänger erblickt, daß es »that deity in my nature / Of here and everywhere« (V, 1, 220–21) nicht geben kann. Diese Worte beziehen sich scherzhaft auf die göttliche Macht, die physikalische Gesetze außer Kraft setzen kann – eine Macht, die einen reformatorischen Streitpunkt bezüglich der lutherischen Lehre von Gottes Allgegenwart bildete. Wenn dieser Beigeschmack auch im *Hamlet* vorhanden ist, was sehr gut möglich ist, verstärkt er den Scherz des Prinzen durch die beunruhigende Assoziation des Geistes seines Vaters mit der Allgegenwart Gottes.

Aber ich denke, daß diese Worte eine noch weitreichendere theologische Bedeutung tragen, die in bezug auf das Fegefeuer besonders bedeutsam ist. Das traditionelle katholische Ritual in England beinhaltete ein Gebet, das für die auf dem Kirchhof bestatteten Toten gesprochen wurde:

Pro quiescentibus in cimiterio.

Oratio

Deus, in cijus miseratione animae fidelium requiescunt; animabus famulorum famularumque tuarum omnium, hic et ubique in Christo quiescentium, da propitius veniam peccatorum, ut a cunctis reatibus absoluti, tecum sine fine laetentur. Per Dominum.[29]

Das Interessante ist nicht nur, daß solche Totengebete die Schlüsselbegriffe *hic et*

---

28 Vgl. Thomas Dekker, *2 Honest Whore*: »S. Patricke you know keepest Purgatory«; Dekkers *Old Fortunatus* (1600): »here end my torments in Saint Patrickes Purgatorie«. S. auch John Granges *The Golden Aphroditis* (1577): »I come not from Trophonius care [sic], for then I should be lothde: / Nor from S. Patrickes purgatorie«; und auch Ralph Knevets kurzes Gedicht »Securitye«: Yet Hee [man] lives, as if Hell, / Were but a fable, or a storye, / A place of fancye, that might parallel / The old St Patrickes Purgatory. / Hee mirth recrutes with cupís, and seldome thinkes / Of Death, untill into the grave Hee sinkes.

29 *Missale Ad Usum Insignis et Praeclarae Ecclesiae Sarum* [Missale Sarum], hg. Francis Dickinson. Oxford 1861–83: 878. Die Wendung *hic et ubique* wird in der *Secreta* und der *Postcommunio* wiederholt.

ubique verwenden, sondern daß sie auf besondere Weise mit dem Glauben an das Fegefeuer verbunden waren. In *The Catholic Doctrine of the Church of England* (1607) zitiert der Protestant Thomas Rogers, diese Verbindung verspottend, den päpstlichen Ablaß aus dem *Sarum Horae Beatissimae Virginis Mariae*:

> Pope John the Twelfth hath granted to all persons, which, going through the churchyard, do say the prayer following, so many years of pardons as there have been bodies buried since it was a churchyard.

Das Gebet beginnt folgendermaßen: »Avete, omnes animae fideles, quarum corpora hic et ubique requiescunt in pulvere« (»Gegrüßt seien alle gläubigen Seelen, deren Körper hier und überall im Staube ruhn«). Im Zusammenhang mit der Behauptung des Geistes, daß er gereinigt werde, und im Zusammenhang mit Hamlets Anrufung des heiligen Patrick erscheinen die an den Geist gerichteten Worte *hic et ubique* als Hinweis auf den Ort, wo der Geist, der sich unter der Erde zu befinden scheint, eingesperrt ist.

Das bekannte Problem ist nun, daß die anglikanische Kirche die Lehre vom Fegefeuer 1563 ausdrücklich abgelehnt hatte. Der 22. der 39 Artikel legt folgendes fest:

> The Romish doctrine concerning Purgatory, Pardons, Worshipping, and Adoration, as well of Images as of Reliques, and also invocation of Saints, is a fond thing, vainly invented, and grounded upon no warranty of Scripture, but rather repugnant to the word of God.[30]

Es gibt folglich eine zumindest implizite Zensur, der die dramatische Repräsentation des Lebens nach dem Tode unterlag. Es war möglich, das Fegefeuer zu verspotten, wie dies Marlowe in Doctor Faustus tut: als der unsichtbare Faustus dem Papst Speisen und Getränke stiehlt, spekuliert der verblüffte Kardinal von Lorraine:

> it may be some ghost newly crept out of Purgatory to begge a pardon of your holinesse.[31]

Wie diese und viele ähnliche Stellen in Dramen der Tudor- und Stuartzeit bezeugen, konnte der Glaube an das Fegefeuer als Phantasiegespinst oder als Lüge dargestellt werden. Nicht gezeigt werden konnte er aber als furchteinflößende Realität. Hamlet kommt dem näher als jedes andere Stück dieser Zeit, auch wenn Shakespeare nur ein Netzwerk von Andeutungen verwendet: »for a certain term«, »burned and purged away«, »Yes, by St. Patrick«, »hic et ubique«. Allerdings bleibt ein zweites bekanntes Problem bestehen, auch wenn diese Andeutungen auf weniger vorsichtige Weise zweideutig wären: die Seelen des Fegefeuers werden errettet. Die Tatsache, daß der alte Hamlet plötzlich und somit ohne Zeit für die letzten Riten starb – »unhouseled, disappointed, unaneled« – ließ ihn mit einer schweren Bürde diesseitiger Sünden zurück, die nach dem Tod auf leidvolle Weise weggebrannt werden mußten; er konn-

---

30 Edgar C. S. Gibson, *The Thirty-Nine Articles of the Church of England*, 2 Bde. London 1897. Bd. 2: 537.
31 *Doctor Faustus*, Z. 876–77, in C. F. Tucker Brooke (Hg.), *The Works of Christopher Marlowe*. Oxford 1910.

te aber keinesfalls neue Sünden begehen. Das Problem ist, daß das Fegefeuer, zusammen mit der theologischen Sprache der Kommunion (»houseling«), der Beichte auf dem Totenbett (»appointment«) und der Totenölung (»aneling«) zwar mit der christlichen Aufforderung nach Erinnern, nicht aber mit der senecaischen Aufforderung nach Vergeltung vereinbar ist.

Meine Absicht ist es hier nicht, die lange Reihe der Auseinandersetzungen von Eleanor Prosser, Christopher Devlin, Miriam Joseph, Peter Milward, Roy Battenhouse und anderen zu wiederholen, deren komplizierte Argumentationen – zumindest in meinen Augen – durch ihren Mangel an Beweiskraft nicht verlieren. Mir geht es eher um den speziellen Gebrauch, den Shakespeare von der Auseinandersetzung zwischen Simon Fish und Thomas More sowie deren Nachspiel macht. Dieser Gebrauch ist nicht notwendigerweise direkt. Zwei Gesetze zur Seelenmesse – 1545 (Heinrichs VIII. letztes Parlament) und 1547 (Eduards VI. erstes Parlament) – beendeten diese Auseinandersetzung, indem sie das gesamte katholische Fürbittensystem mit seinen Gottesdiensten, Lichtern, Seelenmessen, Jahresfesten, Bruderschaften, Stiftungspriestern und ähnlichem verboten, mit dem englische Männer und Frauen für die Toten im Fegefeuer und in Vorwegnahme ihrer eigenen zukünftigen Lage als Tote Fürbitten leisteten.[32] Die kurze Regierungszeit der Katholikin Mary Tudor trug augenscheinlich wenig dazu bei, dieses System wiederzubeleben, und es ist äußerst schwierig, das Ausmaß eines Restglaubens an das Fegefeuer in der Masse der englischen Männer und Frauen am Ende des Jahrhunderts einzuschätzen.[33]

Im Begräbnisgottesdienst des ersten eduardischen Gebetsbuches (1549) wandte man sich immer noch direkt an den Toten: der Priester wird angewiesen, Erde auf den Leichnam zu streuen und folgende Worte zu sprechen:

I commende thy soule to God the father almyghty, and thy bodye to the grounde, earth to earth, asshes to asshes, dust to dust.

In der revidierten Ausgabe von 1552, die später von Königin Elisabeth bestätigt wurde und während Shakespeares gesamter Lebenszeit in Gebrauch war, haben diese Worte eine bedeutsame Veränderung erfahren. Hier richtet sich der Priester nämlich an die Umstehenden:

We therfore committe his body to the ground, earth to earth, asshes to asshes, dust to dust.[34]

Dies sind die Worte, die jeder im späten 16. und 17. Jahrhundert hörte. Allerdings verweisen die weiterhin erscheinenden Polemiken, die die alten Positionen von Fish

---

32 S. Alan Kreider, *English Chantries: The Road to Dissolution.* Cambridge 1979.
33 S. Robert Whiting, *The Blind Devotion of the People: Popular Religion and the English Reformation.* Cambridge 1989; Christopher Haig, *Reformation and Resistance in Tudor Lancashire.* Cambridge 1975; J. J. Scarisbrick, *The Reformation and the English People.* Oxford 1984.
34 *The English Rite*, hg. v. F. E. Brightman, 2 Bde. London ²1921. Bd. 2: 858. Vgl. die Bemerkungen bei Eamon Duffy, *The Stripping of the Altars: Traditional Religion in England*, c. 1400 – c. 1580. New Haven 1992: 475.

und More unaufhörlich durch die Regierungszeiten Elisabeths und Jakobs hindurch wiederholten, daß die Grenze zwischen Lebenden und Toten nicht gänzlich geschlossen war.

Möglicherweise verstärkte sich Shakespeares Empfindsamkeit für den Zustand der Toten durch den Tod seines Sohnes Hamnet im Jahre 1596 (ein Name, der in den Dokumenten der Zeit nahezu austauschbar mit Hamlet war), und vielleicht sogar noch mehr durch das Ableben seines Vaters John 1601, das als das wahrscheinlichste Entstehungsdatum des Hamlet gilt. Als der Eigentümer von Shakespeares Geburtsstätte in Stratford-upon-Avon im April des Jahres 1757 beschloß, das Dach neu decken zu lassen, fand einer der Handwerker, ein »very honest, sober, and industrious character«, ein altes Dokument zwischen den Dachsparren und Ziegeln. Das Dokument, bestehend aus sechs ineinander gehefteten Blättern, war ein verdächtig katholisches Glaubensbekenntnis in vierzehn Artikeln. Es stammte, wenn es echt war (denn das Original war verschwunden), von John Shakespeare. Die eindeutige Implikation dieses Fundes, daß nämlich der Dramatiker aller Wahrscheinlichkeit nach in einem römisch-katholischen Elternhaus aufwuchs, und zwar zu einer Zeit offizieller Verdächtigung und Verfolgung sich widersetzender Personen, findet sich bestätigt in einer jüngeren biographischen Studie von E. A. J. Honigmann. Honigmann hat ein Netz miteinander verbundener katholischer Familien in Lancashire entdeckt, mit denen ein »William Shakeshafte«, vermutlich ein junger Schulmeister oder Schauspieler, in den späten 1570er oder frühen 1580er Jahren in Beziehung stand.

Wie dem auch sei, Shakespeare kannte *A Supplication for the Beggers* sicherlich, da es in Foxes *Acts and Monuments* (1546) abgedruckt war, von dem auf Befehl der Regierung in jeder Kirche des Reiches ein Exemplar ausgelegt war. Auch ist es gut möglich, daß Shakespeare Mores *Supplication of Souls* gelesen hat. Wie der Geist des alten Hamlets schreien Mores arme Seelen nach Erinnerung; sie fürchten das stumpfsinnige Vergessen der Lebenden, sie stören die verderbte Sorglosigkeit der Welt mit schrecklichen Erzählungen ihrer Leiden, und sie beklagen die erneuten Eheschließungen ihrer Gattinnen. Aber bei all jenem (und auch darüber hinaus) mag Shakespeare auch andere Texte als die Mores, oder seine eigene, nicht unbeachtliche Vorstellungskraft herangezogen haben. Diese Werke dienen Shakespeares Stück vielmehr als Quellen in einem anderen Sinne: sie bringen eine ontologische Auseinandersetzung über Gespenstisches und Erinnerung auf die Bühne, eine bedeutsame öffentliche Debatte, die die institutionelle Verankerung eines wesentlichen Korpus' imaginären Materials durcheinanderbrachte und damit der Aneignung durch das Theater zugänglich machte.

Um die Bedeutung dieses Wandels zu erkennen, kehren wir zu Fishs Pamphlet zurück. Wie Tyndales Übersetzung des Neuen Testaments war auch *A Supplication for the Beggers* zuerst auf dem Kontinent gedruckt und dann nach England geschmuggelt worden. Offenbar bedingt durch die staatliche Verfolgung während Mores Amtszeit als Kanzler ist nur ein Exemplar dieser Ausgabe zu uns gekommen, aber seine

Aufnahme in die *Acts and Monuments* läßt auf eine weitflächige Verbreitung schließen. Foxe bietet eine knappe Darstellung von Fishs Biographie, wobei er bezeichnenderweise Mores Behauptung verschweigt, Fish habe vor seinem Tod

> repented himself, and came into the church again, and forswore and forsook all the whole hill of those heresies out of which the foundation of that same good zele sprang.[35]

Nach dem Abdruck der *Supplication* wirft Foxe einen kurzen Blick auf Mores Antwortschreiben »under the name and title of the poore sely soules pewlyng out of Purgatory.«[36] An dieser Stelle unternimmt Foxe nicht den Versuch, Mores Theologie zu widerlegen, sondern er verspottet dessen Kunst.

So schreibt Foxe, daß More die Seelen der Toten veranlasse,

> by a Rhetoricall *Prosopopoea*, to speake out of Purgatory pynfolde, sometymes lamentably complaynyng, sometymes pleasauntly dalying and scoffing, at the author of the Beggers booke, sometymes scoldyng and raylyng at hym, callyng him foole, witlesse, frantike, an asse, a goose, a madde dogge, an hereticke, and all that naught is. (viii)

Foxe vermutet trocken, daß eine solche Gereiztheit der Hitze des Fegefeuers entspringen muß. Dabei verleiht er seiner Befürchtung Ausdruck, daß die Seelen aufgrund ihrer mangelnden Bereitschaft zur Wohltätigkeit eher in die Hölle als in den Himmel kommen werden. Allerdings gibt er zu, nicht allzu sehr betroffen zu sein, da er nicht glaubt, daß es einen Ort wie das »Purgatory at all (vnlesse it be in M. Mores Vtopia) as Maister More Poeticall vayne doth imagine« (xi) gibt. »Unless it be in M. More's Utopia«: das Fegefeuer, wie es Hugh Latimer in einer Predigt im Jahre 1536 sarkastisch zusammenfaßte, ist eine »pleasant fiction«.[37] Genauer gesagt handelt es sich in Foxes Darstellung um einen Nicht-Ort, um ein Stück Dichtung, das keinen größeren Anspruch auf Wahrheit geltend machen kann als Mores berühmter imaginärer »commonwealth«. An anderer Stelle spricht Foxe von den Intrigen und arglistigen Täuschungen des Papstes, aber nicht hier. Alle verzweifelten Bitten um Erinnerung, alle institutionellen Strukturen, alle dogmatischen Konzepte spitzfindiger Theologen, aller volkstümlicher Aberglaube, alle Anklagen der Häresie, alle Ablässe, Bruderschaften, alle Messen und Votivkapellen, alle Geschichten von gespenstischen Erscheinungen: alles wird – zumindest für einen Augenblick – nicht im Reich der Lügen angesiedelt, sondern in dem der Dichtung.

Der rhetorische Vorteil dieses polemischen Spiels ist, daß Foxe nicht den engagierten Ideologen spielen muß, sondern in der Rolle des einsichtigen Kritikers fort-

---

35 More, *Works* (1557): 881.
36 Alle Zitate aus Foxes Darstellung sind der Einführung von Frederick J. Furnivalls Ausgabe von *A Supplication for the Beggers* (wie Anm. 3) entnommen. Foxes Titel verspottet die Toten Mores, die sich selbst als »we sely poore pewlyng sowles« (136) charakterisieren.
37 Hugh Latimer, »Sermon Preached Before the Convocation of the Clergy«. In: *The Works of Hugh Latimer* (wie Anm. 9). Bd. 1: 50.

fahren kann. Quintilian sagte von der Figur der prosopoeia, sie verleihe »der Rede nicht nur Abwechslung, sondern (...) auch erregende Spannung«, wodurch sie es ermögliche, »sogar Götter vom Himmel herab- und aus der Unterwelt heraufzurufen«. Aber die erfundenen Personen, so seine Einschränkung,

> sollten (...) an Überzeugungskraft nichts einbüßen, wenn wir ihnen nur solche Worte in den Mund legen, von denen es nicht ungereimt erscheint, daß sie sie gedacht haben.[38]

Deshalb, so Fox in seiner Darstellung von *The Supplication of Souls*, sollte More, »the authour and contriuer of this Poeticall booke«, zensiert werden, und zwar »for not kepyng *Decorum Personae*, as a perfect Poet should haue done«. »They that geue preceptes of Arte«, erklärt Foxe weiter,

> do note thys in all Poeticall fictions, as a speciall obseruation, to foresee and expresse what is conuenient for euery person, accordyng to hys degree and condition, to speake and utter. (ix)

Wenn die Seelen im Fegefeuer in Mores eigener Darstellung durch ihre Leiden gereinigt werden und gesunden, so hätte More sie nicht »so fumishly« gegen ihre Feinde hetzen lassen sollen. Schließlich sollten sie darum bemüht sein, wohltätiger zu werden, und nicht etwa das Gegenteil.

Die Absicht liegt hier nicht in einer ernsthaften Widerlegung des Fegefeuers, denn das haben, so Foxe, schon viele unternommen, etwa John Frith. Die Absicht ist hier, das Fegefeuer lächerlich zu machen, es dem Gespött preiszugeben. Hatte More versucht, Angst, Schrecken und Schuld auszunutzen, so ist Foxe bemüht, diese mit Gelächter zu verjagen. Tatsächlich schlägt er vor, *The Supplication of Souls* als Komödie zu betrachten. »It maketh me to laugh«, schreibt er, »to see ye mery Antiques of M. More«, dessen Teufel im Fegefeuer ankommt: »laughyng, grynnyng, and gnashyng his teeth«. Die Zähne bereiten ihm allerdings Kopfzerbrechen. Wie kommt es, daß der satanische Engel, dessen Substanz doch spirituell und nicht körperlich sei, Zähne habe »to gnashe & a mouth to grynne?« Außerdem fragt er sich, wo genau More gestanden haben muß, um erkennen zu können, daß die Zähne im weit aufgerissenen

---

38 Marcus Fabius Quintilianus, *Ausbildung des Redners*, hg. (u. Übers.) H. Rahn. Darmstadt 1975. Bd. 2: 281. Vgl. die ähnliche Warnung in Puttenhams Darstellung des »*Hypotiposis, or the counterfeit representation*«: »The matter and occasion leadeth vs many times to describe and set foorth many things, in such sort as it should appeare they were truly before our eyes though they were not present, which to do it requireth cunning: for nothing can be kindly counterfait or represented in his absence, but by great discretion in the doer. And if the things we couet to describe be not naturall or not veritable, than yet the same axeth more cunning to do it, because to faine a thing that neuer was nor is like to be, proceedeth of a great wit and sharper inuention than to describe things that be true.« Puttenham fährt fort, indem er unterscheidet zwischen *Prosopographia*, die die Nachahmung von »visage, speach and countenance of any person absent or dead« beinhalte, und »*Prosopeia, or the Counterfait in personation* (sic)«, die in der Zuschreibung von »reason or speech to dombe creatures or other insensible things« bestehe. George Puttenham, *The Arte of English Poesie*, hg. Glady Doidge Willcock, Alice Walker. Cambridge 1936: 238–39.

Maul des Teufels für alle Seelen im Fegefeuer sichtbar sind. Er kommt zu dem Schluß, daß es in Utopia sein muß, »where M. Mores Purgatorye is founded«.

Dieser polemische Auftritt scheint in der Tat weit entfernt von Shakespeares *Hamlet*, der eben jene Ängste, Sehnsüchte und Verwirrungen thematisiert, die Foxe ins Lächerliche zu ziehen versucht. Der Geist kommt direkt aus dem Fegefeuer und klagt über das Versäumnis, die christlichen Sakramente vollständig erhalten zu haben. Gleichzeitig fordert er aber, daß sein Sohn seinen Tod rächen soll, womit er einen Alptraum initiiert, dem nicht nur sein besitzergreifender Bruder zum Opfer fallen wird, sondern auch Polonius, Ophelia, Laertes, Rosencrantz, Guildenstern, Gertrude und sein eigener Sohn. Hamlet soll Sorge tragen, daß das königliche Bett Dänemarks nicht zur »couch for luxury and damnèd incest« wird (I, 5, 82–83). Allerdings warnt ihn der Geist, weder mißtrauische Gedanken gegen seine Mutter zu hegen, noch seine Seele zu beflecken, indem er etwas gegen sie unternimmt. Hamlet erhält die lebhafteste Bestätigung von der Natur des Lebens nach dem Tode mit seinen »sulph'rous and tormenting flames« (I, 5, 3). Dann aber – in einem spektakulären und mysteriösen Akt des Vergessens – spricht er vom Tod als dem unentdeckten Land »from whose bourn / No traveller returns« (III, 1, 81–82). Solcher Art sind die Widersprüche der Darstellung, die Foxe gnadenlos verspottet. Sie zu bemerken, zu veröffentlichen und im Königreich zu verbreiten kommt der Erklärung gleich, daß theologische Grundfesten und einschlägige emotionale Erfahrungen nicht mehr zusammenpassen. Die Institution, die sie hervorgebracht hat, ist demzufolge verkommen; sie bietet nur noch Anlaß für Spott und Gelächter.

Im *Hamlet* aber bewirken dieselben Widersprüche, die auch zu Spott Anlaß geben könnten, eine Intensivierung der unheimlichen Wirkkraft des Stückes. Gerade Foxes Komödie ermöglicht Shakespeares Tragödie. Sie ermöglicht sie, indem sie an einem gewaltigen ideologischen Machtkampf teilnimmt, der die Verhandlungen mit den Toten von einem institutionellen Vorgang – geleitet von der Kirche – in einen poetischen Vorgang verwandelt – geleitet von Schuld, Projektion und Imagination. Das Fegefeuer existiert im imaginären Universum des Hamlet, aber nur in der Form, die der leidende Prinz in anderem Kontext »a dream of passion« nennt (II, 2, 554). Ins Auge fällt die bestechende Verbindung zwischen Hamlets Beschreibung eines Schauspielers, der

> in a fiction, in a dream of passion,
> Could force his soul so to his whole conceit
> That from her working all his visage wanned,
> Tears in his eyes, distraction in's aspect,
> A broken voice, and his whole function suiting
> With forms to his conceit (II, 2, 554–559)

und der Beschreibung des Effekts durch den Geist, den die Geschichte seiner Qualen auf Hamlet haben würde:

> I could a tale unfold whose lightest word
> Would harrow up thy soul, freeze thy young blood,
> Make thy two eyes like stars start from their spheres,

>   Thy knotty and combinèd locks to part,
>   And each particular hair to stand on end
>   Like quills upon the fretful porcupine. (I, 5, 15–20)

Die Verbindung ist der erstaunlich greifbare physiologische Effekt der geisterhaften Fiktion, des Traums, der Geschichte: »And all for nothing« (II, 2, 559).

Hamlet weiß innerhalb der Fiktion des Stückes natürlich nicht, daß das Fegefeuer die Fiktion ist, zu der sie von der staatlich sanktionierten Kirche in Shakespeares Zeit erklärt worden war. Ganz im Gegenteil zeigt er sich äußerst bemüht, die Wahrheit der Geschichte des Geistes zu behaupten – »I'll take the Ghost's word for a thousand pound« (III, 2, 274–75), triumphiert er nach der Spiel-im-Spiel-Szene – und somit zu bekräftigen, daß der Geist in Wirklichkeit der Geist seines Vaters und nicht der Teufel ist. Diese Realität aber ist weitaus theatralischer als theologisch. Sie enthält Elemente, wie etwa den senecaischen Ruf nach Rache, die die kirchliche Lehre in radikaler Weise unterminieren würden. Gleichzeitig bietet sie dem Zuschauer in einem unglaublich lebhaften Traum der Passion einige der tiefen imaginären Erfahrungen, die Verstrickungen von Sehnsucht, Schuld, Mitleid und Wut, die More evozierte.

Natürlich sind nicht alle Formen von Energie in Shakespeares Stücken offen oder verdeckt von der Zone des Realen zu der des Imaginären überführt worden. Was als alltägliche Realität gilt, kann von Dramen entliehen, imitiert und reflektiert werden, ohne daß diese Realität dabei notwendigerweise sinnentleert oder als Erfindung bloßgestellt wird. Die Wirkkraft Shakespearscher Dramen aber entspringt häufig ihrer Aneignung geschwächter oder defekter institutioneller Strukturen. Auf einer tiefen Ebene findet sich etwas großartig Opportunistisches, Vereinnahmendes, Absorbierendes, ja sogar Kannibalisches in Shakespeares Kunst – so als ob der arme, neidische Robert Greene etwas Wichtigeres gespürt hätte, das sein Wissen überschritt, als er »the upstart crow, beautified with our feathers« attackierte. Im Falle des Fegefeuers hatten mächtige Kräfte jahrzehntelang in einer heftigen Fehde gelegen, um das Festmahl des Dramatikers vorzubereiten. Diese Fehde war weder mit der Aufführung des Stückes noch mit dem Tod des Schriftstellers beendet.

1624, ein Jahr nach dem Erscheinen der First Folio, veröffentlichte John Gee, ein eiserner Protestant, der zugab, einmal in den feinen Netzen der Jesuiten verfangen gewesen zu sein, ein Buch namens *New Shreds of the Old Snare*. Gee berichtet eine Reihe von Fällen, in denen Jesuiten versuchten, junge Frauen zum Katholizismus zu bekehren, sie zur Flucht auf den Kontinent und zum Eintritt in Klöster zu bewegen und ihnen ihr Geld für die katholische Kirche abzulocken. Um ihre zynischen Ziele zu erreichen, verdrehten »the thrice honourable Company of Iesuites, Players to the Popes Holiness« (10) den Himmel und heilige Dinge in »theatrical and fabulous tricks« (16). Dabei sei ihre wichtigste Technik, mysteriöse Erscheinungen zu inszenieren:

>   a woman all in white, with countenance pale and wanne, with long tresses of
>   haire hanging downe to her middle (3)

erscheine unter Lichtblitzen vor einer beeindruckbaren jungen Frau und erkläre ihr, daß sie aus den Qualen des Fegefeuers komme. Der jungen Frau wird weisgemacht, sie könne diese Qualen nach ihrem Tod vermeiden, indem sie Nonne werde (7). In einem ähnlichen Trick erklärt die Erscheinung

> – a shape like vnto a woman all in white: from her face seemed to come little streames of fire, or glittering light (12) –,

daß sie die heilige Lucia sei. Sie bedrängt die wohlhabenden Frauen, vor denen sie erscheint, ihrem heiligen Beispiel zu folgen, indem sie ihren weltlichen Reichtum an Priester übergeben und in einen Konvent eintreten.

Gee nun macht es sich zur Aufgabe, diese Illusion zu demontieren, die nicht, wie manche glauben, das Resultat von Hexerei ist, sondern vielmehr des Theaters. Er erläutert, daß man das geheimnisvolle Licht selbst herstellen kann, und zwar durch »Paper Lanthornes or transparent Glasses«; »artificiall directing of refractions« könne diesen Effekt noch verstärken. Der Darsteller sei

> some nimble handed and footed *Nouice* Iesuitable Boy, that can as easily put on the person of *St. Lucy* or *The virgin Mary*, as a Play-boy can act winged *Mercury*, or Eagle mounted *Ganimedes*.

Der Schlüssel liegt in der Erkenntnis, daß die Jesuiten eine talentierte Schauspieltruppe sind. »I see no reason«, schreibt Gee, »but that they should set up a company for themselues, which surely will put down *The Fortune, Red-Bull, Cock-pit, & Globe*« (17).

Dann aber, so als habe er doch Zweifel an ihrer Konkurrenzfähigkeit in der Londoner Theaterwelt, betrachtet Gee drei Problemfelder ihrer Aufführungen. Er beobachtet erstens: »the plots of their Comedies twang all vpon one string« (18). Scheinbar besitzen sie nur ein Kostüm und können sich nur eine einzige Figur ausdenken:

> none comes in Acting but *A Woman, A Woman, A Woman,* arrayed in *white, white, white.*

In den täglichen Aufführungen eines Repertoiretheaters würde dieses Verfahren schnell seine Wirkung verlieren. Dennoch sei es, sieht man es zum ersten Mal, eine beeindruckende Darstellung.

Das zweite Problem ist ernsthafter, denn es besteht im Versäumnis, das *Decorum* zu beachten, also in den logischen und repräsentativen Widersprüchen, an denen sich Foxe bei More erfreute. Nach Gees Beobachtung patzt der Dichter in offensichtlicher Weise, wenn er einen Geist in weißem Gewand »from the smoakie burning Kitchen of *Purgatory*« heraufschickt. Mit spöttischer Großzügigkeit räumt Gee bezüglich solcher und ähnlicher Ungereimtheiten ein:

> the *Poet* kept within his Circle. For he well knew that deepe passions, especially affright and astonishing admiration, doe for the time bereaue and suspend exact inquiring discourse. (19)

Betrachtet man die Erscheinung als Aufführung und nicht als Wahrheit, kann die Furcht auf der Ebene der Inkohärenz ausgeglichen und das Kalkül eines großartigen psychischen und somatischen Effekts bewundert werden.

Die dritte Problematik ist die schwerwiegendste: einfach gesagt, »*they make their spectators pay to[o] deare*« (20). Gee hatte bereits erläutert, wie es den Jesuiten gelungen war, von nur einem Opfer die astronomische Summe von 200 Pfund zu erbeuten. Es handele sich, so seine nüchterne Betrachtung, um einen äußerst teuren Marktpreis für das Erworbene:

> Representations and Apparitions from the dead might be seene farre cheaper at other Play-houses. As for example, the Ghost in *Hamblet, Don Andreas Ghost in Hieronimo*. As for flashes of light, we might see very cheape in the Comedie of *Piramus and Thisbe*, where one comes in with a Lanthorne and Acts *Mooneshine*. (20)

»As for example, the *Ghost in Hamblet*«: diese außerordentliche Bemerkung trifft den Kern des Vorgangs, den ich beschrieben habe. Mit ihrer Lehre vom Fegefeuer und den kunstvollen Praktiken, die sich um sie herum entwickelten, hatte die Kirche eine wirksame Methode der Verhandlungen mit den Toten geboten – oder zumindest mit denjenigen, die verstorben waren, aber, da sie noch immer sprechen, klagen und erschrecken konnten, eben noch nicht ganz tot waren. Der protestantische Angriff auf »the middle state of souls« und auf den Zwischenort, den diese Seelen bewohnten, zerstörte diese Methode für die meisten Menschen in England. Aber er zerstörte nicht die Sehnsüchte und Ängste, die die katholische Lehre in den Blick genommen und ausgenutzt hatte. Wie Gee beobachtet, wird nun der Ort des Fegefeuers zum Ort des Theaters, auf den der Geist des alten Hamlet verdammt ist, »for a certain term to walk the night«. Dieser Zeitraum dauert nun seit beinahe 400 Jahren an. Mit ihm verbunden ist ein Totenkult, dem wir noch heute dienen.

Übersetzt von Stefanie Lotz

Gabriele Brandstetter

Le Sacre du printemps
Choreographie und Ritual

Am 29. Mai 1913 wird aus dem Théâtre des Champs-Elysées in Paris folgendes Premieren-Ereignis berichtet: Es herrscht ein ohrenbetäubender Lärm; Pfiffe, Stampfen und Türenschlagen sind zu hören. Zwei junge Männer geraten in Streit, es kommt zu einer Schlägerei, Dritte und Vierte mischen sich in das Handgemenge; eine Dame geht mit einer Hutnadel auf einen Dichter los (es soll Cocteau gewesen sein) – ein Aufruhr, der zuletzt nur durch das Eingreifen der Polizei beendet werden konnte. Dieser Tumult war nicht eine Farce auf der Bühne, sondern eine »große Szene« im Zuschauerraum, provoziert von dem Ballett *Le Sacre du printemps*, dessen Musik von Igor Strawinsky, dessen Choreographie von Vaslav Nijinsky und dessen Ausstattung von Nicholas Roerich stammen.[1] Es ist der vielleicht größte Skandal im europäischen Theater des 20. Jahrhunderts.[2]

Gustave de Pavlovsky prägte angesichts dieser (wie er sagte) bürgerkriegsähnlichen Ausschreitungen – gleichsam eines »frühen Pariser Mai« – das Wort vom »Massacre du printemps«.[3] Und liest man die zahlreichen Beschreibungen des Publikumsaufruhrs – und liest sie auch gegen den Strich –, so kann man sich des Eindrucks nicht erwehren, daß es sich um recht lustvolle Kolportagen einer Sensation – gleichsam einer längst fälligen Ausschreitung – handelt.[4]

---

1 *Le Sacre du printemps*: Choreographie: Waslav Nijinsky; Musik: Igor Strawinsky; Ausstattung: Nicholas Roerich; Uraufführung: Théâtre du Champs-Elysées, Paris am 29. 5. 1913 durch Serge Diaghilews »Ballets Russes«.
2 Die größte Sammlung von Berichten, Zeitungsausschnitten und Dokumenten zur Entstehung und frühen Wirkung von *Le Sacre du printemps* findet sich im Dossier zu den »Ballets Russes« in der Bibliothèque de l'Opéra in Paris, die ich einsehen konnte: eine Zusammenstellung der wichtigsten Rezeptionszeugnisse gibt F. Lesure (Hg.), *Le Sacre du printemps. Dossier de presse*. Anthologie la critique musicale 1. Genf 1980. Pierre Lartigue, »Genèse du Sacre« und »Les Réactions de la Presse«. In: L'Avant scène Ballet Danse »*Le Sacre du printemps*«, Paris, Avant scène, août / oct. 1980, 16–19 und 48–54.
3 Zit. nach Shelley Berg, *Le Sacre du Printemps: Seven Productions from Nijinsky to Martha Graham*, Ann Arbor, Michigan 1988: 60: »Gustave de Pavlovsky dubbed the work the ›*Massacre du Printemps*‹, declaring the collaborators had brought off an improbable tour de force, a display of the ›unconscious, childish frenzy of primitive tribes, awakening to the mysteries of life‹«.
4 Z. B. bei Valentine Gross-Hugo: »Nichts von all dem, was je über die Schlacht des ›*Sacre du printemps*‹ geschrieben wurde, vermittelt einen schwachen Eindruck von dem tatsächlichen Geschehen. Das Theater schien von einem Erdbeben heimgesucht zu werden. Es schien zu erzittern. Leute schrien Beleidigungen, buhten und pfiffen, übertönten die Musik. Es setzte Schläge und sogar Boxhiebe. Worten reichen nicht, um eine solche Szene zu beschreiben.« Zit. nach Richard Buckle, *Nijinsky*, Herford 1987: 232.

Man hat in der Forschung die unterschiedlichsten Ursachen für die Wirkung dieses Skandals verantwortlich zu machen gesucht; Wirkungen, die entweder aus der außerordentlichen Gestalt des Werkes erklärt werden oder aus dem zeitgeschichtlichen Kontext der Premiere: beispielsweise aus der (in der Nachwirkung der Dreyfus-Affäre) latent antisemitisch-antirussischen Haltung gegenüber Künstler-Emigranten in Paris; oder etwa aus den politischen Spannungen und der Infiltration der Atmosphäre durch die Zurüstung auf den Krieg – eine These, die vor allem Modris Eksteins in seiner Studie zum Verhältnis von Kunst und Krieg, *Tanz über Gräben*, entfaltet.[5]

Text und Kontext von *Le Sacre du printemps* sind von Aufruhr und Überschreitungsakten geprägt; freilich in unterschiedlichem Rahmen und verschiedenartigem Setting der »Aktion«. Es lohnt sich, die Geschehnisse im Zuschauerraum daraufhin zu betrachten, in welchem Verhältnis sie zum Bühnenereignis – das ein Opfer-Ritual zur Schau stellt – stehen. Was eigentlich geschieht hier im Auditorium? Das Publikum kündigt – punktuell, nämlich für die Dauer dieser Premieren-Aufführung – den theatralen Pakt: jenen ungeschriebenen Kontrakt der szenischen Darstellung also, der aus einem durch Konvention geregelten Modus des »Zeigens-Betrachtens« besteht. Das Muster der theatralen Performance – im Status des »als ob« – ist durch die Übereinkunft des theatralen Pakts zugleich als ein soziales Ritual definiert: gekennzeichnet durch die Konvention bestimmter Regeln der Aktion (auf der Bühne) und des Zuschauens, von zeitlich und institutionell aus dem Alltag herausgehobenen Formen der szenischen Präsentation und organisiert schließlich durch die verabredete Rollen- und Funktionenverteilung einer unterschiedlichen Teilhabe am theatralen Ereignis zwischen bestellten Akteuren und passiven (zahlenden) Beobachtern. Dieser Pakt des Theaters – sein Rahmen-Ritual[6] – wird mit dem Premierenskandal von *Le Sacre du printemps* außer Kraft gesetzt. Die Überschreitung der Grenzen dieser Konvention – und zwar durch gewaltsame Übergriffe von Seiten der Zuschauer – markiert die Chaosstelle in der »Maschine« des Theaters.

Es ist der krisenhafte, liminale Moment, in dem die Regeln des theatralen Pakts durchbrochen sind, in dem zugleich offenbar wird, daß in diesem Augenblick des »Skandalons« die strukturierende Funktion der »ritual awareness«[7] außer Kraft gesetzt ist: jenes Muster der Wahrnehmung eines grundlegenden Settings, das nach Mary Douglas die Voraussetzung für rituelles Handeln ist, – nämlich das Wissen der

---

5 Vgl. Modris Eksteins, *Tanz über Gräben. Die Geburt der Moderne und der Erste Weltkrieg*. Reinbek 1990; zu *Le Sacre du printemps* vgl. auch: Robert Craft (Hg.), *The Rite of Spring: Sketches 1911–1913*. London, New York 1969; Richard Buckle, *Diaghilew*. Herford 1984, 243-165; Lynn Garafola, *Diaghilev's Ballets Russes*. New York 1989.

6 Erving Goffman, *Rahmen-Analyse. Ein Versuch über die Organisation von Alltagserfahrungen*. Frankfurt a.M. 1980: 143–176 und ders., *Interaction ritual*. New York 1967.

7 Vgl. Mary Douglas, *Ritual, Tabu und Körpersymbolik. Sozialanthropologische Studien zur Industriegesellschaft und Stammeskultur*. Frankfurt a. M. 1986; eine sehr gute Übersicht über die Vielfalt soziologischer, anthropologischer und ethnologischer Ritual-Konzepte gibt Wolfgang Braungart, *Ritual und Literatur*. Tübingen 1996.

Teilnehmer eines Rituals, daß sie in ein solches eingebunden sind. Es bleibt – vor dem Hintergrund eines auch durch die Theaterreform-Projekte der Avantgarde um 1913 noch nicht grundsätzlich angetasteten Rahmens des theatralen Pakts von Illusionsdarstellung – bemerkenswert, daß angesichts der Bühnen-»Darstellung« eines fiktiven »archaischen« Rituals die Regeln des »sozialen« Rituals »Theater« überschritten werden und die Zuschauer zu Akteuren, die Zeugen zu Tätern werden.

Le Sacre du printemps, oft mit »Frühlingsweihe«, »Frühlingsopfer« oder »the Rite of Spring« übersetzt, inszeniert die Darstellung eines Rituals: *Szenen aus dem heidnischen Rußland*, wie der Untertitel lautet. Zu sagen, es sei ein Ritual auf der Bühne, würde der Komplexität und der Selbst-Reflexivität dieses Werks nicht gerecht: nicht die *mise en scène* eines Opfer-Rituals also, sondern – wie sich in der Betrachtung des choreographischen Texts zeigen wird – die Inszenierung eines dargestellten Rituals. Das Thema des Balletts ist der Opfertod eines jungen Mädchens, das aus einer Reihe von Jungfrauen in einem rituellen Prozeß auserwählt und als Opfer stigmatisiert wird und das sich schließlich zu Tode tanzt; ein Opfer, das den Sonnen- und Fruchtbarkeitsgott Yarilo günstig stimmen soll. Der Schöpfer dieses Ballett-Librettos, der den Grundgedanken des Rituals aus seiner Kenntnis altslawischer Sagen und Bräuche entwikkelt, ist der russische Ethnologe, Archäologe, Maler und Bühnenbildner Nicholas Roerich.[8] Er selbst stellt – so ist seinen Aufzeichnungen zu entnehmen – einen direkten Bezug zwischen dem Bühnengeschehen in *Le Sacre du printemps* und dem Zusammenbruch der Ordnung im Zuschauerraum her: »Who knows, perhaps at that moment they [i.e. the audience] were inwardly exultant and expressing this feeling like the most primitive people. But I must say, this wild primitivism had nothing in common with the refined primitivism of our ancestors, for whom rhythm, the sacred symbol, and subtlety of movement were great and sacred concepts.«[9]

Roerich verwendet hier den Begriff »primitiv« und »Primitivismus« in doppelter Referenz: gegen einen negativ konnotierten Primitivismus, der die Ausfälle in eine Barbarei der zeitgenössischen Kultur meint, stellt er einen positiven Begriff des Primitiven, bezogen auf eine archaische Kultur und ihre Riten – also den paradoxen Begriff eines »differenzierten«, subtilen Primitiven. Roerich greift damit ein Schlagwort der Zeit auf: die Rede vom Primitiven, Barbarischen, Wilden als Faszinosum des Fremden.[10] Es sind dies zugleich Epitheta, die in den Rezensionen zu *Le Sacre du printemps* diesem Werk immer wieder zugeordnet wurden. In einer anonymen Rezension heißt es beispielsweise »Les danses Esquimaux, à l'état naturel, ont exactement

---

8 Zu Nicholas Roerich vgl. Jacqueline Decter, *Nicholas Roerich. Leben und Werk eines russischen Meisters*, in Zusammenarbeit mit dem Nicholas Roerich-Museum. Basel 1989.
9 Ebd.: 89.
10 Das Thema des Primitiven, des »Barbaren« ist nicht nur zu Beginn der Moderne, sondern auch Ende des 20. Jahrhunderts aktuell, wie etwa die Studien zeigen, die als »soziologische Zeitdiagnosen« erschienen sind: vgl. Max Miller, Hans-Georg Soeffner (Hg.), *Modernität und Barbarei. Soziologische Zeitdiagnosen am Ende des 20. Jahrhunderts*. Frankfurt a.M. 1996.

autant de style que celles du *Sacre*, qui leur ressemblent à s'y méprendre; et ni les unes ni les autres n'ont de style, pour cette raison toute simple qu'il n'y a pas de style de l'informe, qui'il n'y a pas de style de la barbarie«[11]; oder die ebenfalls anonyme Zuschreibung: »C'est de la danse préhistorique« oder »les fautes de dessin des artistes primitifs ne prouvent pas que les hommes étaient difformes, pas plus que les peintures des cubistes –« oder die Bemerkung von Adolphe Boschot: »Danses de sauvages, de caraibes, et de canaques ... Ils piétinent, ils piétinent, ils piétinent, ils piétinent et ils piétinent ...«, und er nennt Nijinsky den »Attila de la danse«.[12] Schon der Untertitel des Balletts, *Bilder aus dem heidnischen Russland*, suggeriert die Nähe zum »Barbarischen«. Und die Tänzerin und Choreographin Bronislava Nijinska, die Schwester Nijinskys – die mit ihm in den ersten Proben arbeitete – bezeichnete die Körperbilder dieser Inszenierung als »almost bestial«.[13]

Die Topoi des Primitiven und des Barbarischen sind Elemente der Rhetorik der Krise, die einen Grund-Gestus des Umbruchs zum 20. Jahrhundert markiert und die gleichsam zum Habitus einer selbsternannten Moderne wird; jener Moderne um 1900, die sich selbst gerade aus der Erfahrung einer Krise – einer Krise der Wahrnehmung, der Darstellung und der Werte – definiert.[14] *Le Sacre du printemps* bezeichnet vielleicht an äußerster Stelle genau jenen Riß im Selbst-Konzept der Moderne, der mit der Krisen-Rhetorik beschworen und zugleich verdeckt wird: gewissermaßen die »Chandos«-Wunde der Zeit, die sich scheinbar als das Ende der europäischen Schrift-Tradition in der Herausforderung neuer Medien und neuer Darstellungskonzepte, die performativ orientiert sind, auftut.

11 Zit. nach Lartigue (Anm. 2), 48.
12 Zit. ebd., 49.
13 Bronislava Nijinska, *Early Memoirs*. London, Boston 1982, 459; Nijinska betont – wie viele Zeitgenossen – den Habitus des Primitiven – »the theme of *Sacre*, depicting the primitiveness of the pagan rituals in Russia in the pre-Christian era« und verbindet diese Darstellung des primitiven Rituals mit dem Körperkonzept von Nijinskys Choreographie: »There is something almost bestial in their appearance. Their legs and feet are turned inwards, their fists clenched, their heads held down between hunched shoulders; their walk, on slightly bent knees, is heavy as they laboriously straggle up a winding trail, stamping in the rough, hilly terrain.« (Ebd.). Auch in der Forschung wird *Le Sacre du printemps* als Werk des aktuellen Primitivismus eingestuft – etwa analog zu Picassos Interesse für »primitive« Kunst oder Carl Einsteins Ästhetisierung des Primitiven in seiner Schrift *Negerplastik* (1915) – vgl. z. B. Joan Acocella, »*Vaslav Nijinsky*«, in: Nancy van Norman Baer (Hg.), *The Art of Enchantment. Diaghilev's Ballets Russes* 1909–1929. San Francisco 1988: 96–111: *Sacre* is one of the purest examples of the primitivism that pervaded the art and thought of the early twentieth century. Superficially a portrait of precivilized society (vgl. Freud, Conrad, Lawrence). In addition, it was a tribute to the origins of dance in ancient fertility rituals.« (105), wobei in den Interpretationen zu *Sacre*, wie hier, auffällt, daß die Klassifikation des »Primitivismus« nicht der Meinung zu widersprechen scheint, daß es um »authentische« Wiederbelebung von »ancient fertility rituals« gehe: »But above all, the ballet was an attempt to capture in movement the sheer, driving force of nature, irrational and amoral – nature understood as including man.« (Ebd.)
14 Zur Rhetorik der Kulturkrise um 1900 vgl. den Überblick, gegeben bei Ralf Konersmann (Hg.), *Kulturphilosophie*. Leipzig 1996.

I. Das Ritual als Kulturmuster

Bevor ich mich der Choreographie von *Le Sacre du printemps* zuwende, möchte ich ein Kulturmuster skizzieren, das mir für die Moderne paradigmaprägend erscheint; eine Re-Lektüre von *Sacre* 1913 wäre dann in eben dem Kontext dieses allgemeinen Kulturmusters zu situieren, das durch einen Chiasmus von Wissenschaft und Kunst gekennzeichnet ist.

Wissenschaft und Kunst bilden – synchron und homolog – einen ethnographischen Diskurs aus, der die Topoi für eine »Konstruktion des Primitiven« bereitstellt. Es ist – sowohl im Feld der Wissenschaft als auch im Bereich der Kunst – ein Diskurs, der die Erfindung des Primitiven – als des fremden Eigenen – in Szene setzt: als Bild eines anderen Kulturmusters und zugleich in der Funktion einer Diagnose der eigenen Kultur. Der Auszug der Schriftsteller und bildenden Künstler aus dem kulturmüden Europa in Topographien einer »primitiven« Fremde – als reale oder fiktive Auswanderung – ist hinlänglich bekannt und erforscht.[15] Das Grundmuster dieser Wendung zum einfachen – »primitiven« – Anderen stellte vielleicht Paul Gauguin bereit, als er vor seiner Abreise nach Tahiti (1890) an seinen Freund Emile Bernard schrieb und im Brief folgende Formel für solche Konstruktion des Primitiven als Begründungs-Szenario einer anderen Schöpfungssituation entwarf: »Ich will dort einzig und allein das Atelier der Tropen begründen.«[16]

Das »Atelier der Tropen«: Wenn man denn »Tropen« – wie später Claude Lévi-Strauss mit dem berühmten Titel seiner ethnologischen Schrift *Traurige Tropen*[17] – doppelt liest, nämlich einerseits als äquatornahe Region im Meridianfeld des Weltatlas und andererseits als Figurenrepertoire der Sprache, so ist das »Atelier der Tropen« zugleich die Formel für den Prozeß der Hervorbringung der Bilder und Konzepte des Fremden: eben jenes diskursiven und zugleich szenischen Prozesses, an dem die Wissenschaft und die Kunst um 1900 gleichermaßen und gleichzeitig arbeiten.

Guillaume Apollinaire spricht das aus Kulturpessimismus entspringende Phantasmatische solcher Re/Konstruktion des »Primitiven« aus, wenn er über die Begegnung mit der Totem-Kultur in der Südsee schreibt, er wolle »schlafen« zwischen »den Fetischen der Südsee und Guinea«[18].

---

15 Es lassen sich viele Namen anführen, allein in der Literatur: von Lafcadio Hearn, Bernd Kellermann, Max Dauthendey bis zu fiktiven Reisen in eine primitive Fremde, wie z. B. Joseph Conrad oder Carl Einstein; zur Nähe zum Exotismus vgl. Edward W. Said, *Orientalism. Western Concepts of the Orient*. London 1995 (zuerst 1978).

16 Vgl. den Katalog *Exotische Welten, Europäische Phantasien*, hg. v. Institut für Auslandsbeziehungen und vom Württembergischen Kunstverein. Stuttgart 1987: 402.

17 Claude Lévi-Strauss, *Traurige Tropen*. Köln 1974 (frz. *Tristes Tropiques*. Paris 1955).

18 Zit. nach Helmut Scheider, »Von der Fabrikation des Exotischen zur Erfindung des Primitiven«, in: *Exotische Welten, Europäische Phantasien* (Anm. 16): 392–399, hier 394.

Es ist der Begriff des Rituals, der in diesen Konzepten einer Erfindung des Primitiven eine Schlüsselstelle besetzt. Und dies geschieht in der Erkenntnis und in der Auseinandersetzung mit dem Dilemma, daß eine Matrix der Übersetzbarkeit zwischen Kulturen nicht existiert und daß somit Vergleichbarkeiten jeweils nur prozessual herstellbar seien. Aus diesem Bewußtsein resultiert eine spezifische Melancholie – man könnte sagen: die Melancholie des Ethnographen (wobei damit Künstler und Wissenschaftler gleichermaßen als »Ethnographen«, in der Schreibung des Fremden, gemeint sind[19]). Und diese spezifische Melancholie besitzt wiederum eine besondere Färbung jener Symptome der Melancholie, die den Blick auf die Krise der Moderne überhaupt kennzeichnet: Es ist die Pose des »europäischen Hamlet«, der auf die Trümmer der abendländischen Kultur zurückblickt, eine Pose, die Paul Valéry in seinem Essay über die *Krise des Geistes*[20] beschreibt. Im Rückblick auf die Moderne und die Zeit kurz vor 1914 beginnt Valéry seine Reflexionen aus dem Jahr 1919 mit den Worten: »Wir Kulturvölker, wir wissen jetzt, daß wir sterblich sind.« Und er fährt fort: »Und jetzt – auf einem ungeheuren Erdwall von Helsingör, der von Basel bis Köln reicht, der an die Dünen von Nieuwpoort, an die Sümpfe der Somme, an die Kreidefelsen der Champagne und den Granit des Elsaß grenzt, erschaut der europäische Hamlet Millionen Gespenster. Aber er ist ein sehr intellektueller Hamlet (…) Er denkt des Verdrusses, das Vergangene wiederzubeginnen, des Wahns, immer wieder Neues zu wollen.«[21]

Auch die noch junge Ethnologie steht vor 1914 bereits im Zeichen des Saturn. Die wichtigen Studien dieser Phase – James Frazers berühmtes und oft aufgelegtes Buch *The golden bow* (1890) und auch seine späteren Arbeiten zum Totemismus, Arnold van Genneps wegweisende Schrift *Les rites de passage* (1909) und Emile Durkheims religionssoziologische Studie *Les formes élémentaires de la vie religieuse* (1912)[22] geben Zeugnis von Gebräuchen und Glaubensformen fremder Kulturen; sie rekonstruieren die »Bedeutung« von Riten und Kultformen – und sind dabei schon gezeichnet vom melancholischen Gestus des europäischen Forschers und Hermeneuten: von der Melancholie, »nicht dabeigewesen zu sein«, nicht am Ort, als »das Ursprüng-

---

19 In ethnographischen Studien der letzten Jahre wird dieser Konnex zwischen Wissenschaft und Kunst, zwischen szientifischem und fiktivem Text zunehmend reflektiert; vgl. Johannes Fabian, *Time and the Other. How Anthropology Makes Its Object*. New York 1983; James Clifford, George E. Marcus (Hg.), *Writing Culture. The Poetics and Politics of Ethnography*. Berkeley, Los Angeles, London 1986; Clifford Geertz, *Die künstlichen Wilden. Der Anthropologe als Schriftsteller*. München 1990; Eberhard Berg, Martin Fuchs (Hg.), *Kultur, soziale Praxis, Text. Die Krise ethnographischer Repräsentation*. Frankfurt a.M. 1995.
20 Paul Valéry, *Die Krise des Geistes*. In: *Werke*, hg. von Jürgen Schmidt-Radefeldt. Frankfurt a.M. 1992ff., VII (1995): 26–54.
21 Ebd.: 26ff.
22 Arnold van Gennep, *Les rites de passage*. Paris 1909 (dt. *Übergangsriten*. Frankfurt a.M. 1986); zu erwähnen ist auch: Sigmund Freuds *Totem und Tabu* erschien 1913, im selben Jahr wie *Le Sacre du printemps*.

liche noch ursprünglich war«. Eine Begegnung im Bewußtsein also, daß eben jenes Phänomen, das mit »Natur« der sogenannten »Naturvölker« bezeichnet wurde, immer schon verschwunden und nur noch als Fehl zu konstatieren war, mit dem ersten Schritt, den der Forscher auf fremden Boden setzt.

Mehr noch als die Wissenschaftler haben freilich die Künstler die Melancholie des unerreichbaren Prae-Kulturellen (oder einer »Prae-Existenz«, wie Hugo von Hofmannsthal mit einem von Lafcadio Hearn entlehnten Begriff sagt[23]) als Gestus inszeniert: die Trauer um das immer schon mit dem bekannten Eigenen »infizierte« Fremde der anderen Kultur.

Die Erfindung des Primitiven und die Re-Szenierung des primitiven Rituals: Hier treffen sich Wissenschaft und Kunst in der Konstruktion von Kulturkonzepten. In der Ethnographie des beginnenden 20. Jahrhunderts geschieht dieser Prozeß dadurch, daß die Wahrnehmung und Deutung von Strukturmustern fremder Kulturen auf Konzepte symbolischer Formen bezogen wird. Durkheims Arbeiten bezeugen diesen Verstehensansatz ebenso wie noch Lévi-Strauss' frühe Studien. Darauf weist unter anderen Clifford Geertz in seinem wissenschaftshistorischen Rückblick auf die Geschichte und Methoden der Ethnographie hin. Er rekapituliert in seinem Buch *Die künstlichen Wilden. Der Anthropologe als Schriftsteller*[24] die Geschichte der Ethnographie als Geschichte von Erzählungen des Fremden. Die Textsorte des Erzählens bedingt bereits die Organisation des ethnographischen Schreibens durch Modi des Fiktionalen. Die Texte entstehen nicht »am Ort« und in der Zeit, sondern am Schreibtisch, – verschoben – immer »anderswo«. Diese fundamentale Heterotopie des ethnographischen Texts ist theoretisch von Johannes Fabian[25] genau reflektiert worden. Geertz wiederum beschreibt in seiner Studie über den Anthropologen als Schriftsteller am Beispiel der ethnographischen Texte bis zum frühen Lévi-Strauss die »symbolistische Mentalität« ihres Erkenntnis- und Schreibverfahrens.[26]

Synchron und parallel zum wissenschaftlichen Diskurs der Anthropologie und Ethnographie entstehen in der Kunst und in der Literatur der Moderne Entwürfe des Fremden, zum Beispiel Darstellungen primitiver Rituale und archaischer Kultformen: als Fiktionen orgiastischer Entgrenzungen etwa in der Beschreibung eines syrischen Tempelrituals wie in Richard Beer-Hofmanns Text *Der Tod Georgs*; oder als Re-Szenierungen von Kulten der griechischen Antike, wie etwa Hugo von Hofmannsthal sie in verschiedenen Texten darstellt, – als die liminale Seite des Dionysos-Kultes

---

23 Vgl. Hugo von Hofmannsthal, *Ad me ipsum* (1930); den Begriff der »Präexistenz« hat Hofmannsthal Lafcadio Hearns *Kokoro* (1903) entlehnt; vgl. dazu Werner Metzler, *Ursprung und Krise von Hofmannsthals Mystik*. München 1956.
24 Vgl. Geertz (Anm. 19).
25 Vgl. Fabian, (Anm. 19).
26 Ebd.: 47: »Die ›Traurigen Tropen‹ sind, in einer Dimension, ein Zeugnis einer symbolistischen Mentalität«; und ebd.: 46: »Die ›Traurigen Tropen‹ [sind], und das ganz bewußt, eine Art symbolistischer literarischer Text (…), eine Anwendung symbolistischer Anschauungen auf primitive Kultur: Mallarmé in Südamerika.«

im *Pentheus*-Fragment; oder ein im Tanz sich vollziehender Akt der Überschreitung in der *Elektra*; oder im Dialog-Text *Furcht* (1907).[27]

Schließlich fingiert Hofmannsthal den Akt der Konstitution symbolischer Kultur als »wilden Ursprung«[28] aus einem Opferritual in seinem Text *Gespräch über Gedichte*: als Gedanken der Entstehung von Poesie aus dem Blutopfer. Im Dialog zweier Freunde über symbolistische Lyrik – über Gedichte Stefan Georges – entfaltet sich unversehens die Idee eines Stellvertretungs-Aktes der Sprache für den totemistischen Opfer-Ritus: aus jenem Moment, in dem der »primitive«, in »Furcht« befangene Mensch anstelle seines eigenen Opfertodes ein Tier bluten läßt:

> Das warme Blut rieselt zugleich an dem Vließ des Tieres und an der Brust, an den Armen des Menschen hinab: und einen Augenblick lang muß er geglaubt haben, es sei sein eigenes Blut (...), er muß, einen Augenblick lang, in dem Tier gestorben sein, nur so konnte das Tier für ihn sterben. (...) Das Tier starb hinfort den symbolischen Opfertod. Aber alles ruhte darauf, daß auch er in dem Tier gestorben war, einen Augenblick lang. Daß sich sein Dasein, für die Dauer eines Atemzugs, in dem fremden Dasein aufgelöst hatte. – Das ist die Wurzel der Poesie.[29]

II. Repräsentation von Ritual: *Le Sacre du printemps*

Was zu Beginn der Moderne um 1900 in der Ethnologie und Anthropologie einerseits und in der Literatur und Kunst andererseits als Kulturkonzept entfaltet wird, ist nichts Geringeres als eine Poetik der Kultur aus der Ideen-Szenerie eines archaischen (Opfer-) Rituals. Bezugstext und gleichsam interdiskursives Muster dieses Konzepts – des Ritualgedankens als Begründungsszene der Kultur – ist sowohl für die Kunst als auch für die Wissenschaft Friedrich Nietzsches Abhandlung über *Die Geburt der Tragödie aus dem Geiste der Musik*.[30] Zum Referenztext wurde Nietzsches Tragödienschrift erstens wegen ihrer Bestimmung des Ästhetischen als Phänomen einer Transgression. Zweitens führt Nietzsche die Kunst – die darstellende Kunst – auf ein

---

27 Vgl. Gabriele Brandstetter, »Der Traum vom anderen Tanz. Hofmannsthals Ästhetik des Schöpferischen im Dialog *Furcht*«. In: *Hugo von Hofmannsthal: Dichtung als Vermittlung der Künste*. Freiburger Universitätsblätter. Heft 112, Juni 1991: 37–60.

28 Ich entlehne den (hier metaphorisch verwendeten) Begriff von Walter Burkert, *Wilder Ursprung. Opferritual und Mythos bei den Griechen*. Berlin 1990. Vgl. auch: Renate Schlesier, »Das Heilige, das Unheimliche, das Unmenschliche, in: *Das Heilige. Seine Spur in der Moderne*, Dietmar Kamper und Christoph Wulf (Hg.), Frankfurt a. M. 1987. 99–113.

29 Vgl. Hugo von Hofmannsthal, *Erfundene Gespräche und Briefe*, Sämtliche Werke. Kritische Ausgabe, veranstaltet vom Freien Deutschen Hochstift, hg. Rudolf Hirsch u.a. Frankfurt a.M. 1991: XXXI, 80f.

30 Friedrich Nietzsche, *Sämtliche Werke. Kritische Studienausgabe in 15 Bänden*, hg. von Giorgio Colli und Mazzino Montinari. München, Berlin, New York 1976ff. Bd. 1.

Ritual zurück: auf den Dionysos-Kult der griechischen Antike als orgiastische Kultform; und aus dem Re-Inszenierungs-Gedanken des Dionysischen in der modernen Kunst (im Musikdrama Richard Wagners) entwickelt er ein Begründungsmuster sowohl für den synthetischen Modus der modernen Kunst als auch für deren Grundzug des Performativen. Und drittens schließlich erscheint Nietzsches *Geburt der Tragödie* für die Konstellation der Kunst und Wissenschaft in der Moderne auch noch deshalb als Bezugstext, weil diese Schrift – als Abhandlung zur Tragödie – mit dem Bewußtsein eines Problems der Wissenschaft selbst verknüpft ist: mit dem tragischen Bewußtsein von der Differenz von Theorie und Praxis – als Problem einer logozentrischen Repräsentation – »seit Sokrates«.

In der Konstellation von Kunst und Wissenschaft im Bezug auf das Ritual als Kulturmuster – und zwar als *Diskurs* und als *Szene* zugleich – zeichnet sich damit eine Reflexion ab, die mir für die Situierung der Choreographie von *Le Sacre du printemps* wichtig erscheint. Nicht das Ritual ist Gegenstand der jeweiligen – wissenschaftlichen oder künstlerischen – Rekonstruktion, sondern Prozesse von Ritualisierungen beziehungsweise »Darstellungen von Ritual«. Wenn Rituale – im Sinne einer Definition von Catherine Bell[31] – performative Repräsentationen eines bestimmten Beziehungsmusters von Körper, Raum und Zeit organisieren, dann werden sowohl in den ethnographischen Beschreibungen als auch in den Fiktionen der Kunst »Darstellungen von Ritual« entworfen und übermittelt.

Und eine Darstellung von Ritual inszeniert auch das Opfer-Stück *Le Sacre du printemps* – eine Darstellung, die ihre Performativität als Ritual zeigt und zugleich reflektiert und damit eine Neubestimmung der tanztheatralen Möglichkeiten von Darstellung herausfordert. Das Konzept, die Grundstruktur dieser Darstellung von Ritual in und als »sacre« soll im folgenden unter dem Gesichtspunkt einer choreographischen Repräsentation von Ritual betrachtet werden. Der Ritualbegriff, den ich hierfür adaptiere, ist nicht jener allgemeine »Rahmen«-Begriff, den ich eingangs für die Konstellierung des theatralen Pakts und seiner Durchbrechung verwendet habe. Dieser bezieht sich hier vielmehr zum einen auf Victor Turners Fortschreibung[32] des Schwellenrituals im Sinne von van Genneps *Les rites de passage*, wobei Turners Konzeption des »Liminalen«[33] hier als »*Darstellung eines liminalen Prozesses*« ge-

---

31 Vgl. Catherine Bell, *Ritual theory, ritual practice*. New York u.a. 1992.
32 Vgl. Victor Turner, *Vom Ritual zum Theater. Der Ernst des menschlichen Spiels*. Frankfurt a.M., New York 1989; ders., »Sacrifice as quintessential process. Prophylaxis or Abandonement?«, in: *History of Religions* 16 (1976): 189–215; René Girard, *Das Heilige und die Gewalt*, Frankfurt a.M. 1992; ders., *Ausstoßung und Verfolgung. Eine historische Theorie des Sündenbocks*, Frankfurt a.M. 1992; Walter Burkert, *Wilder Ursprung*; ders., *Anthropologie des religiösen Opfers. Die Sakralisierung der Gewalt*. Veröffentlichungen der Carl Friedrich von Siemens Stiftung. München 1983.
33 Nicht V. Turners Unterscheidung von »Liminalem« und »Liminoidem«, insofern als dies bei Turner als Gegensatz zwischen tribalem Ritus und symbolischen (rituellen) Formen in der Industriegesellschaft definiert ist; sondern der Gegensatz zwischen (tribalem) Ritual (als Darstellung) und Bühnen-Repräsentation eines inszenierten Rituals.

wendet ist; und zum anderen bezieht der hier verwendete Ritualbegriff sich auf Theorien zum Opfer und zur Funktion des Opfer-Kultes, wie sie von René Girard, Walter Burkert und wiederum von Victor Turner entfaltet wurden.[34]

Zunächst sei aber die Entstehungsgeschichte von *Le Sacre du printemps* in den Blick genommen; und zwar eine im Zusammenhang der hier gegebenen Fragestellung aufgefundene Gründungslegende zur Entstehung des Balletts, die den Zusammenhang von Wissenschaft und Kunst im Hinblick auf die Konzeption des Rituals in *Sacre* beleuchtet. Und wie zumeist bei Rekonstruktionen von Entstehungsgeschichten, so gibt es auch hier widersprüchliche Begründungs-Erzählungen. Hier steht die bekanntere, lange von Text zu Text transportierte »Schöpfungsgeschichte«, die Igor Strawinsky berichtet, neben der kaum bekannten Überlieferung bei Nicholas Roerich. Strawinsky ernennt in seinen Memoiren sich selbst zum Schöpfer der Idee des Balletts, die er als Vision im Traum[35] gesehen haben will – eine veritable Inspirationslegende. Auf der anderen Seite gibt es den Bericht in Nicholas Roerichs Aufzeichnungen[36], bestätigt durch die Recherchen Richard Buckles zu Serge Diaghilew[37], dem Impresario der »Ballets Russes« und Auftraggeber des Werks. Demnach war Diaghilew 1909 auf der Suche nach einem Ballett-Szenario und fragte Roerich, den er bereits als Ausstatter der *Polowetzer Tänze* für die erste Pariser Saison der »Ballets Russes« schätzen gelernt hatte[38], nach einer Idee für ein »russisches« Stück. Roerich schlug zwei Themen vor[39], von denen das eine, betitelt *The great sacrifice*, die Grundgedanken von *Le Sacre du printemps* bereits enthielt. Erst später wurden die Details des Librettos in zwei Akten – die archaische Geschichte eines slawischen Fruchtbarkeitsrituals, das mit Zeremonien der Ältesten, rituellen Kämpfen der jungen Männer und Reigentänzen der jungen Frauen verläuft bis zu jenem Moment der Selbstopferung des durch das Los erwählten jungen Mädchens, das sich zu Tode tanzt – von Roerich und Strawinsky im Sommer 1911 in gemeinsamer Arbeit weiter ausgefaltet.[40]

Nicholas Roerich, in seiner Arbeit als Ethnologe und Archäologe einerseits und

---

34 Die Theorien der genannten Anthropologen (Anm. 32) werden hier nicht als Referenzen, sondern eher als erneute Rekonstruktions-Konzepte (in der Um-Schreibung z. B. von anthropologischen Theorien der Moderne um 1900) verstanden.
35 Strawinsky schreibt in seinen Memoiren: »I saw in an imagination a solemn pagan rite: wise elders, seated in a circle, watch a young girl dance herself to death. They were sacrificing her to propitiate the god of spring.« In: Igor Strawinsky, *An Autobiography* (1936). New York 1962: 31.
36 Vgl. Decter (Anm. 8), 83; Nicholas Roerich, *Sacre. Realm of Light*. New York 1931.
37 Vgl. Buckle (Anm. 5): 214.
38 Die Bekanntschaft mit Diaghilev, für den Roerich bereits vor *Sacre* Bühnenbilder entworfen hatte, datierte aus dem Mir-Iskusstwa-Kreis, 1899; vgl. Decter (Anm. 8): 38ff.
39 Roerich bot zwei Themen für ein Ballett-Libretto an: »Das Schachspiel«, in dem die Handlung auf einem Schachbrett stattfinden sollte und Gigantenhände das *Spiel* dirigieren würden, und »Das große Opfer«, das ein uraltes heidnisches Ritual darstellt, in dem ein auserwähltes Mädchen dem Sonnengott Yarilo zur Wiedergeburt geweiht wird.« Decter (Anm. 8): 83.
40 Vgl. ebd.

als Maler und Bühnenbildner andererseits, verkörpert geradezu exemplarisch jene Konstellation von Wissenschaft und Kunst, die – im bezeichneten Feld einer szenischen und diskursiven Re-Konstitution von Ritual-Konzepten – ein Merkmal der Moderne um 1900 zu sein scheint. Schon seit seinem Studium waren Roerichs Arbeiten geprägt durch eine eigentümliche Verknüpfung von wissenschaftlicher Forschung – mit der ethno-archäologischen Rekonstruktion archaischen slawischen Brauchtums – und künstlerischer Produktion – in der literarischen und piktoralen Darstellung dieser archaischen Welten.[41]

Nach Abschluß seines Studiums an der Universität und zugleich an der Kunstakademie in St. Petersburg hielt Roerich Vorträge, die diese Verbindung von Kunst und Wissenschaft zum Thema hatten, wie z. B. den Vortrag »Artistique Technique Applied to Archaeology«, den er 1898 im St. Petersburger Archäologischen Institut zur Diskussion stellte. Und er malte zur gleichen Zeit Bilder, die diese Themen aufgreifen und in zeittypischer Weise stilisiert darstellen.[42] Beeinflußt von Paul Gauguin und Puvis de Chavanne, mit deren Arbeiten er während eines längeren Paris-Aufenthalts 1900/1901 bekannt wurde, inszenieren seine Bilder – wie auch später seine Bühnenbilder – alte slawische Mythen. So beispielsweise in dem Gemälde *Die Idole* (gemalt 1901 in Paris. Abb. 3), das Roerich bereits als jenen bildenden Ethnographen und zugleich als Archäologen einer literarischen Rekonstruktion von *Bildern aus dem heidnischen Rußland* erkennen läßt, der zehn Jahre später die Konzeption und die Ausstattung von *Le Sacre du printemps* entwarf.

Bronislava Nijinska überliefert, daß Nijinsky – der Roerich sehr schätzte[43] – sich durch dessen Bilder inspiriert fühlte: »»Now that I am working on Sacre«, Vaslav went on, »Roerich's art inspires me as much as does Strawinsky's powerful music – his paintings, *The Idols of Ancient Russia, The Daughters of the Earth,* and particularly the painting called, I think, *The Call of the Sun*. ... Roerich has talked to me at length about his paintings in this series that he describes as the awakening of the spring of primeval man. In *Sacre* I want to emulate this spirit of the prehistoric Slavs.«[44]

Die Formation des Raumes in Roerichs Bild-Konzept – schon in der Raum-Ordnung der *Idole* und auch in der teilweise ähnlichen Raum-Struktur des Bühnenbildes

---

41 Die Biographin Roerichs, J. Decter, beschreibt diese Verbindung von Kunst und Wissenschaft in Roerichs Werdegang: Schon der junge Roerich »schien instinktiv die Verbindung von Fachgebieten zu fühlen, die so auseinanderliegen wie Archäologie und Literatur – oder, allgemeiner ausgedrückt, er fühlte die Synthese von Wissenschaft und Kunst –, die Synthese, die der Schlüssel zur Philosophie seines späteren Lebens werden sollte.« (Ebd.: 19)

42 Vgl. ebd. die Abbildungen.

43 So hat Nijinsky – nach den Erinnerungen seiner Schwester – über Roerich geäußert: »Roerich has studied archaeology and held the position of Academic Professor and is a Member of the Archaeological society. Roerich is not only a great artist but also a philosopher and a scholar. His studies on Stone Age are of scientific importance. In his numerous excavations and cave explorations he has discovered vestiges of primeval ages. The beauty of the tinted stones and the wall paintings of the cave dwellers have inspired his own art.« In: Nijinska (Anm. 13): 449.

44 Ebd.

Abb. 1:
Bühnenbild von Nicholas Roerich zu Waslaw Nijinskys Choreographie
Le Sacre du printemps (1913).

Abb. 2:
Waslaw Nijinsky: *Le Sacre du printemps*: Gruppenszene aus der
Rekonstruktion durch Millicent Hodson für das *Joffrey Ballet*.

Abb. 3:
Nicholas Roerich: *Die Idole* (1901, aus J. Decter, 1989).

Abb. 4:
Bühnenbild (Nicholas Roerich) zu *Le Sacre du printemps*:
Gemälde von Valentine Gross-Hugo (1913)
©Victoria & Albert Museum, London.

von *Sacre* – gab Impulse für einige der Grundmuster in Vaslav Nijinskys Choreographie des Rituals: so etwa die Formationen von Kreis und Doppelkreis, Schlangen-Linien und geschlossenen Block-Formationen. (Abb. 1–4)

III. Nijinskys »Crime against Grace«

Nicht die Auswahl eines Rituals als Thema eines Bühnenwerks, eines Balletts zumal, macht freilich die Bedeutung von *Le Sacre du printemps* aus, sondern vielmehr die *Form* seiner Darstellung. Denn mit dieser Darstellung ist ein doppelter Bruch mit der Konvention der Bühnenkunst Ballett verbunden. *Sacre* nämlich vollzieht zum einen den Bruch mit der theatralen Repräsentationstradition des klassischen Balletts und seiner Ästhetik. Und zum anderen geht dieser Bruch über den Rahmen der Tanzbühne hinaus, indem nicht nur die Darstellungs-Konvention des Balletts infragegestellt wird, sondern auch das damit verbundene Körper-Konzept und der zugeordnete Bewegungs-Code grundsätzlich als ästhetische Norm verworfen werden. Damit aber ist zugleich eine Verwerfung des allgemein vorherrschenden Körperkonzepts der Zeit verbunden. Insofern bildete die Choreographie von *Le Sacre du printemps* nicht nur einen Angriff auf den Darstellungscode des Körpers im klassischen Tanz, sondern sie erschien auch als Affront gegen die Norm der vorherrschenden Körper-Ästhetik[45] überhaupt. Es ist die Attacke einer Fragmentierung, die nicht nur das Schöne, die Grazie des klassischen Tanzbegriffs bedroht und außer Kraft setzt, sondern zugleich eine Attacke, die auch die Kohärenz des sozialen Körpers aufs Spiel zu setzen scheint. An diesem Punkt überkreuzen sich der Diskurs des Primitivismus und der Diskurs des Pathologischen in den Zuschreibungen der Körper-Wahrnehmung von *Le Sacre du printemps*. Die Formeln, die in Rezensionen und Berichten zur Aufführung immer wieder zu lesen waren – »contorsions d'ataxiques«, »crise névropathique et déformante«, »une musique démente d'aissaouas accompagne ces convulsions saugrenues«[46] – signalisieren diese Bedrohung und die damit verbundenen Ausgrenzungsanstrengungen.

---

45 Es ist eine Körper-Ästhetik, die um 1900 gerade im Umbruch begriffen ist; im sozialen Feld durch die verschiedenen Konzepte der Lebensreform, im Bereich des (Bühnen-)Tanzes durch den Beginn des »Freien Tanzes« (Loïe Fuller, Isadora Duncan) und des Ausdruckstanzes (Mary Wigman, Rudolf von Laban) und – vermittelnd zwischen Lebensreform und Tanz – in der wachsenden kulturellen Bedeutung der rhythmischen Gymnastik. Dennoch aber gilt gerade auch im Bereich dieser Reformbewegung, daß das zugrundeliegende Konzept des Körpers ästhetisch und zugleich »hygienisch« legitimiert wird aus einem lebensphilosophisch-holistischen Weltbild. Die Reflexion von Fragmentierung, wie dies in der Literatur, bildenden Kunst und in (seltenen) Bühnenwerken – wie z. B. *Le Sacre du printemps* – geschieht, ist hier ausgeblendet; vgl. Gabriele Brandstetter, *Tanz-Lektüren. Körperbilder und Raumfiguren der Avantgarde*. Frankfurt a.M. 1995.
46 Zit. nach Lartigue (Anm. 2): 49.

Man könnte – im Blick auf dieses Darstellungs-Konzept von *Le Sacre du printemps* – die These wagen, daß dieses Tanz-Stück nicht allein den Verlauf eines Rituals als Handlung vorführt, sondern daß hiermit zugleich der »rituelle Körper« selbst zum Thema wird: »the ritual body«, wie Catherine Bell in ihrer Studie zeigt, »the locus for the coordination of all levels of bodily, social, and cosmological experience.«[47] Wenn dieser »rituelle Körper« der Ort ist, an dem sich die Koordination von materiellen, sozialen und transzendenten Erfahrungen als Prozess ereignet, so wiederholt das Ritual – als zeitliche und räumliche Situierung dieses rituellen Körpers – auch das damit verbundene Körperwissen. In der Darstellung eines Rituals und des damit konstituierten rituellen Körpers inszeniert Nijinskys *Sacre* jenes Körperwissen und subvertiert es zugleich, indem die Kohärenz dieses Wissens aufgelöst wird. Dieses Moment der Störung und Überschreitung markiert – freilich aufs Äußerste getrieben – ein Dilemma im kulturellen Habitus der Moderne: das Dilemma der Ambivalenz[48], die als Signatur der Zeit nun anstelle der bekannten Überbietungsfigur janusköpfig ein gleichstimmiges Ja *und* Nein (statt eines Entweder-Oder) zum Alten wie zum Neuen fordert. Harry Graf Kessler hat diese Figur in einer Tagebuchaufzeichnung aus dem Jahr 1907 präzise formuliert:

Man sitzt wie vor einem seltsamen Ballett, in dem über die Physiognomie der Zeit bestimmt wird (…) In diesem Gegensatz zwischen einem bis zum perversen gehenden Esoterismus und einer schmucklosen aber eleganten Nützlichkeit scheint mir der Charakter der jetzigen Mode und vielleicht der Zeit selbst zu bestehen: also nicht etwa die Tendenz zum Raffinement, der allen Zeiten und beiden Polen unserer Zeit gemein ist. Das Besondere ist weder dieses Raffinement noch das auschliesslich Praktische, sondern das gleichzeitige Ja und Neinsagen zur modernen Wirklichkeit; Ja und Nein gehören zum Zeitcharakter wie zur modernen Mode: sie sind die zwei Seiten der Modernität. Vandevelde hat Unrecht, wenn er blos das Ja als ›Modern‹ gelten lässt. Die eine Idee der Modernität geht vom brutal Praktischen bis zur Eleganz, die andere vom brutal Protzigen bis zur Mystik; unten findet man den Autobus und den Kaiser, oben Vandevelde oder Whistler und Baudelaire oder Monticelli. Die Zeit umfasst Byzanz und Chicago, Hagia Sophia und Maschinenhalle; man versteht sie nicht, wenn man blos die eine Seite sehen will.[49]

47 Bell (Anm. 31): 97.
48 Das Merkmal der Ambivalenz ist für Zygmunt Baumann das Hauptkriterium der Moderne: vgl. Zygmunt Baumann, *Ambivalenz und Moderne. Das Ende der Eindeutigkeit*. Frankfurt /M. 1995. Das Kriterium ist immer wieder aufgenommen worden, so auch als Gegensatz zur »Indifferenz« der Postmoderne; zuletzt bei Peter Zima, *Zur Konstruktion von Modernismus und Postmoderne. Ambiguität, Ambivalenz, Indifferenz*. In: *Sprachkunst*, Jg. 27, 1966: 127–141. Nicht in diesem verallgemeinernden Sinne einer erneuten Fixierung von Merkmalskatalogen greife ich den Begriff der Ambivalenz hier auf; sondern – mit dem Hinweis auf die subtile Zeit-Beobachtung bei Harry Graf Kessler – gerade in der Problematisierung der Entscheidbarkeit, in der Frage nach *nicht* entscheidbaren Zwischenräumen, die dem Paradigma der »Überbietung«, dem der Streit der Modernen gegen die Alten immer wieder folgt, nicht (mehr) unterliegen.
49 Harry Graf Kessler, *Tagebücher 1907* (unpubliziertes Manuskript, Literaturarchiv Marbach). Für die Möglichkeit zur Publikation danke ich Ulrich Ott.

Die Ambivalenz als Signatur der Epoche der Moderne, das unaufgelöste Nebeneinander von »Ja und Nein«, von Zitat des Alten und Feier des Neuen stellen sich vor Augen in der Figur des Tanzes: ein »seltsames Ballett«.

Es lassen sich zwei komplementäre Darstellungsmuster des Rituals in *Le Sacre du printemps* unterscheiden: das Muster der Raum-Konstitution und das der Konstitution eines bestimmten Körper-Konzepts. Und innerhalb dieser beiden Ebenen findet der Bruch mit den theatralen und kulturellen Repräsentationsformen statt.

Auf der Ebene der Raum-Konstitution provoziert gerade die Darstellung eines rituellen Raums – in der Choreographie entsprechender Raum-Figuren – einen Bruch mit der Repräsentations-Tradition des Balletts. Dieser Konventionsbruch läßt sich folgendermaßen skizzieren: In Nijinskys Choreographie sind bestimmte Elemente strukturbildend, die in dieser Weise als neu und unerhört erscheinen und zwar im Vergleich mit den traditionellen Raummustern des klassischen Bühnentanzes seit dem 18. Jahrhundert. An die Stelle der charakteristischen ornamentalen Strukturen des Corps de ballet im Handlungsballett, dessen Grundregeln auch in den Produktionen der »Ballets Russes« bislang noch vorherrschen, tritt in *Le Sacre du printemps* die Konfrontation von Gruppen, die in Bewegungs-Blöcken – Männer und Frauen getrennt – in multiplen Zonen auf der Bühne verteilt sind, die in Reihen einander gegenüberstehen oder in ineinandergelegten Kreisformationen bewegt werden. Diese choreographischen Strukturen wirken einfach, holzschnittartig – wie aus einer fremden Zeit; dieser Effekt wird noch verstärkt durch die Gegenbewegung von Auflösung der einfachen Formationen in chaotisch wirkenden Lauf- und Springpassagen der TänzerInnen. Die choreographischen Grundmuster werden dabei oft über längere Phasen der rhythmisch komplexen Musik beibehalten; oder aber sie wechseln in einer unüberschaubaren Folge; wobei das Schrittmaterial nicht in den komplexen Figuren und »enchaînements« des Balletts, sondern fast ausschließlich aus Gehen, Laufen, Schleifen, Springen und – besonders exponiert – aus Stampfen besteht. Insbesondere der Effekt dieses betont derben und eckigen Stampfens mit seiner Akzentuierung von Kraft und Schwere[50] und seiner in den Boden gerichteten Energie er-

---

50 Grundsätzlich bahnt sich hier ein Paradigmenwechsel im Tanz des 20. Jahrhunderts an: War das klassische Ballett und auch der sogenannte Freie Tanz etwa Isadora Duncans noch am Paradigma der Leichtigkeit orientiert, so setzt mit dem Ausdruckstanz (freilich erst nach dem I. Weltkrieg) nach und nach jene Akzentuierung der Schwere (mit dem Nachgeben der Körperschwere, der Bewegung, die betont den Boden einbezieht) ein. *Le Sacre du printemps* nimmt in diesem Zusammenhang auch deshalb eine so bedeutende Stellung ein, weil hier – früher als im Ausdruckstanz und sehr viel »heftiger« – eine andere Ästhetik des Tanzes im 20. Jahrhundert erprobt und ausgestellt wird; und dies nicht in der »Off«-Szene des Tanzes, sondern im Ballett-Kontext und seiner konservativen Tradition in Paris. – In diesen Zusammenhang gehört auch die Verbindung zum Reformmodell von Hellerau: Nijinsky hat mit Diaghilew Hellerau besucht und Emile Jaques-Dalcrozes System der »rhythmischen Gymnastik« durchaus wahrgenommen; nicht zuletzt wurde Mirjam Ramberg (= Marie Rambert), eine Hellerauer Absolventin, engagiert zur Einstudierung der (rhythmisch sehr komplexen) Musik Strawinskys in den Proben mit den Tänzern zu *Le Sacre du printemps*; dazu: Selma Odom, »Nijinsky in Hellerau«, in: Claudia Jeschke, Ursel Berger, Birgit Zeidler (Hg.), *Spiegelungen. Die Ballets Russes und die Künste*. Berlin 1997: 29–39.

scheint geradezu als Umkehrung der in die Vertikale gerichteten Ästhetik des Antigraven im klassischen Ballett.

Eine weitere Inversion der Darstellungstradition im Tanz zeigt sich in der Behandlung der Betrachter-Perspektive in *Le Sacre du printemps*. Während bislang die Bühne des Balletts durch die Zentralperspektive und eine entsprechende Geometrie der Formationen des Corps de ballet charakterisiert war, so ist in *Le Sacre du printemps* dieser Regel-Kanon der choreographischen Repräsentation außer Kraft gesetzt. Hingegen erhält die Kreis-Formation in Nijinskys Choreographie eine bestimmende Funktion, und zwar in einer immer wieder aus dem Bühnenzentrum verrückten Form, in der Präsentation mehrerer synchroner »Zentren« und in einer wiederholt dezentrierenden Übertragung der Muster. Dadurch wird die traditionelle, über die choreographischen Raum-Strukturen gesteuerte zentralperspektivische Betrachtung aus dem Zuschauerraum unterlaufen: Die sogenannte »vierte« imaginäre Wand, die das Bühnengeschehen einsehbar macht, erscheint hier tatsächlich teilweise wie »geschlossen«; denn die Kreis-Formationen, die das Geschehen vor Blicken abschließen, verstellen gleichsam den Zuschauerblick in den Ring der Ritual-Choreographie. Und zwar so, daß der ideale – und unmögliche – Beobachterstandpunkt derjenige wäre, der von oben Einsicht und Überblick gibt (Abb. 5).

Die Kreis-Struktur hat in *Le Sacre du printemps* mithin eine mehrfache Funktion: Sie grenzt das Publikum – gleichsam als Voyeur des Rituals – aus und schließt es dennoch – als Zeugen der Tatsache, daß hier ein Ritual inszeniert wird – ein. Sie besitzt überdies im II. Akt eine dramaturgisch-funktionale Bedeutung: nämlich als Auslosungstanz, der zur Selektion des Opfers, zu seiner Abschirmung nach außen und zu seiner Fesselung eingesetzt ist. Und schließlich signalisiert die Kreisformation selbst schon die Tatsache, daß es sich hier um ein Ritual handelt – das gleichsam als Index für die Darstellung von Rituellem fungiert: Denn wie in den eben in jener Zeit beginnenden tanzanthropologischen und tanzethnologischen Forschungen bekannt wird, lassen sich gerade in Tänzen zur Verehrung von Fruchtbarkeits- und Sonnengottheiten häufig die in *Le Sacre du printemps* eingesetzten – zitierten – choreographischen Muster des Kreises feststellen.[51]

---

51 Die Tanzwissenschaft beginnt mit einiger Verzögerung zur Anthropologie und Ethnologie mit Studien zur »Urgeschichte« des Tanzes und zum »Tanz der Naturvölker«; zumeist orientiert an Dokumenten der Völkerkundler (und nicht selten an Bildmaterial aus dem Völkerkundemuseum) – wie z. B. Curt Sachs' Anlehnung an Buschan, Kroeber und u.a. auch Havelock Ellis, vgl. Curt Sachs, *Eine Weltgeschichte des Tanzes*. Berlin 1933: 98–105; in nahezu keiner der in den 20er Jahren aus dem Boden schießenden Publikationen zum Tanz (zur Geschichte, zur Ästhetik, zum »modernen Tanz«) fehlt eine – wenngleich noch so umrißhafte, alle Klischees aufgreifende – Erwähnung zum »Tanz der Naturvölker«, »Kulttänze«, und »Tänze der Urvölker«; vgl. etwa Marie Luise Becker, *Der Tanz*. Leipzig 1901: 174ff; Max von Boehn, *Der Tanz*. Berlin 1925; und John Schikowski, *Geschichte des Tanzes*. Berlin 1926, der unter anderem die Frage nach dem Tanz als »ursprünglichster aller Künste« (9) aufgreift und detailliert Bewegungstypen beschreibt, wie z. B. die Bedeutung des »Stampfens« bei den »Naturvölkern« (ebd.: 26).

Abb. 5:
Le Sacre du printemps: Formationen der Gruppenchoreographie (Skizzen der Rekonstruktion von Millicent Hodson, 1989) © M. Hodson.

Die andere, noch weit radikalere Normüberschreitung von *Le Sacre du printemps* bezieht sich nicht mehr auf den Bruch mit der choreographischen Konvention der Bühnendarstellung des Balletts, sondern sie betrifft die Repräsentation des Körperbildes des klassischen Tanzes, ja des Klassischen schlechthin. Es ist die Brechung des klassischen Gedankens der Schönheit des Körpers, der Grazie. Was in Nijinskys Choreographie an Bewegungsabläufen und Posen zu sehen ist, desorganisiert das ideale Bild der aufgerichteten, in Leichtigkeit und mühelosem Einklang der Glieder zur Erscheinung kommenden Gestalt des Tänzers. Statt dessen ist das Körperbild in

Le Sacre du printemps durch Merkmale geprägt, die allesamt invers erscheinen vor dem Körper- und Bewegungs-Code des Klassischen: Die Beine und Füße sind einwärtsgedreht (anstelle des Ballett »en dehors«), oft mit zusätzlicher tiefer Beugung der Knie, – ein Modus des Gehens und Stehens, der in der westlichen Ikonographie des Theaters mit der Darstellung des Nicht-Höfischen, Uneleganten, des tumben Tolpatsches oder gar der »Idiotie« verbunden ist. Nicht zufällig gab es von der Gestalt der »Auserwählten«, die in *Sacre* lange in dieser Pose verharrt, die Beschreibung, Nijinsky zwinge sie, zu stehen »wie ein Idiot«.

Weitere Merkmale des zum Ballett-Code inversen Körper-Konzepts in *Le Sacre du printemps* lassen sich isolieren: Der Rumpf – Becken und Oberkörper – erscheint nicht aufrecht, »gerade«, sondern geknickt, verwunden, in der Torsion zusammengezogen. Der Kopf ist nicht »erhoben«, sondern »schief« und oft seitlich über die Schulter geknickt, und die Glieder – Arme und Beine – zeigen nicht die »schöne« gerundete, für die Ballettästhetik so bedeutsame Linie, sondern werden eckig abgewinkelt gehalten: die betonte Brechung der Linie durch Ecken und gelenkbetonte Bewegung. So dominieren also sowohl in der Vertikale als auch in der Horizontale der Körperachsen – jener Grundlinien, die die Geometrie des Körper-Konzepts im klassischen Ballett bestimmen – Bewegungsmuster und -richtungen, die diese Achsen asymmetrisch verschieben, durchkreuzen und brechen (Abb. 6–8).

Damit entsteht das genaue Gegenbild zur Ästhetik der Elevation, der Virtuosität und der Eleganz, die das höfische Prinzip des Balletts kennzeichnet. Das »Primitive«, das Stampfen und Schleifen – »almost bestial« (Bronislava Nijinska) – wird gegen das Klassische gesetzt. Mehr noch: Hiermit geschieht nicht nur die Demontage und Umbesetzung des Körperbildes des Balletts, sondern die Destruktion des vorherrschenden Körper-Kulturmusters überhaupt, insofern auch dieses (immer noch) einem auf die klassische Antike bezogenen Modell des Schönen verpflichtet ist. Nijinskys *Sacre du printemps* vollzieht erstmals in der Geschichte der (tanz)theatralen westlichen Darstellung eine gänzliche Inversion des (klassisch-romantischen) Ideals der Grazie. Valentine Gross-Hugo,[52] deren Porträts und Skizzen aus Aufführungen der »Ballets Russes« wichtige Dokumente darstellen, überliefert, daß Nijinsky in den Proben darauf bestand, daß die Tänzer sich plump, derb, grob bewegen sollten. Und Adolphe Boschot schreibt über Maria Piltz, die den Part der »Auserwählten« tanzte, daß sie auf ihn wie das Opfer von Nijinskys gewalttätiger Choreographie wirkte: »The choreographer destroys her as it pleases him: he deforms her legs by making her stand motionless with her feet pointed in as far as possible. It is hideous[53].

Der Zusammenhang von Desorganisation des klassischen Körperbilds und Raumkonzept im Hinblick auf die Inszenierung des Rituals wird besonders deutlich an der

---

52 Anne de Margerie, Valentine Hugo, *Des Ballets Russes au surréalisme. Étude documentaire*. Paris 1983.
53 Zit. nach Millicent Hodson, »›Sacre‹: Searching for Nijinsky's Chosen One«. *Ballet Review* 15:3 (1987): 53–67, hier: 53.

Abb. 6:
Le Sacre du printemps: Figurinen/Kostümzeichnungen von Nicholas Roerich;
© Museum Bakhroushine, Moskau.

»Danse sacrale« der *Auserwählten* im II. Akt. Die Selektion des Opfers geschieht durch einen eigentümlichen Vorgang: eine Auslosung und Stigmatisierung durch einen wiederholten Zufall. Während die jungen Frauen sich in einem rhythmischen, zugleich kindlichen und mit höchster Anspannung vollführten Hüpf-Spiel im Schlangenkreis bewegen, erfolgt dieser Zu-Fall der Auslosung des Opfers als Fall: ein Verfehlen der richtigen Bewegung, der Fall, markiert die Auserwählte. Nachdem sie zum zweiten Mal gestürzt ist, wird sie in die leere Mitte des Kreises gedrängt, umzingelt vom Frauenkreis. Dort steht sie wie erstarrt, lange und bewegungslos, mit einwärts gedrehten Füßen, tiefgebeugten Knien und seitwärts geknicktem, auf die Hand gestütztem Kopf.

Während die Stammesältesten und die Mädchen die Auserwählte umkreisen, beginnen ihre Beine zu zittern, das Zittern geht in ihren ganzen Körper über, ein Schütteln wie in einem Krampf. Zuletzt springt sie in der Mitte des Kreises in die Vertikale, mit seitlich geknicktem Kopf und in einer durch den Achsenbruch des Körpers desorientierten Haltung, bis sie tot zusammenbricht: im körperlichen Vollzug des Selbstopfers.

Abb. 7 und 8:
Einzelfiguren (aus der Gruppenchoreographie) aus W. Nijinsky's Choreographie *Le Sacre du printemps* (zeitgenössische Photographie: C. Gerschel, 1913): Inversion und Torsion des klassischen Ballettkörpers.

Dieser Tanz der Auserwählten ist der Kern nicht nur des inszenierten Rituals, sondern auch des gesamten Darstellungs-Konzepts der Choreographie.[54] Aus diesem Modell des rituellen Körpers und des rituellen Raums entwickelt sich zugleich die Gesamtstruktur von *Le Sacre du printemps*: der Körper des Opfers – seine Stigmatisierung, Aus-Setzung, Zersetzung in der Bewegung bis zum Tod – wird in einer Multiplikation zum Prozeß des inszenierten Rituals.

Als Darstellung eines Rituals markiert diese Choreographie mithin eine doppelte Überschreitung: in der Transgression der theatralen Konvention einerseits und in der De-Repräsentation des klassisch-graziösen Körpers andererseits. *Le Sacre du printemps* ist die Choreographie des durch Deformation formierten Körpers.

Es ist zuletzt noch ein Wort zur Überlieferung zu sagen: zur Re-Konstruktion der Choreographie von *Le Sacre du printemps*. Nijinskys Choreographie wurde (in Paris

---

54 Erste Proben betrafen das Solo der *Auserwählten*; vgl. den Bericht von Nijinska (Anm. 13): 449f.

und London) nur insgesamt neunmal gezeigt. Danach – auch nach dem Krieg – wurde sie nicht mehr aufgenommen. Strawinskys Musik hingegen war bald sehr erfolgreich – als Konzertstück in den Musiksälen der Welt. Für die Tanztheater-Bühne wurden und werden bis heute neue Versionen von *Le Sacre du printemps* kreiert – eine Herausforderung für nahezu alle bedeutenden ChoreographInnen des 20. Jahrhunderts, wiewohl vermutlich keine der späteren Inszenierungen die Radikalität des Ausfalls aus den gegebenen Konventionen, die Nijinskys Darstellung zeigte, je erreichte. Dennoch steht gerade deshalb *Le Sacre du printemps* nach wie vor für ein Schüsselkonzept der Moderne: als Nijinskys *Crime against Grace*.[55]

Diaghilew beauftragte einige Jahre nach dem Uraufführungsskandal Léonide Massine mit einer neuen *Sacre*-Choreographie (1920) für die »Ballets Russes«, die als »gemäßigt« – und auch als mäßig erfolgreich – galt. Die Reihe der nach der Uraufführung folgenden berühmten Namen (und ihrer berühmten *Sacre*-Schöpfungen) ist lang; eine Auswahl der bekannteren unter ihnen, die eine (oder mehrere) Choreographien von *Le Sacre du printemps* schufen: Martha Graham (1930), Aurel Milloss (1941), Yvonne Georgi (1953), Mary Wigman (1957), Maurice Béjart (1959), Hans van Manen (1974), Pina Bausch (1975), Hans Kresnik (1982), Mats Ek (1984), Min Tanaka (1989), Marie Chouinard (1995).

Nijinskys Choreographie freilich schien verschollen. Bis sich die amerikanische Tanzwissenschaftlerin Millicent Hodson in zehnjähriger Arbeit der Rekonstruktion der Choreographie von Nijinskys *Sacre du printemps* widmete, eine Arbeit, deren Ergebnis 1987/89 durch das Joffrey Ballet aufgeführt und international gefeiert wurde.[56] Die »Re-Konstruktion« freilich zeigte zuletzt vor allem den Prozeß der Annäherung, die Spurensuche nach dem Bewegungs-Bild, eine Suche, die nicht mehr denn eine archäologische Konstruktion auf dem Weg zu jenem uneinholbaren Ereignis gewesen sein wird.

So begegnen sich denn die »Archäologie« und die Choreographie in der Annäherung an das Ereignis von *Le Sacre du printemps* – in einer wiederholenden Gebärde – wiederum als Beschreibung eines Rituals als Szene und Diskurs.

---

55 Noch in der Nijinsky-Forschung klingt dieses »Verbrechen gegen die Grazie« nach. Während die ältere Forschung noch das Postulat der Anmut hochhält (z. B. der Grundgedanke der Studie von Françoise Reiss, *Nijinsky ou la Grâce. Esthétique et Psychologie*. Paris 1957), setzt die neuere Forschung Nijinskys *Crime against Grace* dagegen: Millicent Hodson, *Nijisnky's Crime against Grace. Reconstitution Score of the Original Choreography for ›Le Sacre du Printemps‹*. New York 1996.
56 Millicent Hodson widmete sich dieser Aufgabe zusammen mit Kenneth Archer, der die Rekonstruktion der Ausstattung nach Nicholas Roerich besorgte; vgl. Millicent Hodson, »Nijinsky's Choreographical Method: Visual Sources from Roerich for *Le Sacre du Printemps*«. *Dance Research Journal* 18: 1986/87.

Marie Theres Fögen

Ritual und Rechtsfindung

Jemand stand unter dem Verdacht, Weinstöcke auf einem fremden Grundstück gefällt oder ausgerissen zu haben. Der Geschädigte verlangte eine Busse von dem angeblichen Täter. In der Klage sprach er von »gefällten Weinstöcken«. Die Experten des Rechts gaben ihm den Bescheid, er habe seine Sache verloren. Denn nach dem Zwölftafelgesetz könne zwar eine Klage wegen gefällter Weinstöcke gewährt werden. Das Gesetz[1] *spreche* aber von »gefällten Bäumen« als *genus*, nicht von Weinstöcken als *species*, weshalb der Kläger »Bäume« hätte sagen müssen. Da er nicht »Bäume«, das einzig richtige Wort, sagte, konnte er nichts bewirken. Er hatte seinen Prozess schon verloren, bevor er begann.[2]

Die Rede ist vom sogenannten »Spruchformelverfahren«[3], dem spätestens seit dem Zwölftafelgesetz aus der Mitte des 5. Jahrhunderts v. Chr. üblichen Rechtsverfahren der Römer. Es zeichnete sich dadurch aus, dass, wie gesehen, nur bestimmte Wörter und, wie wir sehen werden, bestimmte Requisiten und Gesten zugelassen waren. Diese Wörter und Formen werden in der Forschung wechselnd als »Wirkformen«[4], »Scheinakte«[5], »Magie«[6], »Zauber«[7], »Symbole«[8], »übersinnliche Mittel«[9] von »magisch-religiöser Kraft«[10] und, vor allem, als »Riten«[11] und »Ritual«[12] bezeichnet. Gleich-

---

1 Zwölftafelgesetz, ed. K. G. Bruns / O. Gradenwitz, Fontes iuris romani antiqui I, 7. Auflage, Tübingen 1909, Tafel 8. 11: (…) ut qui iniuria cecidisset alienas (arbores), lueret in singulas aeris XXV.
2 Gai Institutiones, ed. E. Seckel / B. Kübler, Nachdruck Stuttgart 1969, 4. 11: (…) Unde eum, qui de vitibus succisis ita egisset, ut in actione vites nominaret, responsum est rem perdidisse, quia debuisset arbores nominare, eo quod lex XII tabularum, ex qua de vitibus succisis actio conpeteret, generaliter de arboribus succisis loqueretur.
3 Weil man eine Klage – technisch *actio* – dem Wortlaut eines Gesetzes – *lex* – nachbilden musste, nennt man den Prozess auch »Legisaktionenverfahren«. Zur noch älteren Bedeutung von »lege agere« als »vermittels eines verbalen oder rituellen Gefüges handeln« s. Bretone 1992: 72 und 395. Zum Spruchformelverfahren insgesamt Kaser/Hackl 1996: 34ff.
4 Wieacker 1988: 326 und ders. 1986: 359.
5 Jhering 1954: I 118ff.
6 Hägerström 1927, 1941: passim; Kaser 1949: 308.
7 Kaser 1949: 323.
8 Kaser 1949: 321ff.
9 Kaser 1949: 322.
10 Bretone 1992: 70.
11 Lévy-Bruhl 1960: 35: »les rites de cette Legis Actio« und passim.
12 Wolf 1985: 2 mit Anm. 2 und passim; Wieacker 1986: 352.

zeitig ist man sich einig, dass »Recht«[13], jedenfalls das römische Recht, aus dem Verfahren entstand. Oder umgekehrt, was nicht in die Formen des Verfahrens passte, war auch kein Recht. Wenn aber das Recht ohne Verfahren nicht denkbar war, und wenn das Verfahren ein »Ritual« war, dann – so ergibt sich zwangsläufig – entstand das Recht aus dem Ritual. Ob das so ist und wie man sich das Verhältnis von Ritual und Recht in der historischen Entwicklung vorzustellen hat, ist das Thema dieses Beitrags.

Im ersten Teil wird zur Anschauung ein typisches Spruchformelverfahren geschildert, der Ablauf eines Eigentumsstreits. Der zweite Teil ist der Frage gewidmet, ob und warum man dieses Verfahren ein Ritual nennen kann oder soll. Im dritten Teil wird – sehr knapp – die Ablösung des Rechtsverfahrens vom Ritual geschildert. Die Frage, ob und inwieweit die Rechtsfindung modernerer Zeiten ritualfrei ist, wird im vierten Teil angeschnitten.

I. Ein Eigentumsstreit

Wie sich der altrömische Streit um das Eigentum an einer Sache gestaltete, wissen wir vor allem aus der Beschreibung des Juristen Gaius (2. Jahrhundert n. Chr.):[14] Kläger und Beklagter traten vor den Gerichtsherrn, seit dem 4. Jahrhundert v. Chr. den Prätor, und verhielten sich folgendermassen:

qui vindicabat, festucam tenebat; deinde ipsam rem adprehendebat, velut hominem, et ita dicebat:(…)

Wer vindizierte, hielt einen Stab. Dann legte er Hand an die Sache, zum Beispiel einen Sklaven, und sprach:(…)

»Wer vindizierte« ist derjenige, der das Eigentum an einer Sache behauptet und es von einem anderen herausverlangt. Vindikation, auf das Wort ist zurückzukommen, heisst bis heute: das Eigentum fordern. Der Vindikant ist mit einer *festuca* ausgerüstet, also einem Stab, einem Zweig oder einer Rute. Ein solcher Gegenstand war, wie man bei Walter Burkert[15] und anderen lesen kann, in vielen alten Kulturen in Gebrauch; ebenso bei den Schimpansen, bei den mittelalterlichen Germanen[16] und bei Mobutu. Ein Stab ist offenbar ein interkulturell verstehbares Zeichen von Status und

---

13 Kaser 1949: 308ff.
14 Gaius, Institutionen (wie Anm. 2), 4. 10–31. Die Einzelheiten des Verfahrens sind unter Rechtshistorikern sehr umstritten und werden in regelmässigen Abständen neu erforscht, so zuletzt: Kaser/Hackl 1996: 89ff.; Behrends 1991; Hackl 1989 und Wolf 1985, an den sich die folgende Darstellung eng anschliesst.
15 Burkert 1979: 43f.
16 Rehfeldt 1956: 46; Sellert 1997: 35.

Macht.[17] Der so ausgerüstete Kläger legte die Hand an die Sache.[18] Das Handanlegen wurde oft als Bemächtigungsakt gedeutet. Möglicherweise hatte das Berühren der Sache aber nur eine deiktische Funktion, nämlich den Gegenstand, um den es geht, eindeutig zu identifizieren.[19] Schliesslich könnte das Handanlegen aber auch die gleichzeitig gesprochene Formel versinnbildlichen, welche lautete:

Hunc ego hominem ex iure Quiritium meum esse aio. secundum suam causam sicut dixi, ecce tibi, vindictam inposui.

Ich behaupte, dass dieser Sklave nach dem Recht der römischen Bürger mir gehört. Seinem Rechtszustand entsprechend habe ich [ihm], schau her, den Stab aufgelegt.

Der erste Satz enthält die – durch Handanlegen bereits konkretisierte und/oder symbolisierte – Eigentumsbehauptung, welcher ein weiterer Gestus vorausging: das Stabauflegen. In Gaius' Einleitung heisst der Stab, wie wir sahen, *festuca*; aufgelegt wird in der Rede des Klägers aber eine *vindicta*. *Vindicta* leitet sich von »*vim dicere*« her, heisst also: »Gewalt zeigen«, »Gewalt ansagen«. Heisst der Stab, sobald er benutzt wird, *vindicta*, so sieht man, dass er nicht nur Herrschaftszeichen ist, sondern Gewaltanwendung symbolisiert.[20]

Nachdem der Kläger all dies getan hat, wiederholt der Beklagte exakt dieselben Worte und Gesten: Auch er legt Hand an den Sklaven, legt dann mit der anderen Hand den Stab auf und behauptet gleichfalls sein Eigentum. Auch er wird damit zum Vindikanten. Das exakte Nachsprechen der Rede und Nachahmen der Gestik des ersten Vindikanten ist typisch für das Spruchformelverfahren wie auch für alle altrömischen förmlichen Rechtsgeschäfte. Strenge Symmetrie ist erforderlich, um Rechte zu begründen und aufzuheben: *spondesne? : spondeo* begründet die Obligation; *habesne acceptum? : habeo* löst sie auf[21] – ein Fall von Homöopathie. Zwei nicht in Frage-, sondern Behauptungsform gekleidete gleichlautende Aussagen, wie die der beiden Vindikanten, offenbaren hingegen Unvereinbarkeit.

---

17 So auch Gaius, der vom Symbol rechtmässiger Herrschaft (*signo quodam iusti dominii*) spricht, welche die ursprüngliche Lanze repräsentiere und damit das von den Feinden eroberte Eigentum (Gai. 4. 16).

18 Zum Handanlegen Wolf 1985: 6–13; Jhering 1954: II. 2, 568ff.

19 Diese Aufgabe erfüllte das Handanlegen zum Beispiel bei der Übertragung einer Erbschaft, bei welcher der Erblasser das Testament in Händen hielt, vgl. Wolf 1985: 10f. Auch im Ritus der sakralen Dedikation eines Gebäudes legt der Priester Hand an den Pfosten, vgl. Latte 1976: 200f.

20 Vgl. Kaser/Hackl 1996: 70 mit Anm. 27; Kaser 1949: 195; ausführlich Noailles 1948: 45ff. ; Bretone 1992: 72: »ritualisierte Selbstverteidigung«; anderer Ansicht – aus etymologischen Gründen und aus Liebe zu Frieden und Freiheit – Behrends 1991. – Das Stabauflegen könnte allerdings auch bedeuten, dass der Kläger dem Sklaven »Gewalt antut«, ihn symbolisch schlägt, um damit klarzustellen, dass er und nur er als Eigentümer dies tun darf. So – mit plausiblen Gründen – Wolf 1985: insb. 18f.

21 Eine einfache Leugnung oder Bejahung der gegnerischen Behauptung wäre auch schon deshalb nicht möglich, weil die lateinische Sprache das abstrakte »nein« und »ja« nicht kennt; vgl. Jhering 1954: II. 2, 556f. Obwohl moderne Sprachen es gebrauchen, ist die Wiederholung der Worte bis heute bei feierlichen und ernsten Situationen üblich, z. B. beim Eid.

Während nun beide Parteien noch Hand und Stab dem Sklaven aufgelegt haben, befiehlt der Prätor ihnen, vorläufig das Streitobjekt loszulassen.[22] Der erste Vindikant richtet dann folgende Aufforderung an den zweiten Vindikanten:
   postulo anne dicas qua ex causa vindicaveris.
   Ich verlange, dass du sagst, aus welchem Grund du den Sklaven vindiziert hast.
Die Antwort lautet:
   ius feci, sicut vindictam inposui.
   Ich habe Recht getan, als ich den Stab auflegte.
Die Antwort scheint nicht zur Frage zu passen. Der Gefragte erklärt keineswegs, *qua ex causa*, also *warum* ihm das Eigentum am Sklaven zusteht; er erzählt keine Geschichte, wie er, z. B. durch Kauf, durch Erbschaft, durch Kriegsbeute etc., den Sklaven erworben hat. Stattdessen behauptet er nur – nun nicht durch Gestus, sondern expressis verbis – sein Recht: *ius feci*. Die ausweichende Antwort hat der Forschung Rätsel aufgegeben.[23] Ich komme darauf zurück.[24]

Bemerkenswert ist jedenfalls, dass Frage und Antwort in dieser und nur in dieser Passage der Vindikation *formal* nicht zueinanderpassen. Die den Formeln eigene Reziprozität durch Sprechen derselben Worte fehlt an dieser Stelle. Wir befinden uns sozusagen in der Krise des Ritus, in der liminalen Phase des dreigliedrigen Ritus würden Ethnologen vielleicht sagen.

Der erste Vindikant schliesst nun an die *ius*-Behauptung seines Gegners mit deren Gegenteil an:
   quando tu iniuria vindicavisti, quingentis assibus sacramento te provoco.
   Weil du zu Unrecht den Sklaven vindiziert hast, fordere ich dich durch »sacramentum« in Höhe von 500 As [zum Streit] heraus.
Der Gegner antwortete wohl durch Wiederholung derselben Worte: *quando tu iniuria vindicavisti* (…);[25] Gaius, unser Gewährsmann, setzt an deren Stelle die Breviloquenz:
   Et ego te.
   Und ich dich.
Das *sacramentum* in Höhe von 500 As vertritt den ursprünglichen Einsatz von fünf Rindern. Was das *sacramentum* bedeutet, wird seit langem lebhaft diskutiert. Henri Lévy-Bruhl meinte, dass die fünf (bzw. zehn) Rinder ursprünglich Opfertiere waren, aus deren Eingeweiden die Priester, die *haruspices*, die richtige Entscheidung über das Eigentum am Sklaven herauslesen würden.[26] Für eine solche Interpretation fehlt

---

22 »Mittite ambo hominem.« »Lasst beide von dem Sklaven ab!« Das Loslassen auf Befehl macht deutlich, dass keine Partei freiwillig die Vindikation aufgibt. Der unverändert kontradiktorische Stand der Sache wird vielmehr durch den Dritten, den Prätor, zur Kenntnis genommen und vorläufig geregelt.
23 Vgl. Nachweise bei Wolf 1985: 22 mit Anm. 117, und bei Kaser/Hackl 1996: 97 mit Anm. 56.
24 unten S. 155.
25 Wolf 1985: 27.
26 Lévy-Bruhl 1960: 75.

es allerdings an jeglicher Spur in den Quellen.[27] Wahrscheinlicher ist, dass im *sacramentum* seit alters ein Eid mit Selbstverfluchung geleistet wurde. Eine der beiden Parteien musste ja eine falsche Behauptung aufgestellt und diese durch *sacramentum* bekräftigt, also einen Meineid geschworen haben. Die daraus folgende Selbstaufopferung an die Schwurgottheit konnte zunächst durch Tiere, dann durch Geld, eben die in der Formel vorgesehenen 500 As, abgelöst werden. Dafür spricht, dass das Reinigungsopfer, die Ablösung in Geld, nicht etwa dem Gegner, sondern in alter Zeit dem Tempelschatz, später der Staatskasse geleistet wurde.[28]

Der gesamte beschriebene Vorgang führte nun keineswegs zu einem Urteil des Prätors, sondern – nach Vorprüfung der Prozessvoraussetzungen, zu denen zentral die korrekte Rezitation der Spruchformeln gehörte – zur Streitbefestigung und Überweisung der Sache an ein aus Laien bestehendes Urteilsgericht.

II. Ritual, Routine, Reflexion

Ist der hier sehr knapp geschilderte Verlauf eines Eigentumsstreits ein Ritual? Gewiss ist, dass er hochgradig formalisiert ist. Eine noch so geringfügige Abweichung vom vorgegebenen Wortlaut – wie »Weinstöcke« statt »Bäume« im Anfangsbeispiel – machte den gesamten Akt nutzlos. Dies teilen die Spruchformeln mit allen altrömischen Kultformen, den Opfer- und Dedikationsriten. Auch diese waren bei einem geringsten Fehler in der Zeremonie oder der Sprache wirkungslos.[29] Alle Formeln, die zu sakralen und die zu profanen Zwecken, wurden von den Priestern, den *pontifices*, herausgebildet, gehütet und verwaltet.[30] Auch die für das Rechtsverfahren üblichen sind daher »vom Stil der Opfer- und Gebetsformeln geprägt«.[31] »Do, dico, addico« lauten die verba sollemnia des Prätors im Spruchformelverfahren; »doque dedicoque« ist der Kernsatz der Weiheaktes.[32]

Hochgradige Formalisierung von Verhalten, sei es im juristischen, sei es im religiösen Kontext, mag ein Indikator für ein Ritual sein. Um diesen Ausdruck sinnvoll zu gebrauchen, scheint allerdings eine Unterscheidung nützlich, nämlich: Was kann und tut ein Ritual, was andere ebenfalls formalisierte Verhaltens- und Verfahrensformen nicht können und nicht tun? Was unterscheidet es also in *seiner Funktion* von Routine und von noch so häufig wiederholten Formalismen jeglicher Art? Ein Ritual – nur ein Ritual, aber auch jedes Ritual –, so lautet eine bewährte Unterscheidung, hat

---

27 Vgl. nur die Rezension von M. Kaser zu Lévy-Bruhl, in: Gnomon 1961, 194–198.
28 Vgl. Wolf 1985: 24–27; Kaser/Hackl 1996: 60–63.
29 Latte 1976: 199f.
30 Wieacker 1986: 352ff.
31 Wieacker 1988: 310.
32 Vgl. Latte 1976: 200f. mit Anm. 4 i. f.

die Funktion, Alternativen radikal auszuschliessen.³³ Dies nicht nur, aber auch im Rechtsverfahren, wie folgende Betrachtung erläutern soll:

Wer handeln will, pflegt, insbesondere in konfliktreichen, bedrohlichen und neuartigen Situationen, zahlreiche Anforderungen und Bedingungen seines sozialen und natürlichen Umfelds zu berücksichtigen. Macht jemand ihm sein Eigentum streitig, so kann er mit Gewalt reagieren. Er kann auch versuchen, freundschaftlich zu verhandeln, oder überhaupt die Sache auf sich beruhen lassen. Mancher mag auf soziale Ächtung des Täters setzen, und ein anderer wird eine höhere Instanz zu Hilfe rufen, z. B. die Götter oder die Gerichte. Die singuläre Handlung oder Entscheidung wird also mit den Möglichkeiten, die die soziale Umwelt bereitstellt, verknüpft. Und diese Möglichkeiten sind, schon in einfachen Gesellschaften, recht zahlreich.

Je mehr Möglichkeiten zur Verfügung stehen, desto schwieriger wird es in der Regel auch, die Entscheidung überhaupt zu treffen und die Folgen sicher zu kalkulieren: Man weiss nicht, ob aus der Gewaltanwendung ein Bürgerkrieg wird, ob der freundschaftliche Pakt länger als einen Tag hält oder ob der angerufene Gott gerade zürnt und deshalb donnert, statt, wie erbeten, zu helfen. Einen solchen Überfluss von Alternativen mit ungewissen Folgen und, damit notwendigerweise verbunden, die Feststellung, dass alles anders sein und werden könnte, nennt man auch Kontingenz. Angesichts von Kontingenz ist »menschliche Freiheit« ein Euphemismus, der eine mehr als schwierige Lage verdeckt, nämlich wählen zu können und häufig zu müssen, obwohl man nicht weiss wie und was sich daraus ergibt. Nennt man diese aporetische Situation Freiheit, dann kann man Mechanismen, die Möglichkeiten eliminieren oder sogar zu einem bestimmten Verhalten zwingen, nur als »limitation of human liberty and individuality« verstehen. Ja, so Walter Burkert, »unter diesem Aspekt ist das Ritual regressiv, indem es hinter das spezifisch menschliches Niveau zurückfällt«.³⁴

Nun gibt es natürlich, auch wenn man von einem emphatischen Freiheitsbegriff ausgeht, bis heute zahlreiche Mechanismen, Entscheidungen in komplexen Situationen zu erleichtern: Experten zu fragen, ist ein gutes Mittel. Mit Autorität ausgestattete Experten zu fragen, ist besser. Und am sichersten wird die Situation zu meistern sein, wenn autoritäre Experten nur eine mögliche Antwort bereithalten: »Du musst

---

33 Luhmann 1989: 281 und 1983: 152f.; vgl. auch Duchhardt/Melville 1997: V: »Rituale – so war zumindest vorderhand zu unterstellen – garantieren geregelte Kommunikationsabläufe, weil sie diese einer Reflexion über Zulässigkeit entziehen und sich deshalb als alternativenlos verstehen lassen. Ihre normative [warum »normative«? M. Th. F.] Kraft liegt in der Behauptung [warum und wessen »Behauptung«?, M. Th. F.] von Kontingenzbewältigung und inflexibler Geltung, die deshalb ohne Rekurs auf einen schöpferischen [scil. menschlichen, M. Th. F.] Willen auszukommen scheint, weil ihre Fundierung im unmittelbaren Verweis auf eine transzendente und letztlich kosmologische, eben nicht kontingente Ordnung geglaubt wird«. Die folgenden Beiträge des Sammelbandes sind dieser Hypothese (leider) nicht gefolgt; sie handeln zudem (mit Ausnahme des Beitrags von Sellert 1997) selten von Ritualen.
34 Burkert 1979: 37f: »in this sense ritual is regressive, falling back beyond the specific human level«.

genau dies tun und zwar in eben dieser Weise«. Ja, die Experten – im alten Rom sind dies die sachkundigen Priester – sprachen wie beim Gebet so beim Prozess sogar die richtigen Formeln vor: *praeire verbis*.[35]

Was also machen die Spruchformeln im Eigentumsstreit? Mit ihrer Entwicklung war ein bestimmtes Verfahren in der römischen Gesellschaft festgelegt, ein Verfahren, das andere Möglichkeiten ausschloss. Wollte man sicher sein, Eigentümer zu sein, gab es nur diesen Weg. Gewalt, darüber waren die Römer sich sehr früh einig, verschaffte unter Römern kein Eigentum – Gewalt war vielmehr symbolisch, in der *vindicta*, ins Verfahren integriert. Sozial angemessenes Verhalten, Verhandlungen, Kompromisse, Stillhalteabkommen mögen funktionieren oder auch nicht. Nur durch Vollzug der Spruchformeln wird man wirklich wissen, wer Eigentümer ist.

Aber warum mussten es bestimmte Wörter sein, um die einzige Möglichkeit, Eigentum festzustellen, zu realisieren? Der Grund scheint im folgenden zu liegen: Die Performation der Spruchformel leitet über aus der komplizierten, vielschichtigen Lebenswelt in das Recht. Dabei schneidet die Formel radikal alle Bezüge auf diese Lebenswelt ab.

Durch die Eingangspassage ist sichergestellt, dass nur um diesen Sklaven (*hunc hominem* und Stabauflegung) und sonst nichts gestritten wird. Durch die exakte Wiederholung des Aktes durch den Gegner ist jeder Zweifel ausgeschlossen. Ausgeschlossen ist auch jedes: »ja, aber« oder »nein, obwohl«, also halbherzige Aussagen, die man später zum Beispiel als »Einreden« in das Rechtsverfahren einführen wird. Der Streit nach der alten Formel ist eindeutig und eng begrenzt.

Eben dieser Begrenzung dient auch die merkwürdige Antwort: *ius feci* – ich habe Recht getan. Dieser Formelwortlaut duldet keinen Hinweis auf vergangene oder gegenwärtige Zustände. Der Gefragte darf keine lange Geschichte erzählen, darf nicht sagen: ich habe vindiziert, weil ich Hunger hatte oder weil der Gegner mir in der Vergangenheit ein Leid angetan hat oder weil es ungerecht ist, dass er, der Reiche und Habgierige, den Sklaven bekommt. Die Formel dient dem Abschneiden von Lebensgeschichten zugunsten der nackten Behauptung: *ius* – Recht. Barmherzigkeit oder Bosheit, Schicksal oder Götterfluch, Armut oder Reichtum der Parteien spielen keine Rolle. Im altrömischen Verfahren waren dafür keine Worte vorgesehen. Im Gegenteil: Hätte eine Partei die Bosheit des Gegners auch nur erwähnt, wäre der Prozess schon zuende gewesen – wegen Formelverletzung. Es kommt auch nicht darauf an, ob der Baum ein Weinstock war. Wird dieses Detail der Realität erwähnt, ist der Prozess schon verloren – wegen Formelverletzung.

Mit anderen Worten: Die Spruchformeln isolieren den Streit von seinen vielfältigen, persönlichen, familiären, wirtschaftlichen, natürlichen Bezügen. Sie reduzieren die Komplexität des Lebens auf einen juristischen Sachverhalt. Die Vielfalt des Lebens zu einem juristischen Sachverhalt schrumpfen zu lassen, ist bis heute die Arbeit

---

35 Vgl. Wieacker 1988: 312.

der Juristen – und erbittert häufig Laien, die sich in diesem Sachverhalt kaum wiedererkennen und ganz andere Details für wichtig halten als ihre Anwälte oder Richter. Die Spruchformel ist die radikalste Form, Vielfalt auf einen winzigen Ausschnitt des juristisch Relevanten zurückzuschneiden.[36]

Entsprechend eingeengt sind auch die möglichen Folgen: Wer den Ritus der Formel performiert, kann sicher sein, dass er vom Leben ins Recht gelangt. Durch diese Performation und nur durch sie, wird man eines wissen: Wer Eigentümer ist und wer nicht Eigentümer ist. Darüber hinaus wird man nichts wissen, nichts befürchten müssen und nichts hoffen können. Das Kontingenzproblem verschwindet in einer monokausalen Beziehung zwischen Handlung und Folge. »Im Ritual (…) wird die Einschränkung unbestimmbarer Möglichkeiten gleichsam exemplarisch vorexerziert«.[37] Das ist seine Funktion.

Es bleibt ein Einwand: Haben nicht beliebige, bis heute übliche Formen und Routinen dieselbe Funktion? Dienen nicht alle standardisierten und repetierten Verhaltensformen, von feststehenden Eingangsworten einer Klageschrift über Händeschütteln oder Nicht-Händeschütteln bis zum Krawattetragen letztlich dem Ziel, die Welt ein wenig einfacher zu machen, Alternativen nicht aufkommen zu lassen, jedenfalls nicht jeden Morgen neu zu diskutieren? Es ist nicht einfach, »Routine«, das Verhalten von Gewohnheitstieren und Wiederholungstätern, von Ritualen zu unterscheiden.

Eine Möglichkeit scheint im folgenden zu liegen: Routine lässt Reflexion zu und kann gleichwohl aufrechterhalten werden. Rituale hingegen, die nicht nur performiert, sondern reflektierend beobachtet werden, sind tot. Reflexion ist das Bewusstwerden, dass alles auch anders sein könnte und dass man auch anders handeln könnte. Kommen andere Möglichkeiten in Frage, ist man zur Auswahl gezwungen. Und diese geschieht in Form von Sinn. Routinen halten das aus: Männer können sicher sein, dass das Krawattetragen seit der Erfindung des Knopfes unsinnig ist, und können es trotzdem beibehalten, ihm einen neuen Sinn verleihen (zum Beispiel »Schönheit«), und sie können es ebenso gut aufgeben, ohne dass deshalb der Himmel einstürzt.

Das Ritual hingegen büsst mit der Reflexion, der Präsenz anderer Möglichkeiten und damit der Sinnfrage gleichzeitig seine spezifische Funktion ein: Alternativen

---

[36] Gleichzeitig begrenzt die geringe Zahl von Spruchformeln für das Verfahren und für Rechtsgeschäfte die Menge möglichen Rechts. Siehe schon Weber 1972: 446: »Denn nur auf die formal richtig gestellte Frage geben ja die Zaubermittel die richtige Antwort. Und man kann nicht jede beliebige Frage nach Recht oder Unrecht jedem beliebigen Zaubermittel unterwerfen, sondern für jede Art von Rechtsfrage gibt es ein spezifisches Mittel«, wobei zu ergänzen bleibt: und für manche Art gibt es kein Mittel. Nicht alles und jedes – die Unzufriedenheit mit einer Prüfungsnote, die Enttäuschung über einen ungetreuen Freund, der Ärger über einen zänkischen Ehepartner etc. – kann Gegenstand eines Rechtsstreits werden. Viele Konflikte, die wir als Rechtskonflikte zu begreifen gewohnt sind, kamen mangels Formel nicht vor den Prätor, sondern blieben jahrhundertelang im rechtsfreien Raum der *fides*, der moralisch geprägten Treue.

[37] Luhmann 1989: 281.

radikal auszuschliessen. Rituale sind, wie Rudolf von Jhering schon in der Mitte des 19. Jahrhunderts hellsichtig erkannte, »gefrorenes Denken«.[38] Der Sinn des Rituals liegt also im Gegensatz zur Routine darin, Sinn, und das heisst immer: das Mitdenken und Verfügbarhalten anderer Möglichkeiten,[39] *nicht* zuzulassen. Nur dann kann es funktionieren; und wenn es funktioniert, ist es ein Ritual.

Wechseln wir von der Funktion der Rituale zu ihrer *Wirkung*, dann erklärt das Verbot der Sinnfrage die wundersame und oft – von Jhering bis Jan Assmann[40], von Durkheim bis Douglas – beschriebene Leistung von Ritualen. Ritualreiche Gesellschaften bleiben, so hat es den Anschein, äusserst stabil, halten Identität aufrecht und gewährleisten kulturelle Einheit. Am Ritual prallt von innen oder von aussen produzierte und sich aufdrängende Veränderung ab, eben weil das Ritual die Sinnprüfung nicht vornimmt.

Was als kulturelle »Eigen-Art« im Vindikationsritual memoriert wurde, können wir an den verwendeten Symbolen, den Bausteinen des Vindikationsrituals, versuchen zu erahnen. Mit *ius* und *iniuria* nimmt die Vindikationsformel Bezug auf *Recht*, und zwar auf profanes Recht, das die römische Gesellschaft von göttlich und kultisch Gebotenem – *fas* – sehr früh zu unterscheiden wusste.[41] In der Klausel *ex iure Quiritium* – »nach dem Recht der römischen Bürger« – dokumentiert sich die Unterscheidung von »Wir und die anderen«, also *politische Identität*.[42] Das Ritual war in der Tat »Ausländern« und Bewohnern ohne Bürgerrecht unzugänglich. Im *sacramentum* wird an die Existenz von Göttern erinnert.

Diese kulturellen Zustände zu konservieren, sie als fraglose Selbstverständlichkeit zu erhalten, ist nicht die Funktion, aber die für Historiker sichtbare Wirkung von Ritualen, die man nicht nach Sinn fragen darf.

III. Das Ende des Rituals

Gestellt wurde die verbotene Sinnfrage noch im Laufe der mittleren Republik, als die sozialen, wirtschaftlichen, demographischen Umstände im Römerreich sich vehement veränderten. Im 1. Jahrhundert v. Chr. versetzte Cicero dem Ritual den Todesstoss. Er verspottete das Vindikationsritual als absurd umständlich, die Spruchformeln als

---

38 Jhering 1954: II. 2, 445; vgl. Luhmann 1984: 613f.
39 Luhmann 1971.
40 Assmann 1992: 88ff., 143f.
41 Weber 1972: 468; Kaser 1949.
42 Die Römer selbst haben den Sinn ihrer Rechtsformen eben so reflektiert: Es gibt wohl ein Recht, das alle Menschen aller Völker teilen, das *ius gentium*. Aber die freien Römer haben ihr eigenes, das *ius civile* – und zu diesem gehört die Vindikation.

»gänzlich allen Sinns entleert, aber voll des Betrugs und der Dummheit«[43]. Ja, die Vorfahren hätten »im gesamten Zivilrecht die Gerechtigkeit ausser acht gelassen, um an den Wörtern selbst festzuhalten«[44]. Die, um mit den Worten Jherings zu sprechen, »seichte Weisheit der Aufklärungsperiode«, die mit Cicero begann, machte das Ritual »zum vogelfreien Gegenstand des Witzes«[45]. Wer aber, in ironischer Absicht, das Ritual fragt, ob es Wörter oder Gerechtigkeit verwirkliche, tut genau das, was ein Ritual nicht aushält: Er stellt die Frage nach Sinn und weist zugleich darauf hin, dass es vernünftigere – versteht sich – Alternativen gibt.

Und so hatte das Spruchformelverfahren, schon geraume Zeit vor Cicero, einen Konkurrenten bekommen: den sogenannten Formularprozess.[46] Er brachte wesentliche Änderungen mit sich: Handanlegen, Stab, symmetrische Rede und *sacramentum* verschwanden. *Ex iure Quiritium* sollte ebenfalls verschwinden, bzw. wurde durch eine Fiktion ersetzt.[47] Vor allem aber sagten die Parteien nun keine Formeln mehr auf, sondern »erzählten« dem Prätor in freier Rede von ihrem Streit, auch von dem, was die Spruchformel einst ausgeschlossen hatte, z. B. von der »Arglist« des Gegners. Die entscheidenden Worte wurden vom Prätor selbst gesprochen und zwar indem er eine »Formel«, den Wortlaut eines Klageprogramms, erteilte. Mit den alten Spruchformeln teilten die prätorischen Formeln die elementare Eigenheit, redundante Details der Lebenssachverhalte auf einen knappen juristischen Sachverhalt zu reduzieren. Im Gegensatz zu den Spruchformeln wurden die prätorischen Formeln aber beweglich, konnten nun z. B. die »Arglist« des Gegners in den juristischen Terminus *dolus* und diesen in einen weiteren Terminus, die »Einrede« (*exceptio doli*), transformieren.

Das Recht zu aktivieren war nun nicht mehr automatische Folge einer feststehenden, kargen Spruchformel samt Gestus. Ob eine elaborierte Formel durch den Prätor erteilt werden würde oder nicht, wurde ein Risiko. Die Gewissheit, die das Spruchformelverfahren mit seinem rigide begrenzten Radius verschaffte, war dahin. Alternativen waren denkbar geworden und mussten sortiert werden. Dass gleichwohl keine Beliebigkeit bei der Rechtsfindung aufkam, ist ein kleines Evolutionswunder, das sich vielen Umständen verdankt, vor allem der bis heute staunenswerten methodischen Leistung und Disziplin der römischen Jurisprudenz – über die zu berichten hier nicht der Ort ist. Es soll der Befund genügen, dass die Aufgabe der Alternativenlosigkeit des Rituals eine neue Komplexität mit sich brachte: Ob Arglist zu berücksichtigen sei oder nicht, ob Tauschgeschäfte klagbar werden sollten oder nicht, ob Unterhaltszahlungen zwischen Verwandten eine Rechtsfrage seien oder nicht, ob Nebenabreden zu

---

43 Pro Murena 27: »inanissima prudentiae reperta sunt, fraudis autem et stultitiae plenissima«.
44 Ebd.: »In omni denique iure civili aequitatem reliquerunt, verba ipsa tenuerunt«.
45 Jhering 1954: II. 2, 515.
46 Dazu Kaser/Hackl 1995: 107ff.
47 Damit konnten sowohl Nichtbürger miteinbezogen werden, als auch Rechtsstreite ohne volksgesetzliche Grundlage entschieden werden.

förmlichen Verträgen verbindlich seien oder nicht – eine schier unendliche Kette neuer, überraschender, komplexer Probleme. Sie wurden nicht zuletzt durch das wesentliche Element des alten Rituals, die – neue, prätorische – Formel, hantierbar. Das Ritual hatte seine Schuldigkeit getan, das Ritual konnte gehen – und ein durch Formeln beherrschbares und für Jahrhunderte weiterhin beherrschtes Recht hinterlassen.

IV. Recht ohne Ritual?

Es bleibt die Frage nach den Folgen des Verzichts auf das Ritual für die Gesellschaft. Ging mit der Emanzipation des Rechts aus dem Ritual auch eine oben beschriebene Leistung des Rituals verloren, nämlich durch Abschneiden der Kommunikation und durch Verbot der Sinnfrage einen stabilen, unirritierbaren Fixpunkt für kulturelle Identität zu garantieren? Müssen wir vermuten, dass, wenn im Recht, wie auch in anderen Teilbereichen der Gesellschaft, nichts mehr selbstverständlich ist, sondern alles möglich und diskutabel wird, der Zusammenhalt der Gesellschaftsmitglieder brüchig wird, weil jeder und jede sich einem anderen Sinn und einer anderen Möglichkeit anschliessen kann?

Mary Douglas behauptete in der Tat, dass »das Schwinden des Verbundenseins« durch das Schwinden gemeinsamer Symbole und Riten »eines der ernstesten Probleme unserer Zeit« sei.[48] Ja, es wird sogar vermutet, dass der Verzicht auf Rituale »Sinnentleerung« und »Vereinsamung« nach sich ziehe. Umgekehrt gelte: »Gemeinsame Mahlzeiten, Urlaubsreisen, Einladungen von Gästen oder die Beachtung von Feiertagen: Rituale vermindern Depressionen und Angst, vermitteln Hoffnung (…)«.[49] Ohne Rituale also eine atomisierte Gesellschaft von einsamen, depressiven Individuen? Ist die Lage so dramatisch?

Wohl kaum. Denn einiges spricht dafür, dass das Verschwinden des »Verbundenseins« durch Symbole und Riten von einem anderen Verbundensein abgelöst wurde, nämlich von der gemeinsamen Sicherheit, des Rituals *nicht* zu bedürfen. Ritualfreiheit vermag, so möchte ich vermuten, die kulturelle Einheit einer Gesellschaft ebenso gut zu gewährleisten wie das Ritual.

Eine kleine Geschichte möge das demonstrieren. Sie spielte in dem Land, das stets von sich selbst behauptete, die einzig legitime Nachfolge des Römerreichs angetreten zu haben, in Byzanz. Das byzantinische Reich lebte nach römischem Recht in griechischer Sprache; und dieses Recht war nicht das altrömische mit seinen Spruchformeln, sondern das neuere, im Formularprozess entwickelte, hochdifferenzierte und verschriftlichte Recht.

---

48 Douglas 1986: 11.
49 Baring 1997 (zu Astrid von Friesen in Heft 346 von »Mut«).

Im 13. Jahrhundert nun machten die Byzantiner, infolge der Kreuzzüge, unerwünschte nähere Bekanntschaft mit den Leuten aus dem Westen, den »Barbaren«, wie sie sagten, Germanen, Franken, Italienern. Diese wussten wenig bis nichts vom römischen Recht. Ihre Rechtsverfahren wickelten sie ganz anders ab, unter anderem durch das sogenannte Gottesurteil, bei dem der Verdächtigte einer schier unglaublichen Wasser-, Feuer-, Schluck- oder Eisenprobe unterzogen wurde. Drei Tage, so liest man zum Beispiel,[50] musste der angeschuldigte Proband fasten, wobei seine Hände mit einem Tuch umwickelt waren, welches versiegelt wurde. Dann musste er glühendes Eisen aus dem Feuer heben, und Gott entschied, ob er sich daran verbrannte, ob seine Hände Wunden aufwiesen, ob er daher schuldig sei. Die Verwunderung, ja, das blanke Entsetzen, dass man eine Entscheidung diesem Ritual anheimgeben konnte, waren bei den Byzantinern gross.

Als aber eines Tages ein vornehmer byzantinischer General und nachmaliger Kaiser, namens Michael, des Hochverrats verdächtig wurde, da wurde er von seinen eigenen Landsleuten, dem Kaiser und dem hohen Klerus, aufgefordert, sich eben diesem, im Prinzip als barbarisch geächteten Verfahren zu unterziehen. Ein Zeitgenosse, der byzantinische Historiker Georgios Akropolites[51], beschreibt die Reaktion des Michael. Er lässt ihn sagen:

Ich weiss nicht, warum man dieses Verfahren heilig nennt. Ich bin ein sündiger Mensch und kann keine Wunder vollbringen.

Der anwesende Bischof stimmte ihm nach längerer Diskussion zu:

Mein lieber Junge dieses Verfahren entspricht in der Tat weder unserer römischen Verfassung noch der kirchlichen Doktrin. Es ist auch weder in den weltlichen Gesetzen noch im (…) kanonischen Recht vorgesehen. Barbarisch ist es und bei uns unbekannt.

Michael krönt diese Erklärung mit einem stolzen Bekenntnis:

Stammte ich selbst von Barbaren ab, wäre ich nach barbarischen Bräuchen aufgewachsen und nach barbarischen Gesetzen erzogen worden, dann hätte ich ein Verfahren nach Art der Barbaren auf mich genommen. Da ich aber Römer bin und von Römern abstamme, so soll das Urteil über mich [bitte schön] nach römischen Gesetzen und schriftlicher Überlieferung gefällt werden!

Das barbarische Ritual und das ritualfreie römische Verfahren der Rechtsfindung könnten sich kaum krasser begegnen. Das germanische Verfahren benötigte den Ritus, um zu einer Entscheidung zu finden. Das römische benötigte nichts als seine in Gesetz und Schrift dokumentierte Rechtstradition. Und doch ist offensichtlich, dass das entritualisierte römische Verfahren, auf das Michael sich beruft, viel mehr ist als ein modernerer Modus der Rechtsfindung. Es dient, gerade in der Konfrontation mit

---

50 Nämlich bei dem byzantinischen Historiker Georgios Pachymeres, der von sich behauptet, Augenzeuge gewesen zu sein: ed. A. Failler, Georges Pachymérès, *Relations historiques*, Paris 1984, I 12.
51 Chronikè Syngraphé (Annales), ed. I. Bekker, Bonn 1836, cap. 50 (104/9–10; 104/21–105/1; 105/3–8).

einer fremden Kultur, dazu, eine bestimmte Identität zu behaupten: »Da ich Römer bin und von Römern abstamme (…)«. Es ist Zeuge einer politischen Verfasstheit: »Dieses Verfahren entspricht nicht unserer römischen Verfassung (…)«. Es steht selbst für religiöse, orthodoxe Einheit: »entspricht nicht (…) der kirchlichen Doktrin«. Das profane, von rituellen Handlungen befreite, zudem durch Schriftlichkeit kanonisierte Verfahren der Rechtsfindung ist unverkennbar ein Kulturträger.[52] In einer ansonsten sehr ritualreichen Gesellschaft wie der byzantinischen ist die Ritualfreiheit des Gerichtsverfahrens ein »Wert«, ein Zeichen für Überlegenheit über die Barbaren, ein Beweis für ungebrochene römische Tradition. Das ritualfreie Rechtsverfahren leistet damit dasselbe, was das Spruchformelritual konnte: die Welt in »wir und die anderen« zu teilen und das individuelle Erleben in einen präzisen kulturellen Kontext einzubetten. Die gesellschaftliche Überzeugung, Rituale seien barbarisch,[53] vereint diese Gesellschaft ebenso stark wie es einst die altrömische Gewissheit konnte, dass Rituale vonnöten seien. Kurz: Strikter Antiritualismus garantiert dasselbe wie strenge Rituale.

Die heutige Gesellschaft teilt den Stolz des byzantinischen Michael, des Rituals nicht zu bedürfen, und stützt nicht zuletzt darauf ihre kulturelle Identität als Gesellschaft freier und rationaler Menschen. Für einige verwirklicht sich dieses Selbstverständnis auch und gerade im Rechtsverfahren. Dieses soll die »kooperative Suche nach Wahrheit mittels rationaler Kommunikation«[54] ermöglichen und »der Erhaltung einer Pluralität von Handlungsoptionen«[55] dienen. Das Konzept der sogenannten »prozeduralen Rationalität«[56] enthält eine explizite Negation des Rituals. Komplexität zuzulassen und Kontingenz auszuhalten ist vielmehr Programm – ein Programm, das auf grosse menschliche und institutionelle Kapazitäten an Vernunft, Demokratie und Zeit setzt.

Es nimmt nicht wunder, dass das Rechtssystem diese Kapazitäten selten hat, sondern treu seine Aufgabe erfüllt. Und diese Aufgabe heisst in einer unüberschaubaren modernen Welt mehr denn je: Sich gegen die Zumutungen einer ungebremsten Lebenswelt wehren, also irgendwann Fragen abschneiden, Möglichkeiten ausschliessen, nicht

---

52 Vgl. ein ähnliches Beispiel der Verspottung der Rituale der Bantus durch die »ritualfreien« Pygmäen bei Douglas 1986: 29, und dort das Referat der These Turnbulls, »dass gerade dieser Mangel an Ritualen die Eigenständigkeit ihrer Kultur beweist.«

53 Wie schnell diese Überzeugung aber bei »einfachen Leuten« brüchig werden konnte und wie heikel es war, sie »offiziell«, und sei es nur aus Not und menschlichem Verständnis, preiszugeben, zeigt ein Entscheid des Richters Joannes Apokaukos aus dem 13. Jahrhundert, s. Fögen 1983.

54 Röhl 1994: 534 zu Habermas. Anders natürlich Luhmann 1975, der die Leistung des Verfahrens für die Legitimation von Recht betont. Recht wird nicht zuletzt dadurch akzeptabel, dass die Parteien »unbezahlte zeremonielle Arbeit« (114) leisten. Verfahren hat damit eine unverkennbare Ähnlichkeit mit dem Ritual, nämlich Alternativen zwar nicht durch bestimmte Worte und Gesten, aber durch »Mitspielen« auszuschliessen.

55 Ladeur 1986: 273.

56 Röhl 1994: 535.

alles zulassen. Behilflich sind unserem Recht dabei nicht wenige Rituale; einige seien genannt: Nach Rechtskraft gibt es keine Alternative mehr. – Nach Fristablauf nutzt das gerechteste Begehren nichts. – Mangels subjektiven Rechts kein Zutritt zu Gericht. – Nach Zutritt zu Gericht aber Zwang zum Mitspielen. – Wenn man nichts weiss, verkündet der Sachverständige die Wahrheit. – Und auch Textbausteine im PC bewahren vor Überraschungen, stützen den Leitsatz: »das haben wir schon immer so gemacht«, bis der Entscheid als der einzig mögliche erscheint, womit die Grenze von Routine zum Ritual überschritten ist. Und nicht zuletzt sind da die Formen, Kleider und Körperbewegungen, die die Gewissheit, dass Recht geschieht, symbolisch untermauern. Sie nach ihrem Sinn zu fragen, ist, wie beim Ritual, verboten:

Der Angeklagte, Fritz Teufel hiess er, stand vor Gericht. Eigentlich sass er vor Gericht und wurde – von sitzenden Richtern – aufgefordert, vor Gericht aufzustehen. Er kam der Aufforderung nach mit der Bemerkung, die das Ritual durch ciceronische Ironie entzaubern wollte: »Wenn's denn der Wahrheitsfindung dient (…)«.

Literatur

Assmann, J. 1992. *Das kulturelle Gedächtnis*, München.
Baring, A. 1997. »Wenn Dumme dümmer werden und Kluge klüger. Aus politischen Zeitschriften: Vom universitären Karneval«. *Frankfurter Allgemeine Zeitung* vom 4. Juni 1997.
Behrends, O. 1991. »Das Vindikationsmodell als ›grundrechtliches‹ System der ältesten römischen Siedlungsorganisation. Zugleich ein Beitrag zu den ältesten Grundlagen des römischen Personen-, Sachen- und Obligationenrechts«. In: *Libertas. Grundrechtliche und rechtsstaatliche Gewährungen in Antike und Gegenwart*, hg. O. Behrends und M. Diesselhorst. Ebelsbach.
Bretone, M. 1992. *Geschichte des römischen Rechts*. München.
Burkert, W. 1979. *Structure and History in Greek Mythology*. Berkeley u. a. O.
Douglas, M. 1986. *Ritual, Tabu und Körpersymbolik*. Frankfurt am Main.
Duchhardt, H., Melville, G. 1997. Vorwort zu: *Im Spannungsfeld von Recht und Ritual*, hg. von H. Duchhardt und G. Melville, Köln, Weimar, Wien.
Fögen, M. Th. 1983. »Ein heisses Eisen«. *Rechtshistorisches Journal* 2: 85–96.
Hackl, K. 1989. »Der Sakramentsprozess über Herrschaftsrechte und die in iure cessio«. *Zeitschrift der Savigny-Stiftung für Rechtsgeschichte*, romanistische Abteilung 106: 152–179.
Hägerström, A. 1927, 1941. *Der römische Obligationsbegriff*. Bde. I, II. Uppsala.
Jhering, R. von. 1954. *Geist des römischen Rechts auf den verschiedenen Stufen seiner Entwicklung*. 8. Auflage. Nachdruck Darmstadt.
Kaser, M. / Hackl, K. 1996. *Das römische Zivilprozessrecht*. 2. Auflage. München.
Kaser, M. 1949. *Das altrömische ius*. Göttingen.

Ladeur, K.-H. 1986. »Prozedurale Rationalität« – Steigerung der Legitimationsfähigkeit oder der Leistungsfähigkeit des Rechtssystems?« *Zeitschrift für Rechtssoziologie* 7: 265–274.
Latte, K. 1976: *Römische Religionsgeschichte*. Nachdruck der 2. Aufl. München 1967.
Lévy-Bruhl, H. 1960. *Recherches sur les Actions de la loi*. Paris.
Luhmann, N. 1971. »Sinn als Grundbegriff der Soziologie«. In: J. Habermas / N. Luhmann. *Theorie der Gesellschaft oder Sozialtechnologie*. Frankfurt am Main.
Luhmann, N. 1975. *Legitimation durch Verfahren*. 2. Auflage. Frankfurt am Main.
Luhmann, N. 1984. *Soziale Systeme*. Frankfurt am Main.
Luhmann, N. 1989. *Gesellschaftsstruktur und Semantik*. Bd. III. Frankfurt am Main.
Noailles, P. 1948. *Fas et jus. Etudes de droit romain*. Paris.
Rehfeldt, B. 1956. »Recht und Ritus«. In: *Das deutsche Privatrecht in der Mitte des 20. Jahrhunderts. Festschrift für H. Lehmann zum 80. Geburtstag*, H. C. Nipperdey (Hg.). Bd. I. Berlin u. a. O.
Röhl, K. 1994. *Allgemeine Rechtslehre*. Köln u. a. O.
Sellert, W. 1997. »Gewohnheit, Formalismus und Rechtsritual im Verhältnis zur Steuerung sozialen Verhaltens durch gesatztes Recht«. In: *Im Spannungsfeld von Recht und Ritual*. Hg. von H. Duchhardt und G. Melville. Köln, Weimar, Wien.
Weber, M. 1972. *Wirtschaft und Gesellschaft*. 5. Auflage. Hg. von J. Winckelmann. Tübingen.
Wieacker, F. 1986. »Altrömische Priesterjurisprudenz«. In: *Iuris Professio. Festgabe für Max Kaser zum 80. Geburtstag*. Hg. von H.-P. Benöhr u. a. Wien, Köln, Graz.
Wieacker, F. 1988. *Römische Rechtsgeschichte*. Bd. I. München.
Wolf, J. G. 1985. »Zur legis actio sacramento in rem«. In: *Römisches Recht in der europäischen Tradition*. Hg. von O. Behrends u. a. Ebelsbach.

Mario Erdheim

Ritual und Reflexion

Wieviele Rituale braucht der Mensch?

Es gibt Zeiten, in welchen das Fehlen von Ritualen beklagt und deren Wiedereinführung gefordert wird. Zwar wird in der Regel erkannt, dass die Moderne an sich a-rituell ist und daraufhin tendiert, Rituale entweder ganz abzubauen – man denke nur an die militärischen Rituale – oder sie aber, wo es nicht anders geht, auszuhöhlen (wie zum Beispiel das weltliche Heiratsritual). Viele hoffen trotzdem, dass Rituale wieder Würde und Ordnung ins Leben bringen könnten. Sie denken, dass die gegenwärtige Orientierungslosigkeit und Unsicherheit aus dem Verlust von Ritualen resultieren. Ich möchte diese Haltung mit zwei Beispielen illustrieren:

Frau Gertrud Kaufmann-Huber, eine Jungsche Kinder- und Jugendlichenpsychotherapeutin aus Zürich, veröffentlichte 1995 ein Buch mit dem Titel *Kinder brauchen Rituale*. Dessen zweite Auflage erschien bereits 1996. Im Vorwort bekennt die Autorin, dass die erste Prüfung, die sie nicht bestanden habe, das Examen in Ethnologie am C. G. Jung-Institut gewesen sei. Sie habe sich zwar gründlich vorbereitet, aber in der Prüfungssituation habe sie sich immer mehr verheddert und, wie sie sagt, »lauter dummes Zeug« geschwatzt. Sie fährt fort:

> Erst später wurde mir klar, was mit mir geschehen war. In jener Zeit befand ich mich in einer tiefen persönlichen Krise. Ich wusste zwar viel über Rituale, konnte aber für mich kein einziges finden, das mir bei jener Prüfung hätte helfen können – mir fehlte die ›Ritual-Erfahrung‹ (Kaufmann-Huber 1995: 7).

Aus der Sicht dieser Autorin sind Rituale ein archetypisches Verhalten im Sinne C. G. Jungs.

In der Tat findet man rituelles Verhalten bei allen Menschen, sei es in Entwicklungskrisen, in individuellen Krisen oder in Krisenzeiten eines ganzen Volkes. Ich meine nun, es ist sinnvoll, diese uralten Verhaltensweisen genauer anzuschauen und sie in Situationen bewusst anzuwenden, die uns Mühe machen, in denen wir nicht weiterkommen und an Altem, Überholtem festhalten wollen oder in denen wir vor Angst gelähmt sind und uns hilflos fühlen. Beobachten wir Kinder, die noch nicht verbildet sind, somit dem Unbewussten und den Gefühlen weit näher stehen als die Erwachsenen, sehen wir, dass sie durchaus in der Lage sind, auf ihre ganz spezielle Weise Rituale zu machen. Wir müssen sie nur gewähren lassen und ihnen ihr Tun nicht verbieten… (Kaufmann-Huber 1995: 11).

Folgen wir dieser Argumentation, so müssen wir annehmen, der Mensch brauche sehr viele Rituale, besonders um Krisensituationen, seien es nun individuelle oder gesellschaftliche, bewältigen zu können. Da es sich um archetypische Verhaltensweisen handelt, können solche Rituale gleichsam aus dem Unbewussten geschöpft werden. Beim Lesen von *Kinder brauchen Rituale* fällt einem aber allmählich auf, dass die Autorin zwischen Gewohnheiten und Ritualen kaum einen Unterschied macht. Als »Rituale der Mutter« bezeichnet sie zum Beispiel das Wickeln des Säuglings, wenn es als »pflegende, lustvolle Handlung« statt als »lästiges Saubermachen« geschieht. Dasselbe gilt für das Stillen. Was der englische Psychoanalytiker Winnicott als »Übergangsobjekt« bezeichnete, das die Ablösung von der Mutter erleichtere, das Tüchlein, bzw. der Teddybär, heisst bei Kaufmann-Huber ebenfalls Ritual. Dasselbe gilt für das Verstecken und Wiederauftauchen, für das Schlaflied, das Auf-das-Töpfchen-Gehen und schliesslich für den geordneten Tagesablauf schlechthin, von dem es heisst, er sei »an sich schon ein Ritual« (Kaufmann-Huber 1995: 34).

Es drängt sich hier die Frage auf, weshalb es zu dieser weitgehenden Gleichsetzung von Gewohnheit und Ritual kommt. Eine Antwort bahnt sich an in der Zusammenfassung, die Kaufmann-Huber gibt:

> Rituale in dieser Phase sollten folgendes bewirken: Strukturierung und Wahrnehmung des Tages als Orientierungshilfe; Selbstvertrauen stärken; Grenzen anerkennen und nicht nur sich passiv fügen; Angst und Wut in geschütztem Rahmen ausdrücken; Vertrauen finden in die umsorgende Liebe der Eltern, welches die Grundvoraussetzung für ein späteres Gottvertrauen ist (Kaufmann-Huber 1995: 37).

Das ist der Schlüsselsatz. Rituale haben immer mit Religiösem zu tun. Was das Ritual von einer blossen Gewohnheit unterscheidet, ist der symbolische Zusatz – und mag er auch noch so verdünnt sein –, der auf einen religiösen Zusammenhang jenseits all der Gewohnheiten verweist. Es fragt sich nur, ob dieser religiöse Gehalt dem Kind bewusst ist oder nicht. Es sitzt doch einfach auf dem Töpfchen und macht sein Geschäft oder eben nicht. Für die Eltern jedoch wird dieses Geschehen zum Ritual, das noch auf ganz andere Dinge verweist.

Die Ritualisierung bekommt aber auch einen wichtigen Entlastungseffekt. Kaufmann-Huber erzählt von einer Mutter, die

> sich jeden Abend ans Kinderbett setzt und betet. Es werde ihr dann so richtig bewusst, dass sie ihr Kind als eine Leihgabe Gottes bekommen habe, als eine Gabe, welche sie ein Stück weit ins Leben begleiten dürfe. Sie merke dann auch, dass sie nicht alle Verantwortung für den kleinen Erdenbürger übernehmen müsse, denn sie fühle sich eingebettet in Gottes Plan.

Das kommentiert die Autorin so:

> Es wäre schön, wenn dieses Ritual von allen Eltern gemacht würde. Vielleicht hätten sie dann weniger Schuldgefühle, wenn mit ihrem Kind nicht alles wunschgemäss verlaufen sollte« (Kaufmann-Huber 1995: 20).

Halten wir hier also fest: was das Ritual von der Gewohnheit unterscheidet, ist sein Bezug zum Religiösen, wobei das Religiöse das Primäre ist: in einen religiösen Glauben bzw. Rahmen eingespannt, kann eine Gewohnheit zu einem Ritus werden. Aber gilt auch das Umgekehrte? Kann aus der Einhaltung einer Gewohnheit etwas Religiöses resultieren? Folgt aus der Einübung eines Rituals auch der entsprechende religiöse Glaube?

Vielleicht erscheint das psychologische Material, auf das ich mich hier bezogen habe, allzu populär, um in die moderne Problematik der Rituale einzuführen. Ich möchte deshalb noch ein weiteres Beispiel aufgreifen. Professor Grunder, Ordinarius für Schulpädagogik an der Universität Tübingen, veröffentlichte in der Neuen Zürcher Zeitung vom 12. April 1997 einen Artikel mit dem Titel »Initiation und Institution. Die Aufgaben der Schule im Kulturtransfer«. Darin vergleicht er die moderne Industriegesellschaft mit traditionellen Kulturen und schreibt:

> In beiden Gruppen, den westlichen und den schriftlosen, beobachtet man dabei ähnlich strukturierte Prozesse. Ritualisieren verbürgt – in der informellen Schule des afrikanischen Busches ebenso wie im Unterricht westlicher Staaten – Sicherheit. Diesen Befund missachtend, scheinen industrialisierte Gesellschaften Kindheit und Adoleszenz unablässig zu entritualisieren.

Auch in Grunders Artikel fällt die Verallgemeinerung des Ritualbegriffs auf. Als »westliche Initiationsrituale« nennt er zum Beispiel:

> Die erste Flasche beim Kleinkind, das erste Sitzen, das erste Gehen, der erste Kindergartentag (mit dem schmerzenden Abschied von der Mutter). Der erste Schultag, die erste Beurteilung, die heutigen Examen zum Schuljahresende, die Versetzung. Die Mutprobe in der Knabengruppe, die Taufe bei den Pfadfindern. Die bestandene Fahrrad- oder Mofaprüfung, der erste Kinoeintritt ins Erwachsenenprogramm, die erste Menstruation. (…) Konfirmation und Firmung (…) Der Übertritt ins Gymnasium oder in die Lehre, die erste Liebe, die erste sexuelle Erfahrung (…) Der Studienbeginn, der Studienabschluss.

Ich befürchte, auch Herr Grunder hätte die Ethnologieprüfung nicht bestanden, wenn er versucht hätte, diese Beispiele zu einem Initiationsbegriff zu verallgemeinern. Was er hier beschreibt, sind vor allem Übergangssituationen. Die Frage ist, ob diese rituell strukturiert werden müssen und wenn ja, wie. Ist eine Mofaprüfung an sich schon ein Ritual? Muss der erste sexuelle Akt ritualisiert werden? Auf diese Fragen gibt der Artikel keine Antwort. Grunder hält lediglich an der Notwendigkeit von Ritualen fest und schreibt:

> Der zweifache Auftrag der Lehrkräfte, Lernprozesse zu realisieren und Erziehungsprozesse zu begleiten, scheint besser erfüllt zu werden, wenn Lehrerinnen und Lehrer das Instrument des Rituals einsetzen. (…) Die Ritualisierung des Unterrichts im Sinne einer bewussten Dramaturgie dürfte jedoch die Wissensvermittlung um die erzieherische Seite ergänzen. Rituale, auch scheinbar nebensächliche, verbürgen – differenziert eingesetzt – Sicherheit. Sie verwandeln *incertitude* in *certitude*. Sie ersetzen lernhemmende bürokratische Massnahmen in pädagogisch vertretbarer Manier. Sie betonen Schulleben und Schulklima.

Grunder berührt hier ein heikles Problem, nämlich das Verhältnis zwischen Ritual und Bewusstsein. Wenn ich diese Ausführungen recht verstehe, unterscheidet er zwischen Wissensvermittlung einerseits und Erziehung andererseits. Rituale stehen nicht im Dienste der Wissensvermittlung, sondern im Dienste der Erziehung. Durch Rituale sollen soziale Tugenden vermittelt werden. Rituale eignen sich deshalb zur Vermittlung von ethischen Haltungen – so glaubt man wenigstens –, weil sie nicht über das System des Bewusstseins funktionieren (wie z. B. die Wissensvermittlung), sondern über das System des Unbewussten. Ethische Haltungen sollen durch Rituale im Unbewussten verankert werden, dann sind sie gegen Veränderungen besser abgesichert. Ähnlich wie bei Kaufmann-Huber verweisen die Rituale also auch hier auf einen anderen Zusammenhang. Rechnenlernen wird dann zum Ritual, wenn es nicht nur darum geht, das richtige mathematische Ergebnis herauszufinden, sondern auch darum, sich in eine soziale Tugend – was immer das auch sei – einzuüben. Warum das mittels Ritualen zu geschehen habe, wird aber bei Grunders Argumentation nicht einsehbar; es erfolgt lediglich der Hinweis auf die sogenannten traditionellen Kulturen, die das immer schon so gemacht hätten. Aber die machen ja auch noch ganz anderes, mit Frauen zum Beispiel. Sowohl bei Grunder als auch bei Kaufmann-Huber fällt auf, dass vom grausamen Aspekt, der bekanntlich zu vielen Initiationsritualen gehört, kaum die Rede ist.

Wir sind von der Frage ausgegangen, wieviele Rituale der Mensch brauche. Das Spezifische an dieser Frage ist doch der Umstand, dass wir in einer Gesellschaft leben, in deren Geschichte es immer mehr zu einem Abbau von Ritualen gekommen ist. Wir sprechen von einem Säkularisierungsprozess, der nicht nur die Kirchen betroffen hat, sondern auch ganz andere soziale Bereiche, vor allem Autoritätsstrukturen. Rituale dominierten das gesellschaftliche Leben, solange sie die Öffentlichkeit strukturierten. In dem Masse aber, wie die Religion ins Private abgedrängt wurde, zerbröckelten auch die Rituale. Mit Freud könnte man sogar sagen, dass Rituale, die privat geworden sind, lediglich Zwangshandlungen darstellen. Umso mehr kann man sich daher wundern, dass immer wieder der Ruf nach einer Wiedereinführung von Ritualen erschallt. Im folgenden möchte ich zwei Komplexen von Gründen für diesen Wunsch nach einer Neoritualisierung unserer Gesellschaft nachgehen. Erstens interessiert mich dabei der Zusammenhang zwischen Adoleszenz und Ritualen, und zweitens geht es mir um die – auch von Grunder erwähnte – Verknüpfung zwischen Institution und Initiation.

Zur kulturellen Genese der Adoleszenz

Es ist kein Zufall, dass die Initiationsrituale in traditionellen Kulturen meistens während der Adoleszenz durchgeführt werden. Der Adoleszenzphase kommt im menschlichen Lebenslauf eine ganz besondere Rolle zu. Mit der Geburt fängt die Anpassung des Kleinkindes an seine wie auch immer geartete Umwelt an. Es kann sich seine

Eltern nicht wählen und muss die Werte, die sie ihm im Guten und im Bösen vermitteln, aufnehmen und sich an ihnen orientieren. Der Bezug zu den Eltern bestimmt des weiteren auch die Einstellung des Kindes zur Umwelt, zu den anderen Kindern, zum Kindergarten, zur Schule, zu Lehrern, Polizisten und anderen Erwachsenen. Der Umbruch, der mit der Pubertät seinen Anfang nimmt, schafft aber neue Voraussetzungen für die Entwicklung des Subjekts. Die Adoleszenz ist eine Zeit der Übergänge, und diese Übergänge beeinflussen sowohl die Vergangenheit als auch die Zukunft des Individuums: Je nachdem, wie diese Übergänge erlebt werden, ergeben sich nämlich neue Interpretationen der Vergangenheit ebenso wie neue Entwürfe für die Zukunft. Diese Umbrüche fördern auch die reflexiven Fähigkeiten des Individuums, es muss gleichsam ständig »über die Bücher« gehen und seine Position laufend neu bestimmen. Aus diesem Grunde spielt auch der historische Moment, in dem sich die Adoleszenz eines Individuums abspielt, eine wichtige Rolle. Eine Adoleszenz im Krieg und in Zeiten der Not ist etwas ganz anderes als eine im Frieden und im Überfluss. Der Adoleszente wird von der Geschichte unmittelbarer berührt als ein von Erwachsenen umgebenes Kind. Das Entscheidende ist, in welchem Mass das heranwachsende Individuum auf die es umgebende Kultur zurückgreifen und mit ihren Mitteln umgehen kann, um seine Möglichkeiten zu realisieren.

Pointiert könnte man sagen: Ebensowenig, wie man sich ein Kind ohne eine, wie auch immer geartete Familie zu denken vermag, kann man sich einen Adoleszenten ohne eine wie auch immer geformte Kultur vorstellen. Und ebenso, wie die Eltern sich Bilder machen, was ein gutes Kind sei, entwickelt die Kultur Vorstellungen darüber, was ein guter, gesunder Heranwachsender sei. In den Bildern der »Halbstarken«, »Hippies«, »Punks« oder »Skinheads«, die als negative Abweichung einer als »normal« definierten adoleszentären Entwicklung gelten, verdichten sich die Ängste der Gesellschaft vor ihren eigenen Möglichkeiten.

Chaos, Triebhaftigkeit und Adoleszenz

Der Ethnologe Victor Turner hat ein interessantes Konzept entwickelt, um bestimmte Bereiche der kulturellen Dynamik besser zu verstehen. Er unterschied zwei in allen Kulturen vorkommende und voneinander abhängige gesellschaftliche Aggregatszustände, die ich hier auf zwei Begriffe reduzieren möchte, auf Chaos und Ordnung. Beide sind lebensnotwendig, ebenso notwendig wie – um es psychoanalytisch auszudrücken – das Es und das Über-Ich. In manchen Lebensmomenten nähern wir uns mehr dem Es, in anderen mehr dem Über-Ich. Wer nur seinem Über-Ich folgt, verdorrt, wer nur im Es lebt, verliert seine Struktur. Das Ich hat, wie Freud schon feststellte, die schwierige Aufgabe, zwischen beiden Bereichen im Hinblick auf die Realität zu vermitteln. Betrachtet man das Verhältnis zwischen Es und Über-Ich, bzw. dasjenige zwischen Chaos und Ordnung aus kulturhistorischer Perspektive, so ergeben sich interessante Konfigurationen. Es gab Kulturen, in welchen das Chaos religiös gefasst und geschützt wurde. Man könnte sagen, Aufgabe der Religion sei es gewesen, die chaotische Energie für das gesellschaftliche Leben nutzbar zu machen, damit sie die geltenden Symbolsysteme stets von neuem mit Leben erfüllen könne. Die Kultfeste waren der Ort, wo diese Umsetzung stattfand. Die Beteiligung an diesen Kultfesten war durch Initiationsrituale geregelt. Die Initiation war eine existentielle Einführung in die Wahrheit der Kultes.

Im Verlauf des Zivilisationsprozesses und mit der Beschleunigung des Kulturwandels wurden die »heiligen Zeiten« und kultischen Feiern zunehmend abgeschafft. Die Fastnacht, der Karneval und zuweilen auch gewisse Sport- und Popkonzertanlässe können heute als letzte Reste davon betrachtet werden. Wo aber blieb das Chaos, ohne das keine Ordnung mit ihren Symbolen lebensfähig ist? Meine These lautet, dass dieses Chaos aus der Gesellschaft in die Individuen versetzt wurde, und dass wir es heute in der Adoleszenz wiedererkennen können. Mit der Beschleunigung des Kulturwandels kam es zu einer Dezentrierung, Entsakralisierung und Subjektivierung des Chaos. Die Initiationsrituale wurden aufgegeben und das gemeinsam Verpflichtende der Feste trat allmählich zurück. Das Individuum musste nun selbst sehen, wie es mit dem Chaos, das nun in ihm drin war, zurechtkam.

Was Freud als Es bezeichnete, ist letztlich auch ein Produkt der Entsakralisierung und Dezentrierung des Chaos. Freuds Beschreibung des Es des modernen Menschen in seinen Vorlesungen zur Einführung in die Psychoanalyse enthält eine Reihe bemerkenswerter Anklänge an das, was wir über die religiösen Feste in traditionellen Kulturen wissen. Sie hört sich wie die Beschreibung einer ekstatischen Feier an, in welcher die Menschen eine numinose, das Heilige betreffende Erfahrung machen: Freud sprach von

> brodelnder Erregung, dem Fehlen einer Organisation, der Aufhebung der Logik: es werden keine Widersprüche erlebt und die gegensätzlichsten Regungen können nebeneinander bestehen, Raum und Zeit verschmelzen, moralische Urteile sind aufgehoben.

Caillois schrieb:

> Das Fest, dieses Zwischenspiel universaler Verwirrung, ist eine Zeitspanne, in der die Weltordnung aufgehoben ist. Aus diesem Grunde sind zu dem Zeitpunkt Exzesse gestattet. Man darf den Regeln zuwiderhandeln. Alles muss umgekehrt werden. In mythischen Zeiten kehrte sich der Lauf der Zeit um. Man wurde als Greis geboren und starb als Kind (…). (Caillois 1950:150f).

Fruchtbarkeit und Allmacht waren in traditionellen Kulturen kulturell beglaubigt. Das Individuum erlebte sie nicht als etwas, was sich in ihm, sondern ausserhalb von ihm abspielte. In dem Masse, als die Initiation in den modernen Kulturen an Bedeutung verlor, kam es zu einer Verlängerung der Adoleszenz; es traten also zwei Prozesse in Interaktion. Mit der Auflösung der Initiationsrituale, die die chaotischen Antriebe des Menschen einst zu numinosen und heiligen Kräften gebündelt hatten, verlor das Chaos seinen sakralen Charakter und verwandelte sich im Feuer der verlängerten Adoleszenz in kreative und destruktive Energie.

Die Aneignung der für die Kultur massgebenden Symbolsysteme bekam unter diesen Umständen eine ganz neue Struktur. Diejenigen Symbolisierungen, die gleichsam Emanationen des Heiligen waren, beruhten auf dem Zusammenhalt der Gesellschaft und mussten über Rituale vermittelt werden. Ihre Geltung verdankte sich der Autorität der Gruppe und nicht der Einsicht des Individuums. Die Subjektivierung des Chaos und damit auch seine Entzauberung als Triebhaftigkeit überlässt die Symbolisierungen dem Individuum und den Motivationen, die es aufbringen kann. Das Individuum wird in dieser Situation zum Schauplatz von widersprüchlichen Werten und Symbolsystemen und verfügt immer weniger über ein in sich stimmiges Konzept. Die Werte werden zu revisionsfähigen Präferenzen und zunehmend argumentativen Rechtfertigungen unterstellt. Hier tritt nun die Reflexion an die Stelle des Rituals.

Im bisher Beschriebenen tauchte immer wieder ein Phänomen auf, das weiterer Vertiefung bedarf, da es im Zusammenhang mit Ritualen und Symbolisierungsprozessen eine wichtige Rolle spielt, nämlich das Phänomen der Grössen- und Allmachtsphantasien. Die Omnipotenzphantasien spielen in den religiösen Ritualen eine zentrale Rolle, wobei sie einst im Dienste der gesellschaftlichen Kohäsion standen. Die ritenzersetzenden Säkularisierungsprozesse setzten die Grössen- und Allmachtsphantasien frei, lösten sie aus dem Bereich des Religiösen ab und übertrugen es dem Individuum, sie in eine sinnvolle Form zu bringen.

Omnipotenz

Die Motivation des Menschen, sich und seine Umwelt zu verändern, speist sich aus verschiedenen Quellen. Not macht erfinderisch und zwingt zum Entwickeln von Überlebensstrategien; daneben aber ist es Eros, die unerschöpfliche Quelle der Wünsche, die den Menschen aus dem Überfluss seiner Triebhaftigkeit heraus zum Handeln zwingt.

Melanie Klein hat auf die bereits in den frühen Stadien der Kindheit auftretenden Gefühle und Phantasien von Omnipotenz verwiesen. Die Allmacht dient dem Kleinkind einerseits als Abwehr, andererseits wird sie aber auch zur Quelle von Angst. Verbunden mit »guten Objekten« vermittelt die Allmacht Schutz und Geborgenheit; verknüpft sie sich jedoch mit »bösen Objekten«, so löst sie Angst und Verzweiflung aus.

Winnicott ging meiner Ansicht nach weiter, indem er die Allmacht in Zusammenhang brachte mit der Fähigkeit des Säuglings, »ein Objekt zu schaffen, sich auszudenken, zu erfinden, zustande zu bringen, hervorzubringen« (Winnicott 1958: 301). Dazu ist der Säugling aber auf die Mutter angewiesen, die auf seine Omnipotenzgefühle eingeht und sie in einem gewissen Mass begreift. Das befriedigende Erlebnis von Omnipotenz wird für den Säugling eine entscheidende Voraussetzung für die

Einsetzung eines Realitätsprinzips, das die Welt nicht starr und unveränderlich, sondern als der Kreativität zugänglich erscheinen lässt.

Das Kind, das sich real in einer Ohnmachtsposition befindet, vermag seine Omnipotenzgefühle nur dadurch zu retten, dass es sie auf die idealisierten Eltern oder andere phantasierte Gestalten verschiebt. So kann sich das Omnipotenzgefühl des Kindes trotz aller Infragestellungen und Einschränkungen durch die Realität bis in die Adoleszenz grundsätzlich erhalten. Mit dem Beginn der Adoleszenz müssen die Grössen- und Allmachtsphantasien aber neu bewältigt werden. Die Ablösung von der Familie zwingt das Subjekt, die Omnipotenz, die es auf seine Eltern bzw. seine Familie übertragen hat, wieder auf sich selbst zurückzunehmen. Die Frage ist nun, was der Adoleszente mit seinen Grössenphantasien tut. In den traditionellen, von einem fixen Wertekosmos umschlossenen Kulturen kommt es durch die Initiation zu einer Reorganisation der Omnipotenz. Auf der psychischen Ebene geht es dabei vor allem darum, die Omnipotenz vom Individuum auf die Gruppe, den Clan bzw. den Stamm zu übertragen. Die Sphäre, die diese Omnipotenz aufnimmt und bewahrt, ist in der Regel das Heilige. In der Magie finden die Omnipotenzgefühle ihren kulturell akzeptierten Ausdruck, wobei sich die Gesellschaft durch Feste und Heilungsrituale immer wieder vergewissern muss, dass diese Allmacht in ihrem Zentrum wirkt. Funktion der Rituale ist also die Kollektivierung der Omnipotenzphantasien. Diese Übertragung der Omnipotenz auf die Gesellschaft führt in traditionellen Kulturen zu einer bis ins Innere des Individuums reichenden Abhängigkeit von der Gruppe. Man kann zwar sagen, das Individuum verliere durch seine Delegation der Allmacht an die Gesellschaft seine Souveränität, dafür erhält es aber Schutz und Geborgenheit.

Hier stellt sich allerdings die Frage, ob das souveräne und autonome Individuum nicht ein Mythos der industriellen Gesellschaft ist, der seinerseits durch entsprechende Rituale bestätigt werden muss, zum Beispiel durch einen ritualisierten Konsum. Ich möchte aber zunächst eine weitere Linie meines Vortrages verfolgen, nämlich die der anachronen Institutionen, die ihren Bestand nur mit Hilfe von Ritualen sichern können. Die Institution, die ich zur Erläuterung ausgesucht habe, ist das sogenannte Männerhaus, und zwar deshalb, weil wir hier auch auf eine unseren Alltag bestimmende Struktur stossen, nämlich das Verhältnis zwischen den Geschlechtern.

Adoleszenz und Männerhaus

Das Männerhaus ist eine Institution, welche die erstaunlichsten Verwandlungen durchmachen kann, ohne sich in seinem Kern zu verändern. Hinter Stammtischen, Schützenvereinen, Ärztegesellschaften, hinter dem Physik- oder Religionsunterricht verstecken sich institutionelle Strukturen, die sich als unglaublich resistent gegen die Geschichte und ihren Wandel erweisen, Strukturen, die eine Kontinuität über die verschiedensten Formen von Gesellschaft aufweisen. Wir finden sie bei Jägern und Sammlern ebenso wie in bäuerlichen, feudalen und schliesslich auch in modernen Gesellschaften.

Zum Erscheinungsbild des Männerhauses

Das Männerhaus ist zunächst ein politisches Phänomen; Stanek schrieb über das Männerhaus in Papua Neuguinea:

> In der vorkolonialen Zeit, stellte die Versammlung aller erwachsenen Männer im Männerhaus die höchste politische Gewalt dar. Sie war die höchste integratorische, integrative Leistung, der umfassendste Ausdruck der gemeinschaftlichen Existenz, und – gegen aussen gerichtet – die grösste Konzentration der kriegerischen Macht (Stanek 1987: 623).

In seiner Symbolik, in den erzählten Mythen und in den feierlich aufgeführten Ritualen organisiert sich das Männerhaus wesentlich durch das Verhältnis zwischen den Geschlechtern und vermag infolgedessen das Potential der Sexualität in den Dienst der politischen Ordnung zu stellen. Seine zeitliche Konstanz und sein transkulturelles Vorkommen vermitteln dem Männerhaus und dem kulturellen Komplex, in den es eingebettet ist, den Schein von Natur. Dieser Schein entsteht nicht zuletzt dadurch, dass sich diese Institution als Produkt, nicht aber als Produzentin des Geschlechterverhältnisses ausgibt.

Die Ethnopsychoanalyse fragt insbesondere nach den bewussten und unbewussten Voraussetzungen der Machtakkumulation im Männerhaus. Das Politische bestimmt nämlich nicht nur das Zusammenspiel ökonomischer Kräfte, es regelt nicht nur Über– und Unterordnung, sondern bestimmt ebenfalls die Wertstrukturen, die über Sinn und Sinnlosigkeit in weiten Handlungsbereichen entscheiden. Besonders um diese letzte Leistung zu erbringen, muss das Politische sowohl objektiv, in Ökonomie und Gesellschaft, als auch subjektiv, im Gefühlsleben der Individuen, verankert werden. »Sinn« ist ja nicht bloss etwas Kognitives (wie etwa die Mittel-Zweck-Relation), sondern ein gefühlsmässiges, sich dem Lust-Unlust-Verhältnis fügendes Phänomen. Der Sinn des Politischen äussert sich im Selbstbewusstsein der Männer, in ihrem Gefühl der Überlegenheit gegenüber den Frauen, in ihrem Mut als Krieger, in ihrer Lust an der Selbstdarstellung und am Kampf. Das daraus resultierende Zusammengehörigkeitsgefühl vermittelt der Institution des Männerhauses den für seine integrative Funktion so wichtigen Glanz.

Die Einpassung der Subjekte in diese Institution geschieht vor allem im Zusammenhang mit der Pubertät und der Adoleszenz. Initiation, das heisst Einweihung in die Geheimnisse, die das Gruppenzusammenleben regeln, ist der Prozess, der die Adoleszenz strukturiert. Der Heranwachsende ist also jemand, der entweder von der Gruppe aufgenommen wird und in sie hineinwächst, oder jemand, der von der Gruppe ausgeschlossen wird. Durch diese Aufnahme- und Ausschliessungsprozesse bezüglich des Männerhauses entstehen die kulturspezifischen Erscheinungsformen von Männlichkeit und Weiblichkeit.

Einer der Höhepunkte der männlichen Initiation bestand in verschiedenen traditionellen Kulturen darin, dass den Jünglingen offenbart wurde, dass es die Geister, die ihnen bis anhin solche Angst bereitet hatten, nicht gab; dass diese Geister nur dazu dienten, die Frauen zu ängstigen, um sie besser unter Kontrolle zu halten. Früher einmal, erzählen diese vor den Frauen geheimgehaltenen Mythen, da hätten die Frauen geherrscht, aber den Männern sei es durch List gelungen, die Macht zu erobern.

Unbewusstheit wurde hier zur Voraussetzung von Herrschaft. Dabei bedeutete »Unbewusstheit« nicht nur »Nicht-wissen«: die Männer mussten die Frauen ja glauben machen, dass es Geister gebe; sie mussten also falsches Wissen produzieren und es durch entsprechende Zeremonien als wahr erscheinen lassen. Dieses »Wissen« hatte die Funktion, alle Phantasien, Wünsche, Vorstellungen oder Wahrnehmungen der Frauen, die in Widerspruch zu denjenigen der Männer treten könnten, unbewusst zu machen. Konfrontiert mit der von den Männern inszenierten Realität, sollten die Frauen lernen, Eigenes aufzugeben und sich anzupassen. So kam es zu zwei verschiedenen Arten von Adoleszenz: einer männlichen, die aktiv falsches Wissen produzieren und mit Hilfe von Ritualen inszenieren musste, und einer weiblichen, welche die Bereitschaft zum Glauben entwickeln musste.

Die gesellschaftliche Produktion von Unbewusstheit im Verhältnis zwischen Männern und Frauen kann als Modell für die Funktion des Unbewussten im Dienste der Herrschaft betrachtet werden. Mit zunehmender Klassenspaltung wurden ihre Mechanismen schwerer durchschaubar, gleichsam »naturhafter«, und erfassten auch die herrschende Klasse selbst. Einst wussten die initiierten Männer immerhin noch, dass es die Geister, die sie den Frauen vormachten, nicht gab. Als das System der Herrschaft umfassender wurde, mussten jedoch zunehmend auch die Männer bzw. die Mehrheit der Herrschenden an das »falsche Wissen« glauben.

Das, was unbewusst gemacht werden musste, wurde zu einem entscheidenden Vergesellschaftungsfaktor für die männliche Adoleszenz. Der Kern, dessen Wahrnehmung aus dem Bewusstsein verbannt werden musste, war die zerbrochene Komplementarität zwischen den Geschlechtern. Statt des komplementären Prinzips musste das hierarchische als Regulator für das Selbstwertgefühl eingesetzt werden. Selbst der Mythos, der von der früheren Herrschaft der Frauen erzählt, stellt die Asymmetrie, wenn auch eine umgekehrte, als einzig denkbares Modell dar. Entscheidend für den Verlauf der männlichen Adoleszenz wird nun die ständige Bemühung um Überlegenheit sein, und zwar gekoppelt mit dem Gefühl, dass die Grundlagen, auf denen diese Überlegenheit beruht, nicht stimmen. Diese Unsicherheit wird zum Motor einer lebenslangen Anstrengung.

Was aus dem Bewusstsein zum Verschwinden gebracht werden musste, war das gegenseitige aufeinander Angewiesensein der Geschlechter. Diese Tendenz zur Unbewusstmachung sog bei manchen Kulturen sogar das allen Offensichtliche mit in sich hinein, nämlich die gemeinsame Leistung beider Geschlechter bei der Schaffung neuen Lebens: »Den wichtigeren, ja letztlich entscheidenden Beitrag zur Sicherung der biologischen Reproduktion«, fasste Klaus E. Müller die Zeugungstheorien wildbeuterischer Gesellschaften zusammen, »leisten also ohne Frage die Männer«

(1984: 74). Was hier aufgebaut wurde, kann als massive Denkhemmung bezeichnet werden: man darf nicht wissen, wie der Mensch sich vermehrt. Eine solche Denkhemmung lässt sich nicht auf den Bereich der Sexualität beschränken, sie greift auch auf andere Gebiete über. Auch hier gilt: Aufgabe der Sozialisation während der Adoleszenz wird hier die Vermittlung von falschem Wissen.

Dieses falsche Wissen musste auch in den Körper eingeschrieben werden. Wir stossen hier auf eine pädagogische Maxime, die bis in die Gegenwart hochgehalten wird: Nur was schmerzt, kann wahr sein. Was sich jedoch erhalten hat, ist die dem Neid des Mannes entsprungene Entwertung des Weiblichen und der Frau. Wird die Frau genügend entwertet, so kann sich der Mann schliesslich den Neid ersparen. Diese Entwertungsprozesse können vielfältige Formen annehmen, so zum Beispiel in der Gleichsetzung des Mannes mit »Geist«, »Denken« sowie »Kultur« und der Frau mit »Körper«, »Fühlen« und »Natur«. Die Meinung setzte sich durch, Männer würden der Vernunft und Frauen den Gefühlen gehorchen. Solche Prinzipien wirken sich selbstverständlich auf die Vorstellungen über die Normalität der Adoleszenz aus: Gefühle machen den männlichen Adoleszenten Angst und die weiblichen meinen, dass sie die Regeln der Mathematik nie begreifen werden.

Männer und Krieg

Wenn wir nach der kulturellen Bedeutung des Männerhauses fragen, so können wir feststellen, dass es eng mit jenem Wertsystem verwoben ist, auf Grund dessen die männlichen Tätigkeiten, insbesondere der Krieg und die Jagd, die höchste Wertschätzung geniessen, während die weiblichen Tätigkeiten als an sich wertlos erachtet werden.

> Schon bei Wildbeutern geniessen die Aktivitäten der Männer stets die grössere Aufmerksamkeit und das höhere Prestige, in agrarischen Kulturen ist das Bild das gleiche. Die Tätigkeiten der Männer besitzen grundsätzlich, in ökonomischer wie sozialer und religiöser Hinsicht, die grössere Bedeutung für die Gesellschaft. Bei Pflanzern spielt auch die Jagd in dieser Beziehung noch eine besondere Rolle. (…) Selbst dort, wo ihr Beitrag zum Unterhalt de facto nur kaum ins Gewicht fällt, muss das ihre Wertschätzung keinesfalls schmälern (Müller 1984: 248–249).

Pointiert sprach Thorstein Veblen von der »alten, barbarischen Unterscheidung zwischen Plackerei und Heldentat« (Veblen (1899): 28). Auch hier tauchen zwei Regulatoren adoleszentärer Entwicklungen auf: Wer auf die Rolle von Helden vorbereitet werden soll, muss anders behandelt werden, als jemand, der die Last der Arbeit tragen wird. Mit Recht wird man einwenden, die Mehrheit der Männer seien nun wirklich keine Helden. Aber sie kommen sich so vor, und vor allem sind sie immer bereit, sich mit Helden zu identifizieren. Auch diese Bereitschaft ist ein Grundzug männlicher Adoleszenz.

Diese alte Spaltung zwischen Heldentat und Plackerei deutet eine Tendenz an, die für den weiteren Verlauf der Geschichte ausserordentliche Folgen zeitigen sollte, nämlich die Dissoziation von Arbeit und Sinngebung. Die »Herstellung der lebensnotwendigen Dinge« erschien als zwar zum Überleben nützlich und notwendig, aber bar eines tieferen Sinnes. Sinnvoll bzw. sakral waren lediglich die heiligen Rituale, der Tanz, die Musik und die Feste, die im Männerhaus gefeiert wurden. Ihr Sinn speiste sich nicht aus der Arbeit, sondern oft nur aus dem Krieg: Männer müssen in den Krieg ziehen, um dort die Trophäen zu holen, die für den Fortbestand der Kraft notwendig sind, die die Fruchtbarkeit in Natur und Gesellschaft gewährleistet. Mit anderen Worten: Als Kraft wird nicht die Arbeit angesehen, sondern etwas, was sich der Mann durch Töten aneignen kann. Erst dank dieser Kraft wird die Arbeit, auch die der Frauen, Früchte tragen. Das heisst aber auch, dass die Arbeit an sich kraft- und sinnlos ist. Es muss etwas hinzutreten, um aus der Arbeit eine Produktivkraft zu machen. Und dieses etwas ist merkwürdigerweise etwas Destruktives, nämlich der ritualisierte Krieg, der nicht auf einen unmittelbaren ökonomischen Gewinn ausgerichtet ist.

Dass die Menschen Feste feiern, ist unmittelbar einleuchtend. Warum aber reichen die Feste nicht aus, um Männern und Frauen Kraft für die Arbeit zu geben, warum muss hier der Krieg als sinngebende Instanz wirksam werden? Als Antwort drängt sich auf: Weil mittels des Krieges die Frauen entwertet werden können. Im Bereich der Ökonomie waren die Frauen auf Grund ihrer alltäglichen Leistungen in einer Machtposition. Wollte man sie als Arbeitskraft behalten, so musste die Entwertung den ökonomischen Bereich als Ganzes betreffen und jenseits der Arbeit, im Imaginären und Sakralen, ansetzen.

Man kann die These aufstellen, dass der Krieg als Sinnproduktor umso wichtiger wurde, je mehr die Bedeutung der Arbeit verleugnet werden musste. Der Krieg wurde gewissermassen zum Beweis, dass das im Männerhaus symbolisierte Wertsystem der »Wahrheit« entspricht; denn der eindrücklichste Beweis, dass jemand kein Heuchler ist und es ernst meint, ist letztlich seine Bereitschaft, den Tod auf sich zu nehmen. Der Krieg wurde also zum Ort, wo die Männer beweisen müssen, dass sie an die Werte glauben, welche die Hierarchie im Verhältnis zwischen den Geschlechtern begründen.

Die Dissoziation von Arbeit und Sinngebung verknüpfte sich mit dem Geschlechterantagonismus: die Einhaltung der Rituale wurde vor allem zur Sache der Männer, die Arbeit, die »Plackerei«, zur Sache der Frauen. Die Entwertung der Frau und die Entwertung der Arbeit gingen fortan Hand in Hand und bestimmten auf grundlegende Weise, was als »Kultur«, d.h. als sinnvoll, und was als sinnlos gelten sollte. Für diese Art Kultur wurde, wie Veblen deutlich machte, die Trophäe zum zentralen Gegenstand.

Das Männerhaus ist in all seinen Transformationen der sakrale Ort geblieben, an dem die Trophäen aufbewahrt werden, die die Dissoziation von Arbeit und Sinngebung und das hierarchische Verhältnis zwischen den Geschlechtern aufrechterhalten sollen. Eine wichtige Rolle spielt in diesem Zusammenhang auch das Zelebrieren von Ritualen: Rituale sind Handlungsanweisungen, die quasi automatisch durchgeführt werden sollen und die Welt einfacher und überschaubarer machen. Luhmann hat auf die Reduktion von Komplexität verwiesen, die durch Rituale erreicht werden kann, während Gehlen ihre Entlastungsfunktion betonte. In der Regel müssen Rituale bis zur eigentlichen Bewusstlosigkeit eingeübt werden und stehen infolgedessen in einem Gegensatz zum selbstreflexiven Denken. Wenn aber das selbstreflexive Denken ein Instrument der Suche nach Sinn ist, so ist das Ritual ein Mittel zur Durchsetzung eines Sinns, der nicht mehr hinterfragt werden soll.

Wenn der Alltag rituell durchorganisiert ist, dann bedeutet das also, dass die Suche nach Sinn verboten oder zumindest sozial unerwünscht ist. Wir können davon ausgehen, dass die Ritualisierung meist jene Bereiche der Kultur betrifft, die unwandelbar, anachron, gehalten werden sollen. Da die Suche nach Sinn nicht berechenbar und ihr Ergebnis nicht vorauszusehen ist, wirkt sie immer auch destabilisierend. Diejenigen Bereiche der Kultur, die vor einem Wandel geschützt werden sollen, werden daher rituell »durchreglementiert« und können sich so ausserordentlich stabil erhalten. Wo wir auf derartige Verhältnisse stossen, befinden wir uns in der Regel in der Nähe von Männerhäusern, z. B. von militärischen oder kirchlichen, oft aber auch von akademischen Institutionen.

Sind die Spielregeln einmal festgesetzt, so werden Spielverderber gefürchtet: Personen, die sich nicht an die Regeln halten und sich sogar darüber lustig machen. Adoleszente sind prädestiniert für eine solche Rolle, denn an sich haben sie einiges Interesse, dass die Spielregeln, die sie ja selbst nicht geschaffen haben, ihnen angepasst werden. Das Misstrauen der Gesellschaft gegenüber den Adoleszenten resultiert unter anderem aus der Ungewissheit, ob diese das festgelegte Spiel mitmachen werden oder nicht. Während langer Zeit half sich die etablierte Gesellschaft mit Initiationen, mit reflexionsstoppenden Ritualen, die die Jugendlichen so in Anspruch nahmen, dass sie kaum an Veränderungen denken konnten. In dem Masse aber, in dem die Gesellschaft immer komplexer und unübersichtlicher wurde, war sie auf die Selbstreflexion als Steuerungsmechanismus angewiesen. Der Arbeitsprozess funktionierte nicht mehr so, dass hinter jedem Arbeiter ein befehlender und kontrollierender Angestellter stand, sondern so, dass jeder selbst herausfinden sollte, wie es am besten funktioniert. Mit Ritualen kam man in dieser Situation nicht weiter. Die Beschleunigung des Kulturwandels führte zudem zu einer Verlängerung der Adoleszenz, die zunehmend auch die Frauen betraf. War die verlängerte Adoleszenz einst ein Vorrecht der Männer, so ermöglichten die neuen Methoden der Empfängnisverhütung ab den sechziger Jahren auch die Verlängerung der weiblichen Adoleszenz. Neue Kontrollmöglichkeiten über die Jugendlichen ergaben sich aus einer neudefinierten Aufspaltung von Arbeit und Sinngebung, und zwar als Arbeit und Freizeit. Sie begannen die Adoleszenz auf eine neue Art und Weise zu strukturieren.

Eine Kritik der Rituale müsste beim Zusammenhang zwischen Adoleszenz und Unbewusstheit ansetzen. Aber an der Frage nach der Unbewusstheit scheiden sich bekanntlich die Geister: Die einen betrachten Bewusstheit und die mit ihr einhergehende Aufklärung als zentrale Ursache für die schier unüberwindlichen Probleme unserer Zeit. Unbewusstheit erscheint ihnen als Quelle, in die wir nur zu tauchen brauchen, um wieder zu den Energien zu gelangen, die ein höheres Bewusstsein und die Kraft zur Lösung der anstehenden Aufgaben versprechen. Die zunehmende Verbreitung der Esoterik, die Hoffnung, aus den Ritualen ferner Kulturen die so bitter nötige Weisheit zu schöpfen, oder die Überzeugung, dank Astrologie das eigene Schicksal in den Griff zu bekommen, verweisen auf die erneute Wertschätzung des Irrationalen in unserer Gesellschaft.

Im Gegensatz dazu interpretieren die anderen, zu denen auch ich mich zähle, Unbewusstheit in erster Linie als ein Produkt von energieraubenden und gefährlichen Verdrängungen. Das Unerträgliche an der Realität, die Not, die Gefahren und Widersprüche ebenso wie die Unerfüllbarkeit mancher Wünsche können zwar in gewisser Hinsicht bewältigt werden, indem sie mittels der Verdrängung dem Unbewussten anheimfallen. Das Unerträgliche ist dann scheinbar verschwunden, und man braucht an der Realität nichts zu verändern. Das Problem ist aber, dass das Verdrängte nicht verschwindet, sondern unter vielerlei Masken wiederkehrt. Verdrängten Gefahren ist man in Tat und Wahrheit nicht ausgewichen, sondern auf unkontrollierbare Weise sogar näher gerückt und in höherem Masse ausgesetzt.

Literatur

Caillois, R. 1988 (1950). *Der Mensch und das Heilige.* München u. Wien.
Freud, S. 1969 (1933). *Neue Folge der Vorlesungen zur Einführung in die Psychoanalyse.* In: Freud, S. *Studienausgabe.* Bd. 1: 447–608.
Grunder, H. 1997. »Initiation und Institution. Die Aufgaben der Schule im Kulturtransfer«. In: Neue Zürcher Zeitung. 12. April 1997.
Kaufmann-Huber, G. 1995. *Kinder brauchen Rituale.* Freiburg i.Br.
Müller, K. E. 1984. *Die bessere und die schlechtere Hälfte. Ethnologie des Geschlechterkonflikts.* Frankfurt a.M.
Stanek, M. (1987). »Die Männerhaus-Versammlung in der Kultur der Iatmul.« In: Münzel, M. (Hg.). *Neuguinea. Nutzung und Deutung der Umwelt.* Bd. 2: 621–644. Frankfurt a.M.
Turner, V. 1989 (1969). *Das Ritual. Struktur und Antistruktur.* Frankfurt a. M.
Veblen, T. 1899. *Theorie der feinen Leute. Eine ökonomische Untersuchung der Institutionen.* Köln, Berlin.
Winnicott, D.W. 1985 (1958). *Von der Kinderheilkunde zur Psychoanalyse.* Frankfurt a. M.

Ritualisierungen

Richard Schechner

»Believed-in«-Theater

Die Frage nach der Beziehung zwischen Ritual und Theater hat die Theoretiker lange beschäftigt. Seit dem späten 19. Jahrhundert bis auf den heutigen Tag war es üblich zu sagen, dass das Theater seinen Ursprung im religiösen oder zeremoniellen Ritual hat. Aber diese Ansicht ist unhaltbar. Theoretisch setzt eine solche Position voraus, dass den menschlichen Kulturen ein Sinn des Heiligen innewohnt, bevor sie etwas als »Spass« oder Spiel ausdrücken. Aber wie kann das sein? Müssen wir annehmen, dass der *homo erectus* oder der *homo habilis* etwas Heiliges ausdrückte, bevor er Sprache gewann, bevor er Feuer zu machen und zu kontrollieren imstande war, bevor er verschiedene Werkzeuge herzustellen vermochte – oder muss man etwa annehmen, dass weder die Kinder noch die Erwachsenen dieser frühen Spezies spielten? Eine Ansicht, welche die Wurzeln von Theater nur im Heiligen annimmt, ist nichts als eine Version von biblischen oder ähnlichen Ursprungsmythen. Trotzdem liegen Hunderttausende Jahre zwischen dem *homo sapiens* und früheren Menschentypen; und die Diskussion um die Frage, wie das Theater aus dem Ritual entstanden ist, wird üblicherweise anhand der griechischen Tragödie geführt. Aristoteles hat bekräftigt, dass die Tragödie aus den phallischen Tänzen und dem Dithyrambus entstand. Literarische und archäologische Forschung scheinen zu bestätigen, dass das Ritual dem antiken griechischen Theater vorausging. Aber wir müssen diesen Sachverhalt nicht als Beweis eines universellen Theorems nehmen. Tatsächlich habe ich an anderer Stelle gezeigt, dass das griechische Beispiel nicht allgemeingültig ist und dass Theater in unterschiedlichen Kulturen unterschiedliche Ursprünge hat. Von einem theoretischen Standpunkt aus habe ich einen dynamischen, dialogischen Ursprung des Theaters in der Spannung zwischen Ritual (wirksame performative Aktionen) und Unterhaltung (Ausdruck von Spiel und Spass) vorgeschlagen. Unterhaltung und Ritual, so stellte ich fest, sind *beide* in allen theatralen Ereignissen präsent. Die interessante Frage ist nicht, was zuerst kam – wir können das Rätsel vom Huhn/Ei nicht lösen –, sondern was die Beziehung zwischen Wirksamkeit und Unterhaltung in jeder gegebenen historischen und kulturellen Situation ist. Indem wir diese Beziehung untersuchen, können wir sowohl über das Theater als auch über die Gesellschaft eine Menge lernen.

Heutzutage gibt es, zumindest in den USA, bei gewissen Theater-Formen eine starke Tendenz, das Theater ritual-ähnlicher, wirksamer, »realer« zu machen. Um zu verstehen, was ich meine, muss man zuerst sehen, dass orthodoxes Theater sehr klar zeigt, dass das, was geschieht, ein Glauben-Machen (*make-believe*) ist. Jedermann weiss in einer Aufführung von Pirandellos *Sechs Personen suchen einen Auor*, dass die »Personen« in Wahrheit Schauspieler sind, die Rollen spielen. Orthodoxes Theater ist nicht »geglaubt« (*believed-in*) in dem Sinne, wie ich den Ausdruck benutze. Die mimetische Theorie des Theaters verlangt eine vorgängige, andere Aktualität, welche das Theater reflektiert oder interpretiert, mit welcher es aber nicht identisch ist.

Sprechen wir über die Aufführung *Arbeit Macht Frei* des israelischen Akko Theatre, offensichtlich ein ›Drama‹, das über eine Theateraddresse und einen klar definierten Zeitplan verfügt und bei dem man Eintritt bezahlt. *Arbeit* ist eine ortsabhängige Performance für etwa 50 Zuschauer. Die Aufführung in Akko begann auf einem Parkplatz, wo die Zuschauer in einen Bus verfrachtet und, von Schauspielern/israelischen Soldaten bewacht, quer durch die Stadt zum Akko Holocaust Museum gefahren wurden. Sehr viele Iraelis sind Reservisten in der Armee, so dass ich mich fragte, ob sie wohl ihre aktuellen Uniformen trugen. Beim Museum stellte sich Smadar Yaron Ma'ayan als Zelma vor, eine Holocaust-Überlebende und Führerin der Tour. Sagte sie die Wahrheit? Sie erklärte einige Ausstellungsgegenstände und führte uns dann in das Museums-Auditorium in einen Film, der zeigte, wie die SS Kinder in einen fensterlosen Lastwagen mit Rotkreuz-Beschriftung lud, dessen Abgase zurück in das Wageninnere führten. Erinnerte nur ich mich an die Busfahrt, die wir gerade unternommen hatten? Während des Filmes wusste ich nicht, dass er nach dem Krieg vom polnischen Regisseur Janusz Morgenstern gemacht und dass er, wie es den Anschein hatte, ein Nazi-Instruktionsfilm war. Nach dem Film übergab Zelma die Gruppe an Khaled Abu Ali (sein wirklicher Name), der uns sagte, er sei ein israelischer Araber, und sein Job am Museum sei es, den arabischen Schulkindern zu erklären, was den Juden Europas widerfahren war. Sagte er die Wahrheit? Erst am Ende der Aufführung erfuhren wir, dass diese Leute nicht waren, wofür wir sie hielten – oder doch? Unter den Mitgliedern des Akko Theatre Centers gibt es Kinder von Holocaust-Überlebenden, und der Schauspieler, der den Araber spielt, ist auch Araber.

Zurück im Akko Theatre, wurde das Publikum in einen kleinen Raum gebeten – getrieben wäre richtiger –, dessen Decke so niedrig war, dass wir uns bücken mussten; wir wurden auf harte schmale Bänke gezwängt, die Schauspieler nur Zentimeter entfernt. In unserem Rücken waren schmale Fenster, mit Stacheldraht verbarrikadiert. Wir waren in einem Haus, in einem Konzentrationslager, in einem Bunker, in einem Theater. An einem Flügel, der in diesem vollgepackten Raum bizarr gross wirkte, begann Zelma zu singen, eine Mischung aus israelischem Heldengesang und Liebeslied. Sie debattierte mit einem Nachbarn, wer im Holocaust am meisten gelitten habe. Plötzlich krachte die Decke herunter, nur Zentimeter vor unseren Knien und Nasen: bewahre, ein vollgeladener Tisch, eine Art von »seder«.

> Anstelle eine Tischtuches bedeckten Dokumente und Fotografien mit Bezug zum Holocaust den Tisch vollständig. (...) Wir geben koschere Gerichte von Cholent, Hummus, Eiern und Matzo herum. (Rovit 1993:167)

Zelmas Ehemann Menash (Yosef) brüstet sich damit, dass die israelische Kriegsmaschinerie jeglichen arabischen Widerstand brechen könne. Unbeirrt bürstet Khaled alles ab, was er erblickt, einschliesslich Zelma, die der Familie und den Zuschauer-Gästen Snacks und Schnaps serviert, während Khaled singt und seine Ehre als israelischer Araber verpfändet. Bei der Aufführung von *Arbeit* 1992 in Berlin wurden die Zuschauer über die Behandlung der Türken befragt. In Israel betrafen die Fragen die Behandlung von Arabern. Die Performance zog Analogien zwischen dem Holocaust und den durch den Zionismus hervorgerufen Vertreibungen, der Behandlung von Arabern und den Kriegen für Palästina/Israel. Alles zielte darauf ab, es dem mehrheitlich jüdisch-israelischen Publikum ungemütlich zu machen. Der Schluss von *Arbeit* ist gleichzeitig bezwingend und verstörend. Das Publikum begibt sich auf eine höhere Plattform:

> Die nackten Schauspieler haben sich im Raum verteilt. Miri Tsemach sitzt nackt in einer eisernen Badewanne und schmeisst essend und spuckend mit Speiseresten um sich. Na'ama Manbar schwimmt in einem Glastank, in einem Papierhaufen, lauter Zeugnisse von Holocaust-Überlebenden; und Moni Yosef hängt kopfüber an an einer Wand. Smadar Ya'aron Ma'ayan, ein nacktes lebendiges Skelett, tanzt eine Art Totentanz, fast wie ein Zirkusakrobat. Khaled Abu der Araber rennt nackt hin und her, sich selbst kasteiend, und bietet den Zuschauern die Peitsche an, damit diese ihn schlagen. (Urian 1993: 60–61)

Lachend und weinend zugleich, bietet Khaled den Zuschauern eine Peitsche und eine Flasche Bier an – einige nehmen beides. In der Nacht, als ich anwesend war, peitschte sich Khaled, bis Striemen auf seinem Rücken und Gesäss erschienen. Zuletzt nahm ihm ein Zuschauer die Peitsche weg, aber Khaled besass einen grossen Vorrat an Peitschen: Sobald ihm eine weggenommen wurde, nahm er eine neue. Für das Publikum gab es keinen einfachen Ausweg.

Arbeit gehört zu einem konzeptuellen und wirklichen Raum zwischen dem, was üblicherweise (symbolisch, nicht real) als theatral angesehen wird, und dem, was wirklich ist: das Holocaust-Museum und die Schauspieler, deren Identitäten vom »Selbst« zum »Charakter« gleiten. Eine Mahlzeit wurde serviert und gegessen, Khaleds Körper blutete, die Striemen waren real. Wie bei einem Seder oder T'aziyeh waren die Aktionen real und symbolisch zugleich. Die theatralen Zeichen wurden überholt von der Wirklichkeit der Aktionen, dem »Doppelwesen« (*doubleness*) der Performer. Die spezielle Eigenart von *Arbeit* bestand in der Hinwendung zu einer spezifischen In-Gruppe: den Holocaust-Überlebenden und Kindern von Holocaust-Überlebenden, die Israelis sind. *Arbeit* ist nicht nur »Believed-in«-Theater, weil es eine Dokumentation ist oder weil es Parallelen zieht zwischen dem Holocaust und der Art, wie Israelis die Araber unterdrücken, sondern, weil seine Schöpfer durch experimentelle Theatertechniken Gefühle und Ideen erforschen und ausdrücken, die genau an dem Punkt liegen, wo Persönliches, Historisches, Soziales und Politisches sich überschneiden.

Sehr ähnlich wie der Augenzeugen-Typus von »Believed-in«- Theater der Akko Gruppe ist Ron Atheys Performance seiner eigenen AIDS-Ansteckung, *Martyrs and Saints (Märtyrer und Heilige)*, die folgendermassen beginnt:

> Frauen treten ein. Eine von ihnen beginnt, Nadeln in Atheys Kopfhaut zu stechen. Wir realisieren, dass das wirklich geschieht, dass Blut über Atheys Kopf rinnt. Die Nadeln bilden eine Dornenkrone. Die Frauen peitschen Athey, sie bringen ihn zum Tanzen. Zuletzt wird Athey an einen Pfahl gebunden, auf einem Stück Plastik stehend. Eine Frau stösst Pfeile in seinen Körper, langsam, quälend. Das Programmheft heisst uns an Sankt Sebastian zu denken, aber wir vergessen Sankt Sebastian, wir sehen nur Atheys Haut, die durchstochen wird, sein Blut, das über den Körper auf das Plastik rinnt. Die Panik seines Blutes, das Durchbrechen des Widerstandes seiner Haut, zerstört das Theater des Augenblicks, erlaubt keine mystischen Metaphern oder Sado-Masochismen, um dem Schauspiel Bedeutung zu geben. (McGrath 1995:26)

Athey unternimmt grosse Anstrengungen, um Barrieren – Plastik, Gummi – zwischen seinen infizierten Körperflüssigkeiten und den ›Ich-will-nicht-angesteckt-werden-Zuschauern‹ aufzurichten. Zum grössten Teil »ist Atheys Theatralität erschreckend schlecht gemacht und klischiertes (...) schlechtes Theater« (McGrath 1995:27). Aber bewusst. Was McGrath Dilettantismus nennt, trägt die Performance, »hier geht etwas ab, das aktueller ist, wahrhaftiger, aufrichtiger und bedeutungsvoller als alles, was man im normalen Theater haben kann.« Der Spieler, weit davon entfernt, ein üblicher Schauspieler zu sein, *ist* die Person, die er repräsentiert. Atheys Performance überschreitet das Feld der Ästhetik und richtet sich sowohl direkt an die AIDS-Gemeinschaft wie an uns, die wir diese fetischisieren. Und tatsächlich: Je besser McGraths Theater, desto wirkungsloser. Kritiker John McGrath sah *Martyrs and Saints* dreimal; »die Bilder waren komponiert und schön. Licht und Ton waren sorgfältig moduliert. Theater war auf seiner Seite. (...) Ich fühlte mich distanziert und die Zuschauer erschienen mir wie Voyeure«, sagt er, nachdem er die Performance zum ersten Mal gesehen hat (McGrath 1995:38). Hier spielt das Paradox: Je besser das Theater, desto schlechter – abstrakter und irrevelant – die Erfahrung.

AIDS-Performances sind nur eine Art von »Believed-in«-Theater, assoziiert mit Performance-Kunst. Das Genre spezialisiert sich auf die Aufführung des Selbst, auf Identitäts-Performances, auf die Arbeit am Rande des »Dezenten« sowie auf die Erweiterung der Kunst/Leben-Grenze. Performance-Künstler wie Spalding Gray, Suzanne Lacy, Judy Chicago, Karen Finley, Linda Montano, Annie Sprinkle, Lin Hixon, Tommy Eddy und Bobby Baker sind nur einige Beispiele von vielen. Erstaunlicherweise gerade in einer Zeit, in der akademische Performance-TheoretikerInnen gegen die ›Authentizität‹ argumentieren, gewinnen Performance-Künstler das Publikum, indem sie Sachen zeigen, die »mir wirklich passiert sind« oder die »wirklich das sind, was ich fühle und erfahre« oder die »wirklich meine Phantasien sind.« Im orthodoxen Theater wäre man überrascht zu entdecken, dass die Schauspieler wirklich die Charaktere sind; in der Performance-Kunst würde man sich betrogen fühlen, wenn die Performer nicht das wären, was zu sein sie behaupten.

»Believed-in«-Theater muss nicht von schrecklichen Erfahrungen oder vom AIDS-Terror handeln. Quer durch Amerika hindurch gibt es heute immer mehr Theater, die auf lokalen Gemeinschaften beruhen, die eher zelebrieren als exorzieren, die die Historie und die Erinnerung berühren, welche die sozialen und persönlichen Beziehungen formen. Swamp Gravy von Colquitt Georgia ist ein Beispiel eines solchen, auf einer lokalen Gemeinschaft beruhenden Theaters, welches Konstruktion und Ausdruck von individueller *und* kollektiver Identität verbindet. Es steht der Arbeit von Augusto Boal und Jerzy Grotowski nahe (deren gegenwärtige Arbeiten als eine Form von »Believed-in«-Theater diskutiert werden könnten). Swamp Gravy und ähnliche Projekte benützen Stoffe, die von der lokalen Bevölkerung – Angehörige verschiedener Altersstufen, Rassen, Ethnizitäten, Geschlechtszugehörigkeiten, sozialer Schichten mit unterschiedlichen politischen Ansichten und sexuellen Orientierungen – beigetragen werden. Swamp Gravy ist in bestimmter Weise das Gegenteil von Akkos *Arbeit Macht Frei*. Es zelebriert die Gemeinschaft und streut kein Salz in offene Wunden. Wo heikle Themen wie Gewalt gegen Frauen oder rassistische Beziehungen berührt werden, gibt es Grenzen, welche die Gemeinschaft noch nicht überschreiten will. Diese Grenzen werden bestimmt von den Leuten, welche die Swamp Gravy-Stücke machen. »Es geht nicht um Theater,« sagt der Lichtdesigner Brackley Frayer an der Premiere des ersten Stückes.

> Es geht um etwas anderes. Man muss erst damit vertraut werden. Es ist Anthropologie, Theater, Drama-Therapie und Missionsarbeit, dachte ich. Es geht nicht um das Stück, es geht um die Geschichten; es geht nicht ums Spielen, es geht um den gemeinschaftlichen Wettkampf. (Geer 1996:127)

Der Grossteil der gemeinschaftsbezogenen Theater besteht aus Menschen, die ihre eigenen Geschichten spielen, meistens für die Leute der eigenen lokalen Gemeinschaft. Diese Art Theater stellt die Überzeugung und Aufrichtigkeit, die ›direkte Anrede‹ oder ›Zeugenschaft‹ über das professionelle schauspielerische Handwerk. Obwohl Millionen evangelischer Amerikaner den öffentlichen Ausdruck von religiösem Glauben, politischen Ansichten, sexuellen Orientierungen, – Vom-Heiligen-Geist-Besessen-Sein, Trancetanz, Handauflegen, Gesundbeten, exstatisches Predigen – unterstützen, wurde Theater ironischerweise lange Zeit mit ›Unwahrheit‹ assoziiert. Aber Swamp Gravy ist genau die Art von Theater, die in dieser Umgebung aufblühen kann, ein Theater, das eher ›wahrhaftig‹ als ›theatralisch‹ ist. Zur gleichen Zeit werden Aussenstehende (besonders der Regisseur Richard Geer aus Chicago) wegen ihrem theatralen Handwerk gebraucht. Aber diese Fähigkeiten werden kontrolliert von der Gemeinschaft und so eingesetzt, wie die Gemeinschaft es will. Wenn ein Outsider seine Autorität überschreitet, wird der Täter gerügt. So kommentiert Geer:

> Für einen Regisseur von aussen ist das Erlernen der lokalen Sitten eine Aufgabe, zu vergleichen mit der Beherrschung eines regionalen Dialektes. Niemand hat je offen meine Theaterkenntnisse hinterfragt, aber was hinterfragt wurde, und zwar häufig, das war meine Fähigkeit, Regie in einer Weise zu führen, die den Menschen von Miller County gemäss ist. (1996: 122)

Wenn Swamp Gravy (oder eines der anderen Projekte in fünf Staaten, die nach diesem Modell gemacht sind) ausserhalb ihres Heimatortes auftreten, wird die Arbeit »verallgemeinert«, »ästhetisiert«, gemäss gewissen Normen in »besseres Theater« verwandelt. Wenn die Schauspieler von Swamp Gravy für Fremde spielen, müssen sie »besser« werden, auch wenn sie dadurch den direkten Kontakt mit ihrem Publikum verlieren. Damit würden Swamp Gravy und ähnliche Gruppen so etwas wie ein *Roadside Theater* werden, dessen »lokales Wissen« professionalisiert ist. Ein Austausch zwischen den verschiedenen Genres von Theater – kommerziell, gemeinschaftsbezogen, experimentell, lokal, regional, pädagogisch – ist schwierig.

Swamp Gravy-Regisseur Geer anerkennt seine Beeinflussung durch Augusto Boals *Theater der Unterdrückten*, – welches wiederum zurückgeht auf die *Pädagogik der Unterdrückten* des kürzlich verstorbenen Brasilianers Paulo Freire. Boal beginnt mit der Annahme, dass »alles Theater notwendig politisch ist, weil alle menschlichen Tätigkeiten politisch sind, und Theater ist eine von ihnen« (Boal 1985: ix). In dem Vierteljahrhundert, seit er mit der Entwicklung von TO (Theatre of the Oppressed) begann, hat sich Boals Hauptinteresse vom harten direkten Eingreifen verschoben zu einer Angelegenheit zwischen politischer Aktion und psycho-sozialer Therapie. Wenn Boal Brecht zu seiner Linken hat, so steht Jacob Moreno, der Begründer des Psychodramas, zu seiner Rechten. In TO konstruieren »Zuschau-Spieler« (*spect-actors*), mit der Hilfe von Boal-trainierten Animatoren Alternativen zu bekannten lokalen Beispielen von »Unterdrückung«.

> Zuerst werden die Teilnehmer aufgefordert, eine Geschichte zu erzählen, die ein schwierig lösbares politisches oder soziales Problem enthält. Dann wird ein zehn bis fünfzehn Minuten langer Sketch improvisiert oder geprobt und vorgeführt, der das Problem und eine Lösung zur Diskussion darstellt. Wenn der Sketch vorbei ist, werden die Teilnehmer gefragt, ob sie mit der gezeigten Lösung einverstanden sind. Zumindest einige werden Nein sagen. An diesem Punkt wird erklärt, dass die Szene nun noch einmal ganz genau gleich vorgeführt wird. Jetzt aber hat jeder Teilnehmer im Publikum das Recht, jeden der Schauspieler zu ersetzen und die Aktion in der Richtung zu führen, welche ihm am passendsten erscheint. (...) Jeder kann jede Lösung vorschlagen, aber das muss auf der Bühne gemacht werden, arbeitend, spielend, agierend, und nicht bequem vom Stuhl aus. (1985:139)

Was TO anbietet, sind nicht Theaterproduktionen, sondern das Ausspielen von konkreten Alternativen zu Unterdrückungssituationen. Boal unterstreicht, dass es einfach ist, über Veränderung zu sprechen, aber schwierig, diese wirklich durchzuführen – sogar im Spiel, auf der Bühne, vor Publikum. Boal sagt: »Es ist nicht die Aufgabe des Theaters, den korrekten Weg zu zeigen, sondern nur die Mittel zur Verfügung zu stellen, mit denen der Weg untersucht werden kann.« (1985:141) Boals Kritiker beklagen, dass TO meistens dazu führt, dass Leute einfach Dampf ablassen. Für Boal müssen jene, die an TO teilnehmen, an das glauben, was sie tun. Die Zuschau-Spieler dürfen nicht denken, dass sie nur »glauben-machen« wie im orthodoxen Theater. Sie müssen sich selber als die Vorreiter einer Utopie sehen, Vorreiter eines Imaginierens und Spielens von neuen sozialen und persönlichen Beziehungen.

Als Boal dieses Problem erkannte, unternahm er den nächsten logischen Schritt und entwickelte, was er das »legislative Theater« nannte. Seit den frühen 1990er Jahren und bis zu seiner Niederlage bei den Wahlen von 1996 sass Boal im Stadtrat von Rio. In den mehr als dreissig aktiven TO-Theatern in Rio – teilweise unterstützt aus Rios Gemeindegeldern – schlugen Zuschau-Spieler Gesetze vor, um ihre erbärmlichen Lebensbedingungen zu verbessern. Nun, da Boal nicht mehr im Rat sitzt, ist die Zukunft des legislativen Theaters gefährdet.

Der Einfluss des TV verlangt einen Extrakommentar. Mit herumstreifenden Kameras und Satellitenverbindungen werden reale Ereignisse innerhalb von Stunden oder Minuten nach dem Geschehen fast überallhin gesendet. Diese werden mit zwei Arten von Kommentar versehen: mit der Meinung der Experten, welche die Ereignisse interpretieren, und den Reaktionen von gewöhnlichen Menschen vor Ort, dem sogenannten »menschlichen Gesichtspunkt« (*human interest*). Die Ereignisse und der »menschliche Gesichtspunkt« als Beiprogramm erscheinen authentisch und real, wie die Sache selbst und ihre Auswirkungen. Aber Performance-Theorie lehrt, dass sogar »reale Ereignisse« mediatisiert sind. Wenn sie nicht direkt inszeniert sind (wer inszeniert einen Krieg, wenn nicht die USA im Irak; oder einen Flugzeugabsturz, wenn nicht die Terroristen?), – was gesendet wird, ist editiert – gehen sie üblicherweise in Richtung Drama oder Moralitätsstück: Gute Menschen gegen böse Menschen, Lektionen zum Lernen. Die Opfer, ihre Beziehungen, die Passanten – sie diskutieren die Ereignisse nicht, wie Brecht es sich in seiner *Strassenszene* wünschte, sondern zeigen Gefühle vor der Kamera, oder sie werden so editiert, dass sie das grösstmögliche Pathos hervorbringen. Mit anderen Worten: Die Leute haben seit langem gelernt, Ereignisse als TV-Dramen aufzunehmen; und viele Leute sind sogar bereit, für die Kamera zu spielen, sollte die Gelegenheit kommen.

Diese Gewohnheiten und Erwartungen schwappen über vom TV-Land zum Theater. Paradoxerweise geht der Erwartung, dass Ereignisse unterhaltsam sind, die Forderung einer, dass das Theater »in Wirklichkeit etwas bewirke«, also nützlich sei.

Puritaner verwerfen ein Theater, das aus dem Körper kommt, das den Körper geniesst und nur Unterhaltung, Schönheit und Vergnügen bietet. Atheys Show übernimmt trotz all ihrem Schock und Pathos diesen puritanischen Wert, wenn Athey sich durchbohrt und seinen infizierten Körper quält. Ein Grossteil der Performance-Kunst ist didaktisch. Annie Sprinkle zeigt ihre Vagina oder simuliert pornographische Filmaufnahmen nicht etwa, um Erregung oder Vergnügen auszulösen, sondern um zu entmystifizieren, zu erziehen und gegen sexuelle Ausbeutung aufzutreten. Von Piscator, Brecht und Meyerhold bis hin zum El Teatro Campesino, der San Francisco Mime Troupe und Boal haben Experimentatoren vom Theater mehr gefordert als nur Vergnügen. Theater muss den Menschen dienen, ihre Unterdrücker entlarven und erniedrigen und zu einem besseren Leben führen. Aber damit Theater eine Veränderung herbeiführen kann, muss es Zuschauer anziehen – und zu diesem Zweck muss es stets unterhalten. Das ist der alte dynamische Dialog zwischen Ritual und Spiel.

Die imaginären Bildwelten erhalten Präsenz, virtuelle Realitäten und Identitäten werden ins Spiel gebracht (wie Butler versichert). Um festgelegte Identitäten herumspielend, mit ihnen spielend, sie umdrehend, alternative Identitäten und Realitäten vorschlagend. Wer ist »ich« in der Welt der MOOs und der Internet-Identitäten, und wo residiert solch ein »Ich«? Eine schwindelerregende Liminalität zwischen Realitäten und Fiktionen, nicht ganz real, nicht ganz Fiktion. Diesen Gleitbereich auszudehnen, ist das Wesen des Performativen. Dies hallt in mir als Subjekt nach, weil so viel »Believed-in«-Theater sich darum dreht, Präsenz zu erfinden: das lokale Wissen, die Zeugenschaft des Blutes, das Mimen einer ›besseren Welt‹ in einem TO-Workshop, die Begegnung von *Arbeit Macht Frei* mit spezifischen Orten und einem bestimmtem Publikum, Atheys Performance seiner eigenen Ansteckung, der Colquitt »Dialekt« von Swamp Gravy. Das Internet ist das identische Gegenstück dazu, der Doppelgänger des »Believed-in«-Theaters. Weit davon entfernt, ›dekonstruktionistisch‹ im Sinne Derridas zu sein, glauben Praktizierende und Zuschauer des »Believed-in«-Theaters an »Geschichte«, »Wahrheit«, »Authentizität«, »Präsenz«, »Erfahrung«, usw. Diese und ähnliche Begriffe sind von den akademischen Post-Strukturalisten problematisiert worden. Entweder bemerken die Macher des »Believed-in«-Theaters diesen Gedankengang nicht, oder sie ignorieren ihn oder weisen ihn zurück. Es fasziniert mich, wie weit entfernt von theoretischen akademischen Überlegungen die Praktizierenden des »Believed-in«-Theaters sind. Die Macher von »Believed-in«-Theater glauben tatsächlich; und um zu glauben, muss man die Möglichkeit von Wahrheit wahrnehmen, wo immer sie gefunden werden kann: In der Geschichte deiner Stadt, in deiner Erfahrung, in den grässlichen Ereignissen des zwanzigsten Jahrhunderts, im Fluss von infiziertem Blut.

Es ist viel geschrieben worden über die anwachsende Theatralität des Alltagslebens, darüber, wie das Theater die Religion, Politik, Medizin, die Berufe, den Sport und fast alles sonst beeinflusst und infiltriert hat. Ich hingegen spreche von der Bewegung in eine andere Richtung, ich spreche davon, wie die – fiktive oder reale – Authentizität von Religion, von Glaube und Ritual geholfen hat, einen wirksamen Theater-Typus zu schaffen. In diesem Theater gehören die gespielten Geschichten denen, die sie spielen, die Charaktere spielen sich selbst oder Menschen, die sie kennen, die Situationen beziehen sich auf sie selber, die Orte, an denen sie spielen, sind Teile der Nachbarschaft, die Aktionen, die sie spielen, haben Konsequenzen. Im »Believed-in«-Theater hat das reale Leben das Theater besetzt. Aber nicht einfach jedes alte »reale Leben«. Das reale Leben des »Believed-in«-Theaters ist das Leben des Rituals, ein Leben voller Wirksamkeit, ein Leben, das die alltäglichen Ereignisse sakralisiert.

Dieses Genre steht sowohl der Religion als auch der gerichtlichen Zeugenschaft nahe und unterscheidet sich dennoch davon. »Believed-in«-Theater operiert innerhalb des theatral-dramatischen Paradigmas. Die Leute, die »Believed-in«-Theater machen, erzählen Geschichten mit Hilfe von Rollen, als Dialoge und/oder Lieder; sie spielen Konflikte und zeigen Gefühle; sie bereiten ihre Arbeit in Proben vor, gebrauchen unterschiedliche technische Hilfsmittel; sie zeigen ihre Arbeit vor Publikum, oft genug vor einem zahlenden Publikum, welches die Arbeit nicht als Religion, nicht als eine Stadtbegegnung, nicht als irgend etwas anderes denn als Theater aufnimmt. Während das orthodoxe Theater im Vergleich zu Film und Video an Präsenz und Geltung immer mehr verliert, nimmt die Bedeutung des »Believed-in«-Theaters zu. An ortsspezifischen, ereignis-spezifischen, publikums-spezifischen Performances treffen sich Menschen als Mit-Schöpfer, als Teilnehmer, Schauspieler, Zuschauer, Zeugen, Bürger, Aktivisten... als Handelnde. Die Ereignisse sind oft ebenso sozial oder persönlich oder ritual-ähnlich wie exklusiv oder auch nur hauptsächlich ästhetisch. Aufrichtigkeit und ehrliche Anstrengung werden geschätzt. Die direkte Anrede ist der Standard bei persönlicher oder gemeinsamer Zeugenschaft. Mit diesen Performances riskieren die Performer oft viel, sozial, psychologisch, und hie und da – wie im Falle von Athey – sogar physisch. Der Körper wird als ein zerbrechliches und vieldeutiges Lebens- und Bedeutungs-Gefäss ausgestellt, zum Spielball gemacht, kompromittiert, zelebriert, penetriert, durchlöchert, geschnitten, bedeckt und zur Schau gestellt. Doch diese Körper sind auch Personen, lebendige Subjekte, die mehr sind als das Objekt der Performance. Sie spielen ihre eigene Subjektivität, tragen ihren eigenen Namen, klagen ihre eigenen Umstände und Geschichten ein.

Zurück zum Thema, mit dem ich einsetzte: Theater hat seinen »Ursprung« immer in der dynamischen Interaktion von Ritual und Unterhaltung. Obwohl scheinbar bedroht durch die Medien, wird die lebendige Performance nie untergehen. Die Spieler des »Believed-in«-Theaters – Performer wie Zuschauer – bestehen auf ihrer unmittelbaren Anwesenheit als konkrete physische, individuelle, soziale und metaphysische Wesen. Im »Believed-in«-Theater, einem Live-Theater von gespielten persönlichen und lokalen Wahrheiten, das die Menschen einander von Angesicht zu Angesicht gegenüberstellt, kreiert Theater noch einmal sich selbst.

Übersetzt von Walter Pfaff

Literatur

Appalshop. 1996. *Appalshop Notes*. Whitesburg, Kentucky: Appalshop.
Boal, Augusto. 1985. *Theatre of the Oppressed*. New York: TCG.
– 1992. *Games for Actors and Non-Actors*. London: Routledge.
Barba, Eugenio. 1979. *The Floating Islands*. Holstebro. Denmark: Drama.
– 1986. *Beyond the Floating Islands*. New York: PAJ Publications.
Brecht, Bertolt, 1964. *Brecht on Theatre*. New York.
Brentano, Robyn. 1994. »Outside the Frame: Performance. Art, and Life«. In: *Outside the Frame*. Cleveland: Cleveland Center for Contemporary Art.
Butler, Judith. 1990. *Gender Trouble*. London: Routledge.

Deak, Frantisek. 1975. »Russian Mass Spectacles«. The Drama Review 19, 2: 7–22.

Dreifus, Claudia. 1996. »The Cyber-maxims of Esther Dyson«. The New York Times Magazine, 7 July: 16–19.

Durland, Steven and Linda Frye Burnham. 1996. »Publisher's Notes«, High Performance 19, 1: inside front cover ff.

Geer, Richard Owen. 1996. »Out of Control in Colquitt: Swamp Gravy Makes Stone Soup«. The Drama Review 40, 2: 103–30.

Gerould, Dan. 1989. »Historical Simulation and Popular Entertainment: The Potemkin Mutiny from Reconstructed Newsreel to Black Sea Stunt Men,« The Drama Review 33, 2: 137–60.

Golub, Spencer. 1984. *Evreinov: The Theatre of Paradox and Transformation*. Ann Arbor: UMI Research Press.

Grotowski, Jerzy. 1988. »Performer« Workcenter of Jerzy Grotowski, 36–41. Pontedera, Italy: Privately distributed pamphlet.

Kirshenblatt-Gimblett, Barbara. 1996. *Destination Culture*. Berkeley: University of California Press.

McGrath, John. 1995. »Trusting in Rubber: Performing Boundaries During the AIDS Epidemic«. The Drama Review 39, 2: 21–38.

Osinski, Zbigniew. 1991. »Grotowski Blazes the Trails: From Objective Drama to Ritual Arts«. The Drama Review 35, 1: 95–112.

Richards, Thomas. 1995. *At Work with Grotowski on Physical Action*s. London: Routledge.

Rovit, Rebecca. 1993. »Emerging from the Ashes«. The Drama Review 37, 2: 161–73.

Schechner, Richard. 1985. *Between Theater and Anthropology*. Philadelphia: University of Pennsylvania Press.

– 1988, *Performance Theory*. London and New York: Routledge.

Schechner, Richard and Lisa Wolford, eds. *The Grotowski Sourcebook*. London: Routledge.

Snow, Stephen. 1993. *Performing the Pilgrims*. Oxford: University of Mississippi Press.

Taussig, Michael and Richard Schechner. 1994. »Boal in Brazil, France, the USA«. 17–32 in Playing Boal, Schutzman, Mady and Jan Cohen-Cruz, eds. London: Routledge.

Urian, Dan. 1993. »Arbeit Macht Frei in Totland Europa«. TheatreForum 3 (Spring): 60–66.

Wolford, Lisa. 1996. »Action: The Unrepresentable Origin«. The Drama Review 40, 4: 134–53.

Mireille Schnyder

Initiationsriten am Anfang des Buches

Bucheinbände sind, international, zur Reklame für das Buch geworden. Jene Würde des in sich Gehaltenen, Dauernden, Hermetischen, das den Leser in sich hineinnimmt, gleichsam über ihm den Deckel schliesst wie die Buchdeckel über dem Text – das ist als unzeitgemäss beseitigt. Das Buch macht sich an den Leser heran; es tritt nicht länger auf als ein für sich Seiendes, sondern als ein für anderes, und eben darum fühlt sich der Leser ums Beste gebracht. (…) Das schädigt die Bücher auch als Geistiges. Ihre Form meint Absonderung, Konzentration, Kontinuität; anthropologische Eigenschaften, die absterben. (…) Indem das Buch, durch seine Erscheinung, die letzte Erinnerung an die Idee des Textes abwirft, in dem Wahrheit sich darstellt, und sich dem Primat ephemerer Reaktionsweisen beugt, wendet solche Erscheinung sich gegen das Wesen, das es vor jeder inhaltlichen Bestimmung anmeldet.[1]

Die Exklusivität des Buches, des durch die Buchdeckel geschützten Raums, wie sie Adorno hier zelebriert, ist seit jeher Teil des Leserbewusstseins, und es liesse sich leicht eine Sammlung entsprechender Äusserungen zusammenstellen. Wobei »seit jeher« eine Kontinuität meint, die seit den Anfängen des Buches in der Spätantike[2] ihre Farbe durchaus verschiedentlich verändert hat.

Die spätantike und mittelalterliche Buchkultur mit ihren vielfältigen Verästelungen, die ersten Drucke, der barocke Prachtband, das aufgeklärte Taschenbuch, die Neuerscheinung von 1999 – sie verbinden sich fast nur darin, dass ein Text in einen Einband gefasst ist, wobei der Schutz des Textes gleichzeitig seine Bezeichnung und Auszeichnung ist, aber auch das, was den Leser zwingt, den Text zu enthüllen, indem

---

1 Theodor W. Adorno, »Bibliographische Grillen«. In: *Noten zur Literatur*, 5. Aufl., Frankfurt a.M. 1991: 345f.
2 Zwischen dem 2. und 4. Jh. setzte sich diese neue Form der Textverarbeitung erfolgreich gegen die Papyrusrolle durch. Es ist anzunehmen, dass der Impuls für die neue Buchform von den frühen Christen ausging, da im 2. Jh. schon häufig biblische Texte in dieser Art aufgeschrieben wurden, wodurch der Codex zuerst einmal zum Gefäss des Geheiligten wurde, zum Heiligtum. Dabei ist klar, dass es Vorformen des Pergamentcodexes gab, wie die »membranae«, die sich aus den Wachstäfelchen entwickelten. Vgl. dazu: L.D. Reynolds and N.G. Wilson, *Scribes & Scholars. A Guide to the Transmission of Greek & Latin Literature*. Oxford ³1991: 34f.; Bernhard Bischoff, *Paläographie des römischen Altertums und des abendländischen Mittelalters*. Berlin 1979 (= Grundlagen der Germanistik 24): 34, 227.

er den Deckel aufschlägt.[3] Das aufgeschlagene Buch dann wird zum Zeichen der Offenbarung: liturgisch liegt das Buch offen da, der Wissenschafter wird mit aufgeschlagenem Buch gezeigt, dem Liebespaar offenbart sich im Spiegel des aufgeschlagenen Buches ihre Liebe, der Magier findet im offenen Buch den Schlüssel zur Welt. Die Geste des Aufschlagens ist es, die das Buch von Anfang an begleitet – so sehr sich die Handbewegung selber verändert haben mag, so anders das taktile Erlebnis geworden ist.

Auch wenn Adornos »Idee des Textes«, diese »Sakralisierung« der Literatur in einem säkularen Bereich, auf eine Entwicklung des 18. Jahrhunderts zurückgeht, als die Diskrepanz zwischen Werbenotwendigkeit (des Verlegers) und Exklusivitätsanspruch des Autors bewusst aufbrach,[4] hat die Überhöhung des Buches zum Schrein einer ideellen Wahrheit – sei diese nun religiös oder säkular definiert – doch auch ihre längere Geschichte, die in die ersten Anfänge christlichen Buchkultes zurückweist (ein Kult, der so überspitzt war, dass er von Hieronymus scharf verurteilt wurde[5]) und die auch ihre festen, sich zu ritualisierten Handlungsmustern und Handlungsräumen verknüpfenden Symbole hat.

Es geht hier also nicht um die Bedeutung der Literatur für gewisse ritualisierte Lebensmomente (Gelegenheitsgedicht, Theater, etc.), auch nicht um die Literatur als Ritual (Romanlektüre, Biographienlektüre, aber auch Dichterlesung, Literaturgruppen, etc.) oder um das Ritual des Erzählens,[6] sondern um das, was da passiert, wo ein geschriebener Text in die Lebenswelt eingegliedert wird, indem man ihn zwischen zwei Deckel bindet, darin schützt und abschliesst, darin aber auch als zu Öffnendes präsentiert.

3 Zur Realisierung des Raumes vor dem Textanfang als Ort eines auszeichnenden Zwischenbereichs vgl.: Bischoff (wie Anm. 2): 236. Dabei sollen die »beträchtlichen Schwankungen«, auf die auch Genette (S.11) hinweist, nicht geleugnet werden. Doch zielt die Frage hier nicht nach dem Unterscheidenden, sondern nach dem Konstanten. »Erfahrungsgemäss handelt es sich hier nämlich um einen Diskurs, der stärkeren Zwängen unterliegt als viele andere und in den die Autoren seltener Neuerungen einführen als sie denken.« Gérard Genette, *Paratexte. Das Buch vom Beiwerk des Buches.* Mit einem Vorwort von Harald Weinrich. Aus dem Französischen von Dieter Hornig. Frankfurt a.M. 1989: 19. (= G.G., *Seuils.* Paris 1987).

4 Vgl. dazu u.a.: Edda Ziegler, »Buchgestaltung in Deutschland 1820 bis 1850«. In: *Buchgestaltung in Deutschland 1740–1890*, hg. von Paul Raabe. Hamburg 1980: 124–145 (=Schriften des Wolfenbütteler Arbeitskreises für Geschichte des Buchwesens 5). – Ebd., Rosemary Hoffmann-Scholl, »Die Buchillustration im 18. Jahrhundert«: 39–53. Vgl. auch Wolfgang Braungart, *Ritual und Literatur.* Tübingen 1996 (=Konzepte der Sprach- und Literaturwissenschaft 53): 149ff. und 200. Er zeigt auf, wie im Verlauf des 18. Jh.s die Literatur langsam zum Kult stilisiert wurde und sich so eine Ritualisierung der sie umgebenden Handlungen vollziehen konnte.

5 »veteres libros vel in membranis purpureis auro argentoque descriptos, vel uncialibus, ut vulgo aiunt, litteris onera magis exarata quam codices.« Hieronymus, *Prol. in Iob.* Zitiert nach: Bischoff (Anm. 2): 230.

6 Zu diesen Themenkomplexen vgl.: Wolfgang Braungart (Anm. 4), v.a. 141; Langdon Elsbree, *Ritual Passages and Narrative Structures.* New York [etc.] 1991 (=American University Studies, Series III, Comparative Literature 38). Vgl. dazu aber auch die in letzter Zeit sich immer mehr ausbreitende Rezeptions-, Leser-, Buchmarktforschung.

Wenn also im folgenden nach Initiationsriten am Anfang des Buches gefragt wird, geht es nicht um die Textanfänge, die ersten Sätze, das allmähliche Eindringen des Lesenden in die Welt der ineinandergehängten Wörter, die sich in seinem Kopf in einen Zusammenhang flechten und ihn gleichzeitig in ihre fremde Welt entführen. Es geht nicht um dieses ständige Wechselspiel im Vollzug der verstehenden Lektüre, dieses Hin und Her, in dessen Pendelbewegung, im Zwischenraum des in die Luft gezeichneten Austausches, ein gelesener Text entsteht. Also nicht um das, was Eco meinte, wenn er in bezug auf seinen Roman »Der Name der Rose« sagte: »Die ersten hundert Seiten haben (…) die Funktion einer Abbusse oder Initiation, und wer sie nicht mag, hat Pech gehabt und bleibt draussen, zu Füssen des Berges.«[7]

Was hier interessiert, ist der Anfang des Buches, dieses Dinges, das aus Umschlag, Buchdeckel, einem Haufen zurechtgeschnittenen und bedruckten Papiers besteht, wohlgeordnet, gebunden, numeriert. Also ein Teil dessen, was seit Genette »Paratext« genannt wird, nämlich »jenes Beiwerk, durch das ein Text zum Buch wird und als solches vor die Leser und, allgemeiner, vor die Öffentlichkeit tritt.«[8] Kurz: ich frage nach dem Weg des Lesers zum Haupttext hin.

Die Überlegungen beschränken sich auf die Zeit des Buchdrucks, der spätantike und mittelalterliche Codex sind ausgeklammert.[9] Und es wird genau umgekehrt verfahren als in der Leserforschung, wie sie sich seit den 70er Jahren als eigene Forschungsrichtung herausgebildet hat mit Fragen nach Rezeptionsmechanismen, dem Buchmarkt, Werbestrategien, dann auch Zusammenhängen sozialer Veränderungen mit Lesegewohnheiten und Einflüssen des sogenannten Publikumsgeschmacks auf

---

7 Umberto Eco, *Nachschrift zum »Namen der Rose«*. München und Wien 1984: 49.
Zum Anfang des Textes vgl. folgende Forschungsüberblicke und Bibliographien: Gerd Driehorst und Katharina Schlicht, »Textuale Grenzsignale in narrativer Sicht. Zum Problem von Texteingang und Textausgang. Forschungsstand und Perspektiven«. In: *Sprache in Vergangenheit und Gegenwart,* hg. von Wolfgang Brandt. Marburg 1988: 250–269. (=Marburger Studien zur Germanistik 9); Wolfgang Haubrichs, »Kleine Bibliographie zu ›Anfang‹ und ›Ende‹ in narrativen Texten« (seit 1965). In: Lili 25, 1995: 36–50.
8 Gérard Genette (Anm. 3): 10. Titel der frz. Ausgabe ist ja auch: »Seuils«.
9 Nicht nur ist das Verhältnis von Leser und Buch für die Zeit der einmaligen Manuskripte doch sehr verschieden von dem des in grösseren Massen produzierten Buches, sondern der Gegenstand selber ist oft nicht ganz einfach zu fassen. Viele der hier vorgebrachten Phänomene haben aber ihre Vorgeschichte im mittelalterlichen Buch. Man kann nicht genug betonen, wie fliessend und sanft in gewisser Weise der Übergang vom Manuskript zum gedruckten Buch war. Die ersten Inkunabeln sind von handgeschriebenen Büchern kaum zu unterscheiden, und die Illustratoren übernehmen ihre Aufgabe wie bei den Manuskripten. Dabei mag die Notwendigkeit, die Neuerung bei einem breiteren Publikum beliebt zu machen, eine Rolle gespielt haben: nur möglichst wenig im Erscheinungsbild ändern, um dem doch konservativen Leseverhalten entgegenzukommen. Ein Phänomen, dem die Konstanz der Erscheinung des Buches nicht wenig verdankt – und die, wird sie verletzt, zu Reaktionen führt, wie die anfangs zitierte von Adorno.
Zu Gliederungsprinzipien des mittelalterlichen Buches und deren Entwicklung vgl. den sehr aufschlussreichen Aufsatz von Nigel F. Palmer, »Kapitel und Buch. Zu den Gliederungsprinzipien mittelalterlicher Bücher«. In: Frühmittelalterliche Studien 23 (1989): 43–88.

die Buchgestaltung, etc. Ohne diese entscheidenden und äusserst wichtigen Komponenten in bezug auf die Buchgestaltung zu negieren, wird hier doch diesem anderen Moment nachgefragt, dessen Reflex sich in der Stilisierung des Buches zum Heiligtum oder zumindest zum Ort einer Wahrheit äussert: mit welchen Strategien wird die Exklusivität des im Buch geschützten Textes bewahrt.[10]

Dabei geht es nicht um Verlagsinteressen und Autorenstilisierung, sondern mit einer gewissen Einsinnigkeit soll der Weg des Eintritts in das Buch und damit der Weg zum Haupttext hin an verschiedenen Beispielen nachvollzogen werden, streng aus der Sicht des Lesers. Das komplexe Interessennetz, das hinter der jeweiligen Buchgestaltung steht, wird also ausgeklammert.

Als Folge der Erfindung des Buchdrucks, dann aber auch der fortschreitenden Alphabetisierung, vergrösserte sich die potentielle Leserschaft immer mehr. Anderseits wurde durch die Veränderung des Buchmarktes, indem nicht mehr Gönner und Mäzene als Auftraggeber die Herstellung unterstützten, sondern das Produkt sich selber verkaufen musste, der Absatz der Bücher zur Notwendigkeit. Das Buch als etwas, das nur Eingeweihten offensteht, wie es das Buch – ob sakral oder säkular – in einer Zeit der beschränkten Lesefähigkeit war, das Buch als Gefäss einer Magie des Intellekts und Ausdruck der Macht, war plötzlich davon abhängig, möglichst viele Käufer zu finden, damit aber in der Gefahr, seine ihm anfänglich immanente Magie und Macht zu verlieren. So finden sich nicht wenig gedruckte Bücher in dieser seltsamen Spannung zwischen kommerziellen Interessen und gesuchter Exklusivität. Je mehr Hände nach dem Buch griffen, umso sorgfältiger versuchten sich gewisse Bücher davor zu schützen, so dass sich in den Buchanfängen in feinster Verknüpfung ausschliessende und einnehmende Elemente wiederfinden.

Der Text muss sich, trotz aller notwendigen Anbiederung und Publikumsanpassung, als Ganz Anderes interessant machen – und wird als das wahrgenommen, wie die Zeugnisse zeigen.[11] Der Weg zum Text hin wird entsprechend zur Initiation, die den Leser bereitet für die Lektüre.[12]

---

10 Dabei lässt sich dieser Interessenkonflikt nicht einfach auf die zwei Protagonisten Autor und Verleger aufteilen, auch wenn er nicht selten oberflächlich hier aufbricht. Vgl. dazu die Korrespondenzen zwischen Autoren und ihren Verlegern, die immer wieder einmal die Buchgestaltung berühren.

11 Immer ist es die religiöse Sprache, die herhalten muss, wenn davon die Rede sein soll, was denn nun ein Buch auszeichnet: »Die Bücher sind einsame Kapellen (…) die der Mensch (…) hauptsächlich deswegen besucht, um sich in ihnen von den Zerstreuungen des Lebens zu sammeln und seine Gedanken auf ein anderes Sein als das rein sinnliche zu richten.« Ludwig Feuerbach, »Abälard und Heloise / oder / Der Schriftsteller und der Mensch / eine Reihe / humoristisch-philosophischer Aphorismen« (1834). In: *Gesammelte Werke*; hg. von Werner Schuffenhauer, Bd. 1. Berlin 1981: 535–638, hier: 545.

Kehrseite dieser Überhöhung ist die excessive, meist nicht nachvollziehbare Warnung vor gewissen Büchern, wie auch Zensur und Buchvernichtung. Die Idee einer schlechten und guten, einer falschen und richtigen Lektüre ist schliesslich eine Glaubensfrage. »Falsche« Lektüre ist »gefährliche« Lektüre, und ihr Genuss ist nicht anders als der Biss in den Paradiesesapfel.

Die enge Verbindung von Lektüre mit Sexualität wird ganz deutlich in den Erziehungstraktaten des

In bezug auf diese Hinführung des Lesers zum Text den Ritualbegriff einzuführen, bedarf ein paar Bemerkungen. Zwar wird der Begriff des Rituals, durch die amerikanische Literaturwissenschaft angeregt, schon seit einiger Zeit auf die Literatur angewendet. In der kulturanthropologischen Ritualforschung als Handlungsbegriff entwickelt und erforscht,[13] wird er entsprechend in der Literaturwissenschaft rezipiert. Das heisst es werden ritualisierte Erzählstrukturen untersucht, der Literaturbetrieb als solcher wird auf seine Rituale hin betrachtet, die Lektüre und das Lesen werden unter diesem Aspekt gesehen, dann v.a. das Theater. Wenn hier nun im folgenden von Buchumschlag, -deckel, Vorsatzblättern, Titeln, Motti, Inhaltsverzeichnissen, etc. als Stationen eines Rituals gesprochen wird, die der Leser zu durchlaufen hat, bevor er zum Text, dem eigentlichen, in der einen oder andern Art Geheiligten kommt, bevor er in den Text eintritt, wird die Raumstruktur eines Rituals auf die einzelnen Teile des Buches übertragen,[14] der Begriff des Rituals in gewisser Weise metaphoriert. Was sich im rituellen Ablauf einer Initiation in der Regel am Körper vollzieht, als einem Raumwechsel, einem Zustandswechsel, wird scheinbar auf einen intellektuellen Vorgang übertragen. Und doch sage ich scheinbar. Denn die äussere räumliche Konkretisierung dieser verschiedenen Stufen lässt sich sicht- und fühlbar in verschiedene voneinander klar abgegrenzte Bereiche teilen. Bereiche, die aber nur durch die intellektuelle Anstrengung zu dem werden, was sie sind: Ein Buchdeckel ist nur Buchdeckel, weil ein Text drin ist – losgelöst von seiner Funktion ist er Kunstgegenstand, Museumsstück, historisches Zeugnis, wenn nicht einfach Abfall – nicht aber Buchdeckel im eigentlichen Sinn.

Spreche ich vom Buchanfang als dem Ort eines rituellen Geschehens, so kippt dieses Sprechen also ständig zwischen eigentlicher und uneigentlicher Rede hin und

---

18. und 19. Jh.s, wo nicht nur die Lektüre als Beförderin der Onanie dargestellt wird, sondern Bücher als »literarische Bordelle« erscheinen. Vgl. dazu Dominik von König, »Lesesucht und Lesewut«. In: *Buch und Leser*; hg. Herbert G. Göpfert. Hamburg 1977: 89–124 (=Schriften des Wolfenbütteler Arbeitskreises für Geschichte des Buchwesens 1). Vgl. auch noch die Beschreibung Kellers im *Grünen Heinrich*, 12. Kap., »Die Leserfamilie/Lügenzeit«.

12 Es geht also um diesen höchst komplexen Bereich von Lesersuche, -auswahl, -werbung, aber auch Lesestoffauswahl, Aufschlagen eines Buches und Lektüreanfang, wo sich ein geschriebener Text im Spiel zwischen Prostitution und verweigernder Exklusivität einen Ort schaffen will, im Netz von wirtschaftlichen, politischen, sozialen, geistesgeschichtlichen, damit auch modischen Kräften. Also das, was zwischen dem »Feld der Produktion und dem Feld der Konsumenten« passiert, um mit Bourdieu zu sprechen. Pierre Bourdieu, »Aber wer hat denn die ›Schöpfer‹ geschaffen?« In: *Soziologische Fragen*. Frankfurt a.M. 1993: 197–211, hier: 200. (Vortrag an der Ecole nationale supérieure des arts décoratifs, April 1980). Dabei kann hier der Komplexität dieses Netzwerks nicht wirklich Rechnung getragen werden.

13 Vgl. dazu u.a.: Wolfgang Braungart (Anm. 4): 51.

14 Braungart (Anm. 4) kommt kurz auf die Leserituale zu sprechen, wobei es ihm um die räumliche und körperliche Inszenierung des Lesens geht (im Bett, in der U-Bahn, etc.): 151f.

her. Und es ist schliesslich lediglich die Wahrnehmung[15] des Lesers, die mich leitet. Diese Wahrnehmung, die von »Schwelle« spricht, die von »Eingang« spricht, die die architektonischen Begriffe in den Leseakt hineinzieht, die den scheinbar ruhenden Körper des Lesenden zum bewegten Körper eines Vorwärtsgehenden macht. Es ist aber auch die konkrete künstlerische Gestaltung der Buchanfänge, die die Raumstruktur suggerieren, so dass die subjektive Wahrnehmung des Lesenden sich in der dargebotenen Ausgestaltung wiederfindet, durch diese verführt, geführt und geleitet wird. So wird das Sprechen von Initiationsritual im Bezug auf den Buchanfang aus seiner rein metaphorischen Qualität gelöst in einen Bereich der Ästhetik, in der sich subjektive intellektuelle und sensuelle Wahrnehmung[15] mit objektiven Darstellungsmitteln treffen. Wenn ich also von Initiationsriten am Buchanfang spreche, meine ich durchaus rituelle Handlungen, die sich mit Ritualstrukturen, wie sie die anthropologische und ethnologische Forschung untersucht, vergleichen lassen.[16]

Für meine Überlegungen dient die seit van Gennep anerkannte Grundstruktur von Übergangsriten, zu denen eben auch die Initiation gehört, als Folie: Trennung und Loslösung aus dem gewohnten Umfeld (*rites de séparation*) und Angliederung an eine neue Ordnung (*rites d'agrégation*), mit einer Phase der Umwandlung dazwischen (*rites de marge*). Dabei stehen die mittleren *rites de marge*, als für den Initiationsritus wesentliche Phase, im Vordergrund. Im Rückgriff auf Untersuchungen vor allem von Victor Turner lassen sich dafür verschiedene feste Elemente bestimmen,[17] von denen hier folgende Punkte interessieren:[18]

---

15 Die intellektuelle Wahrnehmung wird v.a. geleitet von sprachlichen Formen, die sensuelle v.a. als visuelle und taktile Wahrnehmung (Schriftbild, Verzierungen, Papierkonsistenz, etc.).

16 H.-G. Soeffner definiert das Ritual als »Verknüpfung von Symbolen und symbolischen Gesten in gleichbleibenden und vorstrukturierten Handlungsketten.« (Zitiert nach: Wolfgang Braungart (Anm. 4): 45, Anm. 20).
   Bei Goffmann findet sich die Definition des Rituals, wie sie sehr direkt hier übernommen werden kann: »Ein Ritual ist eine mechanische, konventionalisierte Handlung, durch die ein Individuum seinen Respekt und seine Ehrerbietung für ein Objekt von höchstem Wert gegenüber diesem Objekt oder seinem Stellvertreter bezeugt.« Zitiert nach: Iwar Werlen, *Ritual und Sprache*. Tübingen 1984: 65.

17 Arnold van Gennep, *Übergangsriten* (*Les rites de passage*). Aus dem Französischen von Klaus Schomburg und Sylvia M. Schomburg-Scherff. Mit einem Nachwort von Sylvia M. Schomburg-Scherff. Frankfurt a. M./New York 1986: 21.

18 Ich folge v.a. Victor Turner, *The Forest of Symbols. Aspects of Ndembu Ritual*. Ithaca, New York 1967; darin: Kap. 4: »Betwixt and Between: The Liminal Period in Rites de Passage«: 93–111. Victor Turner, *The Ritual Process, Structure and Anti-Structure*. Chicago 1969 (=The Lewis Morgan Lectures 1966); darin: Kap. 3: »Liminality and Communitas«: 94–130; Kap. 4: »Communitas: Model and Process«: 131–165. Daneben: Wolfgang Braungart (Anm. 4): 74–138. Ronald L. Grimes: *Beginnings in Ritual Studies*. Revised Edition. Columbia 1995 (= Studies in Comparative Religion).

Für die räumliche Anordnung des Rituals gilt eine hierarchische Ordnung sowie oft eine rhythmisierte, repetitive Raum- und Handlungsgliederung. Ein Initiationsritus besteht darin, den Initianden in der einen oder andern Art von seiner bisherigen Umwelt zu trennen, wobei oft ein schon ritualisierter Akt der Willensbezeugung eine Rolle spielt.[19] Gleichzeitig gliedert sich durch diese Abkehr von der Umwelt der Initiand an eine gleichartige Gruppe anderer Initianden an. So abgekehrt von der Umwelt gilt es, den Initianden in einen anderen Zustand, ein anderes Sein zu überführen, das ihm schliesslich neue Einsichten vermittelt. Das heisst, der Initiand ist nicht mehr Teil der Welt, ist aber auch noch nicht Teil des Neuen, sondern in einer neutralen Zwischenstellung, deren Ambiguität gekennzeichnet ist oder sein kann durch: Unsichtbarkeit des Initianden (wenn auch nicht physisch so doch strukturell) – Statuslosigkeit (ausserhalb jeder sozialen Klassifizierung) – Namenlosigkeit (alle werden mit demselben Namen bezeichnet) – vollkommene Unterwerfung unter die Autorität des Initiators – Rollenspiel, Maskierung, dadurch Distanzierung des Individuums von sich selber, Loslösung in eine andere Identität und damit die Freiheit des Spiels mit den verschiedenen Bausteinen des realen Lebens. Turner sieht darin, und ich denke wohl zu Recht, eine Form der Reflexion, man könnte sagen, der in den Körper umgesetzten Reflexion; eigentlich die Realisierung des Paradoxes einer verkörperlichten Abstraktion.

Dieser verkehrte Zustand des Initianden wird als Bedrohung für die Gesellschaft gesehen, ist jedoch auch für einen, der nicht auserkoren ist, gefährlich. Auf Parallelen, die sich zum Umgang der Gesellschaft mit Lesern ziehen liessen (Lektürevorschriften und -verbote, Zensur, etc.), will ich hier nicht eingehen. Interessant ist jedoch zu sehen, dass diese Beschreibungsmodelle für Rituale, wie sie die anthropologische Forschung entwickelte, mit philosophischen Beschreibungsmodellen ästhetischen Handelns, wie zum Beispiel dem Lesen, zusammenfallen. Das anthropologische Modell des Initianden deckt sich mit dem philosophischen Modell des Lesers. In der Wahrnehmung von Handlungsstrukturen als Ritual legen sich physische und psychische Welt übereinander. Das heisst, dass die in anthropologischer Forschung untersuchte ritualisierte »Realität« letztlich eine im Beobachterblick konstruierte ist. Und in dieser Artifizialität lässt sie sich nicht mehr unterscheiden von der ästhetischen »Realität«, wie sie unter anderem dem Lesermodell von Roland Barthes zugrundeliegt:

> ein Mensch, (…), der alle Klassenbarrieren, alle Ausschliesslichkeiten bei sich niederreisst, (…) ein Mensch, der alle Sprachen miteinander vermengt, mögen sie auch als unvereinbar gelten; der stumm erträgt, dass man ihn des Illogismus, der Treulosigkeit zeiht; (…) Ein solcher Mensch wäre der Abschaum unserer Gesellschaft: Gericht, Schule, Irrenhaus und Konversation würden ihn zum Aussensei-

---

19 In unserem Fall fällt hier der bewusste Griff nach einem bestimmten Buch, der Rückzug in eine stille Ecke, die Inszenierung des Lesers am Rande der Gesellschaft zusammen mit der durch das Buch produzierten Ausschliesslichkeit und Ausschliessung anderer Möglichkeiten.

ter machen (…). Nun, dieser Antiheld existiert: es ist der Leser eines Textes in dem Moment, wo er Lust empfindet.[20]

Es ist klar, dass es Bücher gibt, die sich stärker als andere vor unbefugter Lektüre durch einen ganzen Apparat von Vorschwellen schützen. Bücher der Wissenschaft gehören in der Regel dazu, während sich Unterhaltungsliteratur, was immer man darunter zu verstehen hat, sehr viel offener gibt. Wenn ich hier nun ein Volksbuch aus dem 16. Jahrhundert, einen Reisebericht aus dem 17. Jahrhundert und ein wissenschaftliches Werk aus der Mitte des 20. Jahrhunderts als Beispiele wähle, so ist das einerseits vollkommene Willkür, hat anderseits aber doch auch einen gewissen Sinn. Wähle ich Beispiele aus der frühen Neuzeit, möchte ich damit Spuren und Traditionen aufzeigen, wie sie sich bis heute fortschreiben und eben auch exemplarisch in dem hier vorgestellten wissenschaftlichen Buch finden. Ist das modernere Buch in seinem Introitus oft auf Umschlag, Klappentext, Vorsatzblatt, Schmutztitel, Kolophon und Titelblatt reduziert, vielleicht noch mit einem Vorwort oder Inhaltsverzeichnis erweitert, so sind in diesen früheren Büchern die Initiationsrituale noch sehr viel stärker ausgebildet – wobei, wenn mich nicht alles täuscht, in der neusten Literatur eine Art Reritualisierung passiert.

Die Historia von D. Johann Fausten

Das Buch war ein Bestseller, auf dessen Erstdruck von 1587 sofort verschiedenste Nach- und Raubdrucke folgten. Es handelt sich um die erste Zusammenstellung der in Einzelüberlieferung erzählten Geschichten zur Figur des Teufelsbündlers Faust. Eine sowohl konfessionell wie religiös brisante Schrift, entschieden reformatorisch,

---

20 Roland Barthes, *Die Lust am Text*. Aus dem Französischen von Traugott König. Frankfurt a.M. 1980 (1974): 8. »un individu (…) qui abolirait en lui les barrières, les classes, les exclusions, non par syncrétisme, mais par simple débarras de ce vieux spectre: la contradiction logique; qui mélangerait tous les langages, fussent-ils réputés incompatibles; qui supporterait, muet, toutes les accusations d'illogisme, d'infidélité; qui resterait impassible devant l'ironie socratique (…) et la terreur légale (…). Cet homme serait l'abjection de notre société: les tribunaux, l'école, l'asile, la conversation, en feraient un étranger: qui supporte sans honte la contradiction? Or ce contre-héros existe: c'est le lecteur de texte, dans le moment où il prend son plaisir.« Roland Barthes, *Le plaisir du texte*. Paris 1973: 9f.

Oder Feuerbach nennt es eine »Metempsychose«, eine Seelenwanderung und spricht von der Lektüre als von einem »Somnambulismus mit wacher Vernunft«, »denn in ihr äussern wir ausserordentliche Kräfte; wir sprechen mit fremden Zungen, wir werden frei von dem sonst uns beherrschenden Gesetze der Gebundenheit an einen bestimmten Ort und eine bestimmte Zeit; wir werden entrückt dem Kreise der gemeinen Sinneswahrnehmungen; wir schauen in das innerste Leben anderer Menschen hinein, wir werden selbst durch sie mit den Geistern in Rapport gesetzt …«. Ludwig Feuerbach, (Anm. 11): 557, 564.

schillernd zwischen Abschreckung und Faszination in der Darstellung der ketzerischen Geschichte. Ein Büchlein, dessen Autor bis heute unbekannt ist, von Johann Spies in Frankfurt ursprünglich gedruckt.
Betrachten wir die Erstausgabe von 1587:

Öffnet man das kleine Büchlein, etwa in der Grösse eines Reclam-Bändchens, stösst man auf ein Titelblatt, wie es typisch ist für die frühneuzeitlichen Drucke: eine Mischung aus Information, Reklame und Schutz vor unerlaubten Nachdrucken, geeignet, auch als Einzelblatt für Werbezwecke zu dienen (Abb. 1). Es markiert damit die genaue Grenze zwischen der beworbenen Umwelt und dem beschützten Text, ist die Türe, die von einem Doppelgesicht bewacht, sich sowohl nach aussen wie nach innen öffnen lässt, sowohl marktschreierisch lächelt wie finster abwehr. Dabei interessiert im folgenden das Lächeln nicht und gehe ich auf die eindeutig dominierenden Werbestrategien nicht ein.[21]

Durch die Zweifarbigkeit, den unterschiedlich grossen Druck und die verschiedenen Schrifttypen wird der Blick geleitet.[22] Als erstes fällt der Name des »Helden« ins Auge, auf dem wie eine Art Krönchen die »Gattungsbezeichnung« *Historia* sitzt. Die Bezeichnung »Historia« aber macht klar, dass es hier um einen auf Erfahrung beruhenden Tatsachenbericht geht, was dann in der auffallenden ersten Zeile des zweiten Abschnitts durch den Hinweis auf die Autographen von D. Faust unterstrichen wird. Der von diesem Blatt bedeckte Text wird da zu einer Wahrheit stilisiert, die nirgends sonst zu erkennen ist, ein äusserst exklusives Wissen. Faszinierend für jeden, der lesen kann.

Einem solchen sticht nun aber auch, doppelt hervorgehoben durch Antiquaschrift und roten Druck, der Verweis auf Jacobus ins Auge, und er liest das beigefügte Zitat, eine Art Motto: Ermahnung zur Gottesfurcht als Schutz gegen den Teufel.

Es wird exklusives Wissen und beglaubigte Wahrheit hinter diesem Titelblatt versprochen – es wird aber auch vor dieser Wahrheit gewarnt: damit wird das Titelblatt einmal mehr zum januskopfigen Eingang, zu doppeltem Schutz und doppeltem Ausschluss. Es ist dieses Blatt, das den Text vor dem unbefugten Blick schützt, das aber auch den unvorbereiteten Blick vor der Gefahr dieses Textes bewahrt. Das Motto warnt und gibt Verhaltensregeln für das Kommende.

Druckprivileg (ob rechtmässig oder nicht) und Druckort schliesslich, auch typographisch hervorgehoben, verschaffen dem anrüchigen und durchaus gefährlichen Text nicht nur Schutz vor Raubdrucken, sondern auch eine gewisse weltliche Legali-

---

21 Volkmann schreibt: »Eine Zusammenfassung und letzte Steigerung aller bisher bekannten Werbeelemente bietet dann der Titel des Volksbuches vom Dr. Faust.« Herbert Volkmann, »Der deutsche Romantitel (1470–1770). Eine buch- und literaturgeschichtliche Untersuchung«. In: *Archiv für die Geschichte des Buchwesens 8* (1967), Sp. 1145–1324; hier: Sp.1193.

22 Name des »Helden«, der Hinweis auf die – natürlich fingierte – Authentizität der Texte sowie der Bibelverweis und der Druckort sind rot, Gattungsbezeichnung und Druckprivileg fallen durch anderen Schriftsatz auf.

tät und rücken ihn – durch den Druckort – ins rechte, nämlich reformatorische Licht. Das heisst, das Buch gibt sich zu erkennen als Raum reformatorischen Gedankenguts.

Nähere Lektüre des Kleingedruckten gibt eine Kurzzusammenfassung des zu Erwartenden, um dann das Zielpublikum für diese letztlich didaktisch aufbereiteten »seltzamen Abentheuwer« zu nennen: »alle hochtragenden / fürwitzigen vnd gottlosen Menschen«.

Eben noch wurden die Leser im biblischen Wortlaut zur Gottesfurcht aufgerufen, wurden sie in der direkten Ansprache der zweiten Person Plural christlich aufgerüstet – der mit dem Glaubensschild ausgestattete Leser soll gottlos sein? Wo sind dann aber die Gottlosen, die dieses Buch aufschlagen?

Die biblische Ermahnung richtet sich an ein direktes Gegenüber, der gottlose Mensch aber, dem die Schrift zur Warnung dienen soll, ist als Bild in der dritten Person hingestellt. Die Distanz des – nicht sichtbaren – Lesers zu diesem vorgestellten Leserbild ist deutlich. Und es ist letztlich die Distanz vom Du zum Er. Es ist die Distanz vom individuellen Gegenüber zum Typ, ist die Distanz vom Gesicht zur Maske. Derjenige, der das Buch in die Hand nimmt, wird mit dem Glaubensschild ausgestattet, um so geschützt sich zum gottlosen Menschen schreiben zu lassen, die Rolle des Fürwitzigen zu übernehmen, bevor er in den Text eintritt.

Schlägt man nun, gewappnet mit der biblisch angemahnten Gottesfurcht, maskiert andererseits mit der Fratze der hochmütigen Gottlosigkeit, das Titelblatt um, stösst man auf der zweiten Rectoseite, das heisst in der geradlinigen Blickrichtung, auf eine siebenseitige Widmungsvorrede des Druckers Johann Spies an zwei Amtsleute des Erzbischofs von Mainz (Abb. 2). Dass hinter dieser Widmung – wie hinter den meisten Widmungen jener Zeit und vielleicht bis heute – vor allem ein taktisches Kalkül steht, interessiert hier nicht, sondern die Frage zielt wieder darauf, was mit dem Leser passiert.[23]

Durch Hinweis auf das allseitige Interesse an den Faustgeschichten und das Fehlen einer geordneten, das heisst auch christlich belehrenden und warnenden Erzählung derselben, wird das Unterfangen legitimiert.[24] Durch die – auch wenn recht vage – Angabe der Herkunft der Autographen aber wird nicht nur die Glaubwürdigkeit unterstrichen, sondern auch eine Distanzierung des Druckers von dem gefährlichen Text angedeutet.[25]

---

23 Vgl. zur Bedeutung und Funktion der frühneuzeitlichen Widmungsvorrede: Karl Schottenloher, *Die Widmungsvorrede im Buch des 16. Jahrhunderts*. Münster 1953 (=Reformationsgeschichtliche Studien und Texte 76/77).

24 »…hab ich mich selbst auch zum offtermal verwundert / daß so gar niemandt diese schreckliche Geschicht ordentlich verfassete / vnnd der gantzen Christenheit zur warnung / durch den Druck mittheilete …« (833, 15–18). Zitiert nach: *Romane des 15. und 16. Jahrhunderts,* hg. von Jan-Dirk Müller. Frankfurt a.M. 1990. (=Bibliothek der Frühen Neuzeit 1). Die Stellenangaben im Text beziehen sich auf diese Ausgabe.

25 »… biß mir newlich durch einen guten Freundt von Speyer mitgetheilt vnd zugeschickt worden …« (833, 22f.).

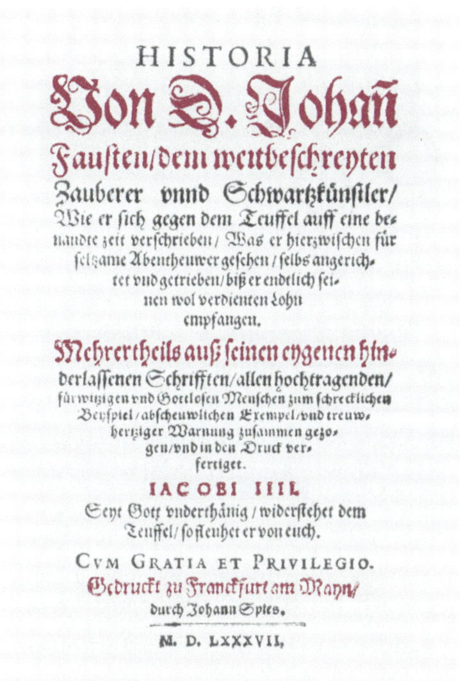

Abb. 1

HISTORIA
Von D. Johañ
Fausten/ dem weitbeschreyten
Zauberer vnnd Schwartzkünstler/
Wie er sich gegen dem Teuffel auff eine be-
nandte zeit verschrieben/ Was er hierzwischen für
seltzame Abentheuwer gesehen/ selbs angerich-
tet vnd getrieben/ biß er endtlich seinen wol verdienten Lohn
empfangen.

Mehrertheils auß seinen eygenen hin-
derlassenen Schrifften/ allen hochtragenden/
fürwitzigen vnd Gottlosen Menschen zum schrecklichen
Beyspiel/ abscheuwlichen Exempel/ vnd treuw-
hertziger Warnung zusammen gezo-
gen/ vnd in den Druck ver-
fertiget.

IACOBI IIII.
Seyt Gott vnderthänig/ widerstehet dem
Teuffel/ so fleuhet er von euch.

CVM GRATIA ET PRIVILEGIO.
Gedruckt zu Franckfurt am Mayn/
durch Johann Spies.

M. D. LXXXVII.

Abb. 2

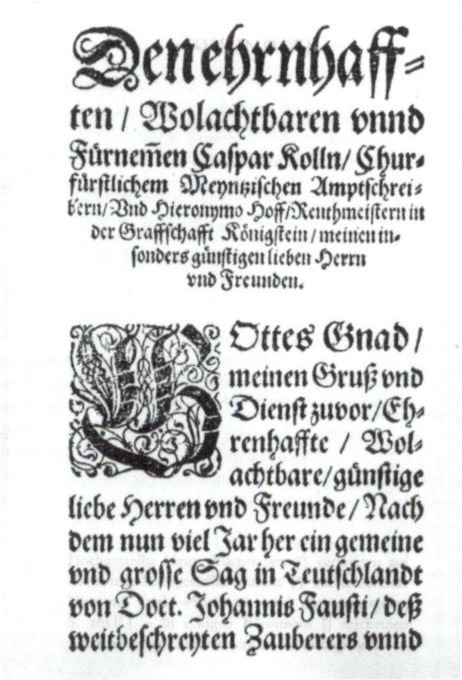

Den ehrnhaff-
ten / Wolachtbaren vnnd
Fürnemen Caspar Kolln/ Chur-
fürstlichem Meyntzischen Amptschrei-
bern/ Vnd Hieronymo Hoff/ Renthmeistern in
der Graffschafft Königstein/ meinen in-
sonders günstigen lieben Herrn
vnd Freunden.

Ottes Gnad/
meinen Gruß vnd
Dienst zuvor/ Eh-
renhaffte / Wol-
achtbare/ günstige
liebe Herren vnd Freunde/ Nach
dem nun viel Jar her ein gemeine
vnd grosse Sag in Teutschlandt
von Doct. Johannis Fausti/ deß
weitbeschreyten Zauberers vnnd

Abb. 3

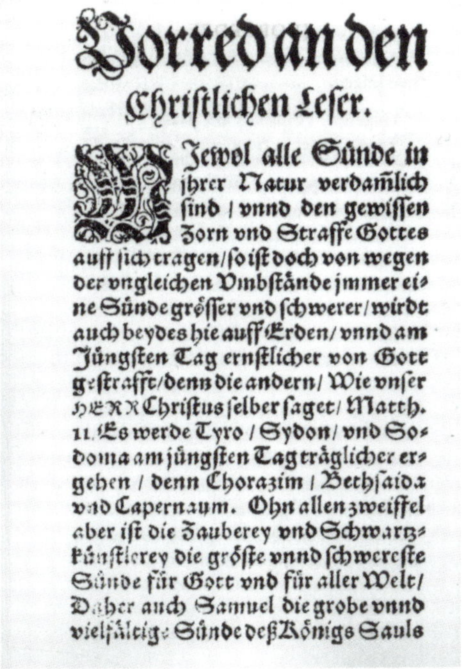

Vorred an den
Christlichen Leser.

Wiewol alle Sünde in
ihrer Natur verdamlich
sind / vnnd den gewissen
Zorn vnd Straffe Gottes
auff sich tragen/ so ist doch von wegen
der vngleichen Vmbstände jmmer eine Sünde grösser vnd schwerer/ wirdt
auch beydes hie auff Erden/ vnnd am
Jüngsten Tag ernstlicher von Gott
gestrafft/ denn die andern/ Wie vnser
HERR Christus selber saget/ Matth.
11. Es werde Tyro / Sydon/ vnd So-
doma am jüngsten Tag träglicher er-
gehen / denn Chorazim / Bethsaida
vnd Capernaum. Ohn allen zweiffel
aber ist die Zauberey vnd Schwartz-
künstlerey die grösse vnnd schwereste
Sünde für Gott vnd für aller Welt/
Daher auch Samuel die grobe vnnd
vielfältige Sünde deß Königs Sauls

Abb. 4

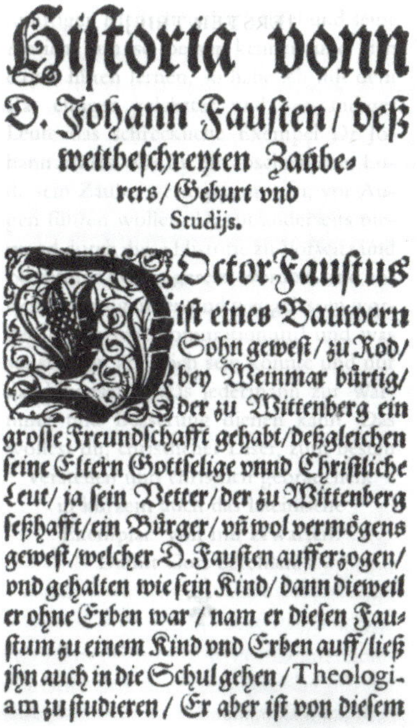

Historia vonn
D. Johann Fausten/ deß
weitbeschreyten Zaube-
rers/ Geburt vnd
Studijs.

Doctor Faustus
ist eines Bauwern
Sohn gewest/ zu Rod/
bey Weinmar bürtig/
der zu Wittenberg ein
grosse Freundschafft gehabt/ deßgleichen
seine Eltern Gottselige vnnd Christliche
Leut/ ja sein Vetter/ der zu Wittenberg
seßhafft/ ein Bürger/ vñ wol vermögens
gewest/ welcher D. Fausten aufferzogen/
vnd gehalten wie sein Kind/ dann dieweil
er ohne Erben war/ nam er diesen Fau-
stum zu einem Kind vnd Erben auff/ ließ
jhn auch in die Schul gehen/ Theologi-
am zu studieren/ Er aber ist von diesem

Und dann wird die schon im Titelblatt initiierte Verwandlung des namenlosen Lesers wiederholt: Hervorgehobenes Ziel der Veröffentlichung ist die vorerst abstrakt gehaltene Warnung aller Christen durch »ein schrecklich Exempel deß Teuffelischen Betrugs / Leibs vnd Seelen Mords«, das als Bild sozusagen vorgehalten wird. Dann aber wird das vorgestellte »mercklich vnnd schrecklich Exempel«, in dem man die teuflische Grausamkeit gegen das ganze Menschengeschlecht sieht, dem bisher in der Distanz gehaltenen Leser auf den Leib gerückt: er kann hier nicht nur sehen, »sondern auch augenscheinlich spüren«, was mit einem vermessenen, gottverlassenen und gottvergessenen Menschen passiert, der sich dem Teufel verschreibt (S. 833, 24–834, 2). In diesem Schritt vom Sehen zum Spüren aber wird wieder der zu warnende Christ zum teuflisch Verführten gekleidet, um so am eigenen Leib zu erfahren, die Distanz der Abstraktion, die sich im Begriff des Exempels auftut, sich einzuverleiben, selber das eigene Exempel zu werden. Der Leser wird in diesem Buch die Historia von D. Fausten am eigenen Leibe nachvollziehen – und so, nur so zur erschreckten Erkenntnis kommen.

Das allgemeine »man«, mit dem in der Beschreibung dieser Leserverwandlung das potentielle Publikum bezeichnet ist, wird zum Schluss eingegrenzt: nur diejenigen, die sich willentlich diesem Prozess unterziehen, all die, »so sich wöllen warnen lassen«, können zur warnenden Erkenntnis gelangen. Das Gelingen der Einführung ist schliesslich vom Willensakt des Lesers abhängig.[26]

Dieser Widmungsvorrede des Buchdruckers folgt eine »Vorred an den Christlichen Leser« (Abb. 3). Dabei wird zum ersten Mal der Leser in seiner Rolle als Leser angesprochen und erhält so einen Namen, der gleichzeitig Namenlosigkeit anzeigt: damit wird aber auch jeder mögliche Unterschied zwischen den potentiellen Lesern aufgehoben. Fast. Denn durch das Epitheton »christlich« wird einmal mehr deutlich, wie schon durch das Motto, dass der Leser dieses Textes im christlichen Raum stehen soll, dass sich das Buch in diesem Raum begreift und nur darin eigentlich begehbar wird. Andere Leser sind hier nicht angesprochen, werden hier nicht begrüsst. Und dann folgt eine ausführlichen Verdammung jeder Zauberei und schwarzen Magie, mit ganzem Aufwand an biblischen und historischen Exempla, die letzte Zurechtschreibung und Instruktion dieser Leser: Dass allein »fromme Christen« sich vor den in diesem Buch vorgestellten Versuchungen hüten können, ist klar. Und dass nichts »grewlichers vnd erschrecklichers von einem Menschen gesaget werden« kann als das hier Erzählte, wird rhetorisch unterstrichen (S. 837, 10f.). Dabei wird den Lesern aufgetragen, dass sie »bey dieser Historien fleissig bedencken die Vermahnung / Jocob. 4. Seit Gott vnterthänig / widerstehet dem Teuffel / so fleuhet er von euch / nähet

---

26 Gleichzeitig wird durch die Dedikation dem Buch aber auch ein gewisser öffentlicher Schutz zuteil, wird es zum geschützten Ort, in dem schliesslich auch der Leser geschützt ist. Wie nötig das war, gerade in bezug auf diesen Text – und wie schwach er schliesslich wirkte – zeigt die Tatsache, dass der Besitz des Faustbuches schon bald darauf in Hexenprozessen als verdächtig galt. Vgl. Jan-Dirk Müller (Anm. 24): 1347, mit Hinweis auf Schwering, Amadis und Faustbuch: 115f.

euch zu Gott / so nähet er sich zu euch.« (S.840, 28ff.), womit das Motto des Titelblatts wieder aufgenommen ist und dem Leser als Schutzschild in die Hand gedrückt wird, so wie er mit dem Hinweis auf Eph. 6 mit dem Harnisch Gottes augestattet wird. Darauf wird er an einem Katalog von Teufelsbündlern und Magiern vorbeigeführt, bis er vor D. Johann Faust steht, »der noch zu Menschen Gedächtnuß gelebet« (S. 839, 23f.), also noch in der Präsenz der Augenzeugenschaft. Dieser nun im Gegenwärtigen realisierte Teufelsbündler soll zum Exempel werden, an dem sich der christliche Leser, mit Gottesfurcht gewappnet, im Maskenspiel erproben kann. Dabei wird durch die Steigerung der Faustischen Vergehen ins »ineffabile«, das »mit Gedanken nimmermehr ergründet / geschweige dann mit Worten außgesprochen werden kan« (S. 840, 21ff.), die im Wort geschaffene Präsenz in die leiblich nachvollzogene Realisierung gebrochen. Denn in der vollkommenen Paradoxität, dass das, was nicht ausgesprochen werden kann das ist, »darob ein Christenmensch / wann ers nur nennen höret / sich von Hertzen entsetzen vnd erschrecken muß« (S. 840, 23ff.), wird das im Wort vorgestellte Geschehen, das Exempel, zu dem die menschliche Sprache übersteigenden Geschehen, wird das Hören zum Erleben. »Augenscheinlich spüren« heisst es in der Widmungsvorrede. Es geht um eine Auflösung der getrennten sinnlichen Wahrnehmung, der optischen und akustischen Weltwahrnehmung in das synästhetische Nachvollziehen. Im distanzierenden Wort steckt die identifizierende Realisierung. Umgekehrt aber bleibt die identifizierende Realisierung vom distanzierenden Wort abhängig. Es ist der ideologische Überbau, durch den der »christliche Leser«, der Initiand, letztlich geschützt ist vor dem sich in ihm verwirklichenden faustischen Ende. Es ist die Maskerade, die ihm die Identität Fausts gibt – jenseits von der Sprache –, es ist die im Wort realisierte Ideologie und Deutung, in der Entsetzen und Erschrecken, als Ausdruck einer Distanz zum Erlebnis, möglich werden.[27]

Damit wird der namenlose Leser zum Ort, an dem sich Faszination und Schrecken treffen, in dem sich in der verkörperlichten Reflexion sowohl Teufel wie Gott einnisten, ist er der, der den Pakt mit dem Teufel schliesst, um sich vor sich selbst zu entsetzen. Ein Doppelwesen. In ihm bricht die im Exempel realisierte Differenz auf. Der Leser wird zum Ort der Geschichte, in deren Wahrheit er eingeführt wird. Er wird zum gottlosen Faust maskiert, um das Unsagbare zu hören, über den Schrecken dann aber wieder ins Wort zurückzufinden; das Wort, das ihm als Motto, als Schild mitgegeben wird. So löst sich denn auch das »Hiemit Gott befohlen« am Schluss der Vorrede, vor dem Eintritt in den Text (Abb. 4), aus seiner topischen Belanglosigkeit.

---

27 Wer nun bis hierher noch mitgelesen hat, in der falschen Meinung, in die Zauberei eingeweiht zu werden, wird schliesslich enttäuscht und verabschiedet, indem darauf hingewiesen wird, dass alle »formae coniurationum« »mit fleiss umbgangen und ausgelassen worden« seien.

Adam Olearius:
Moscowitische und Persianische Reisebeschreibung

Als zweites Beispiel sei hier in gebotener Kürze auf den Bericht von Adam Olearius über die Reise der Holsteinischen Gesandtschaft nach Russland und Persien eingegangen, wobei die zweite, wesentlich ergänzte Ausgabe von 1656 betrachtet wird. Ein Werk, das gern als erste wissenschaftliche Reisebeschreibung bezeichnet wird und das, in seiner Materialfülle und methodologisch reflektierten Auseinandersetzung mit dem Fremden, nicht nur das damalige Europa erstaunte. Schlagen wir das Buch, eine eher kostbare und aufwendige Angelegenheit, auf (Abb. 5):

Und da steht man auch schon in einer Art Rundbau, in dessen Mitte auf einem altarähnlichen Aufbau eine grosse Tafel Titel und Autor des Buches anzeigt. In den engen Raum aber zwischen erhöhtem Altar und Betrachter drängen sich von beiden Seiten her Menschen, deren fremde Kleidung sie den im Titel genannten Gebieten Russland und Persien zuordnet. Ihrem direkten Blick ist nicht auszuweichen und so wird die Konfrontation mit ihnen zur Bedingung, wenn man den von ihnen bewachten, verteidigten oder auch einfach präsentierten Aufbau betrachten will. Dem eigenen Blick begegnet der fremde Blick, und die hier präsentierte Beschreibung des Fremden kündigt sich da nicht zuletzt als vom Fremden reflektiertes Eigenes an.

Gekrönt wird der Aufbau von einer überdimensionierten Kartusche, die ein Emblem umfasst: Ein Wanderer auf der Welt, mit Stab und Pelerine, den Blick zum Himmel gerichtet, wird von einer Hand aus den Wolken an einer Leine geführt. Die Subscriptio zitiert Psalm 73, 24 (Vulgata 72, 24): »In consilio tuo ducis me« (Nach Deinem Rat führst du mich). Damit wird deutlich gemacht, unter welchem Gesetz dieser »Altar«, als Schrein und Zeuge einer Reise errichtet ist, es wird aber auch deutlich, wie die Reise – im Sinnbild gedeutet – als ontologischer Raum zu verstehen ist: in ihr spiegelt sich das menschliche Leben.

Das heisst, der in diesem Buch gefasste Text ist nicht nur direkte Begegnung mit Fremdem und Fremden, sondern im sinnbildhaften Bezug auch Spiegel menschlichen Lebens, somit nicht nur Blick ins Andere, sondern auch Blick ins Ganz Andere. Damit ist in diesem Titelkupfer der Reisebericht nicht nur durch den altarartigen Aufbau in einen religiösen Deutungshorizont gestellt, sondern durch das Emblem zum Spiegel menschlichen Daseins stilisiert, das sich in der Religio definiert.

So aber, wie das Ich des Psalmisten im Mund des Gläubigen zu dessen Ich wird, reflektiert das Emblem den Betrachter, dessen Blick sich schliesslich darin, zum Himmel gewandt, aus der Verstrickung mit den fremden Augen löst. Durch das Präsens des Psalmverses realisiert sich die hier beschriebene Reise in der sinnbildhaften Deutung neu und fällt mit ihrer Beschreibung zusammen: der Betrachter steht nicht nur vor der im Buch gefassten Beschreibung einer Reise, sondern vor dieser Reise selber.

Blättert man nun weiter, öffnet sozusagen den von der Schrifttafel verborgenen Schrein im Altar, wird ein zweites, ausführlicheres Titelblatt sichtbar (Abb. 6): Anlass

Abb. 5

Vermehrte
Newe Beschreibung
Der
Muscowitischen vnd Persischen
Reyse
So durch gelegenheit einer Holsteinischen Gesandschafft an den Russischen Zaar vnd König in Persien geschehen.

Worinnen die gelegenheit derer Örter vnd Länder / durch welche die Reyse gangen / als Liffland / Rußland / Tartarien / Meden vnd Persien / sampt dero Einwohner Natur / Leben / Sitten / Hauß-Welt- und Geistlichen Stand mit fleiß auffgezeichnet / vnd mit vielen meist nach dem Leben gestelleten Figuren gezieret / zu befinden.

Welche
Zum andern mahl heraus gibt
Adam Olearius Ascanius / der Fürstlichen Regierenden Herrschafft zu Schleßwig Holstein Bibliothecarius vnd Hoff Mathematicus.

Mit Röm: Käyserl. Mayest. Privilegio nicht nachzudrucken.

Schleßwig /
Gedruckt in der Fürstl. Druckerey / durch Johan Holwein /
Im Jahr M DC LVI.

Abb. 6

Abb. 7

Dem Wol Würdigen / Hoch Edeln / Gestrengen
Herrn
Johann Adolph Kielman /
vff Satrupholm Erbgesessen / Thumb Prost der Kirchen zu Hamburg / dero zu Schleßwig Holstein ꝛc. Regierenden Fürstlichen Durchl. hochbetrautem geheimbten Rath / Cammer Directoren, Hoff Cantzlern vnd Amptman vff Morkirch.

Meinem hochzuehrenden Herrn vnd großgeneigtem Patron.

Wolwürdiger / Hoch Edler vñ Gestrenger Herr /
Es lieget mir noch stets im frischen Gedächtniß / welcher gestalt derselbe / als ich nach vollendeter Persischen Reyse meinen Weg aus Holstein wieder zu rücke nach der Muß-cow nehmen / vnd allda in J. Zaar May. Dienst / wozu ich mich auff beschehene Schrifftliche Vocation bündlich gemacht / anzutreten gesinnet / aus alter auff der Universitet Leipzig gepflogener guter Freundschafft mir bewegliche Vhrsachen vorhielten; Warumb ich meinen Vorsatz endern / vnd lieber am Holsteinischen Hofe meinen gewissen Sitz nehmen solte. Selbigem zu folge ich auch dem gnädigsten Begehren des Durchläuchtigsten / Hochgebornen Fürsten vnd Herrn / Herrn Friederich / Erben zu Norwegen / Hertzog zu Schleßwig Holstein / Stormarn vnd der Dithmarschen / Graffen zu Oldenburg vnd Delmenhorst ꝛc. nach dem Sie mich durch gnädigste Vorschrifften vom Russischen Dienst wieder befreyet / willig gehorsamet / vnd in dero Dienst unterthänigst getreten. Worinn ich auch zu meiner sonderbahren Wolfahrt wahr befunden / was E. Hoch Edle Gestr. mir damahls von den fürtrefflichen Tugenden S. F. Dr. rühmeten: wie selbige unter andern nicht allein ein mit hohem Verstand begabter vnd dabey ein gar gütiger Herr / sondern auch gleich wie Sie selbst wol studiret / vnd in vielen einem so hohen Potentaten wol anstehenden Wissenschafften vnd freyen Künsten wol erfahren; also auch die jenigen / welche ihre Profession davon machen / mit sonderlichen Gnaden zugethan seynd / daher ich mich auch nicht minder / als die Königin aus Arabien des weisen Königs Salomons Diener / glückselig schätze / daß ei-

A 2 nem

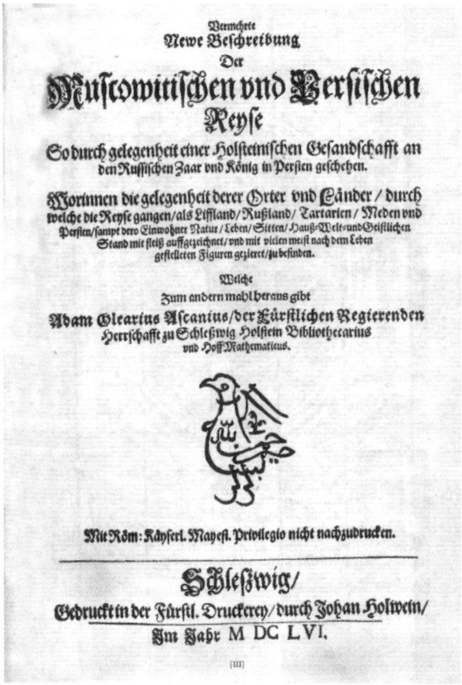

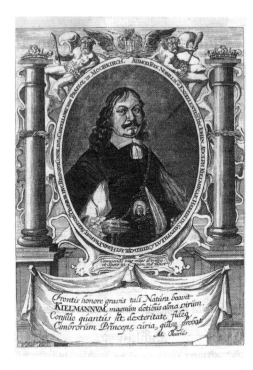

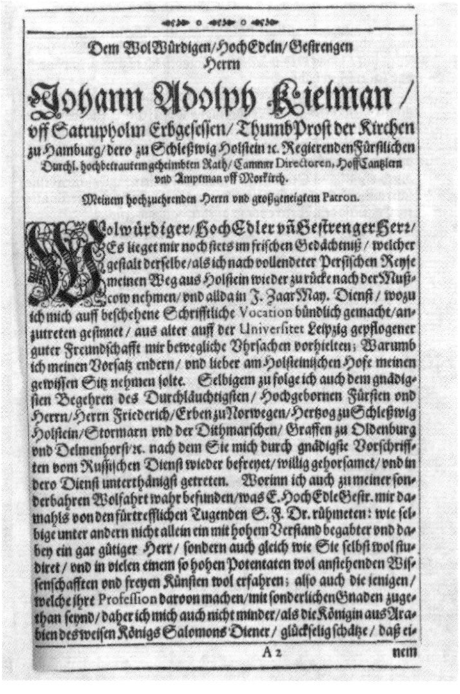

Abb. 8

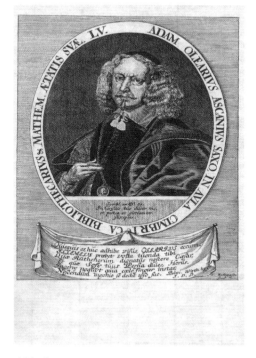

Abb. 9

und Ziel der Reise werden genannt, eine genauere Inhaltsangabe gegeben, auf das kaiserliche Privileg hingewiesen sowie Druckort, Drucker und Erscheinungsjahr angegeben.

Ins Auge sticht aber das Bild eines Vogels, das in seiner ungewohnten Zeichnung irritiert und im wahrsten Sinn befremdet. Dass es sich dabei um eine persische Kalligraphie handelt, eine kunstvoll zum Vogel geschriebene »Bismillah«, die muslimische Eingangsformel jedes Schriftstücks, aber auch jeder Handlung, werden die wenigsten Leser erkannt haben und erkennen. Im Prinzip ist es aber nichts anderes als das spielerische Wiederholen des Emblems, indem das Werk jetzt noch à la persane unter Gottes Schutz gestellt wird: »Im Namen Gottes, des Barmherzigen, des Erbarmers«.

Es mögen die Faszination des Exotischen und der ästhetische Reiz der Kalligraphie sein, die den Vogel schliesslich dahin setzten – die Wirkung beschränkt sich nicht darauf. Sondern so wie der herausfordernd direkte Blick der Fremden weist auch dieser Vogel den Betrachter auf Ungewohntes hin, mit dem er es zu tun haben wird, konfrontiert er ihn mit Unverständlichem, wenn nicht fremd Magischem.

Dass sich dabei der Schutz, dem sich der Welt- und Buch- und Weltenbuch-Reisende unterwirft, gerade in diesem Unvertrauten spiegelt, dass es gerade das Fremde und Unverständliche ist, in dem sich das Eigene heimlich wiederholt, ist Teil dieser erstaunlichen Gleichung, die sich in diesem Werk versteckt. Eine Gleichung, wie sie sich auch in dem direkten Blick der Fremden zeigt, eine Gleichung, in der sich eben die muslimische Formel um Gottes Schutz in heimlicher Selbstverständlichkeit neben die christliche stellt.

Es ist eine doppelt geschützte Welt, die sich hier auftut.

Auf der Versoseite dieses Titelblatts findet sich nun das Konterfei von Johann Adolph Kielmann, der in der folgenden, auf der gegenüberliegenden Seite zu lesenden Widmungsrede als Auftraggeber und Anreger dieses Werks verdankt wird (Abb. 7, 8). Während sowohl Titelkupfer wie Titelblatt ganz deutsch gehalten sind (ausser dem Psalmzitat), sind hier nun Umschrift, Lobgedicht wie auch die subskribierte Devise lateinisch: Der Dargestellte wird in der Gelehrtensprache vorgestellt. Damit schliesst sich ein Kreis zwischen dem Autor, dem belobigten Kielmann und dem lateinkundigen Leser, aus dem der ungebildete Leser ausgeschlossen ist. Das zum Sinnbild geschlossene Bild bleibt dem nicht gelehrten Leser sinnlos und schlüsselt sich ihm erst im nachhinein, in der Lektüre der Widmung, auf.

Es ist entscheidend, wie darin das gewidmete Werk zu einem Monument stilisiert wird, zu einem »Gedächtniß Altar« für die »Kielmannische Fama«, wobei sehr elegant der zoroastrische Brauch, für das kultische Feuer nur das reinste Palmenholz zu verwenden, zitiert wird – eben so, wie der Autor mit seinen Papyri, seinen beschriebenen Blättern, das Feuer dieses Altars unterhält. Das heisst der im Titelkupfer gezeigte Ehrentempel mit seinen Rauchgefässen wird explizit als Buch erklärt.

Das Portrait Kielmanns findet ein Gegenstück im Autorenbild nach der Widmungsvorrede (Abb. 9). Dabei sind die Bilder so angeordnet, dass sich die zwei Herren einander zuwenden, die Widmungsvorrede ganz eigentlich zum Handlungsraum zwischen ihnen wird. Ein Handlungsraum, in dem der Leser Zeuge wird, wie das Werk seinen Anfang nahm, gleichzeitig aber auch in den Kreis des hier genannten Zielpublikums aufgenommen wird. Ein Zielpublikum, wie es sich zwischen Anstifter und Autor des Werks, in diesem halböffentlichen, eigentlich politischen Raum der Widmung, konstituiert: Die »Landsleute deutscher nation« (VI).

Das Autorenportrait, dem Gönner zugewandt, ist auffallend schlicht gehalten. In der inneren Subscriptio wiederholt sich aber, jetzt ausführlicher zitiert, die emblematische Devise des Titelkupfers: »Du leitest mich nach deinem Rat und nimmst mich am Ende mit Ehren an« (In consilio tuo duces me, et postea in gloriam me suscipies). Das »Ich« des Psalms, das am Anfang des Buches den Betrachter in den sinnbildhaften Bedeutungshorizont der Reise hineinzieht und ihn mit der Rolle des Reisenden identifiziert, wird hier zum Ich des Autors. In der Deutung des Reisenden sind Autor und Leser eins.

Die erläuternde Unterschrift nun aber reisst die Differenz wieder auf: direkt wird der unbekannte, lateinkundige Leser angesprochen: »wer du auch seist, schaue hierher, siehe da Olearius ...«. Durch die Distanz des Blicks wird der Leser zum Gegenüber und der Autor zum Vor-Bild. Während das Portrait von Kielmann noch mit einer neutralen Unterschrift versehen war, ist durch die direkte Anrede des Lesers hier ein Kommunikationsraum aufgetan, in dem der Leser als Gegenüber wahrgenommen ist. Er wird, auch wenn namenlos und unsichtbar, im vom Buch konstituierten Raum angesprochen, ist Teil davon.

Auf eine Kopie des kaiserlichen Privilegs (Abb. 10), also eine explizite und nachdrückliche Schutzmassnahme der Autorschaft, folgt dann eine »Vorrede an den günstigen Leser« (Abb. 11). Der namenlose »Quisquis«, der eben noch den Autor als vorbildhaftes »alter ego« betrachtete, wird hier zum ersten Mal als das angesprochen, als was er schliesslich den Text durchlaufen wird: Leser.

Die Vorrede an den günstigen, das heisst wohlgesinnten Leser stellt nicht nur das erneuerte Werk vor und legitimiert, wie es sich gehört, sein Erscheinen durch grosse Nachfrage, sondern geht nun wissenschaftlich reflektiert auf den Inhalt und die Methode der Darstellung und Aufzeichnung ein. Diese Methodendiskussion dient nicht nur dazu, die Neugier des Lesers anzustacheln, indem ihm mehr als nur eine Auflistung von Wegstationen versprochen wird, sondern zielt auch auf die Hervorhebung der eigenen Erfahrung und der darin begründeten Wahrheit des Geschilderten. Dem Leser wird somit klar gemacht, dass er hier auf verifiziertes Wissen stösst, das einerseits selber gesehen und gehört, andererseits durch ausgewiesene Gewährsmänner, die genau bezeichnet werden, beglaubigt ist. Es ist ein Erfahrungsraum, in den er eingeführt wird, ein Stück Welt, das ihm hier greifbar wird.

Und dann folgt die Einübung des Lesers in seine kommende Aufgabe. Mit Bezug auf den persischen Dichter Saadi wird er gebeten, das Unangenehme – das es in der wahrhaftigen Schilderung ja geben muss – zu übergehen und beim Gefälligeren länger zu verweilen: Der Leser als Mit-Reisender (XVI).

Daneben gibt es die rein praktischen Hinweise der Umschrift fremder Wörter – mit gelehrten Abschweifungen –, gibt es die Erklärung, warum das Griechische latei-

COPIA

Des Käyserlichen Privilegij.

WIr Ferdinand der Dritte
von Gottes Gnaden erwehlter Römischer Käyser/
zu allen Zeiten Mehrer des Reichs in Germanien/
zu Ungern/ Böheimb/ Dalmatien/ Croatien und
Slavonien etc. König: Ertz-Hertzog zu Osterreich/
Hertzog zu Burgund/ Steyer/ Krändten/ Crain
und Wirtemberg/ Grafe zu Tyrol etc. Bekennen offentlich mit diesem
Brieff/ und thun kund allermänniglich/ daß uns unser und des Reichs
lieber Getrewer/ Adam Olearius in unterthänigkeit zu vernehmen ge-
geben/ was massen er seine in Persien vollbrachte Reyse Beschreiben/
und solches Buch unter dem Titel (Mußcowitische und Persianische
Reyse) vermehrter zum andernmahl in Druck außgehen zu lassen entschlossen und vorhabens wäre/ mit unterthänigster Bitte/ daß Wir ihme zu solchem ende/ und damit von niemand solches Buch innerhalb
den nehesten zehen Jahren ihme nach gedruckt werde/ unser Käyserlich
Privilegium Impressorium zu ertheilen gnädigst geruhen wolten.
Wann Wir dann gnädiglich angesehen jetzt angedeutete gantz billige
Bitte/ auch die mühsame Arbeit dieses Werckes/ so haben Wir dem
selben die Gnad gethan und Freyheit gegeben/ thun auch solches hiemit
in Crafft dieses Brieffes also und dergestalt/ das er Adam Olearius
solches Buch Mußcowitische und Persianische Reise genandt in offenen
druck außgehen/ hin- und wieder außgeben/ feil haben und verkauffen
lassen/ auch Ihme solches niemand/ ohn seinen Consens und wissen innerhalb zehen Jahren/ vom dato dieses Brieffes anzurechnen im Heiligen Römischen Reich nicht nachdrucken und Verkauffen lassen solle.
Und gebieten darauff allen und jeden Unsern und des Heiligen Reichs
Unterthanen und Getrewen/ insonderheit aber allen Buchdruckern/
Buchführern und Buchverkauffern/ bey vermeidung sechs Marck

Löttiges

Abb. 10

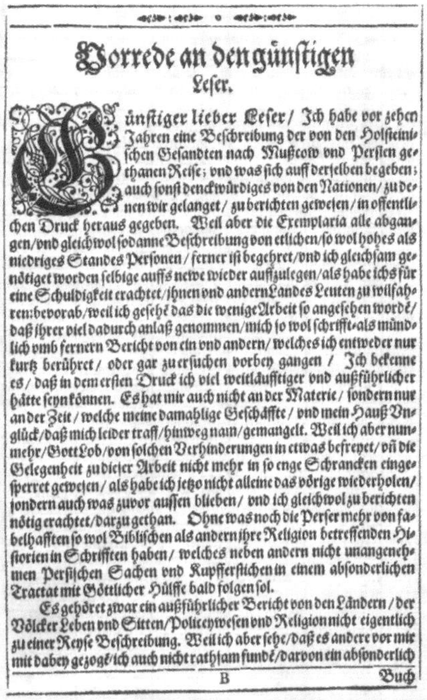

Vorrede an den günstigen
Leser.

GÜnstiger lieber Leser/ Ich habe vor zehen
Jahren eine Beschreibung der von den Holsteinischen Gesandten nach Mußcow und Persien ge-
thanen Reise; und was sich auff derselben begeben;
auch sonst denckwürdiges von den Nationen/ zu denen wir gelanget/ zu berichten gewesen/ in offentli-
chen Druck heraus gegeben. Weil aber die Exemplaria alle abgan-
gen/ und gleichwol sodanne Beschreibung von etlichen/ so wol hohes als
niedriges Standes Personen/ ferner ist begehret/ und ich gleichsam ge-
nötiget worden selbige auffs newe wieder auffzulegen/ als habe ichs für
eine Schuldigkeit erachtet/ ihnen und andern Landes Leuten zu wilfah-
ren: bevorab/ weil ich gesehẽ das die wenige Arbeit so angesehen wordẽ/
daß ihrer viel dadurch anlaß genommen/ mich so wol schrifft- als münd-
lich umb fernern Bericht von ein und andern/ welches ich entweder nur
kurtz berühret/ oder gar zu ersuchen vorbey gangen/ Ich bekenne
es/ daß in dem ersten Druck ich viel weitläufftiger und außführlicher
hätte seyn können. Es hat mir auch nicht an der Materie/ sondern nur
an der Zeit/ welche meine damahlige Geschäffte/ und mein Hauß Un-
glück/ daß mich leider traff/ hinweg nam/ gemangelt. Weil ich aber num-
mehr/ Gott Lob/ von solchen Verhinderungen in etwas befreyet/ vñ die
Gelegenheit zu dieser Arbeit nicht mehr in so enge Schrancken einge-
sperret gewesen/ als habe ich jetzo nicht alleine das vörige wiederholen/
sondern auch was zuvor aussen blieben/ und ich gleichwol zu berichten
nötig erachtet/ darzu gethan. Ohne was noch die Perser mehr von fa-
belhafften so wol Biblischen als andern ihre Religion betreffenden Historien in Schrifften haben/ welches neben andern nicht unangeneh-
men Persischen Sachen und Kupfferstichen in einem absonderlichen
Tractat mit Göttlicher Hülffe bald folgen sol.
Es gehöret zwar ein außführlicher Bericht von den Ländern/ der
Völcker Leben und Sitten/ Policeywesen und Religion nicht eigentlich
zu einer Reyse Beschreibung. Weil ich aber sehe/ daß es andere vor mir
mit dabey gezogẽ/ ich auch nicht rathsam fundẽ/ darvon ein absonderlich

B Buch

Abb. 11

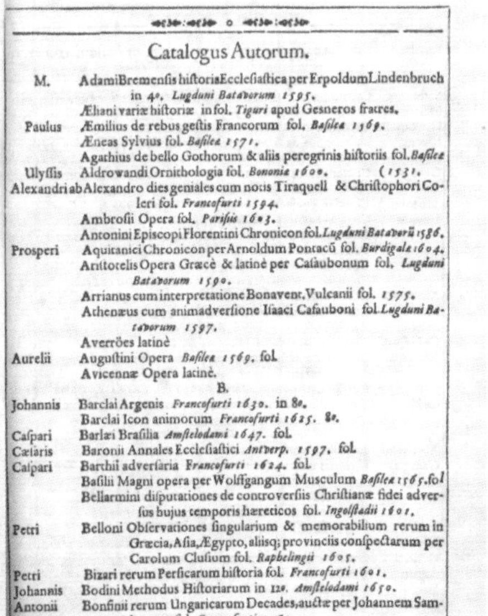

Catalogus Autorum.

M.	Adami Bremensis historia Ecclesiastica per Erpoldum Lindenbruch in 4°. *Lugduni Batavorum* 1595.
	Æliani variæ historiæ in fol. *Tiguri* apud Gesneros fratres.
Paulus	Æmilius de rebus gestis Francorum fol. *Basilea* 1569.
	Æneas Sylvius fol. *Basilea* 1571.
	Agathius de bello Gothorum & aliis peregrinis historiis fol. *Basilea* (1531.
Ulyssis	Aldrowandi Ornithologia fol. *Bononia* 1600.
Alexandri ab	Alexandro dies geniales cum notis Tiraquell & Christophori Coleri fol. *Francofurti* 1594.
	Ambrosii Opera fol. *Parisiis* 1603.
	Antonini Episcopi Florentini Chronicon fol. *Lugduni Batavorũ* 1586.
Prosperi	Aquitanici Chronicon per Arnoldum Pontacũ fol. *Burdigala* 1604.
	Aristotelis Opera Græcè & latinè per Casaubonum fol. *Lugduni Batavorum* 1590.
	Arrianus cum interpretatione Bonavent. Vulcanii fol. 1575.
	Athenæus cum animadversione Isaaci Casauboni fol. *Lugduni Batavorum* 1597.
	Averröes latinè
Aurelii	Augustini Opera *Basilea* 1569. fol.
	Avicennæ Opera latinè.
	B.
Johannis	Barclai Argenis *Francofurti* 1630. in 8°.
	Barclai Icon animorum *Francofurti* 1625. 8°.
Caspari	Barlæi Brasilia *Amstelodami* 1647. fol.
Cæsaris	Baronii Annales Ecclesiastici *Antverp.* 1597. fol.
Caspari	Barthii adversaria *Francofurti* 1624. fol.
	Basilii Magni opera per Wolffgangum Musculum *Basilea* 1565. fol.
	Bellarmini disputationes de controversiis Christianæ fidei adversus bujus temporis hæreticos fol. *Ingolstadii* 1601.
Petri	Belloni Observationes singularium & memorabilium rerum in Græcia, Asia, Ægypto, aliisq; provinciis conspectarum per Carolum Clusium fol. *Raphelingii* 1605.
Petri	Bizari rerum Persicarum historia fol. *Francofurti* 1601.
Johannis	Bodini Methodus Historiarum in 12°. *Amstelodami* 1650.
Antonii	Bonfinii rerum Ungaricarum Decades, auctæ per Johannem Sambucum fol. *Francofurti* 1581.
Johannis	Boteri Politia Regia *Marpurgi* in 4°. 1620.
Tilemannus	Bredenbachius de Armeniorum moribus, ritibus & erroribus in 8°. *Basilea* 1577.
Barnabas	Brissonius de regio Persarum principatu in 4°. *Parisiis* 1606.
Aug. Gis.	Busbequii Epistolæ quatuor legationis Turcicæ in 8°. *Parisiis* 1595.

Nicolai

Abb. 12

EPISTOLA

Viri admodum Reverendi, Nobilissimi & Excellentissimi DN.

JOHAN-ADOLPHI KIELMANNI,

Hæreditarij in Satrupholm Ecclesiæ Cathedralis, quæ est Hamburgi,
Præpositi Serenissimi Cimbrorum Ducis regnantis Consiliarii intimi & Cancel-
larii, nec non Præfecti in Moorkirch, Delroth & Langstede.

AD AUTOREM,

Cum Hodeporicum Muscovitico-Persicum primùm ederet.

QUod tandem humanitas tua, Vir Clarissime & Eximie,
passa est, tam amanter sibi imponi, ut desideratam diu
Itineris Muscovito-Persici descriptionem in forum
protruderet, id meritò est cur publico, cur tuo & meo
nomine mihi gratuler, quid enim famâ, qua publico
comodamus, celebrius, qum tu imprimis superatis pervigilium hye-
male & noctes insomnes olentibus lucubrationibus tenebricosam
hucusq;, & in formem â plerisq; rerum & locorum ignaris scriptori-
bus obfusam caliginem discutis, qualisq; sit illarum peragratarũ ter-
rarum facies, qui unius cujuslibet plagæ hominum mores & studium
sat doctè exponis, & quęso in quo desudare majori cum fructu potuit
industria tua, quam qva citis qvasi quadrigris ad editas ad plaudentis
famæ arces grassaris. Mihi verò, cumprimis negotioso meo & quasi
catenato ocio aliqua ex parte soluto, historiarumq; lectioni aliquam
tum desveto, perquam volupe fuit, in theatralem hunc spaciosi tui
nobis delineati orbis circum descendere, animumq; invidiosis alias
& tortuosis satis ubiq; obviam euntibus occupationibus pœnè fra-
ctum jocunda quasi peregrinatione reficere: Auget etiam legendi
studiũ, quod tibi queam oculato plus credere, ac alijs multis de in-
dole Persica varia variè exponentibus auritis. Et quialiter fieri potuit,
quin nobis inter pauca vera multas offucias venderent, cum ex ve-
teri Regum Persarum consuetudine nihil silentio antiquius ductũ,
illaq; gens jugem de rebus serijs taciturnitatem inter ceteras virtu-
tes lemniscatam olim arbitrata est, ex quo conijcere facile est, secre-
tiora dominatus Persici per manus nec tradi, nec sine admixtioni

falsi

Abb. 13

nisch wiedergegeben werde, etc. Und dann wird aber auch darauf hingewiesen, dass obszöne Begriffe, »wodurch die Jugend vnd Frawenzimmer könte geärgert werden«, die aber nötig sind, »der Völcker art anzudeuten« (XVIII), nicht ins Deutsche übersetzt würden.

Spätestens hier wird klar, was sich schon in dem auffallend zwischen Gelehrtheit und Verdeutschung schwankenden Vorspann gezeigt hat, dass der »günstige Leser« verschiedene Gesichter hat, und entsprechend verschieden eingeführt wird. Es gibt hier zwei Texte: Einerseits den Text der Reisebeschreibung mit allen unterhaltsamen und informativen Details und Bildern, der sich an ein breiteres Publikum richtet, und anderseits den in die Gelehrsamkeit gehobenen Text derselben Reisebeschreibung, der aber sowohl in einen methodologischen wie einen Wissenschaftsdiskurs eingegliedert ist. Mittel der Trennung und des Ausschlusses ist die Fremdsprache.

Und wenn Olearius die Vorrede an den Leser damit beendet, dass er »Gelahrten vnd Ungelahrten damit dienen wolle«, spricht er genau diese Doppellesart des Textes an.

Hofft er dann aber, dass er Leser findet, »die mit solcher Begierde diß Buch lesen möchten / als ich gehabt habe etwas anzumercken / auffzuzeichnen vnd mitzutheilen / …« (XVIII), schliesst sich der Kreis, der sich mit dem Emblem des Titelkupfers aufgetan hat: der Leser wird in seiner Begierde zum Autor, respektive der reisende Autor spiegelt sich im reisenden Leser, die Begierde in der Lektüre ist die Begierde des Schreibens, das geschriebene Wort ist das gelesene.[28]

Diesem Vorwort an den »günstigen Leser« folgt dann ein Anhang von lateinischen Texten: Ein »Catalogus Autorum« (Abb. 12) hilft dem Kenner, die Zitate nachzuschlagen und dient als Wegweiser für Nebenwege, der Brief Kielmanns (Abb. 13), in dem er eine Veröffentlichung empfielt, ein gelehrtes Schreiben von einem Geheimrat des Fürsten als Legitimation einer historischen und geographischen Berichterstattung und Ausdruck eines Lesebegehrens (Abb. 14), schliesslich eine Serie von Lobgedichten gelehrter und angesehener Männer, die sich damit zu einer Art Spalier aufreihen.

Es richtet sich an den gelehrten Leser, der dadurch nicht nur in die Reihe der allesamt angesehenen Schreiber eingereiht wird, sondern darüber auch das Werk als Teil desjenigen Geisteszirkels versteht, zu dem er sich zählt oder gern zählen würde: die Initiation des gelehrten Lesers ist ein doppelter Spiegel: durch sie führt sich das Werk selber auch in einen bestimmten Raum der Bibliothek ein.

Den Abschluss dieser Einführung bildet dann das Konterfei der beiden Führer der Gesandtschaft, Otto Brüggemann (Abb. 15) und Philipp Crusius (Abb. 16), auf je einem eigenen Blatt. Crusius wird in der Subscriptio, wie sich dies für einen Gesandten gehört, als begabter Redner geehrt. Brüggemann aber, dessen Verhalten auf der

---

28 Dabei engt sich der Leserkreis ein, wobei diese Beschränkung zur Auszeichnung wird – von Autor und Leser: »Gefalle ich nicht allen / ist es gnug nur etlichen bescheidenen Leuten gefallen / vnd wil auch in diesem fall mit des Jupiters glück / qui nec omnibus placet, zufrieden seyn. Der günstige Leser gehabe sich wol« (XVIII).

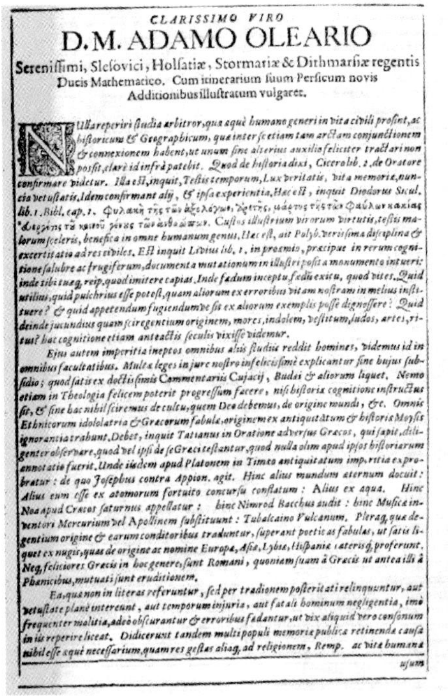

CLARISSIMO VIRO

D.M. ADAMO OLEARIO

Serenissimi, Slesovici, Holsatiæ, Stormariæ & Dithmarsiæ regentis Ducis Mathematico. Cum itinerarium suum Persicum novis Additionibus illustratum vulgaret.

Nullas reperiri studia arbitror, quæ æquè humano generi in vita civili prosint, ac historicum & Geographicum, quæ inter se etiam tam arctam conjunctionem & connexionem habent, ut unum sine alterius auxilio feliciter tractari non possit, clarè id infrà patebit. Quod de historia dixi, Cicero lib. 2. de Oratore confirmare videtur. Illa est, inquit, Testis temporum, Lux veritatis, vita memoriæ, nuncia vetustatis. Idem confirmant alij, & ipsa experientia. Hæc est, inquit Diodorus Sicul. lib. 1. Bibl. cap. 1. φυλακὴ τῆς τῶν ἀξιολόγων ἀρετῆς, μάρτυς τῆς τῶν φαύλων κακίας εὐεργέτης τοῦ κοινοῦ γένους τῶν ἀνθρώπων. Custos illustrium virorum virtutis, testis malorum sceleris, benefica in omne humanum genus. Hæc est, ait Polyb. verissima disciplina & excertitatio ad res civiles. Est inquit Livius lib. 1. in proemio, præcipue in rerum cognitione salubre ac frugiferum, documenta mutationum in illustri posita monumento intueri: inde tibi tuæq; reip. quod imitere capias. Inde fœdum inceptu, fœdu exitu, quod vites. Quid utilius, quid pulchrius esse potest, quam aliorum ex erroribus vitam nostram in melius instituere? & quid appetendum fugiendumve sit ex aliorum exemplis posse dignoscere? Quid deinde jucundius quam scire gentium originem, mores, indolem, vestitum, ludos, artes, ritus? hac cognitione etiam anteactis seculis vixisse videmur.

Ejus autem imperitia ineptos omnibus aliis studiis reddit homines, videmus id in omnibus facultatibus. Multæ leges in jure nostro infelicissimè explicantur sine hujus subsidio; quod satis ex doctissimis Commentariis Cujacij, Budæi & aliorum liquet. Nemo etiam in Theologia felicem poterit progressum facere, nisi historiæ cognitione instructus sit, & sine hac nihil sciremus de cultu, quem Deo debemus, de origine mundi, &c. Omnis Ethnicorum idololatria & Græcorum fabulæ, originem ex antiquitatum & historiæ Moysis ignorantia trahunt. Debet, inquit Tatianus in Oratione adversus Græcos, qui sapit, diligenter observare, quod vel ipsi de se Græci testantur, quod nulla olim apud ipsos historiarum annotatio fuerit. Unde iisdem apud Platonem in Timæo antiquitatum imperitia exprobratur: de quo Josephus contra Appion. agit. Hinc alius mundum æternum docuit: Alius eum esse ex atomorum fortuito concursu conflatum: Alius ex aqua. Hinc Noa apud Græcos saturnus appellatur: hinc Nimrod Bacchus audit: hinc Musicæ inventori Mercurium vel Apollinem substituunt: Tubalcaino Vulcanum. Pleraq; quæ de gentium origine & earum conditoribus traduntur, superant poeticas fabulas, ut satis liquet ex nugis, quas de origine ac nomine Europæ, Asiæ, Lybiæ, Hispaniæ cæterisq; proferunt. Neq; feliciores Græcis in hoc genere, sunt Romani, quoniam suam à Græcis ut antea illi à Phœnicibus, mutuati sunt eruditionem.

Ea, quæ non in literas referuntur, sed per tradionem posteritati relinquuntur, aut vetustate planè intereunt, aut temporum injuria, aut fatali hominum negligentia, imò frequenter malitia, adeò obscurantur & erroribus fœdantur, ut vix aliquid vero consonum in iis reperire liceat. Didicerunt tandem multi populi memoriæ publicæ retinendæ causâ nihil esse æquè necessarium, quam res gestas aliaq; ad religionem, Remp. ac vitæ humanæ

usum

Abb. 14

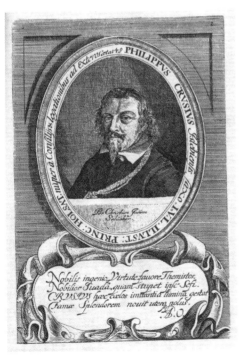

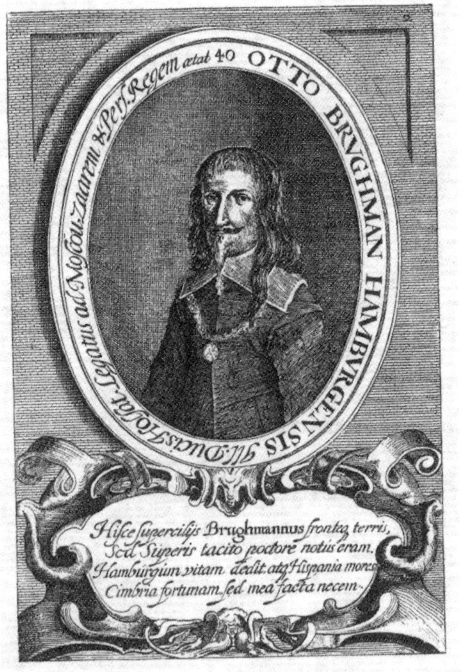

Abb. 15

Abb. 16

1

Gott allein die Ehre!

Das erste Buch

Der newen Persianischen ReyseBeschreibung handelt von der Reyse nach Muscow/ und was sich darauff begeben.

Das erste Capitel.

Von Nutzbarkeit der frembden Reysen.

ICH halte/ daß es eine von den grösten Glückseligkeiten sey/ die in dieser Welt einem Menschen/ der nach Aristotelis Außspruch ζῷον πολιτικὸν genandt seyn wil/ wiederfahren kan; Wenn es sich mit jhm begibt/ daß er mit guter Gelegenheit ferne Reysen thun/ die Welt durchwandern, frembde Länder und Leute sehen/ und jhre Beschaffenheit erkündigen und betrachten kan.

Es ist auch gleichsamb der Natur eines tapffern Gemüthes zuwieder/ daß er wie die Schnecken jmmer im Hause (so dem Weiblichen Geschlechte und Haußmüttern wol anstehet) bleiben soll. Dannenher Lipsius an einem Orte recht und wol saget: Humiles istæ & plebeiæ animæ domi resident & affixæ sunt suæ terræ. Illa divinior est, quæ Cœlum imitatur, & gaudet motu. *Epist. ad Phil. Lanoy.* Nur Leute von schlechter geringer Natur und Gemüthe haben lust hinter dem Ofen zu sitzen/ und in jhrem Vaterlande gleich als angebundene zu bleiben/ aber die seynd Edeler und voller Geist/ welche dem Himmel folgen/ und zur bewegung lust haben. Spernit natura suâ includi cœlestis ille ignis, aerem amat & Campos, spricht er abermahl *Epist. 8. cent. 1.*

Es kan auch GOtt dem HERRN/ welcher nach anweisung der heiligen Schrifft allezeit ein sonderlich Auge auff die Reysenden und Frembdlingen gehabt/ nicht zuwider/ sondern vielmehr angenehm seyn/ weil Er der grosse Haußvater den Baw der Welt dem Menschen zu gute gesetzt. Den Erdboden als das zeitliche Wohnhauß und Lustgarten eingegeben/ da es dann an einem Orte jmmer mit andern Herrligkeiten und Früchten als am andern ge-

A ziert.

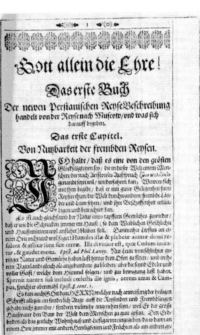

Abb. 17

Reise ihn nicht nur zum erklärten Feind von Olearius machte, sondern ihn auch nach der Reise den Kopf kostete, wird in der Unterschrift entsprechend gekennzeichnet.[29] Wie ein Mahnmal steht dieser Geköpfte am Zugang zu der von ihm geleiteten Reise.

Dadurch wird aber dieser Führer der Gesandtschaft zum Gegenstück des Autors, dessen Taten ihm gerade nicht den Tod, sondern nach den Lobgedichten zu schliessen den ewigen Ruhm einbringen. Wurde dem Leser das Bild des Autors als Vor-Bild hingehalten, das unter derselben Maxime steht wie sein Eintritt ins Buch, wird hier der Gegenspieler als abschreckendes Beispiel hingestellt. Als ginge es darum, den rechten Weg – und den rechten Führer – zu wählen vor dem Eintritt in den Text (Abb. 17).

Nicht zuletzt diese Bilder der führenden Gesandten machen aber auch die absolute Differenz klar, die zwischen dem Erlebnis und dem Erlebnisbericht, zwischen der Reise und dem Reisebericht liegt. Es ist die Differenz zwischen Welt und Weltdeutung, zwischen der Welt und dem »Buch der Welt«. Spiritueller Führer ist der Autor, dessen Autorität sich der Leser vollkommen zu unterwerfen hat.

E. R. Curtius: Europäische Literatur und lateinisches Mittelalter

Am Beispiel eines wissenschaftlichen Buches aus der Mitte des 20. Jahrhunderts soll nun noch ein Blick geworfen werden auf die Riten, die sich in der Tradition der Geisteswissenschaft mit einer erstaunlichen Starre erhalten haben. Es ist ein Buch, das die Idee einer geistesgeschichtlichen Einheit Europa vertritt, eine Art Sakralisierung dieser Idee betreibt und von grossem Einfluss war auf die literaturwissenschaftliche Forschung: Ernst Robert Curtius, *Europäische Literatur und Lateinisches Mittelalter*. Bern und München 1948. Ich ziehe hier nicht die Erstausgabe bei, sondern lege meinen Überlegungen die 10. Auflage von 1984 zugrunde.

Ein gewichtiges Buch. 608 Seiten. Der Schutzumschlag, écrufarben, suggeriert in der graphischen Gestaltung schon die Tradition, auf die sich der Inhalt bezieht: die klassische, europäische (Abb. 18). Nicht nur erinnert die grossbuchstabige Antiquaschrift an antike Inschriften, sondern der schwarze und rote Druck reiht das Blatt auch in die Tradition des im frühen Buchdruck üblichen zweifarbigen Titels ein, der sich seinerseits an die rubrizierten Handschriften anlehnte.

Leicht kleiner als der Autorname wird auf die zehnte Auflage hingewiesen und werden Verlag sowie Erscheinungsort genannt. Der dünne Papierumschlag, der ein heiles Buch garantiert, ist so auch Ort der Werbung, die dem inneren, festeren Raum nicht zugemutet werden kann. Es ist die äusserste Haut, die sich der Sonne aussetzt und für das Buch altert. Schutz und Hinweis in einem.

---

29 Am Schluss des Werkes wird das Epitaph zitiert und »übersetzt«: »Mit solchem Mund und Stirn war ich in Stadt und Land / Das Leben Hamburg gab: Hispanien den Muth: / Und Holstein grosses Glück. / mein Thun den Todt mir thut.« (788).

ERNST ROBERT CURTIUS

EUROPÄISCHE LITERATUR UND LATEINISCHES MITTELALTER

ZEHNTE AUFLAGE

FRANCKE VERLAG BERN
UND MÜNCHEN

Abb. 18

AUS DEN URTEILEN ÜBER DIE FRÜHEREN AUFLAGEN

«Ohne philosophische Systemzwängerei wird hier die abendländische Dichtung als eine geheimnisvoll-offenbare Einheit erschaut, werden Gesetze des Lebens, Fortlebens, Fortzeugens im Geiste gewonnen. Was bedeutet in unserem Geisteskosmos Tradition? Wie vollzog und vollzieht sie sich? Wer diese Fragen angehen, der wird sich diesem einzigartigen Europa-Buch zuwenden müssen. Es wird für die Selbstauffassung des abendländischen Menschen, der über seine Geschichte nicht hinwegspringen kann, von den größten Folgen sein.»
Max Rychner in der *Tat*, Zürich

«Mit einer faszinierenden Leidenschaft münzt hier europäische Gesinnung den spröden Stoff einer ‚exakten' Philologie in konkrete Erkenntnisse und Argumente aus ... Den unmittelbarsten Nutzen gewinnt das Buch als Nachschlagewerk für all die materiellen historischen Fragen, die sich bei jeder Arbeit an Form- und Motivelementen der europäischen Literaturen ergeben. Es ist hier ein faszinierender Blick in die geschichtliche Tiefe aufgetan ...»
Max Wehrli in der
Zeitschrift für deutsches Altertum, Frankfurt

«Das Buch schafft eine neuartige Anschauung vom inneren Zusammenhang der europäischen Literatur, von der Kontinuität europäischen Lebens, soweit es dichterisch geformt ist. Es zeigt die Festigkeit und bildnerische Kraft der literarischen Tradition von Homer bis zur Neuzeit und befreit das Mittelalter dabei aus seiner Isolierung. Es befreit auch ganze Epochen von den Subjektivismen, mit denen man sie bisher betrachtet hatte.»
Welt und Wort, München

FRANCKE VERLAG BERN
UND MÜNCHEN

Abb. 19

ERNST ROBERT CURTIUS

EUROPÄISCHE LITERATUR UND
LATEINISCHES MITTELALTER

Abb. 20

ERNST ROBERT CURTIUS

EUROPÄISCHE LITERATUR
UND LATEINISCHES
MITTELALTER

ZEHNTE AUFLAGE

FRANCKE VERLAG BERN
UND MÜNCHEN

Abb. 21

So sind denn in dieser zehnten Auflage auch im vorderen Klappentext, eingeschlagen in den vollkommen leeren Raum zwischen Buckdeckel und Vorsatzblatt »Urteile über die früheren Auflagen« abgedruckt (Abb. 19). Urteile von Eingeweihten, die davon berichten, was hier zu erwarten ist. Da heisst es denn, dass hier »die abendländische Dichtung als eine geheimnisvoll-offenbare Einheit erschaut« werde[30] und »ein faszinierender Blick in die geschichtliche Tiefe aufgetan« sei.[31] Es sind Eingeweihte, frühere Leser – und zwar nicht irgendwelche, sondern Experten: Max Rychner und Max Wehrli, die den hier gefassten Text als Ort einer in mystifizierender Art zur Schau stilisierten Erkenntnis zeigen.

Man kann diese Rezensionsausschnitte als reine Werbung überlesen. Man kann darin aber auch eine erste Anweisung an denjenigen sehen, der das Buch in der Hand hält: eine Art Zielvorgabe und Hinweis auf das Geheimnis dieses Buches. Wer weiterblättert, reiht sich bewusst in die lange Kette derer ein, die sich auf den Weg zu der hier propagierten Schau machten.

Geschützt ist der Eintritt in den eigentlichen Bereich durch Leere. Sowohl der Spiegel (das auf den Buchdeckel geklebte Blatt) wie das Vorsatzblatt sind, wie üblich, vollkommen unbedruckt. Erst die dritte Seite bringt, als traditionelles Anhängsel vor dem eigentlichen Titelblatt, den sogenannten Schmutztitel, eine Art innere Hülle um den Text (Abb. 20). Die vierte Seite ist wieder leer, so dass das Auge von der fünften, der eigentlichen Titelseite, durch nichts abgelenkt wird.(Abb. 21)

Ganz anders gegliedert als die inschriftmässige Graphik des Umschlagtitels – auch wenn mit genau denselben Angaben –, lässt der schwere Titel hier unter sich Raum. Dieser Titel ist nicht mehr Aufschrift auf einem verschlossenen Buch, eine Art Versiegelung, sondern nur noch Hinweis auf das Kommende, keine Türe mehr, sondern Vorhang: Das Auge des Lesers tritt unter der Inschrift ein.[32]

Und erst hinter dieser dreifachen Betitelung finden sich auf der Versoseite, der vom direkten Blick vernachlässigten linken Hand, die genaueren Verlagsangaben, das Kolophon: Der Hinweis auf die Erstveröffentlichung 1948, das Jahr dieser 10. Auflage, 1984, der Vermerk des Copyrights, der Name der Druckerei und die ISBN (Abb. 22).

Dem gegenüber nun aber steht, klein und verloren in der Mitte einer sonst leeren Seite, eine Widmung für zwei Verstorbene, deren Namen und Lebensdaten mit kurzem »in memoriam« verbunden ganz nüchtern dastehen: Gustav Gröber und Aby Warburg (Abb. 23). Anders als in frühneuzeitlichen und barocken Dedikationen gibt es hier aber keine Erklärung; es ist eine Heimlichkeit darin, die den Leser in seltsa-

---

30 Zitat von Max Rychner aus der »Tat«.
31 Zitat von Max Wehrli aus der »Zeitschrift für deutsches Altertum«.
32 Im graphischen Programm des Suhrkampverlags und der Gestaltung seiner Reihen, v.a der »edition suhrkamp«, ist im Zusammenhang mit einer solchen Leerfläche auf dem Titel von einem »medialen Raum« die Rede. Roger Thiel, »Ästhetik der Aufklärung – Aufklärung der Ästhetik. Eine kritische Physiognomie der edition suhrkamp«. In: *Wolfenbütteler Notizen zur Buchgeschichte* 15 (1990): 1–47, hier: 7. Vgl. aber auch: Siegfried Unseld, *Marienbader Korb. Über die Buchgestaltung im Suhrkamp Verlag. Willy Fleckhaus zu Ehren.* Hamburg 1976.

A. FRANCKE AG · VERLAG · BERN · 1948
ZEHNTE AUFLAGE 1984

HERSTELLUNG: HAIN-DRUCK KG, MEISENHEIM/GLAN
ISBN 3-7720-1398-8

Abb. 22

GUSTAV GRÖBER

[1844–1911]

UND ABY WARBURG

[1866–1929]

IN MEMORIAM

Abb. 23

LEITSÄTZE

1. Πάλαι δὲ τὰ καλὰ ἀνθρώποισι ἐξεύρηται ἐκ τῶν μανθάνειν δεῖ. HERODOTOS I c. 8

2. Πατέρων εὖ κείμενα ἔργα. POLYBIOS XV 4, 11

3. … neque concipere aut edere partum mens potest nisi ingenti flumine litterarum inundata. PETRONIUS c. 118

4. Ne tu aliis faciendam trade, factam si quam rem cupis. Sprichwort

5. Vielleicht überzeugt man sich bald, daß es keine patriotische Kunst und patriotische Wissenschaft gebe. Beide gehören, wie alles Gute, der ganzen Welt an und können nur durch allgemeine freie Wechselwirkung aller zugleich Lebenden, in steter Rücksicht auf das, was uns vom Vergangenen übrig und bekannt ist, gefördert werden. GOETHE, *Flüchtige Übersicht über die Kunst in Deutschland* (1801)

6. Auch die Zeiten des Verfalls und Untergangs haben ihr heiliges Recht auf unser Mitgefühl. JACOB BURCKHARDT, *Werke* XIV, 57

7. Absichtslose Wahrnehmung, unscheinbare Anfänge gehen dem zielbewußten Suchen, dem allseitigen Erfassen des Gegenstandes voraus. Im sprungweisen Durchmessen des Raumes hascht dann der Suchende nach dem Ziel. Mit einem Schema unfertiger Ansichten über ähnliche Gegenstände scheint er das Ganze erfassen zu können, ehe Natur und Teile gekannt sind. Der vorschnellen Meinung folgt die Einsicht des Irrtums, nur langsam der Entschluß, dem Gegenstand in kleinen und kleinsten Schritten nahe zu kommen, Teil und Teilchen zu beschauen und nicht zu ruhen, bis die Überzeugung gewonnen ist, daß sie nur so und nicht anders aufgefaßt werden dürfen. GRÖBER, *Grundriß der romanischen Philologie* I, 1888, 3

8. Die paritätische Verbindung von Mikroskopie und Makroskopie bildet das Ideal der wissenschaftlichen Arbeit. HUGO SCHUCHHARDT, 1915

9. On aurait souhaité de n'être pas technique. À l'essai, il est apparu que, si l'on voulait épargner au lecteur les détails précis, il ne restait que des généralités vagues, et que toute démonstration manquait. ANTOINE MEILLET, *Esquisse d'une histoire de la langue latine*, 1928

10. Un libro de ciencia tiene que ser de ciencia; pero también tiene que ser un libro. JOSÉ ORTEGA Y GASSET, *Obras*, 1932, 963

Abb. 24

KAPITEL I

EUROPÄISCHE LITERATUR

SEIT dem 19. Jahrhundert hat die Erkenntnis der Natur größere Fortschritte gemacht als in allen vorangegangenen Epochen. Ja, sie dürfen, mit den früheren verglichen, inkommensurabel heißen. Sie haben die Formen des Daseins verändert und eröffnen neue Möglichkeiten, deren Tragweite nicht zu ermessen ist. Weniger offenkundig, weil weniger spürbar, sind die Fortschritte der Geschichtserkenntnis. Sie verändern nicht die Lebensformen, aber die Denkformen derer, die daran teilnehmen. Sie führen zu einer Ausweitung und Erhellung des Bewußtseins. Die Auswirkung dieses Vorgangs kann auf die Dauer auch für die Lösung der praktischen Menschheitsaufgaben von Bedeutung werden. Denn der größte Feind des sittlichen und sozialen Fortschritts ist die Dumpfheit und Enge des Bewußtseins, der die antisozialen Affekte jeder Art einen ebenso mächtigen Beistand leisten wie die Denkträgheit, das heißt das Prinzip des kleinsten geistigen Kraftaufwandes *(vis inertiae)*. Die Fortschritte des Naturerkennens sind verifizierbar. Über die Periodik der chemischen Elemente gibt es keine Meinungsverschiedenheiten. Der Fortschritt des geschichtlichen Erkennens dagegen kann nur freiwillig mitvollzogen werden. Er hat keinen ökonomischen und keinen berechenbaren sozialen Nutzeffekt. Er stößt also auf Gleichgültigkeit oder gar auf den Widerstand des in Machtgebilden verkörperten Interessenegoismus[1]. Träger des historischen Erkenntnisfortschrittes sind immer isolierte Einzelne, die durch geschichtliche Erschütterungen wie Kriege und Revolutionen zu neuen Fragestellungen geführt werden. Thukydides fand sich zu seinem Geschichtswerk veranlaßt, weil er den Peloponnesischen Krieg für den größten aller Zeiten hielt. Augustin schrieb seinen «Gottesstaat» unter dem Eindruck der Eroberung Roms durch Alarich. Machiavells politisch-historische Schriftstellerei ist die Reflexion auf die Italienzüge der Franzosen. Die Revolution von 1789 und die Napoleonischen Kriege haben die Geschichtsphilosophie Hegels hervorgetrieben. Auf die Niederlage von 1871 folgte die Revision der französischen Geschichte durch TAINE, auf die Errichtung des Hohenzollernreiches NIETZSCHES «unzeitgemäße» Betrachtung über «Nutzen und Nachteil der Historie für das Leben» – ein

1 Es ist vielleicht nicht unzeitgemäß, auf eine Warnung aus dem Jahr 1926 hinzuweisen. *Die erweiterte Demokratie*, schrieb MAX SCHELER – *einst die Verbündete der freien Forschung und der Philosophie gegen die Oberherrschaft des kirchlich gebundenen Geistes – bildet sich langsam zur größten Gefahr für die geistige Freiheit um. Der Typus Demokratie, der in Athen Sokrates und Anaxagoras verurteilte, steigt langsam im Abendlande und vielleicht auch in Nordamerika wieder empor. Nur die sich aufkämpfende vorwiegend liberale Demokratie relativ «kleiner Eliten», so lehren uns die Tatsachen schon jetzt, ist eine Bundesgenossin der Wissenschaft und der Philosophie. Die herrschend gewordene und schließlich auf Frauen und halbe Kinder erweiterte Demokratie ist keine Freundin, sondern eher eine Feindin der Vernunft und Wissenschaft. Es beginnt bei uns in Deutschland mit kirchlichen Weltanschauungsprofessuren und sozialdemokratischen «Strafprofessuren». Aber wartet! Der Prozeß wird noch weitergehen!* (MAX SCHELER, *Die Wissensformen und die Gesellschaft*, 1926, 89).

13

Abb. 25

mer Art zugleich ausschliesst und zum Komplizen macht. Durch den öffentlichen Memoria-hinweis wird er im Moment der Lektüre in den Bereich des Gedenkens hineingezogen, ohne dass sich ihm der zwischen Autor und Bedachten geschlossene Kreis öffnen würde. An dieser kleinen Gedenktafel scheiden sich nicht zuletzt die Leser in diejenigen, die sich mit einem stillen »Aha« den hier gezogenen Kreis zu erklären suchen, um darin einen Schlüssel zum Kommenden zu finden, und die, die darin lediglich einen Blick zu werfen meinen in die Intimität eines individuellen und privaten Lebensausschnittes.

Dass sich das Monument nicht an letztere richtet, ist klar. Denn die Namen stehen hier für Anreger, Vorläufer, Lehrer und Vordenker.[33] Ohne explizit zu werden, wird durch diese zwei Chiffren am Eingang des Buches ein geistiger Raum abgesteckt und ein erster Hinweis auf das Zielpublikum des Werks gegeben.

Blättert man nun weiter, folgt auf diese lakonische Gedächtnisinschrift eine Dekade von »Leitsätzen«, die, dicht gedruckt, als kompakter Block eine ganze Seite füllen, durchnumeriert von eins bis zehn und chronologisch geordnet (Abb. 24).[34]

Hat schon die Gedächtnistafel an ein Wissen des Lesers appelliert, das ihm erst den Eintritt in den Memorialraum ermöglichte, wird da nun endgültig mit einer Radikalität ausgewählt und ausgeschlossen, wie sie ihresgleichen doch sucht. Denn was hier als »Leitsätze« aufgeführt ist, damit aber doch wohl als Wegweiser für die Lektüre genauso gedacht wie als Motti für den Autor, besteht aus griechischen, lateinischen, deutschen, französischen und spanischen Zitaten. Damit wird eine Art sprachlicher Landkarte des europäischen Raumes aufgeschlagen – die englischen Zitate folgen dann im Vorwort.

Inhaltlich sind die Leitsätze Vorgaben für wissenschaftliches Arbeiten und sollen eine Art methodologische Legitimation des Unterfangens sein; eine Stellungnahme für akribische Gelehrsamkeit, gekoppelt mit visionärer Idee. Indem aber die Gewährsmänner sowohl aus der Antike wie aus der Gegenwart stammen, wird der hier praktizierte Zugang gleichzeitig zum zeitlosen geschrieben: Die in diesem Buch gefasste Wissenschaft ist die Wissenschaft, wie sie seit der Antike Gültigkeit hat, ist Teil der Tradition. Dem Leser ist somit klar, worauf er sich einlässt und was von ihm erwartet wird.

In seltsamem Kontrast zu diesen abschreckenden Anforderungen und ausschliessenden Mechanismen am Eingang des Buches heisst es dann im Vorwort: »Aber mein Buch wendet sich nicht nur an Gelehrte, sondern auch an Liebhaber der Literatur.« (S. 9).[35] Damit wird, kurz vor dem Anfang des Textes, auf eine Doppeltheit

---

33 Gustav Gröber, Romanist, war u.a. der Lehrer von Curtius in Strassburg, in dessen vorrangige Interessengebiete der Zusammenhang von lateinischem und romanischem Schrifttum gehörte und der Curtius zur Auseinandersetzung mit dem Mittelalter ermunterte.
Aby Warburg, der 1891 in Strassburg promovierte, Kultur- und Kunsthistoriker, beschäftigte sich ebenfalls wegweisend u.a. mit antikem Gedankengut im Mittelalter und der Renaissance.
34 Kap. 18, Epilog, § 1. Rückblick: 384–387.
35 Oder im Vorwort zur ersten Auflage: »Es wendet sich nicht nur an wissenschaftliche Leser, sondern auch an solche, die sich für Literatur als Literatur interessieren.« (11)

desselben verwiesen, wie sie oft in wissenschaftlicher Literatur als Ideal thematisiert ist. Nach nur in Gelehrtenkreisen verständlicher Widmung und ebensolchen Motti ist aber fraglich, wieweit diese Bestimmung eines doppelten Zielpublikums nicht einfach Lippenbekenntnis ist. Oder – und das ist die andere Frage: ist der Anfang dieses Buches gar nicht – oder nicht nur – Initiationsritual für den Leser, sondern mehr Initiationsritual des Autors in einen ganz spezifischen Kreis potentieller Leser, den exklusiven und auf diese Exklusivität sehr bedachten Zirkel der Wissenschafter? Ist die Gedächtnistafel nur Mittel des Autors, sein Werk an eine anerkannte Tradition zu knüpfen, sich in diesen bedachten Kreis einzureihen? Ist die Front gelehrter Leitsätze nur Zeichen seiner Gelehrsamkeit, Maske seiner Gedanken, die sich so nicht nur das Gesicht Europas überstülpen, sondern auch die klassische Tradition, wie sie in den Zirkeln hochgehalten wird, zu denen er sich zählt? Ist diese Auflösung des eigenen Wortes in dem Potpourri fremder Wörter nötig, um schliesslich als Wissender anerkannt zu werden? In der ersten Fussnote des Werks mündet diese Selbstverwandlung und Zurechtschreibung schliesslich in die entschiedene Abkehr von jeder Demokratisierung des exklusiven Wissens (Abb. 25). Hinter der Maske eines Max-Scheler-Zitats heisst es, dass »nur die sich aufkämpfende vorwiegend liberale Demokratie relativ ›kleiner Eliten‹, ... eine Bundesgenossin der Wissenschaft und der Philosophie« sein könne. Und: »Die herrschend gewordene und schliesslich auf Frauen und halbe Kinder erweiterte Demokratie ist keine Freundin, sondern eher eine Feindin der Vernunft und Wissenschaft.«[36]

Der hier gebotene Blick ist also Schau einer Elite. Der »Liebhaber der Literatur« hat fast keine Chance, mitgenommen zu werden. Mitgenommen auf das, was am Schluss des Buches »eine beschwerliche Wanderung« genannt wird, ein Stationenweg, »ein stufenförmiger Fortschritt und spiraliger Aufstieg«, an dessen Ende »eine neue Anschauung vom inneren Zusammenhang der europäischen Literatur« gewonnen sei (S. 384f.). Um für diesen Vorgang bereitet zu werden, ist der Anfang des Buches zu einer stufenweisen Prüfung gestaltet, die den ungewollten Leser – wie eben zum Beispiel halbe Kinder und Frauen – abschreckt, den richtigen aber über ein Netz von Anspielungen und Assoziationen zum exklusiven Weggenossen macht. Dabei ist die dem Leser bereitete Initiation gleichzeitig Initiation des Autors in den Kreis der exklusivsten Leser, ist es dieser Anfang, über den sich der Autor als Teil jener Elite einführt, zu der schliesslich der über diesen Anfang initiierte Leser sich gern zählen möchte. Damit wird aber die eigentlich absurde Konstellation dieser spezifischen Form von Spiegelritualen in der Wissenschaftswelt deutlich, wo sich Eingeweihte gegenseitig initiieren. Der als Phantom zitierte Liebhaber der Literatur mag sich da an Don Quijote erinnert fühlen.

Der Versuch, anhand von drei sehr unterschiedlichen Beispielen nach Initiationsriten am Buchanfang zu fragen, hat gezeigt, dass sich im Wechselspiel von Leserbewusstsein

---

36 13, Anm. 1.

und Buchproduktion der Zugang zu einem zwischen Buchdeckeln gefassten Text immer wieder zu ästhetischen Räumen stilisiert, die der Leser zu durchschreiten hat, in denen er sich in eine ganz spezifische Rolle hineinfinden muss, um vor dem Text zu bestehen, aber auch, um den Text als etwas wahrnehmen zu können, was nicht nur bewusstseinsverändernd, sondern auch sinnkonstituierend und letztlich sakral ist. Über diese verschwiegenen Ritualisierungen bindet sich der abstrakte ästhetische Raum in den Körper zurück, und das spielerisch inszenierte Ritualgeschehen wird zum ritualisierten Spiel.

Yoko Tawada

Ein E-mail für japanische Gespenster

Ich setze Buchstaben, während ich schreibe. – Es hört sich etwas seltsam an, aber Buchstaben zu schreiben ist eine andere Tätigkeit, als einen Text zu schreiben. Deshalb benutzte ich das Wort »setzen«, obwohl ich keine Schriftsetzerin bin. Man setzt Buchstaben aufs Papier, damit ein Platz für die Entstehung des Textes geschaffen wird. Ähnlich verhält es sich mit dem Fußboden und der Meditation. Der Fußboden hat nichts mit der Meditation zu tun, aber es wäre schwirig zu meditieren, wenn es keinen Boden gäbe, auf dem man sitzen kann.

Buchstaben sehen manchmal nicht aus wie der stabile Fußboden, sondern eher wie Hindernisse, die mir im Wege stehen. Indem ich weiter schreibe, setze ich noch mehr Hindernisse. Ein unvermeidlicher Widerspruch: Ich setze Buchstaben, während ich schreibe.

Setzt man sie aber wirklich, während man schreibt? Mir kommt es vor, als würde ich sie zuerst aufs Papier setzen, damit ich überhaupt beginnen kann zu schreiben. Das heißt, ich weiß noch nicht genau, was ich schreiben will, aber beginne schon mit dem Text, indem ich Buchstaben setze. Manchmal ist es aber auch umgekehrt: Ich befinde mich schon längst im Zustand des Schreibens und setze nachträglich Buchstaben.

Es ist nicht leicht, in den Zustand des Schreibens einzutreten. Der gleiche Versuch wiederholt sich jeden Morgen. Zuerst muß ich ein Räucherstäbchen anzünden. Mit Hilfe dieses Geruchs soll die Schreibzeit, die durch einen Schlaf unterbrochen wurde, fortgesetzt werden. Der Matetee muß schon auf dem Schreibtisch stehen. Denn die Bezeichnung für das südamerikanische Stechpalmengewächs »Mate« erinnert mich an das japanische Wort »mate« (»Warte!«). Jeder kleine Akt vor dem Schreiben wirkt wie eine rote Ampel, die mir sagt: »Warte! Es ist noch nicht so weit!« Das obere linke Fenster des Schreibzimmers muß noch geöffnet werden. Dann muß ich mich hinsetzen, Schreibzeug sortieren und zweimal in die Hände klatschen: Ritualisierte Handlungen, die mich vor dem Schreiben aufhalten, sind anscheinend doch notwendig, um vom alltäglichen Zustand in einen anderen Zustand – nämlich in den Zustand des Schreibens – überzugehen. Das Setzen der Buchstaben kann schließlich auch ein Ritual sein, durch das der Zustand des Schreibens erreicht werden soll.

Buchstaben sitzen auch im Kopf eines Menschen. Schließe ich die Augen, sehe ich bald auf der Rückseite der Augenlider die vagen Schatten der Schriftzeichen. Bei längerer Betrachtung stelle ich fest, daß sie alle japanische Schriftzeichen –

Ideogramme und Silbenschrift – sind. Wo bleibt aber das Alphabet? Es ist merkwürdig, daß das Alphabet nicht auf meiner inneren Leinwand zu sehen ist, obwohl ich meistens in der deutschen Sprache denke. Seitdem ich auf Deutsch denke, denke ich in Dialogform. Es wird dort geredet, diskutiert, argumentiert, gefragt, geantwortet oder protestiert. Dabei stelle ich mir keinen einzigen Buchstaben bildlich vor.

Das Alphabet ist für mich gegenständlich und befindet sich außerhalb meines Körpers. Daher kommt mir das Schreiben auf Deutsch oft vor wie eine Teezeremonie mit 30 kleinen Gegenständen. Es gibt eine Teedose »D«, eine Teeschale »U«, einen Kessel »K«, eine Feuerzange »Y«, einen Löffel »L« usw. Man muß sie nach einer vorbestimmten Reihenfolge in die Hand nehmen. Es ist auch festgelegt, an welcher Stelle eine Pause gemacht werden muß.

Buchstaben beeinflussen Gedanken. Durch das Aufschreiben fließen ganz andere Elemente in den Text ein als das, was man nur im Kopf denkt. Solange ich im Kopf mit meinem zweiten Ich rede, bleibt die Sprache kommunikativ, logisch und eindeutig. Wenn ich aber Buchstaben aufschreibe, verwandeln sie sich zum Teil in unverständliche, geisterhafte oder traumähnliche Figuren. Sie zerstören den Ablauf der Argumentation, stellen die Thesen auf den Kopf und bringen so viele Bilder hinein, daß das Thema nicht mehr erkennbar wird. Als Autor sollte man diese Geister vernichten, um den Text zuende zu bringen. Es ist nicht schwer, Buchstaben auf dem Bildschirm zum Verschwinden zu bringen. Aber welche Buchstaben sind störende Geister und welche sind Bausteine für den Text? Man kann sie kaum auseinanderhalten. Genauer gesagt scheint jedes Zeichen gleichzeitig beides zu sein. Solche, die meine Gedanken anständig begleiten und transportieren, können sich plötzlich in Geister verwandeln. Dann entgleise ich aus der noch nicht festen Schiene des Textes und falle in den türkisen Ozean des Bildschirms.

Die Buchstaben im Bildschirm sind einerseits leicht zu löschen, andererseits ist man nie sicher, ob sie wirklich verschwunden sind oder ob sie sich nur im Meer versteckt haben und unerwartet wieder auftauchen könnten. Diese Unsicherheit gibt es beim Löschen mit Tipp-Ex oder dem Radiergummi nicht, weil die Spur der Korrektur mehr oder weniger sichtbar bleibt. Das Tipp-Ex hinterläßt einen Schneehügel. Was das Radiergummi betrifft, erinnert die Spur des Bleistiftes an eine alte Naht auf der Haut: Sie glänzt, wenn sie von der Seite beleuchtet wird. Diese Spuren waren aber für meinen Großvater, der immer mit dem Pinsel schrieb, nicht deutlich genug. Was einmal geschrieben sei, solle man nicht tilgen, sagte er. Wenn er sich verschrieb, strich er das Wort durch und schrieb ein neues daneben. Er schrieb mit Pinsel und Tusche, sodaß das Schreiben automatisch einen rituellen Charakter bekam. Zuerst muß man mit einer winzigen Kanne in die Vertiefung des Tuschschreibsteins etwas Wasser geben. Dann reibt man darin ein Stück Tusche solange, bis das Wasser dunkelschwarz wird. Es dauert eine Weile. Man taucht dann den Pinsel vorsichtig in die Tusche ein. Für jedes Schriftzeichen ist die Reihenfolge, nach der die Striche gezogen werden müssen, festgelegt. Die Buchstaben auf dem Bildschirm wirken auf mich gespenstischer als eine Pinselschrift auf Papier, denn sie sind da und doch nicht da.

Sie sind nur Schatten auf der Oberfläche des elektronischen Wassers oder Erinnerungen an Gegenstände, die einmal im Wasser verlorengegangen sind. Sie haben kein Gewicht und können jetzt hier sein und im nächsten Moment an einem entfernten Ort in einem anderen Computer erscheinen, so wie Geister es können.

Als Kind wunderte ich mich nie darüber, daß einige Rituale Geister herbeilockten, während andere sie fortjagten. Wenn meine Großmutter sich zum Beispiel vor den Hausaltar setzte, Räucherstäbchen anzündete und den verstorbenen Vorfahren ein Schälchen Reis hinstellte, so tat sie dies, damit die Geister erschienen und mit ihr redeten. Aber wenn ein Shinto-Priester für eine Chemiefabrik eine Zeremonie durchführte, war es die Absicht, Geister fortzujagen. Eigentlich gibt es keine Geister, die an sich gut oder böse sind. Die Geister, die lebende Menschen quälen, sind die der Toten, die noch nicht von ihrem Leiden erlöst worden sind. Wenn die Unternehmer einer Chemiefabrik eine ausführliche Zeremonie gegen Geister bestellen müssen, gibt es sicher ein bewußtes oder unbewußtes Wissen über die Opfer des Fabrikbaus oder ihrer Produkte.

In erstaunlich vielen Fällen ist es unklar, was ein Ritual bedeutet. Zum Beispiel gibt es viele Leute in Japan, die ihr neues Auto zur Einweihungszeremonie in einen shintoistischen Schrein bringen, aber die meisten von ihnen sind nicht sicher, was es bedeutet. Es gibt mindestens zwei Erklärungen dafür, die sehr unterschiedlich sind. Einige vermuten, es handle sich um eine Reinigungszeremonie gegen die Geister, die Autounfälle verursachen. Andere sagen, ein neues Auto habe noch keine Seele, und diese müsse erst durch eine Zeremonie eingehaucht werden.

Ein Ritual kann ein Appell an die Geister sein, es kann genau so gut eine Abwehr gegen sie bedeuten. Die Literatur braucht ein Ritual als Appell an die Geister. Denn Geister der Toten erzählen oft vom toten Winkel der Vergangenheit, mit der sich die Literatur beschäftigt. Geister können auch verdrängte, imaginäre Körper darstellen, wie zum Beispiel »Mitsumekozô« mit drei Augen oder »Rokurokubi«, ein Wesen mit einem schlangenartigen Hals oder »Futakuchi-Onna«, eine Frau, bei der sich ein zweiter Mund auf dem Hinterkopf öffnet.

Es gibt zahllose Erscheinungsformen der Geister, die man in Japan normalerweise in drei Gruppen einteilt: Die erste Gruppe ist die der »Yôkai«, der Gespenster, die außergewöhnliche Gestalten besitzen. Zu der zweiten Gruppe gehören »Henge«, Gespenster, die sich verwandelt haben. Und die dritte Gruppe der »Yûrei« besteht aus den Seelen der Toten und der Lebenden, die sich von ihrem Körper gelöst haben. Diese Yûrei erscheinen gezielt vor bestimmten Menschen – oft mit einer Botschaft –, während die Yôkai und die Henge an bestimmte Orte gebunden sind.

Es gibt nicht nur traditionelle Geister, sondern immer wieder neue. Die Computer-Geister kenne ich erst seit zwei Jahren. Damals kaufte ich mir einen Computer, mit dem man nicht nur Deutsch, sondern auch japanische Texte mit ungefähr 8.500 Schriftzeichen schreiben kann. Der Techniker, der mir damals das Gerät verkaufte, erzählte mir vom »Buchstabengespenst«. Mit dem Programm könne man sich grundsätzlich ohne Problem zwischen zwei Schriftsystemen bewegen, nur manchmal in bestimmten Bereichen verwandeln sich einige Buchstaben des Alphabets plötzlich in japanische. Das Phänomen bezeichne man als Buchstabengespenster. Als ich zum ersten Mal mit eigenen Augen diese Gespenster sah, waren sie mir unheimlich. Damals verwandelten sich plötzlich deutsche Umlaute in Kombination mit »f« oder »ch« in Ideogramme. Jubeln, Peinigen und Niesen bedeuteten diese Schriftzeichen, die mitten in meinem Text auftauchten. Es war, als wollten die kleinen Gespenster, die unter der Textoberfläche leben, mich peinigen und dabei jubeln. Wenn unter jedem deutschen Text, den ich schreibe, zahllose ideographische Gespenster leben würden, die durch irgendeinen Anlaß auf der Oberfläche erscheinen könnten ... Diese Vorstellung beunruhigte mich, bis ich auf die Idee kam, daß die Gespenster eventuell Bilder, Rhythmen und Bewegungsarten verkörperten, die ich – um einen verständlichen deutschen Text zu schreiben – unterdrücken mußte.

Jeder Buchstabe ist wie der Rücken einer Person. Er kann sich jederzeit umdrehen. Ein Autor, der glaubt, sein eigener Text müßte ihm bis zum letzten Buchstaben vertraut sein, täuscht sich: Wenn ein Buchstabe sich umdreht, wird ein fremdes Gesicht sichtbar.

Ich erinnerte mich an eine Gespenstergeschichte, in der ein junger Mann nachts auf einem einsamen Weg einer Frau begegnet, die weder Augen noch Nase noch Mund hat. Erschrocken läuft er weg und kommt an einem Imbiß vorbei, in dem ein alter Mann, ihm den Rücken zugewandt, Nudelsuppe kocht. Der junge Mann erzählt ihm von seinem schauderhaften Erlebnis. Der alte Mann dreht sich daraufhin um und fragt, ob die Frau so ausgesehen habe wie er: Sein Gesicht sieht genauso aus wie das der Frau – wie ein unbeschriebenes Blatt Papier.

Der Computer ist ein gespensterfreundlicher Platz. Wenn man mit dem Computer japanisch schreiben will, muß man den Text entweder mit japanischer Silbenschrift oder in der Umschrift mit europäischem Alphabet eingeben. Der Computer setzt ihn dann in Ideogramme um. Ein normaler Computer kann nicht 8.500 Tasten haben, so daß man sie nicht direkt tippen kann. Die Umsetzung läuft aber nicht immer richtig. Vor allem trennt der Computer manchmal Komposita anders als ich will. Jedesmal, wenn ich das Wort »Schlafwagen«, »shindaisha« schreibe – »shin« bedeutet »Schlafen«, »dai« »Liegeplatz« und »sha« »Wagen« – schreibt der Computer »shinda« (»toter«) und »isha« (»Arzt«). Plötzlich liegt ein toter Arzt im Bildschirm, der noch begraben werden muß. Wenn man aber jeden Toten, der durch Programmfehler entsteht, im Bildschirm begraben würde, würde dieser bald einem Friedhof ähneln, an dem man nachts nicht gerne vorbeigeht. Da erinnerte ich mich an einen Traum, den ich schon längst vergessen hatte: Ich lag im Bett eines Schlafwagens, und unter mir lag ein Mann. Obwohl ich ihn nicht sehen konnte, wußte ich, daß er tot war und einen weißen Kittel anhatte. So kann man durch das Tippen auf die Computertasten einen vergessenen Traum ins Gedächtnis zurückrufen.

Ein anderes Wort, das mein Computer immer in falsche Ideogramme umsetzt, ist der »Literaturpreis«, »bungakushô«. Anstatt die »Literatur« »bungaku« und den »Preis« »shô« zu schreiben, schreibt er immer »bun«, »ga« und »kushô«, daraus ergibt sich ein ganzer Satz, der bedeutet: »Die Sätze lächeln bitter«. Sicher lächelt der Computer bitter über bestimmte Literaturpreise. Die Geister sind also nicht nur wunderbare Mißgestalten, sondern auch verdrängte Gedanken. Mit solchen Einfällen verwirren mich die Buchstabengespenster, während ich schreibe. Sie bewegen sich ständig auf der Textoberfläche, verziehen ihre Mienen, schneiden Grimassen oder lachen laut auf. Der schreibende Mensch muß souverän vor dem Computer-Hausaltar sitzenbleiben, sich von der eigenen Emotion befreien und weiter unheimliche Buchstaben setzen. Ein Ritual muß zu Ende geführt werden.

Ich habe Buchstaben erst in Deutschland als Geister entdeckt. Das Tippen als Ritual kenne ich auch erst, seitdem ich nicht mehr im Land meiner Muttersprache lebe. Es ist überhaupt leichter, in einer fremden Kultur ein Ritual zu entdecken als in der eigenen. Nicht zufällig glauben viele Menschen in Deutschland, daß es im japanischen Alltag viel mehr Rituale gäbe als im eigenen. Die ritualisierten Handlungen fallen meistens den Fremden stärker auf als den Einheimischen, die sie automatisch durchführen. Vor fünfzehn Jahren erschien mir der deutsche Alltag voller Rituale. Zum Beispiel beeindruckte es mich, wie ausführlich die Leute voneinander Abschied nahmen. Nach einem Essen mit mehreren Personen nahm jeder von jedem persönlich Abschied. Interessant fand ich dabei, daß sich zwei Menschen, die den ganzen Abend kaum miteinander geredet hatten, besonders herzlich verabschiedeten. Vielleicht wollten sie ihrer Freude darüber, daß sie auseinandergehen konnten, eine Form geben. Es könnte aber auch sein, daß sie durch die Abschiedszeremonie wieder alles gut machen wollten. Der Abschied bedeutete in dem Fall eine Bestätigung oder ein Ersatz für das, was nicht stattgefunden hatte. Im allgemeinen verabschieden sich die Japaner viel kürzer, einfacher und nicht sehr persönlich. Ein schlichter Abschied kann in Deutschland fast unhöflich wirken. Wenn der ausführliche Abschied eine ritualisierte Handlung ist, reicht es nicht, wenn ich meinem spontanen Gefühl entsprechend handle. Etwa doppelt so lang und dreifach so herzlich, als ich es natürlich finden würde, müßte ich mich verabschieden, um Mißverständnisse zu vermeiden. Aber Übersetzungen der Körpersprache sind viel schwieriger, als eine Fremdsprache zu sprechen, weil sich das Körpergefühl nicht so schnell umstellen kann. Ein Ritual besteht aus vielen Körperbewegungen. Die Sprache spielt in dem Fall nur eine Nebenrolle.

Fremde Rituale können auch angenehmer sein als die vertrauten. Die Hand zur Begrüßung zu geben, empfand ich von Anfang an schöner als Verbeugungen. Die Handfläche entdeckte ich erst durch dieses Ritual als kommunikativen Körperteil. Unangenehm ist nur die Person, die zur Begrüßung ihre Hand wie den Schnabel eines Kranichs hinstreckt. Die Hand ist verkrampft und nach innen gebogen, so daß die weiche Stelle der Handfläche eine tiefe Mulde bildet. Ich möchte mit Ihnen nichts zu tun haben: das ist dann die einzige Botschaft ihrer Begrüßung.

In den meisten Ländern bietet man Gästen etwas zu trinken an. Die Frage, die der Gastgeber dem Gast dabei stellt, ist in Deutschland anders ritualisiert als in Japan. Es gibt in Japan viel mehr Variationen der Frage, aber der Gastgeber deutet schon an, was er anbieten möchte. Einer fragt: »Trinken Sie gerne Weizentee?« Ein anderer fragt: »Ich habe Ice-Kaffee. Was halten Sie davon?« Ein dritter: »Ich habe gestern von meiner Tante, die gerade in China war, Jasmintee bekommen. Wollen Sie ihn probieren?« Häufig hört man die Frage: »Ist es in Ordnung, wenn ich Ihnen einen einfachen grünen Tee anbiete?« Es gibt auch Gastgeber, die ohne den Gast zu fragen Getränke bringen. Sie orientieren sich wahrscheinlich noch stark an der Zeit, in der festgelegt war, bei welcher Gelegenheit was getrunken wurde. In Deutschland dagegen muß die Wichtigkeit der Entscheidung der Gäste inszeniert werden. Die Frage, die ihnen gestellt wird, ist aber immer dieselbe: »Möchten Sie Kaffee oder Tee?« Die Art von Sicherheit, die diese Frage ausstrahlt, verwirrte mich früher so sehr, als hätte man mich gefragt, ob ich Christ oder Moslem sei. Denn die Frage bezog sich nicht auf eine vergängliche Situation oder auf die spontane Lust, sondern auf die verbindliche Entscheidung eines Individuums. Wenn ich antwortete, ich trinke Tee, hieß es »Ach, Sie sind Teetrinkerin«, als wäre es meine Identifikationsfigur. Einige bieten mir dann nie wieder Kaffee an. Ritualisierte Fragen, die einerseits streng dualistisch gestaltet sind und andererseits auf die Inszenierung der Individualität zielen, sind am schwierigsten zu beantworten.

Daß der Gastgeber den Gästen seine Wohnung zeigt, gehört auch zu den wichtigen Ritualen in Deutschland. Hier habe ich es gelernt, als Gast die Wohnungseinrichtung genau zu betrachten und sie möglichst zu bewundern. Wenn ich mir nicht seine Bücherborde, die Bilder an der Wand oder die Möbelstücke anschaue, dann denkt der Gastgeber, ich würde mich für seine private »Person« gar nicht interessieren. Einmal war ich bei einer slowakischen Schriftstellerin, die in Basel lebt, zu Besuch. Als ich begann, mir genau die einzelnen Gegenstände in ihrer Wohnung anzusehen, schmunzelte sie und sagte mir, bei ihr müsse man nicht so genau die Wohnung angucken, denn ihre Wohnung habe nichts mit ihrer Persönlichkeit zu tun. Sie sei in dieser Hinsicht wirklich keine West-Europäerin. Damals im Gespräch mit ihr wurde mir deutlich, daß die Führung durch die Wohnung ein Ritual ist. Es ist eine gesellschaftliche Norm und keine spontane oder individuelle Entscheidung, die eigene Persönlichkeit durch den Wohnraum zu inszenieren. Dazu gehört das Ritual des Zeigens und des Hinschauens.

Es war kein Zufall, daß eine slowakische Autorin mich auf das Wohnungsritual aufmerksam machte. Mit den Einheimischen kann man schlecht über Rituale reden, vor allem nicht mit Menschen, die eine moralische Abneigung gegen Rituale haben. Sie denken, ein Ritual verletze die Ehrlichkeit und die individuelle Freiheit, weil dabei klar erkennbar sei, daß es sich an eine offensichtlich vorgegebene, abgesprochene Form halte.

Wer das eigene Ritual nicht als solches erkennt, ist persönlich beleidigt, falls ein Fremder es nicht mitspielt. In Tokio erzählte mir ein deutscher Kaufmann entsetzt, daß eine junge Japanerin, wahrscheinlich eine Bankangestellte, ihm die Eingangstür zu einem Kaufhaus nicht aufgehalten habe. Die Tür knallte vor seiner Nase zu, und er war persönlich beleidigt. An sehr belebten Plätzen in Tokio versucht man meistens, mit anderen Menschen zusammen eine Bewegungseinheit zu bilden und möglichst nicht stehenzubleiben. Er hätte sich der Frau so weit nähern sollen, daß er hinter ihr durch die Öffnung hätte schlüpfen können. Oder er hätte der Tür einen kleinen Stoß geben müssen, bevor sie zuschlug. Aber das Ritual, die Türe festzuhalten, dem anderen in die Augen zu schauen und »Bitte« zu sagen, ist in Tokio unbekannt. Außerdem ist es die wichtigste Grundregel für die Körperbewegung in öffentlichen Räumen in Tokio, daß man andere nicht stört. Von Helfen ist dort selten die Rede. Man kann dieses Prinzip moralisch kritisieren, oder man kann es zum Teil auch wegen seiner relativen Effektivität verteidigen. Wichtig ist, daß man ein solches Geschehen als Form wahrnimmt, die in einer Kultur immer wieder vorkommt. Erst dann kann man es mitspielen, sich darüber amüsieren oder es ablehnen. Wenn ich in Hamburg einkaufen gehe, macht es mir mehr Spaß, die Türen aufzuhalten, als Lebensmittel zu kaufen. In Tokyo genieße ich es, mit anderen Menschen zusammen einen Luftzug zu bilden.

Wahrscheinlich muß man auch wissen, welche Redewendung einer Handlung zugrunde liegt. Im Deutschen sagt man »jemandem die Tür vor der Nase zuschlagen«, wenn man jemanden schroff zurückweist. Im Japanischen gibt es zum Beispiel die Redewendung »mit schmutzigen Schuhen eine Wohnung betreten«. Das heißt jemanden beleidigen. Beim Betreten des Hauses muß man in Japan immer die Schuhe ausziehen und sie so hinstellen, daß die Schuhspitzen nach draußen zeigen. Eine ritualisierte Handlung kann auf diese Weise mit einer Redewendung ein Paar bilden.

Wenn eine unverständliche Verhaltensweise als persönliche Beleidigung verstanden wird, ruft sie Aggressionen hervor. Selbst wenn man relativ offen ist, erlebt man einer fremden Kultur gegenüber nicht selten Verwirrung, Wut, Unsicherheit oder Enttäuschung. Die Kunst, vor allem die Literatur, muß – anstatt zurückzukehren zum Glauben an die Authentizität der eigenen Empfindung und anstatt zu sagen, es sei doch nur schwierig mit den Fremden – daraus unbedingt einen Profit ziehen. Die Fremdheit vermindert zwar die Leistungsfähigkeit – so wie ich zum Beispiel für einen deutschen Text zehnmal so viel Zeit brauche wie für einen japanischen –, aber die Fremdheit zerstört nie die Kreativität. Im Gegenteil: Man kann rätselhafte Verhaltensweisen der Fremden mitspielend beobachten, miteinander vergleichen, auseinandernehmen, mit verschiedenen Elementen frei kombinieren, vergrößern, entstellen, verdichten oder auf den Kopf stellen. Das »Ritual« ist dabei sicher ein produktives Denkmodell.

Autorinnen und Autoren

Gabriele Brandstetter
* 1954
Professorin für Neuere deutsche Literaturwissenschaft an der Universität Basel. 1993–97: Professorin am Institut für Angewandte Theaterwissenschaft an der Universität Gießen.
Veröffentlichungen (Auswahl): »Erotik und Religiosität: eine Studie zur Lyrik Clemens Brentanos« (1986); »Jacques Offenbachs *Hoffmanns Erzählungen*: Konzeption, Rezeption, Dokumentation« (Herausgegeberin, 1988); »Loïe Fuller: Tanz, Licht-Spiel, Art Nouveau« (zusammen mit Brygida Maria Ochaim, 1989); »Tanz-Lektüren: Körperbilder und Raumfiguren der Avantgarde« (1995).

Corina Caduff
* 1965
Oberassistentin, Deutsches Seminar der Universität Zürich. 1984–1989 Germanistik-Studium an der Universität Zürich. 1991 Promotion zu den Theatertexten von Elfriede Jelinek. 1992–1994 Redaktorin bei Radio DRS 2.
Veröffentlichungen (Auswahl): »dadim dadam – Figuren der Musik in der Literatur Ingeborg Bachmanns« (1998); »Das Geschlecht der Künste« (herausgegeben zusammen mit Sigrid Weigel, 1996); »Laure Wyss: Schriftstellerin und Journalistin« (Herausgeberin 1996); »Figuren des Fremden in der Schweizer Literatur« (Herausgeberin 1997).

Mario Erdheim
* 1940
Psychoanalytiker und Privatdozent an der Universität Frankfurt a.M. Studierte Ethnologie, Geschichte und Psychologie in Wien, Basel und Madrid und befasst sich als Ethnopsychoanalytiker insbesondere mit dem Unbewußten in der Kultur.
Veröffentlichungen (Auswahl): »Die gesellschaftliche Produktion von Unbewußtheit« (1984); »Psychoanalyse und Unbewußtheit in der Kultur« (1988).

Marie Theres Fögen
* 1946
Professorin für Römisches Recht, Privatrecht und Rechtsvergleichung an der Universität Zürich. Seit 1975: Zulassung zur Rechtsanwältin. 1974–1995: Wissenschaftliche Mitarbeiterin DFG / Max Planck-Institut für europäische Rechtsgeschichte, Frankfurt am Main, mit Schwerpunkt »Recht der Antike und des (östlichen) Mittelalters«.
Veröffentlichungen (Auswahl): »Der Kampf um die Gerichtsöffentlichkeit« (1973); »Die Enteignung der Wahrsager. Studien zum kaiserlichen Wissensmonopol in der Spätantike« (1993 und 1997).

David N. Gellner.
* 1957
Senior Lecturer in Ethnologie am Department of Human Sciences, Brunel University, London. Umfangreiche Feldforschung zur Religionsethnologie bei den Newar im Kathmandu-Tal, Nepal. Vergleichende Forschungen über den Buddhismus.
Veröffentlichungen (Auswahl): »Monk, Householder, and Tantric Priest: Newar Buddhism and its Hierarchy of Ritual« (1992); »Contested Hierarchies: A Collaborative Ethnography of Caste among the Newars of the Kathmandu Valley, Nepal« (herausgegeben zusammen mit D. Quigley 1995); »Nationalism and Ethnicity in a Hindu Kingdom: The Politics of Culture in Contemporary Nepal« (herausgegeben zusammen mit Joanna Pfaff-Czarnecka und John Whelpton, 1997).

Stephen Greenblatt
*1943
Professor of English an der Harvard University. Member of the American Academy of Art and Sciences. Founding editor der Zeitschrift »Representations«; General editor der Zeitschrift »The Norton Shakespeare«.
Veröffentlichungen (Auswahl): »Renaissance Self-Fashioning: from More to Shakespeare« (1980); »Wunderbare Besitztümer« (1994); »Verhandlungen mit Shakespeare. Innenansichten der englischen Renaissance« (1993); »Schmutzige Riten: Betrachtungen zwischen Weltbildern« (1995).

Axel Michaels
* 1949
Professor für Klassische Indologie am Südasien-Institut der Universität Heidelberg; davor Professor für Religionswissenschaft an der Universität Bern. Umfangreiche Feldforschungen in Nepal und in Indien. Von 1981 bis 1983 Direktor des Nepal Research Centre, Kathmandu; von 1984 bis 1992 wissenschaftlicher Mitarbeiter an der Universität Kiel; 1986 Spalding Visiting Scholar am Wolfson College, Oxford.

Veröffentlichungen (Auswahl): »Beweisverfahren in der vedischen Sakralgeometrie« (1978); »Ritual und Gesellschaft in Indien« (1986); »Die Reisen der Götter: Der nepalische Paśupatinātha-Tempel und sein rituelles Umfeld« (1994); »Klassiker der Religionswissenschaft« (Herausgeber, 1997); »Der Hinduismus. Geschichte und Gegenwart« (1998).

Michael Oppitz
* 1942
Professor für Ethnologie an der Universität Zürich. Direktor des Völkerkunde Museums der Universität Zürich. Mehrjährige Feldforschung in Nepal. Gastprofessuren: 1982 an der Sorbonne, Ecole Pratique des Hautes Etudes; 1984–85 University of Texas; 1986–87 Fellow am Wissenschaftskolleg zu Berlin.
Veröffentlichungen (Auswahl): »Geschichte und Sozialordnung der Sherpa« (1968); »Notwendige Beziehungen« (1974); »Frau für Fron« (1989); »Onkels Tochter, keine sonst« (1991); »Naxi and Moso Ethnography« (herausgegeben zusammen mit Elisabeth Hsu, 1998). Film: »Schamanen im blinden Land« (1980).

Joanna Pfaff-Czarnecka
* 1956
Wissenschaftliche Mitarbeiterin am Ethnologischen Seminar der Universität Zürich. 1972 Emigration aus Polen in die Schweiz. Promotion als Ethnologin an der Universität Zürich (1989). Lehraufträge an den Universitäten Zürich, Bern und Oxford. Seit 1994 Mitglied des Forschungsteams im Projekt »Ethnicity and Ethnic Co-existence in South and South-east Asia«. Seit 1996 Präsidentin der Schweizerischen Ethnologischen Gesellschaft. Zahlreiche Publikationen und Vorträge.
Veröffentlichungen (Auswahl): »Macht und rituelle Reinheit« (1989); »Nationalism and Ethnicity in a Hindu Kingdom: The Politics of Culture in Contemporary Nepal« (herausgegeben zusammen mit David Gellner und John Whelpton), 1997.

Richard Schechner
* 1934
Professor of Performing Studies an der Universität New York; daneben mehrere Lehraufträge auch außerhalb der USA. 1967 Gründer der »Performance Group«, der er bis 1980 als Leiter und Regisseur vorstand. Seit 1983 Leitung zahlreicher Performance Workshops in Indien, Ost-Asien, Europa und den USA. Herausgeber der amerikanischen Theaterzeitschrift »The Drama Review (TDR)«.
Veröffentlichungen (Auswahl): »Public Domain« (1968), »Environmental Theatre« (1973), »Essays on Performance Theory« (1977), »The End of Humanism« (1982), »Between Theatre and Anthropology« (1985), »Performance Theory« (1988), »Theateranthropologie« (1990).

Mireille Schnyder
* 1963
Literaturwissenschaftlerin an der Universität Zürich. 1989–95 Assistentin am orientalischen Seminar und am deutschen Seminar der Universität Zürich. 1996–98 Forschungsaufenthalt an der Universität München.
Veröffentlichungen (Auswahl): »›Die Wunderfügnisse der Welt‹. Zur Bedeutung von Metapher und Vergleich in der deutschen und persischen Dichtung des 17. Jahrhunderts« (1991); »Topographie des Schweigens. Formen und Gesten des Schweigens im deutschen höfischen Roman um 1200« (im Druck).

Yoko Tawada
* 1960
Schriftstellerin. Lebt seit 1982 in Hamburg. Schreibt auf Deutsch und Japanisch. 237 Lesungen seit 1987. Akutagawa-Shô 1993; Adalbert-von-Chamisso-Preis 1996; Poetik-Dozentin in Tübingen 1998.
Veröffentlichungen (Auswahl): »Talisman« (1996); »Aber die Mandarinen müssen heute abend noch geraubt werden (Traumtexte)« (1997); »Wie der Wind in Ei« (1997); »Orpheus oder Izanagi« (1998).

REIMER

Beatrix Pfleiderer / Katarina Greifeld /
Wolfgang Bichmann
Ritual und Heilung
Einführung in die Ethnomedizin
Zweite, vollständig überarbeitete und erweiterte Auflage
des Werkes *Krankheit und Kultur*
VIII und 260 Seiten
Broschiert / ISBN 3-496-02544-1

Mary Douglas
Reinheit und Gefährdung
Eine Studie zu Vorstellungen
von Verunreinigungen und Tabu
Aus dem Amerikanischen von Brigitte Luchesi
244 Seiten
Leinen mit Schutzumschlag / ISBN 3-496-00767-2

Hermann Baumann
Das doppelte Geschlecht
Studien zur Bisexualität im Ritus und Mythos
Mit einem Geleitwort von Klaus E. Müller
Sonderausgabe
X und 430 Seiten mit 5 Karten
Broschiert / ISBN 3-496-00852-0

Friedhelm Guttandin
Das paradoxe Schicksal der Ehre
Zum Wandel der adeligen Ehre
und zur Bedeutung von Duell und Ehre
für den monarchischen Zentralstaat
414 Seiten
Broschiert / ISBN 3-496-00443-6

Erich Kolig
Dreamtime Politics
Religion, World View and Utopian Thought
in Australian Aboriginal Society
161 Seiten
Broschiert / ISBN 3-496-00480-2

REIMER